# 民族企业的生存境遇

## 民初汉冶萍公司与多方力量的博弈

李超——著

社会科学文献出版社
SOCIAL SCIENCES ACADEMIC PRESS (CHINA)

# 序

2023年我到宜昌三峡大学参加学术会议。李超副教授来到高铁站迎接我。看着他的吟吟笑容和自信言谈，我不禁感到光阴如箭。16年前，李超副教授初入我门下时又黑又瘦。他的本科也并非历史出身，而是毕业于山东农业大学文秘教育专业。如今，当初负笈求学的李超同学已经成为造诣颇深的专家了。他目前正承担的国家社科基金项目"明清以来域外农作物在西南民族地区的传播及其影响研究"是他视野和学术水平的一个标识，不禁衷心为他欢欣。李超君同时告诉我，他的博士论文《民初围绕汉冶萍公司利权的多方博弈研究（1911—1915）》即将由社会科学文献出版社出版，嘱我为他写一篇序，我是他的博士论文的指导老师，写这篇序自是理所当然。

李超副教授的博士论文选题来自我主持的国家社科基金重大项目"汉冶萍公司档案文献的搜集整理和研究"。这个项目是一个很庞大的题目。极为丰富而又复杂的档案，蕴藏着汉冶萍公司的光荣与梦想、拼搏与挫折，也折射出中国近代钢铁工业的命运以及民初复杂的政局。李超君博士论文所研究的问题，正关涉汉冶萍公司命运逆转的历史，更是民初政局乃至中国现代化道路的一个重要侧面。

20世纪初，是中国社会现代转型的重大历史关口，也是汉冶萍公司命运逆转的历史关口。从民国至当代，关于汉冶萍公司的评价往往以"失败论"为主流。事实上，汉阳铁厂/汉冶萍公司在经过艰苦努力后，在辛亥革命之前已经扭转格局,反败为胜。张国辉考察汉阳铁厂的生产经营后说:"1894—1895年,事属初创,又处在官办时期,原难期成效;1896年改为官督商办后,生产能力呈逐步上升,从年产1万余吨逐渐增加到3.8万吨;1904年10月以后,汉厂改建工程全面铺开,影响了次年的产量,但到1906年便见转机,且有较大上升,生铁产量达5万吨以上。"① 由此呈现的曲线,是缓慢向上的,绝非"竭蹶复竭蹶,失败复失败"。②

然而,从公司高层因"钢铁、焦煤出数、销数日见发达","以为从此可望立定脚跟,逐渐起色"③ 的1911年,到1920年代初汉冶萍公司黯然降下帷幕,时间只有十余年。为什么在这十余年间,汉冶萍公司命运发生逆转,走向人们所称的"失败"?其原因显然不能在计划不周、管理不善、经营失败、管理者追求个人政治私利、中国工业化整体滞后、政府未发挥扶持职能等概念化的因素中去寻找,而是要深入历史实然,去发现在这十余年中,到底是哪些因素成为压倒汉冶萍公司的稻草。李超君做的正是这项工作。

李超君研究的时间段从1911年至1915年,正是汉冶萍公司从反败为胜到停产停工的关键性时期;他研究的问题——多方势力围绕汉冶萍公司利权的争夺和博弈,也正是压倒汉冶萍公司的稻草之一。因此,他博士论文的选题,关乎汉冶萍公司的历史命运,是对汉冶萍公司史研究的重要贡献。如果在更大层面看,李超君的研究,其意义不仅与汉冶萍公司历史相关,而且和中国现代化道路有密切关系。

从农业经济转向工业经济,从农业社会转向工业社会,从农业文明转向工业文明,是早期现代化的基本脉络。汉阳铁厂/汉冶萍公司的兴起与发展因而与中国早期现代化密切地联系在一起,是中国早期现代化内在的一部分。

M. J. 列维把全球现代化进程中的民族和国家分为三种类型。第一种是现代化的先行者。这一类国家的现代化主要依靠内生的因素发展起来,没

---

① 张国辉:《论汉冶萍公司的创建、发展和历史结局》,《中国经济史研究》1991年第2期。
② 《中国矿业参观记》,《东方杂志》第13卷第12期,1916年。
③ 《汉冶萍公司股东徐冠南等意见书》(1912年8月上旬),《汉冶萍公司(三)——盛宣怀档案资料选辑之四》,上海人民出版社,2004,第312页。

有任何模式可以借鉴，现代化的进程需要较长的时间。第二种是现代化的早期后来者，这些国家的现代化出现在先行者之后，它们不需要像先行者一样从零开始，而是通过借鉴先行者的成功经验和失败教训实现快速的现代化进程。第三种是现代化的其他后来者，这些国家或地区通常现代化进程起步更晚。[①] 虽然，正如李伯重等学者所指出的，中国的江南地区早在明清时期已经孕育着现代性的生长，但从工业化的角度来看，中国仍然属于早期现代化中"其他的后来者"。

和早发现代化国家不同，后发国家的现代化不是在现代性逐渐积累、逐渐成长、逐渐发展起来的基础上发生的，而是主要在外部的刺激下被动地发生，由此而拥有现代化先行者当初不具备的有利条件。托洛茨基在《俄国革命史》中把这种有利条件称为"历史落伍者的特权"，他说："虽然落后国家被迫随着发达国家，但前者并不按照相同的秩序去做事。历史落伍者的特权——和这种特权的存在——容许甚或迫使自己采纳任何地方、任何时期已经完成的发展样式，从而跃过整个居间的等级系列。"他以俄国的工业化为例说："俄国工业的起飞，不是重复发达国家的进展过程，而是使自己插入这一过程里，并使自身的落后状态适应其最新发展的成就。正是因为俄国的经济进步整个地跳过了手工行会和制作的阶段，所以同样，其工业部类的划分也一次次超越了在西方延续了数十年的技术生产阶段。正是如此，俄国工业在同样的阶段里得以惊人的速度发展起来。"[②] 汉阳铁厂/汉冶萍公司正是因为依托托洛茨基所说的"历史落伍者的特权"，从资金、设备、技术上获得现代化先行国家的支持，才得以在传统农业文明的广袤大地上建起"烟囱凸起，矗立云霄；屋脊纵横，密于鳞甲"，"汽声隆隆，锤声丁丁"的"二十世纪中国之雄厂"。[③]

但是，在现代化的进程中，后发优势与后发劣势是并存的。所谓"后发劣势"，即后发国家可在无基础制度的情况下通过技术模仿实现快速发

---

① 〔美〕M. J. 列维：《现代化的后来者与幸存者》，吴萌译，戴可景校订，知识出版社，1990，第8页。
② 〔美〕托马斯·哈定：《文化与进化》，韩建军等译，浙江人民出版社，1987，第80—81页。
③ 顾琅：《中国十大矿厂调查记》，商务印书馆，1916，第1—2页。

展，取得发达国家必须在一定制度下才有可能取得的成就。但如果制度变革未跟进，这样的发展实缺乏可持续性，会给以后的发展留下许多隐患，甚至可能导致失败。① 在汉阳铁厂/汉冶萍公司的历史进程中，这些特殊的不利的因素体现于以下多方面。由于国内资本力量薄弱，汉冶萍公司不得不依赖外资，在百般挣扎后最终还是落入日本人的"资本利用陷阱"；由于在中国钢铁市场上，汉冶萍公司是一个后来者，在它投产之前，早已有大量外国钢铁涌入国内市场。复加清廷"于洋钢进口则豁免之，华铁出口则重征之"，汉冶萍公司的产品在中国钢铁市场上缺乏价格竞争优势。由于在晚清工业经济中，"少数的大企业很突出（如汉冶萍煤铁公司或大生纱厂），而背后是很小规模地使用西方技术的大多数公司"，② 以致"中国工业化的结果可以用这样的话来总结：它只是个别的事例，而不是普遍的工业化"。③ 汉阳铁厂/汉冶萍公司国内市场的开拓因而受到严重的制约。由于"先模仿技术而不顾及制度模仿"，中国社会没有发生早发国家那样的生产关系革命，因此，虽然有现代钢铁工业的景观，但汉阳铁厂/汉冶萍公司内实行的却是官气十足的制度。盛宣怀接手以后，通过不受监督和制约的权力，获得为自己辗转挪移公款的极大空间，其结果是"在汉冶萍这个长期亏损的穷庙里，产生了晚清的首富盛宣怀，成为中国近代工业史上'穷庙富方丈'的先河。"④ 李超所研究的民初多方势力对汉冶萍公司利权的争夺问题也是"后发劣势"之一。塞缪尔·F.亨廷顿说，"现代性孕育着稳定，现代化过程却滋生着动乱"。⑤ 辛亥鼎革虽然结束了秦以来的王朝政治，向民主共和迈进重要的一步，但是，辛亥革命后地方社会秩序也陷入了长期的混乱。湖北、江西二省也正是在政治权威失坠的背景下，攘夺汉冶萍公司利权，湖南也参与其中，形成鄂、赣、湘以及汉冶萍公司、

---

① 杨小凯：《中国的后发劣势》，《凤凰财经》2014年7月14日。
② 〔美〕费维恺：《中国早期工业化——盛宣怀（1844—1916）和官督商办企业》，虞和平译，中国社会科学出版社，1990，第6页。
③ 〔美〕费维恺：《中国早期工业化——盛宣怀（1844—1916）和官督商办企业》，第6页。
④ 张实：《盛宣怀是晚清最大房地产商》，《湖北师范大学学报》（哲学社会科学版）2021年第4期。
⑤ 〔美〕塞缪尔·F.亨廷顿：《变动社会中的政治秩序》，王冠华等译，三联书店，1988，第38页。

中央政府等多方面的利益争夺、势力博弈的复杂格局。1912年，陶湘致朱启铃函说："自去秋武汉起义，一概停工，公司正在罗掘设法修复。讵料鄂省议会反抗于前，赣省又别立集成公司名目，阻挠于后。虽蒙大总统加意扶持，无如各分省界一味恃蛮。"① "事业既不能进行，财源业已枯竭，押借各债环逼而来，旦夕破产"②，汉冶萍公司已处绝地而几无术救济。李超这次出版他的博士论文，把题目改成"民族企业的生存境遇：民初汉冶萍公司与多方力量的博弈"，突出呈现了辛亥革命后环境动荡对汉冶萍公司的打击以及"后发国家"工业企业因"后发优势"而兴，最后却败于"后发劣势"的历史命运。

我家住在汉口江边，从窗口可以看到江水每日奔流不息向东。每日清晨，阳光洒在江面上，水波粼粼。站在窗边，眺望长江，我总要想起孔子的名言："逝者如斯夫"。中国学术界也正如这条大江，老一辈慢慢退场落幕，新一代层涌而上，充满活力。李超君就是后浪中的一员。湖北大学中国思想文化史研究所有一个自乱辈分的"传统"，老师往往随学生的称呼。于是，就有了师生共同的"雷师兄""小马哥"，李超君也以"超哥"著称。祝贺超哥的第一本专著出版，预祝他在学术道路上取得更卓越的成绩。

是为序。

周积明

甲辰年腊月初四于汉口滨江苑

---

① 《陶湘致朱启铃函》，《汉冶萍公司（三）——盛宣怀档案资料选辑之四》，第324页。
② 《汉冶萍公司第五届帐略》（1914年4月），湖北省档案馆编《汉冶萍公司档案史料选编》上册，中国社会科学出版社，1992，第573页。

# 目　录

绪　论 ……………………………………………………………… 001

## 第一章　民初汉冶萍公司的发展态势 ………………………… 025
第一节　辛亥革命对汉冶萍公司的冲击 ………………………… 025
第二节　民初汉冶萍公司的组织结构与资本因素分析 ………… 032
第三节　围绕民初汉冶萍公司的多方力量 ……………………… 058
第四节　1915 年：新格局的形成 ………………………………… 074

## 第二章　鄂省争夺汉冶萍公司 …………………………………… 079
第一节　辛亥变局下的汉冶萍公司在鄂省厂矿 ………………… 079
第二节　湖北军政府侵占汉冶萍公司在鄂省厂矿 ……………… 084
第三节　"湖北人士"反对汉冶萍公司中日合办及抵借外债 … 087
第四节　湖北临时省议会没收汉冶萍公司在鄂省厂矿 ………… 100
第五节　"部办"与"鄂办"汉冶萍公司之争 ………………… 108
第六节　鄂省官本改填股票的交涉 ……………………………… 119

## 第三章　赣省争夺萍乡煤矿 ……………………………………… 140
第一节　辛亥变局下的湘赣争夺萍乡煤矿 ……………………… 140
第二节　赣省争夺萍乡煤矿中的博弈 …………………………… 148

## 第四章　汉冶萍公司 1500 万日元大借款案 ……………… 189
- 第一节　大借款草案的签订 …………………………………… 190
- 第二节　反对大借款风潮的兴起 ……………………………… 193
- 第三节　日本势力与汉冶萍公司力促借款合同生效 ………… 203
- 第四节　北洋政府态度的转变与借款合同的生效 …………… 214
- 第五节　借款合同生效后的报刊舆论与挽救之策 …………… 216

## 第五章　"二十一条"中的汉冶萍公司问题 ………………… 226
- 第一节　"二十一条"中汉冶萍公司问题的提出 …………… 226
- 第二节　"二十一条"中汉冶萍公司问题的交涉过程 ……… 234
- 第三节　北洋政府的"为难情形" …………………………… 246
- 第四节　中日两国对汉冶萍公司问题交涉结果的舆论 ……… 257
- 第五节　汉冶萍公司的应对 …………………………………… 263

## 结　语 …………………………………………………………… 280

## 参考文献 ………………………………………………………… 287

## 后　记 …………………………………………………………… 305

# 绪 论

在晚清兴办实业的浪潮之下,光绪二年(1876),盛宣怀勘得大冶铁矿。光绪十六年(1890),湖广总督张之洞创立官办之汉阳铁厂。光绪二十二年(1896)四月,张之洞奏请盛宣怀接办汉阳铁厂,改为官督商办。光绪二十四年三月初一日(1898年3月22日),张之洞、盛宣怀会同奏请正式成立"萍乡等处煤矿总局",仿用西法购机大举开采萍乡煤矿,获准。光绪三十四年二月二十二日(1908年3月24日),清政府农工商部批准盛宣怀提出的将汉阳铁厂、大冶铁矿和萍乡煤矿合并为"汉冶萍煤铁厂矿有限公司"的请求,汉冶萍公司从此进入商办时期。

清末民初,汉冶萍公司是当时亚洲最大的钢铁联合企业,开启了中国近代冶金工业发展的新阶段。第一次世界大战后,钢铁价格急剧下跌,加上国内军阀混战,汉冶萍公司钢铁生产受到严重影响。1925年,汉冶萍公司大冶铁厂新建的两座当时全国最大的高炉,只生产两年即告停产。1928年,萍乡煤矿被江西省政府接管。至此,汉冶萍公司采煤、炼铁两大端已不复存在,只剩下大冶铁矿一处在继续生产。

全民族抗战爆发后,国民政府军政部兵工署及资源委员会在汉阳设立钢铁厂迁建委员会,将汉阳铁厂、大冶铁厂和大冶铁矿的部分设备运往重庆大渡口另建新厂。抗日战争胜利之后,国民政府资源委员会接收了汉冶萍公司名下所属的所有厂矿、货栈及码头,此时的汉冶萍公司仅剩下在上海的总事务所。

1948年3月至8月，由国民政府资源委员会和经济部共同组成的汉冶萍公司资产清理委员会（简称资清委）根据汉冶萍公司的账册、案卷，对公司的股本、资产、负债进行了清理。11月，资清委发布公告宣布，汉冶萍公司"在战前擅借巨额日债，将全部厂矿资产抵押于日本。胜利后，此项债权收归国有，所有该公司提供抵押之资产，概由政府接收，交资源委员会华中钢铁公司承受运用，汉冶萍公司名义应即行撤销。凡登记而未附逆之股东记其合法权益，以原有股份参加华中钢铁公司，如不愿参加者，由资源委员会规定价格，收回股票"。[①] 至此，汉冶萍公司成为历史。[②]

## 一　选题缘起

钢铁为国家富强之本，铁路、航运和舰艇、枪炮、机械制造等行业的发展都需要钢铁，张之洞曾言："以今日自强之端，首在开辟利源，杜绝外耗。举凡武备所资枪炮、军械、轮船、炮台、火车、电线等项，以及民间日用、农家工作之所需，无一不取资于铁。"[③] 清末民初，西方人游历中国后更是感叹："中国固天然一大铁国之资格也，遍地矿脉，苟能采掘冶铸，使货毋弃地，则全球铁业将莫吾能媲。"[④] 因而，汉冶萍公司作为近代中国最大之钢铁实业，至为重要，"汉冶萍为我国规模最宏大之国本实业，横跨赣、鄂二省，囊括江西之萍乡煤矿，湖北之大冶铁矿，而以汉阳之铁厂为化炼之总枢纽"。[⑤]

汉冶萍公司作为中国近代民族企业的典型代表，其兴衰历史是中国早期现代化的一个缩影，汉冶萍公司不仅对中国近代钢铁工业具有开创意义

---

① 湖北省冶金志编纂委员会编《汉冶萍公司志》，华中理工大学出版社，1990，第189页。
② 汉冶萍公司这一名称正式出现的时间是1908年3月的三厂合并，但学术界习惯将汉阳铁厂（1890年创办）的历史纳入汉冶萍公司历史的框架，因而造成了对1908年前的汉冶萍公司与汉阳铁厂概念的等同。李玉勤认为这已经是一种思维定式了。参见李玉勤《约定俗成　思维定势——浅析汉冶萍公司的概念》，《郑州航空工业管理学院学报》2009年第3期。自公司成立以来，一般习惯将"汉冶萍煤铁厂矿有限公司"简称"汉冶萍"。
③ 《筹设炼铁厂折》（1889年9月20日），《张之洞全集》第二册，武汉出版社，2008，第262页。
④ 《汉冶萍国有议》，《中华实业丛报》第8—9期合刊，1914年；《汉冶萍国有议》，江西萍乡赖俊华私人藏品，2023年12月7日笔者拍摄。
⑤ 冼荣熙：《五十年来之汉冶萍》，《时代公论》第1卷第52号，1933年。

和国际影响，而且体现了近代民族企业生存、发展和振兴的艰难历程。清末学生课本《澄衷蒙学堂字课图说》中解释"铁"字后评论："泰西各国铁厂林立，铁舰、铁道遍于五洲，中国仅有汉阳一厂。"① 户部在复奏湖北铁厂招商承办折时亦指出，"湖北铁政一厂，为中国制造之权舆，亦为外人观听之所系"。② 汉冶萍公司在鼎盛时曾是亚洲最大的钢铁煤炭联合企业，仅次于德国费尔克林根钢铁厂，居世界第二。汉冶萍公司的三个重要组成部分——汉阳铁厂、大冶铁矿、萍乡煤矿，在中国近代工业史上也均占有重要的地位，其产品及原料远销欧美及日本等地。三厂联合组建的汉冶萍公司更是被西人视为威胁。民国初期，汉冶萍公司关系国家军政实业及鄂、赣、湘三省土地财产，股东黄云鹏曾说："汉阳之铁，大冶之矿，萍乡之炭，天然凑合而成此公司，实为东亚之第一物产，自能经理发达，不特抵制各国输入，更足应外国之供给也。"③ 因此，作为1915年前中国唯一的现代化钢铁企业，汉冶萍公司不仅是中国近代钢铁工业的开端，在当代也是具有极为重要的经济、社会和文化价值的近代工业遗产。研究汉冶萍公司，对深入而准确地认知该公司发展历程中的相关问题具有重大的意义，还能为汉冶萍公司工业遗产的保护与利用提供重要的参考。

辛亥革命后，原有的中央与地方、地方社会内部的权力结构被打破，权力的重组成为历史发展的必然，而资本的争夺又是权力再分配的重要依据。至1915年，因欧战和国际市场的需求激增，汉冶萍公司经营进入"黄金时期"。罗威廉曾指出，"冲突是互助合作的必要补充，它为日常的紧张关系提供了一个安全阀，并通过系统的参与者建立并维持着集体性的行为规范和准则。冲突在各种断言他们有权在系统内部要求资源的群体之间建立了一种动态平衡，设立并不断强化了这些群体之间的边界，通过互相承认彼此均拥有一直存在下去的权利而共同凝聚在一起"。④ 在这一意义

---

① 刘树屏：《澄衷蒙学堂字课图说》卷二，北京理工大学出版社，2014，第117页。
② 《户部奏遵旨议复铁厂招商承办折》（1896年7月22日），湖北省档案馆编《汉冶萍公司档案史料选编》上册，第136页。
③ 《公司临时股东大会议案》（1912年3月22日），湖北省档案馆编《汉冶萍公司档案史料选编》上册，第258页。
④ 〔美〕罗威廉：《汉口：一个中国城市的冲突和社区（1796—1895）》，鲁西奇、罗杜芳译，中国人民大学出版社，2008，第260页。

上而言，冲突对社会结构体系具有潜在的整合作用。民初的汉冶萍公司正是在辛亥革命后多方力量的冲突与博弈局势中逐渐走向"整合"。因此，本书主要选取从 1911 年 10 月辛亥革命爆发至 1915 年底为研究汉冶萍公司的历史时间段。

## 二 汉冶萍公司研究的回顾与思考

在世界经济史的研究中，企业史是重要的学术热点之一。1927 年，哈佛商学院设立企业史学科后，以格拉斯（Norman Scott Brien Gras）为代表的企业管理学、阿瑟·科尔（Arthur Harrison Cole）为代表的经济史学、弗里茨·雷德利希（Fritz Redlich）为代表的社会科学理论三种研究范式逐渐形成，对企业史研究都产生了重要的影响；20 世纪 60 年代至 80 年代，企业史研究最典型的成果是小钱德勒（Alfred D. Chandler, Jr.）在继承三家理论方法的基础上，提出的"大企业"研究范式；20 世纪 90 年代以后，以杰弗里·琼斯（Geoffrey G. Jones）为代表的学者提出从全球史视野重新审视企业史，产生了众多的研究成果，如对可口可乐、烟草、棉花等的研究。在研究西方企业史的同时，学者们还关注到了中国的企业史，如费维恺（Albert Feuerwerker）的《中国早期工业化》、陈锦江（Wellington K. K. Chan）《清末现代企业与官商关系》、韦立德（Tim Wright）《中国社会经济中的煤炭业 1895—1937》、柯丽莎（Elisabeth Köll）《从棉纺织厂到企业帝国：1895—1949 年间区域企业在中国的出现》、高家龙（Sherman Cochran）《资本家选择共产党领导下的中国：以上海刘氏家族为核心 1948—1956》、史瀚波（Brett Sheehan）《工业伊甸园：一个中国资本家所描绘的蓝图》等。诸如此类通过商品来探讨企业与社会的研究范式，对国内学者产生了重要的影响。

国内企业史研究缘起于晚清洋务运动时期创办的工矿企业。清末民国时期，在实业救国的浪潮之下，各类军工、民用企业纷纷开办，涌现了李鸿章、张謇、盛宣怀、刘鸿生、许鼎霖、马相伯等一大批实业家。中华人民共和国成立后，严中平、汪敬虞、孙毓棠、陈真、吴承明等老一辈经济史学者积极编纂出版相关史料汇编。20 世纪 80 年代，学者们在前期史料出版的基础上陆续出版了众多企业史志，如《福建船政局史稿》《招商局史（近代部分）》《汉冶萍公司志》等。进入21世纪，随着档案、报刊、图书等史料的整理与研究，朱荫贵、张忠民、高超群、李玉、朱英、王玉茹、龙登高、林立强、袁为鹏等学者从经济发展状态、现代化进程、制度变迁、中外关系、社会经济等多元化视角深入探讨企业史的研究理论与实践，取得了丰硕的研究成果，并为构建中国企业史研究的话语体系奠定了良好的基础。

以往的汉冶萍公司研究相关学术论文和著作对学术史已有很全面的梳理。[①] 但近年来，随着更多新的资料被整理出版和近代报刊中相关新史料得到逐步发掘，汉冶萍公司的研究进入了更为繁荣的时期，出现了大量的新成果，不仅有从新视角对传统领域进行的研究，而且拓展了新的研究领域。

### （一）汉冶萍公司传统研究领域的新视角

近二十年来，学者们在汉冶萍公司的历史兴衰、近代人物与汉冶萍公司关系、汉冶萍公司与日本的关系问题、汉阳铁厂专题的研究等四个汉冶萍公司传统研究问题方面，从新的视角进行了深入的探讨。

#### 1. 汉冶萍公司历史兴衰的研究

总结失败的经验教训，是历史研究的重要使命，近年来，学术界对汉冶萍公司历史兴衰的研究逐渐突破传统的思维模式，呈现出多元化的新视角。田遨通过展示盛宣怀等人在汉冶萍公司创建发展的过程中，如何从为寻求企业资本来源走上融资之路到最后"掉入陷阱"，探究汉冶萍公司走向衰败结局的原因。[②] 曾哲等人以汉冶萍公司的失败为范例，从社会法律制度规范支持的视角探寻晚清民族自强求富与变法救国宪政缺失

---

[①] 李江：《百年汉冶萍公司研究述评》，《中国社会经济史研究》2007年第4期；李海涛：《近十年国内汉冶萍公司史研究的回顾与反思》，《湖北理工学院学报》2017年第2期；杨洋：《改革开放以来国内汉冶萍公司研究的回顾与前瞻》，《社会科学动态》2020年第1期；刘洋：《近二十年汉冶萍公司史研究述评》，《湖北理工学院学报》2021年第4期；颜龙龙：《近百年来日本的汉冶萍公司史研究述评》，《湖北师范大学学报》2023年第6期。

[②] 田遨：《融资之路与债务陷阱——汉冶萍公司的创建及失败原因探析》，硕士学位论文，北京工商大学，2009。

的内在原因。① 张后铨运用比较分析的方法，以论述汉冶萍为主，兼及招商局与汉冶萍的关系，并对这两大企业的历史发展过程与一生一死的不同命运做了比较分析，② 他还以时间为序，从公司史的角度全面而详尽地对汉冶萍公司从草创、发展、壮大到最后被清理的历史过程做了论述，并深入分析了公司最后的失败是日本的侵略为主及其他多种因素的相互交织、相互影响和相互作用所构成的合力。③ 刘德军从内、外双重因素相结合的角度，重新审思了汉冶萍公司经营失败的原因。④ 左世元不仅从汉冶萍公司发展历史中总结了其融资之路与外资利用的得失问题，⑤ 还从主体性视角探讨了公司内部治理的诸多不善，认为这是汉冶萍经营失败的内因和决定性因素。⑥

同时，学者还通过汉冶萍公司生产经营管理的某一阶段来考察其历史发展、兴衰过程及对中国近代工业研究所具有的典型的意义。⑦ 刘金林还追溯了汉冶萍公司的历史延续及继承问题。⑧

2. 近代人物与汉冶萍公司关系的研究

张之洞、盛宣怀作为汉冶萍公司早期的创办者和经营者，历来都是学

---

① 曾哲：《从汉冶萍公司兴衰看晚清宪政缺失与悲情》，《西南政法大学学报》2012年第3期；周佳佳：《从汉冶萍公司的兴衰看晚清的宪政缺失》，硕士学位论文，西南政法大学，2012；曾哲、肖进中：《法律维度下的汉冶萍公司兴衰检视》，《湖北理工学院学报》2015年第3期。
② 张后铨：《招商局与汉冶萍》，社会科学文献出版社，2012。
③ 张后铨：《汉冶萍公司史》，社会科学文献出版社，2014。
④ 刘德军：《汉冶萍公司经营失败原因再审思》，《兰州学刊》2014年第12期。
⑤ 左世元：《汉冶萍公司外资利用得失研究（1899—1925）》，湖北人民出版社，2018。
⑥ 左世元：《汉冶萍与近代公司治理实践研究（1890—1925）》，中国社会科学出版社，2022。
⑦ 许华利：《汉冶萍公司百年记忆》，《湖北文史》2009年第1期；黄仂：《汉冶萍公司的发展历史与现实启示》，《南方文物》2009年第4期；黄仂：《汉冶萍公司兴衰之路的思考》，《萍乡高等专科学校学报》2009年第5期；吴绪成主编《百年汉冶萍——一部以照片记录历史的珍贵图集》，湖北人民出版社，2009；李海涛：《近代中国钢铁工业发展研究（1840—1927）》，博士学位论文，苏州大学，2010；龚喜春、邓小年：《清末民初汉冶萍公司衰败原因新探》，《湖北师范学院学报》2010年第2期；李玉勤：《清末汉冶萍公司短暂繁荣论》，《苏州大学学报》2011年第6期；邱永文：《从汉冶萍公司的历史发展看中国的现代化进程》，《湖北理工学院学报》2015年第2期。
⑧ 刘金林：《汉冶萍历史续编》，湖北师范学院矿冶文化研究中心，2010。此问题还可参见重钢集团档案馆编《中国钢铁工业缩影：百年重钢史话》，冶金工业出版社，2011。

界研究的重点。① 李维格参与了公司的许多重大事件以及问题的决策，亦颇受研究者重视。② 同时，学界对汉冶萍公司其他重要人物也有研究，如萍乡煤矿总办张赞宸、汉冶萍公司顾问董事吴锦堂、汉冶萍公司经理叶景葵、汉冶萍公司董事会会长孙宝琦、大冶铁矿矿长杨华燕等。③ 刘金林论述了张之洞、盛宣怀和翁文灏兴建的以汉冶萍公司为核心的大冶重工业基地对湖北重工业基地建设的贡献。④ 易惠莉等人还探讨了近代日本人物与

---

① 马景源：《张之洞与汉阳铁厂》，《武汉文史资料》2009年第10期；张实：《苍凉的背影——张之洞与中国钢铁工业》，商务印书馆，2010；李海涛：《张之洞选购汉阳铁厂炼钢设备时盲目无知吗》，《武汉科技大学学报》2010年第5期；武文煜、郭莹：《张之洞与汉阳铁厂研究综述》，《记忆·历史·文化》第六集，长江出版社，2015；吴剑杰：《"官倡民办，始克有成"——张之洞与汉冶萍》，《辛亥革命研究动态》2015年第1期；谭玉龙：《浅析汉冶萍公司发展过程中洋务官员的积极性——以张之洞为个案进行分析》，《黑龙江史志》2015年第3期；郭凯峰：《从官办到官督商办：张之洞、盛宣怀与汉冶萍公司》，硕士学位论文，江西师范大学，2016；李承亮：《盛宣怀与企业——从汉阳铁厂到汉冶萍公司（1896—1911）》，硕士学位论文，四川大学，2008；王旭：《盛宣怀与汉冶萍公司——以清末民初铁路建设为背景的考察》，硕士学位论文，中国社会科学院研究生院，2010；左世元：《辛亥革命期间盛宣怀"保护"汉冶萍公司的策略》，《中国文化研究》2012年第4期；加藤幸三郎「近代中国における漢冶萍公司と盛宣懷（1）」『社会科学年報』、2012年第46号；加藤幸三郎「近代中国における漢冶萍公司と盛宣懷（2）」『専修大学社会科学研究所月報』、2012年第586号；盛承懋：《盛宣怀与湖北》，武汉大学出版社，2017；盛承懋：《盛宣怀与汉冶萍》，武汉大学出版社，2019；张实：《悲怆的绝唱：盛宣怀与汉冶萍公司》，人民出版社，2023。

② 李海涛、自在：《李维格与汉冶萍公司述论》，《苏州大学学报》2006年第2期；李海涛：《李维格与汉冶萍公司研究》，硕士学位论文，苏州大学，2007；王同起：《拓荒钢铁 情系中华——记近代中国钢铁工业的奠基者李维格先生》，《中国冶金》2008年第12期。

③ 张燕、武乐堂：《萍乡煤矿总办张赞宸》，《河南理工大学学报》2007年第1期；纪立新：《吴锦堂的国内事业与活动述论（1905—1910年）》，硕士学位论文，华东师范大学，2007；张实：《关于叶景葵及其〈述汉冶萍产生之历史〉的考证》，《黄石理工学院学报》2008年第2期；李培德：《孙宝琦与汉冶萍公司——以1920年代日本横滨正金银行借款问题为中心》，郭远东主编《矿冶文化研究文集 二》，中国文史出版社，2013；左世元：《孙宝琦与汉冶萍公司》，《中国国家博物馆馆刊》2020年第2期；张硕：《汉冶萍公司大冶铁矿矿长杨华燕研究》，硕士学位论文，湖北大学，2023；左世元：《叶景葵与民初汉冶萍公司的改制风波》，《武汉学研究》第9期，社会科学文献出版社，2024。

④ 刘金林：《张之洞、盛宣怀和翁文灏与近代湖北重工业》，《卷宗》2014年第8期；刘金林：《翁文灏与近代湖北重工业国有化的探索》，《科学与财富》2014年第9期。

汉冶萍公司相关的活动。[①]

学界对汉冶萍公司经营管理过程中核心人物之间关系的辨析，主要集中在张之洞与盛宣怀两人的关系上。但也有对如盛宣怀和袁世凯关系等问题的论述。[②] 此外，还有对近代历史名人与大冶铁矿关系的史实介绍。[③]

3. 汉冶萍公司与日本关系问题研究

中日合办问题一直是汉冶萍公司与日本关系研究中的一个重点。易惠莉、李海涛等学者论述了南京临时政府与日本合办汉冶萍借款案的详细过程。[④] 向明亮以民初汉冶萍中日合办风波为个案，探析了这一事件的缘由、过程、结局，以及盛宣怀在其中的活动，透视中国近代经济民族主义的复杂历史面相。[⑤] 久保田裕次论述了汉冶萍公司的中日合办化问题与日本对华"二十一条"要求的关系。[⑥] 左世元认为，中日合办汉冶

---

[①] 易惠莉「井上馨致盛宣怀函解读（1910—1911）：围绕汉冶萍公司中日政治经济之多面关系」『東アジア文化交渉研究』、2013年第6号；易惠莉：《晚清日本外交官在华的多方活动（1898—1901）——小田切万寿之助致盛宣怀函解读》，《近代中国》第22辑，上海社会科学院出版社，2013；易惠莉：《晚清日本外交官在华的多方活动（1898—1902）——小田切万寿之助关于汉阳铁厂事致盛宣怀函解读》，《近代中国》第23辑，上海社会科学院出版社，2014；颜龙龙：《在个人交谊与国家利益之间：井上馨与盛宣怀围绕汉冶萍问题交涉始末（1897—1915）》，《近代史学刊》第25辑，社会科学文献出版社，2021。

[②] 李玉勤：《"张盛交易"的代表性说法考辨》，《许昌学院学报》2011年第3期；左世元、吴盛卿：《〈煤铁互售合同〉与张、盛之分歧》，《黄石理工学院学报》2011年第3期；刘立强、王亮停：《张之洞和盛宣怀在汉阳铁厂上的杯葛》，《前沿》2011年第10期；李玉勤：《"蝴蝶效应"：析盛宣怀袁世凯轮电之争及对汉阳铁厂的影响》，《理论界》2009年第8期；范福潮：《孙中山与汉冶萍借款》，《读者文摘》2011年第5期；周积明、徐超：《汉阳铁厂商办时期张（之洞）盛（宣怀）关系研究》，《华中师范大学学报》2020年第4期。

[③] 马景源主编《历史名人与冶矿》，武汉出版社，2009；谭倩舸：《"矿冶专家"金岳祜与萍乡煤矿研究（1917—1927年）》，硕士学位论文，湖北大学，2023。

[④] 易惠莉：《二十一条起因：临时民国政府与日本合办汉冶萍借款案》，凤凰网·历史，2009年6月21日；李海涛：《"二十一条"要求之汉冶萍公司交涉案述评》，《近代史学刊》第14辑，社会科学文献出版社，2015。

[⑤] 向明亮：《在帝国主义与经济民族主义之间——盛宣怀与汉冶萍中日合办案新探》，《历史教学》（下半月刊）2011年第12期。相关的研究还可参见潘浪《中日合办汉冶萍公司缘由探析》，《萍乡高等专科学校学报》2011年第5期；马长林《民国初年临时政府两笔对外借款述评》，复旦大学中国金融史研究中心编《辛亥革命前后的中国金融业》，复旦大学出版社，2012；孙波《盛宣怀与"中日合办汉冶萍"事件考》，《怀化学院学报》2015年第1期。

[⑥] 久保田裕次「漢冶萍公司の日中合弁化と対華二一ヵ条要求」『史学雑誌』第121編第2号、2012年。

萍案是历史必然性和偶然性共同作用的结果，是"近代中国以国家为本位、以财政为中心的经济政策的思想以及相关保护企业合法权益、产权法律的缺失而造成的"，体现了公司在日本帝国主义处心积虑侵略政策下的艰辛发展历程。① 刘远铮从《申报》《时报》的舆论风潮看民国初年中日合办汉冶萍案。② 这些研究都有利于重新认识民初汉冶萍中日合办的历史真相。

由于日本对汉冶萍公司的侵占主要是通过借债的方式一步步实现的，因而公司日债也一直是经济史学者分析的重要视角。孙波以汉冶萍公司对日本借款为中心，考察两者之间的复杂关系及盛宣怀在举借日债中起到的作用。③ 久保田裕次以汉冶萍公司为中心，探讨了日俄战争时日本对中国的借款政策和一战期间九州制钢厂的合办问题。④ 代鲁认为"一部公司史也就是一部公司日债史"，他将汉冶萍历史分为晚清、民国两个阶段，考察了汉冶萍公司长期的由日本政府出资巨额贷款的过程，书写了一部汉冶萍公司日债史，他还对汉冶萍公司 1500 万日元大借款签订的始末进行了论说。⑤ 向明亮从中国矿业利用外资的阶段、方式、进程的大背景来论述 1895—1925 年汉冶萍公司举借外债的得失。⑥ 李海涛等以企业成败命运和资金借贷为中心，比较研究汉冶萍公司与日本八幡制铁所，也是一个新的

---

① 左世元：《民初中日合办汉冶萍案新论》，《湖北理工学院学报》2013 年第 2 期；左世元：《盛宣怀与民初中日合办汉冶萍案再探讨》，《兰台世界》2013 年第 3 期；左世元：《中日合办汉冶萍公司案新探》，《湖北大学学报》2016 年第 4 期。
② 刘远铮：《民国初年中日合办汉冶萍案的舆论风潮——以〈申报〉、〈时报〉为中心的研究》，《湖北大学学报》2017 年第 6 期。
③ 孙波：《汉冶萍公司与日本的关系——以汉冶萍公司对日借款的形成为考察中心》，《忻州师范学院学报》2015 年第 4 期；孙波：《盛宣怀与汉冶萍日本借款问题新论》，《常州工学院学报》2015 年第 4 期。
④ 久保田裕次「日露戦後における対中国借款政策の展開——漢冶萍公司を中心に」『日本史研究』、第 589 号、2011 年；久保田裕次「第一次世界大戦期における『日中経済提携』と漢冶萍公司：九州製鋼株式会社の設立をめぐって」『九州史学』、第 165 号、2013 年。
⑤ 参见代鲁《晚清时期汉冶萍公司日债述析》《民国时期汉冶萍公司日债述析》《汉冶萍公司 1500 万元大借款签订始末》，载《汉冶萍公司史研究》，武汉大学出版社，2013。
⑥ 向明亮：《利用外资视域下的中国早期矿业（1895—1925）——兼论汉冶萍公司举借外债得失》，《中国矿业大学学报》2012 年第 4 期。

视角。① 朱荫贵等从汉冶萍公司的发展与近代中国资本市场的关系角度，论述公司逐渐落入日本外资的控制这一必然的命运。② 朱英、许龙生还通过对汉冶萍公司与日本债务关系的双向考察深化了对"汉冶萍模式"的认知。③ 叶磊以煤铁互售交涉案为中心探讨了日本对汉冶萍借款模式的形成。④ 帅如蓝从多视角考察了汉冶萍公司与日本的关系。⑤ 颜龙龙以日本对华的多元交涉为中心，探讨汉冶萍公司与清末民初的中日关系。⑥

4. 汉阳铁厂专题的研究

作为汉冶萍公司最重要的组成部分——汉阳铁厂，其经营管理的状况、扩充、得失等是值得学界持续探讨的问题，⑦ 关于铁厂的厂址选择问

---

① 李海涛：《清末民初汉冶萍公司与八幡制铁所比较研究——以企业成败命运的考察为核心》，《中国经济史研究》2014年第3期；李海涛、欧晓静：《清末民初汉冶萍公司与八幡制铁所的利益博弈——以资金借贷为中心的考察（1896—1915年）》，《湖北理工学院学报》2015年第2期。

② 朱荫贵：《试论汉冶萍发展与近代中国资本市场》，《社会科学》2015年第4期。相关内容另见杨春满、段锐《1922—1927年汉冶萍公司对日举债考略》，《湖北师范学院学报》2010年第2期；朱佩禧《从资本关系研究日本对汉冶萍公司的控制问题》，《湖北理工学院学报》2015年第3期；李柏林《中日关系视野下的汉冶萍公司接管问题述论（1927-1929年）》，《历史教学》2016年第8期；左世元《清末民初列强对汉冶萍的竞争与日本垄断地位的形成》，《地域文化研究》2023年第2期；李柏林《论近代日本对汉冶萍公司控制权的争夺》，《湖北师范大学学报》2023年第5期。

③ 朱英、许龙生：《汉冶萍公司与日本债务关系之双向考察》，《江汉论坛》2016年第9期。另参见许龙生《中国企业与外国资本——汉冶萍公司对日借款研究（1896-1931）》，硕士学位论文，华中师范大学，2016。

④ 叶磊：《日本对汉冶萍借款模式的形成——以煤铁互售交涉为中心的探讨（1898—1899）》，《史林》2020年第4期。相关研究还可见周明积、何威亚《日本与大冶铁矿"煤铁互易"史事考论》，《江汉论坛》2019年第9期。

⑤ 帅如蓝「漢冶萍公司の対日関係：多角的枠組みからの考察」博士学位論文、東京大学、2021。

⑥ 颜龙龙：《汉冶萍公司与清末民初日中关系：以日方对华多元交涉为中心》，博士学位论文，日本关西大学，2022。

⑦ 刘霞：《清末民用洋务企业企业管理状况研究——基于汉阳铁厂、上海机器织布局史料分析》，硕士学位论文，河北师范大学，2008；潘淑贞：《晚清湖北汉阳铁厂的员工管理探析》，《郑州航空工业管理学院学报》2011年第4期；李海涛、张泰山：《汉阳铁厂初创时期机器设备来源略考》，《武汉科技大学学报》2013年第5期；李海涛、张泰山：《辛亥革命前汉阳铁厂规模扩张进程考略》，《湖北理工学院学报》2014年第5期；郑畋、张芳霖：《官商·产权·利益：清末汉阳铁厂焦煤供应商选择背后的矛盾与冲突》，《近代史学刊》第24辑，社会科学文献出版社，2021。

题学界也有新视角的再探讨。① 而"招商承办"问题是汉阳铁厂研究的又一个重要热点问题。李玉勤认为甲午中日战争后,清政府的财政崩溃、经济政策转变以及政治力量的重新组合,为汉阳铁厂的改制提供了条件。② 李培德等以光绪二十二年盛宣怀接办汉阳铁厂事件为例,"剖析盛宣怀接办汉阳铁厂的原因及背后的交换条件,揭示盛宣怀成功从北洋转移到南洋,更换支持他的权护者(patron)的转换轨迹,并以此事件来分析清末中国还没有公司法的特定环境下,官督商办企业如何运作,企业对公权的依存性及二者的博弈,以及包、保、报的概念如何能够反映清末官官或官商之间之利益交换"。③ 袁为鹏从政治与经济相结合的角度对清末汉阳铁厂之招商承办进一步做了阐释,揭示了甲午战后晚清政局与人事的变动对铁厂经营及其招商承办的深刻影响。④ 张实对学界关于盛宣怀接办汉阳铁厂的"被胁迫说"进行了考辨。⑤

同时,学界还出现了关于汉阳铁厂的新的研究,丁佩借鉴布迪厄的"场域"理论研究汉阳铁厂这一"场域";⑥ 王贺霖论述了近代汉阳铁厂的发展历程及其价值;⑦ 袁为鹏等以具体的企业和城市为个案,从近代工业的生产及其聚集与城市人口的增加与集中、交通条件的改善、城区面积的扩张与地理面貌的变化等角度,深入探讨了清末汉阳铁厂的创立与发展和武汉地区早期城市化之间的历史关联。⑧

---

① 王智、许晓斌:《晚清汉阳铁厂选址问题刍议》,《理论月刊》2010年第2期;左世元、姚琼瑶:《找寻历史真相:汉阳铁厂选址问题再探讨》,《湖北理工学院学报》2014年第5期。
② 李玉勤:《甲午中日战争与汉阳铁厂的"招商承办"》,《理论界》2009年第2期。
③ 李培德:《论"包、保、报"与清末官督商办企业——以光绪二十二年盛宣怀接办汉阳铁厂事件为例》,《史林》2009年第1期;李培德、山腰敏寛、李彦訳「『包・保・報』と清末官督商辦企業—盛宣懐が漢陽鉄廠・中国鉄道総公司・中国通商銀行をチェーン経営化した事例をめぐって」『社会システム研究』、第13号、2006年。
④ 袁为鹏:《清末汉阳铁厂之"招商承办"再探讨》,《中国经济史研究》2011年第1期。
⑤ 张实:《盛宣怀接办汉阳铁厂"被胁迫说"考辨》,《湖北师范学院学报》2015年第3期。
⑥ 丁佩:《汉阳铁厂场域研究》,硕士学位论文,武汉大学,2007。
⑦ 王贺霖:《近代汉阳铁厂的发展历程及其价值研究》,硕士学位论文,中国地质大学,2013。
⑧ 袁为鹏:《清末汉阳铁厂与武汉地区早期城市化》,《中国经济史研究》2014年第3期;申雨琦:《汉阳铁厂对晚清武汉地区工业集聚与早期城镇化的影响》,《武汉冶金管理干部学院学报》2015年第3期;薛毅:《工业近代化在中国的提升和重塑——汉冶萍公司研究三论》,《湖北理工学院学报》2016年第6期。

## （二）汉冶萍公司研究领域的拓展

近年来，学界在钢铁工业文化遗产、钢铁技术史、公司制度史、政府与企业的关系、原料及产品的运输与销售、萍乡煤矿和大冶铁矿的专题研究，抗日战争时期公司内迁重庆，思想史新视野等方面拓展了领域，涌现了许多新的研究。

1. 汉冶萍公司钢铁工业文化遗产问题

作为钢铁工业遗产，汉冶萍公司越来越受到关注，如对汉阳铁厂建筑遗址改造、遗产再利用与环境再生的研究，[①] 对大冶铁矿与黄石地区工业遗产问题的探讨，[②] 对萍乡煤矿建筑遗产保护与再利用的论述。[③]

当今，汉冶萍公司作为工业遗产的整体价值越来越受到重视，其在经济价值、文化价值、社会价值等方面焕发了新的生命力。方一兵结合中国近代冶金技术史的研究工作对汉冶萍公司留存的主要工业遗产（器物、景观、建筑文献等）及其保护利用现状进行了系统的考察，并且对中国近代冶金工业遗产保护及其与近代冶金技术史研究的关系进行了简要探讨。[④]田燕将文化线路理论与汉冶萍工业遗产相结合，建构了汉冶萍工业文化线路的理论体系，对汉冶萍工业遗产的价值进行了认真考证和分析，确定了汉冶萍工业遗产的价值和分级体系，并提出了相应的保护与利用的基本策略。[⑤]

---

[①] 董飞飞：《汉阳钢厂建筑遗产再利用与环境再生研究》，硕士学位论文，武汉理工大学，2012；鲁思媛：《关于历史工业建筑遗址改造再利用的研究——以湖北武汉"汉阳造"为例》，硕士学位论文，武汉纺织大学，2013。

[②] 刘金林：《永不沉没的汉冶萍——探寻黄石工业遗产》，武汉出版社，2012；舒韶雄、李社教等：《黄石矿冶工业遗产研究》，湖北人民出版社，2012；刘金林、聂亚珍、陆文娟：《资源枯竭城市工业遗产研究——以黄石矿冶工业遗产研究为中心的地方文化学科体系的构建》，光明日报出版社，2014；刘金林：《汉冶萍铁路的工业遗产价值》，《黑龙江史志》2015年第13期。

[③] 吕少俊、李晓勇：《江西萍乡安源煤矿矿业遗迹特色与资源价值》，《科技资讯》2012年第11期；田燕、侯雷、张一恒：《萍乡煤矿建筑遗产保护与再利用》，《华中建筑》2012年第12期。

[④] 方一兵：《汉冶萍公司工业遗产及其保护与利用现状》，《中国矿业大学学报》2010年第3期。

[⑤] 田燕：《文化线路视野下的汉冶萍工业遗产研究》，武汉理工大学出版社，2013。

2. 汉冶萍公司钢铁技术史的研究

技术史是研究技术发展历史及其与社会文化之间关系的学科，是社会史和文明史的重要组成部分。技术史研究不仅关注技术自身的传统和发展机制（即内史），而且将技术置于历史之中，关注技术在社会史中的作用（即外史）。汉冶萍公司技术史的研究以方一兵《汉冶萍公司与中国近代钢铁技术移植》一书为代表，他的研究系统地回顾与整理了以汉冶萍公司为核心的近代中国大规模移植西方钢铁技术的历史进程，包括对设备的引进和改造，中国首批钢铁工程师、技术工人的培养及其作用，中国首部钢轨技术标准的难产等史实的挖掘和研究，并深入探讨了汉冶萍公司对中国近代钢铁技术体系的构建所产生的影响。[①] 周荣以近代国人对汉冶萍公司洋匠的评议为中心进行研究，认为这是国势羸弱条件下的一种防御性论述，实际上洋匠在促进技术的本土化上发挥了重要作用。[②]

3. 汉冶萍公司制度史的研究

汉冶萍公司经历了官办、官督商办和商办三个历史阶段，其沿革历史体现了近代企业制度的变迁过程。汉冶萍公司制度史的研究以李玉勤《晚清汉冶萍公司体制变迁研究》为代表，作者从汉冶萍公司体制变迁的原因、过程以及不同阶段体制的运作等方面来揭示其体制变迁失败的政治根源，详细考察了19世纪七八十年代湖北煤铁矿务体制的最初尝试、张之洞与1889—1896年汉阳铁厂官办体制、盛宣怀与1896—1907年汉阳铁厂的官督商办、盛宣怀与1908—1911年汉冶萍公司股份制等四个历史阶段。同时，作者还运用了心理学的分析方法来透视晚清政治"潜规则"在体制变迁中的重要作用。最终，作者认为"晚清末年，汉冶萍公司的企业制度尽

---

[①] 方一兵：《汉冶萍公司与中国近代钢铁技术移植》，科学出版社，2010。汉冶萍公司技术史的相关研究还有方一兵、潜伟《汉阳铁厂与中国早期铁路建设——兼论中国钢铁工业化早期的若干特征》，《中国科技史杂志》2005年第4期；方一兵、潜伟《中国近代钢铁工业化进程中的首批本土工程师（1894—1925年）》，《中国科技史杂志》2008年第2期；杨建国《汉阳铁厂技术移植及其对中国近代钢铁技术的影响》，《科技创业月刊》2012年第5期；刘金林《近代中国钢铁工业探索的全球化与本土化——以汉冶萍公司为中心》，《吉林省教育学院学报（上旬）》2014年第12期。

[②] 周荣：《近代国人对洋匠的评议——以汉冶萍公司为中心》，《安庆师范大学学报》2024年第3期。

管发生了适应历史潮流的变化，但这主要是形式上的，张之洞、盛宣怀采用和改变体制的动机主要是为了加强个人政治资本以捞取个人私利。而这正是汉冶萍公司乃至晚清多数类似企业体制转轨失败的根本原因所在"。① 张忠民考察了汉阳铁厂创办早期的企业特许制下的资本以及产权制度、企业治理以及基本管理制度、奏销与绩效的核算分配制度。②

郭莹、杨洋、张慧等学者考察了汉冶萍公司的企业体制、人事、包工、招股投资、管理中枢、职工福利、总工会等制度的建设与变迁，尤其是杨洋深入探讨了人才的培养、使用与管理等问题，进而凸显了企业技术自主权的重要性。③

---

① 李玉勤：《晚清汉冶萍公司体制变迁研究》，中国社会科学出版社，2009，第2页。汉冶萍公司制度史的相关研究还有：闫文华《汉冶萍厂矿的公司制研究（1908—1925年）》，硕士学位论文，武汉大学，2005；李海涛《清末民初汉冶萍公司制度初探》，《河南理工大学学报》2006年第1期；李玉勤《试析清末汉冶萍公司股份制的建构和运作（1908—1911）》，《许昌学院学报》2009年第4期；段锐、许晓斌《从政治社会化主客体视角看晚清汉冶萍公司改制》，《湖北经济学院学报》2010年第1期；代鲁《汉冶萍厂矿的股份改制与扩招新股问题》，载《汉冶萍公司史研究》，武汉大学出版社，2013；李江、陈庆发《汉冶萍公司体制研究》，《南方文物》2013年第4期；蔡明伦、高秀英：《萍矿警长之争：汉冶萍公司人事管理上的博弈（1918—1926）》，《湖北师范大学学报》2018年第6期；曾侨《盛宣怀与汉冶萍公司董事会制度的早期实践》，《湖北理工学院学报》2023年第2期。

② 张忠民：《汉阳铁厂早期（1890—1896）的企业制度特征》，《湖北大学学报》2017年第4期。

③ 郭莹、杨洋：《汉冶萍公司用人权限问题考论》，《湖北大学学报》2017年第6期；郭莹、杨洋：《汉冶萍公司包工制及其变革述论》，《中国社会经济史研究》2018年第3期；郭莹、陈锴：《汉冶萍公司1907—1913年招股述论——兼及近代中国重工业企业遭遇的资本社会化难题》，《求是学刊》2018年第6期；杨洋：《中国近代企业职员管理现代化趋向研究（1890—1938）——以汉冶萍公司职员的招收和退出管理为中心》，《江汉论坛》2019年第2期；张慧、郭莹：《近代中国跨区工业企业的管理选择——以汉冶萍公司管理中枢的区域设置为视角》，《江汉论坛》2020年第2期；杨洋：《晚清时期企业体制变迁及其现代化审视——对汉阳铁厂"招商承办"之再思考》，《安徽史学》2020年第2期；杨洋：《汉冶萍公司留学生技术人才培养与技术自主能力述论》，《中州学刊》2020年第7期；杨洋：《汉冶萍公司技术自主权探析——以技术人才的培养和使用为中心》，《学术研究》2020年第8期；刘远铮：《民国时期汉冶萍公司职工福利的内容、效应与局限——以汉冶萍公司档案为中心的研究（1920—1938年）》，《三峡大学学报》2022年第3期；杨洋、龙城城：《汉冶萍公司的人才招录探析》，《社会科学动态》2023年第2期；张娜、李海涛：《汉冶萍总工会及其贡献初探》，《湖北理工学院学报》2023年第6期；张慧：《近代中国企业短贷长投现象探析——基于汉冶萍公司账务资料之考察》，《江汉论坛》2024年第6期。

### 4. 政府与企业的关系问题

政企关系是汉冶萍公司研究的另一个新热点。汉冶萍公司先后经历了清政府、南京临时政府、北洋政府和国民政府四个时期，其在生产、经营、管理等活动中与中央政府和地方政府（主要是厂矿所在的湖北、江西、湖南省地方政府）之间始终有着密切的联系。王智、许晓斌以汉冶萍公司的生存境遇为研究对象，论述汉冶萍在官商之间的体制徘徊、股份制的改革、外资控制下的利权冲突及夹缝中生存的企业与现代性问题。[1] 研究者不仅从官款和矿权等角度探讨了汉冶萍公司与湖北地方政府和官绅的关系，[2] 还考察了不同时期汉冶萍公司与中央政府的关系。[3] 张强以1937年汉冶萍公司应募抗战救国公债一事为例，分析全民族抗战初期企业对国家社会责任的践行。[4] 萩原充通过考察抗战后汉冶萍公司的接收问题，审视华中地区铁矿企业与国民政府的关系。[5] 左世元系统地探讨了晚清民国时期汉冶萍公司与各级政府的关系，认为政府应为企业发展提

---

[1] 王智、许晓斌：《官商之间利权冲突中的现代性——以汉冶萍的生存境遇为例》，《理论月刊》2010年第7期。

[2] 左世元、杨泽喜：《官商博弈：湖北地方政府与汉冶萍公司间的象鼻山矿权案》，《黄石理工学院学报》2011年第1期；左世元：《法律断裂与湖北地方政府、汉冶萍公司间的官款偿还案》，《黄石理工学院学报》2011年第2期；左世元、尚平：《论汉冶萍公司与湖北官绅间之矿权交涉案》，《近代史学刊》第13辑，社会科学文献出版社，2015；李超：《民国初年湖北地方政府争夺汉冶萍公司鄂省产业探析》，《武汉理工大学学报》2016年第3期。

[3] 左世元：《汉冶萍公司与袁世凯政府关系探析》，《湖北社会科学》2012年第9期；左世元：《晚清国家干预与汉冶萍的初步发展》，《湖北社会科学》2013年第6期；左世元：《从汉冶萍公司的发展历程看近代中国的政企关系》，《湖北理工学院学报》2013年第6期；左世元：《通惠借款：汉冶萍公司与袁世凯政府关系论析》，《历史教学》（下半月刊）2013年第6期；左世元：《汉冶萍公司与国民党政权之关系——以1927—1929年整理汉冶萍公司案为中心》，《江汉学术》2014年第2期；李柏林：《中日关系视野下的汉冶萍公司接管问题述论（1927—1929年）》，《历史教学（下半月刊）》2016年第8期；左世元、姚琼瑶：《1931—1938：汉冶萍公司与国民政府关系述略》，《黑龙江史志》2014年第19期；左世元、方巍巍：《抗战后"接收"过程中汉冶萍公司与国民政府之关系》，《湖北理工学院学报》2014年第4期。

[4] 张强：《抗战背景下近代民族企业社会责任的践行——以1937年汉冶萍公司应募抗战救国公债为例》，《湖北理工学院学报》2015年第2期。

[5] 萩原充「漢冶萍公司の戦後接収をめぐって：華中地域の鉄鉱企業と国民政府」『釧路公立大学地域研究』、2013年第22号。

供政策和条件。① 许龙生考察了民国初年汉冶萍公司订购电机案，探讨了事件背后企业利益、政府决策与外交协调间的复杂关系。② 姜迎春等从资本、权力与关系的视角探讨了民初汉冶萍公司的矿权博弈问题。③

5. 汉冶萍公司原料及产品的运输与销售研究

原料及产品的运输与销售对汉冶萍公司的发展至关重要。代鲁从汉冶萍公司的钢铁销售与市场角度，论述了1908—1927年间公司产品的流通过程。④ 张宏森从汉冶萍公司原料和燃料运输的角度，探讨了1894—1925年公司的运输状况，并分析了钢铁生产与运输之间的关系。⑤ 闫文华用新制度经济学的企业理论来分析决定企业边界的一些因素并探究企业如何理性选择其最佳规模，考察了萍矿煤焦运往汉阳铁厂的多种运输方式。⑥ 迎由理男论述了汉冶萍公司与日本市场的关系。⑦ 左世元、李海涛探讨了汉冶萍公司钢铁销售市场的开拓及其影响。⑧

6. 萍乡煤矿和大冶铁矿的专题研究

不同于以往主要侧重于汉阳铁厂的专题研究，近年来萍乡煤矿和大冶铁矿的相关研究也逐渐增多。

关于萍乡煤矿的研究，主要集中在以下几个方面：其一，从矿业社会史的角度，探讨开发萍乡煤矿所带来的地方社会问题及地方士绅与萍

---

① 左世元：《汉冶萍公司与政府关系研究》，中国社会科学出版社，2016。
② 许龙生：《企业利益、政府决策与外交协调——对汉冶萍公司订购电机案的考察（1914—1918）》，《中国经济史研究》2017年第3期。
③ 姜迎春、于燕鹏：《资本、权力与关系：民初汉冶萍公司矿权博弈》，《江汉论坛》2023年第9期。
④ 代鲁：《汉冶萍公司的钢铁销售与我国近代钢铁市场（1908—1927）》，《近代史研究》2005年第6期。
⑤ 张宏森：《汉冶萍公司原料、燃料运输研究（1894—1925）》，硕士学位论文，华中师范大学，2009。
⑥ 闫文华：《汉冶萍公司萍矿煤焦运往汉厂的运输方式考察》，《中国矿业大学学报》2009年第3期。
⑦ 迎由理男「漢冶萍公司と日本市場」『北九州市立大学商経論集』、2011年第46卷第3—4号。
⑧ 左世元、李海涛：《盛宣怀与汉冶萍钢铁销售市场的开拓》，《近代史学刊》第12辑，社会科学文献出版社，2014；李海涛：《清末汉冶萍公司对美国市场的开拓及其影响》，《江西社会科学》2019年第10期。

乡煤矿的关系、萍矿疫病防治等；① 其二，从萍乡煤矿的发展历史，分析萍乡煤矿在汉冶萍公司发展中的历史地位与作用；② 其三，从萍乡煤矿与现代化的角度，考察萍乡铁路建设和城镇化问题；③ 其四，从矿业经济史的视角，分析萍乡煤矿资本运作、收益，政治生态对企业经营的影响及产业契约等问题；④ 其五，突破传统带有政治色彩的研究视角，基于文化和民族志等视角，研究安源路矿工人阶级状况、工人运

---

① 肖育琼：《近代萍乡士绅与萍乡煤矿（1890—1928）》，硕士学位论文，南昌大学，2006；刘林玲：《清末民初萍乡煤铁资源的争夺与地方动乱》，硕士学位论文，中山大学，2010；曾伟：《广泰福号与安源煤矿》，《萍乡高等专科学校学报》2013年第1期；曾伟：《文廷式与近代萍乡煤炭资源的开发》，《九江学院学报》2014年第3期；李超：《萍矿、萍民与绅商：萍乡煤矿创立初期的地方社会冲突》，《江汉大学学报》2014年第4期；左世元：《盛宣怀与萍乡煤矿的开发》，《兰台世界》2015年第19期；左世元、刘小畅：《论晚清政府的保护与萍乡煤矿的开发》，《湖北工学院学报》2015年第6期；张实：《盛宣怀与萍乡广泰福》，《湖北理工学院学报》2016年第1期；雷平、周荣：《疫病防治的公共卫生路径：民国初期萍矿钩虫病的防治》，《医疗社会史研究》第15辑，社会科学文献出版社，2023；刘洋、郭莹：《近代大矿与地方社会的矿权博弈——以萍乡煤矿矿界案为中心》，常建华主编《中国社会历史评论》第31卷，天津古籍出版社，2023。

② 吴自林：《论萍乡煤矿在汉冶萍公司中的地位（1890—1928）》，硕士学位论文，南昌大学，2007；黄仂、周小建、虞文华：《萍乡煤矿在汉冶萍公司发展中的历史地位与作用——纪念萍乡煤矿创办110周年暨汉冶萍公司成立100周年》，《江西师范大学学报》2008年第6期。

③ 李海涛：《萍乡煤矿与近代江西萍乡城镇化的起步》，《萍乡高等专科学校学报》2009年第1期；曾伟：《〈筹办萍乡铁路公牍〉整理与研究》，硕士学位论文，江西师范大学，2010；曾伟：《近代铁路土地产权交易形态分析》，《兰台世界》2014年第13期；张实：《顾家相与萍乡铁路购地的博弈》，《湖北理工学院学报》2015年第4期；王淼华：《萍乡煤矿创办初期的困境与株萍铁路的兴建》，《山海经》2015年第23期。

④ 陈庆发：《近代中国的企业资本运作与资本收益分析——以萍乡煤矿为中心》，《江西社会科学》2010年第1期；陈庆发：《晚清与民国时期政治生态对企业经营的影响——以萍乡煤业为中心》，《南昌大学学报》2010年第2期；陈庆发：《近代萍乡煤矿研究（1892—1939）》，博士学位论文，南京师范大学，2010；曾伟：《近代官办企业与产权变革——萍乡煤矿产业契约研究》，博士学位论文，厦门大学，2014；陈庆发：《商办到官办：萍乡煤矿研究》，中国社会科学出版社，2015；李海涛：《清末民初萍乡煤矿的市场角色转换及其历史启示》，《中国经济史研究》2018年第1期；曾伟：《晚清民国萍乡煤矿产业契约与矿山产权交易》，《中国社会历史评论》第23卷，天津古籍出版社，2019；左世元：《李烈钧与萍乡煤矿》，《中国国家博物馆馆刊》2021年第1期；张实：《萍乡煤矿早期经营业绩探究》，《湖北理工学院学报》2021年第6期。

动、革命传统等问题。①

在大冶铁矿的研究方面，学界主要集中在四点：其一，从工业化的角度，分析大冶铁矿对地方社会的影响；② 其二，从中日两国钢铁业发展的角度，论述日本对大冶铁矿的侵占和掠夺的史实；③ 其三，从社会史的视角，考察大冶铁矿改组整顿的历史、工人群体的劳动和生活状态；④ 其四，从企业文化的角度，思考大冶铁矿发展历程的启示。⑤

---

① 梅方权：《安源矿工：转型期的变迁研究》，中国社会科学出版社，2006；陆华东：《从和平斗争到武装起义——二十世纪20年代安源工人运动新探》，硕士学位论文，江西师范大学，2007；薛世孝：《萍浏醴武装起义始末与安源煤矿工人》，《河南理工大学学报》2010年第2期；黄仂：《安源路矿工人运动史新论》，中央文献出版社，2011；〔美〕裴宜理：《重拾中国革命》，《清华大学学报》2011年第5期；黄爱国、杨桂香主编《安源路矿工人运动研究》，江西人民出版社，2013；〔美〕裴宜理：《安源：发掘中国革命之传统》，阎小骏译，香港：香港大学出版社，2014；王淼华：《萍乡煤矿早期工人运动的兴起及其失败原因分析》，《农村经济与科技》2016年第2期；王淼华：《试论萍乡煤矿与萍浏醴起义的关系》，《萍乡学院学报》2016年第4期；江峰、徐秋意：《中国共产党对汉冶萍早期工人运动的领导及历史启示》，《湖北理工学院学报》2023年第3期。

② 姜迎春：《近代工业文明的植入与地区社会变迁——以大冶铁矿为中心（1890—1938年）》，硕士学位论文，中南民族大学，2009；姜迎春：《工业化背景下的乡村社会流动——以大冶铁矿为个案（1890—1937）》，《中国矿业大学学报》2009年第4期；周少雄、姜迎春：《工业文明植入与传统社会阶层的嬗变——以大冶铁矿的开发为例（1890—1937年）》，《湖北师范学院学报》2010年第3期；徐旭阳、张铃：《近代大冶铁矿开采与地区社会变迁》，《湖北师范学院学报》2012年第5期；姜迎春、李和山：《规训与选择：工业化背景下乡村教育转型——以大冶铁矿为中心（1890—1937年）》，《湖北社会科学》2013年第3期；袁霞：《矿冶业与近代黄石四大城区的形成》，《湖北理工学院学报》2013年第4期；刘金林：《汉冶萍公司与近代长江经济带的初步形成——以大冶重工业基地的创建为中心》，《湖北理工学院学报》2014年第5期；刘金林：《汉冶萍公司与近代大冶工业化进程》，《黑龙江史志》2014年第15期；欧晓静、李海涛：《论汉冶萍公司与近代黄石城镇化的起步》，《湖北理工学院学报》2015年第3期；徐秋意、左世元：《大冶厂矿与近代黄石区域社会变迁》，《湖北师范大学学报》2023年第3期。

③ 柯育芳、张志强：《论日铁大冶矿业所对大冶铁矿的侵夺》，《湖北经济学院学报》2012年第7期；张实：《大冶铁矿为日本创建八幡制铁所提供矿石史实新探》，《湖北理工学院学报》2013年第1期；张实：《大冶铁矿总办解茂承与矿石运售日本的矛盾》，《湖北理工学院学报》2016年第6期。

④ 陈文敏：《大冶铁矿工人群体研究（1890—1949）》，硕士学位论文，湖北大学，2013；陈文敏：《大冶铁矿工人群体与大冶—黄石城乡社会》，《武汉文博》2013年第3期；李超：《民国初年大冶铁矿改组整顿略论》，《萍乡学院学报》2019年第1期。

⑤ 方红：《春秋百年——大冶铁矿企业文化启示录》，湖北人民出版社，2012；高磊：《大冶铁矿文化产业发展的实践与思考》，《钢铁文化》2013年第5期。

### 7. 全民族抗战时期汉冶萍公司内迁重庆问题

研究汉冶萍公司在抗战内迁的大时代背景下的内迁过程及影响具有典型的代表意义，相关学者不仅梳理了特殊历史条件下汉冶萍公司的生存状况，而且展现了战时中国近代工业的发展境遇。徐凯希认为，"抗战初期，国民政府为了建立战时工业的需要，断然决定对汉冶萍公司汉阳铁厂、大冶铁厂实行征用拆迁，另在大后方创办新厂，以树立国防重工业的基础。依靠武汉会战赢得的宝贵时间，克服重重困难，湖北钢铁工业完成了重要工业装备跨区域转移的空前壮举，从而奠定了大后方钢铁工业的基础，为全民族抗战的最终胜利作出了宝贵的贡献"。① 王利霞从汉阳铁厂内迁的背景和过程、全民族抗战时期的汉阳铁厂、汉阳铁厂对大后方经济的影响等方面，论述了汉阳铁厂在全民族抗战时期的发展及其产生的影响。②

### 8. 政治思想史视野下的汉冶萍公司问题审思

与以往的众多研究不同，近年来，湖北大学中国思想文化史研究所周积明教授从政治思想史的视角，考察"汉冶萍民族主义话语"，剖析汉冶萍公司历史进程的思想文化背景，"运用布罗代尔的历史时段分期理论，把汉冶萍的生命历程放到'社会时间'（中时段）中考量，放到整个近代中国社会新陈代谢的视域中观看"，并且批判当下学界汉冶萍研究中的"后见之明""道德主义""历史目的论"等观念，将汉冶萍从传统的社会经济史研究转向了新领域的探讨。③

综上所述，虽然目前学界对汉冶萍公司的研究呈现出了许多新视角，但还是有很多问题论述不详或未曾涉及，主要存在以下四个问题。其一，现有对汉冶萍公司的研究还有许多问题论述不详，尚有很大研究空间。如

---

① 徐凯希：《武汉会战与湖北钢铁工业内迁》，《学习与实践》2010年第5期。
② 王利霞：《钢铁工业内迁对抗战大后方经济的影响——以汉阳铁厂为个案》，硕士学位论文，重庆师范大学，2011。
③ 周积明、黄予：《价值理性与工具理性：汉冶萍民族主义话语的二重性》，《湖北大学学报》2019年第5期；周积明、丁亮：《晚清督抚政治模式研究——以汉阳铁厂的经费筹措为视角》，《武汉大学学报》2020年第5期；周积明、徐超：《张（之洞）盛（宣怀）关系与晚清政局——以官办汉阳铁厂时期为探讨中心》，《河北学刊》2021年第2期；周积明：《历史大视野下的汉冶萍成败论》，《清华大学学报》2021年第3期；周积明：《汉冶萍研究中的若干潜理论批评》，《天津社会科学》2022年第4期；周积明：《历史认知·历史实然·历史诠释》，《河北学刊》2023年第4期。

在近代人物与汉冶萍公司关系方面，虽然学界从20世纪80年代开始就一直持续研究，但从总体上看，仍还有许多曾参与汉冶萍公司事务的近代人物值得探讨，包括湖北铁政局总办蔡锡勇，汉冶萍公司董事会会长赵凤昌，总经理张謇、夏偕复、盛恩颐，股东联合会会长傅筱庵，汉阳铁厂厂长吴健，萍乡煤矿总办林志熙、李寿铨，大冶铁矿矿长王宠佑，驻日商务代表高木陆郎，以及外籍工程师，等等。其二，在现有研究领域之外，还有许多问题未曾涉及。现有研究主要集中于汉、冶、萍三个主要厂矿的研究，而对大冶铁厂①和汉冶萍公司附属厂矿、合资企业、合办企业②的研究则十分薄弱。而且，学界还相对忽视中下层人物和群体日常生活的考察，缺乏对汉冶萍公司工会、俱乐部、医院、矿区学堂、厂矿警局等机构的研究。其三，从总体上而言，缺乏研究时间段的后延。现有研究成果的研究时段集中在汉阳铁厂的创办到汉冶萍公司商办前期，而对商办后期历史问题的论述较少。如对汉冶萍公司制度史的研究主要集中在清末民初时期，对于公司在民国后期历史发展和制度变革状况的认知则较粗略和零散。其四，现有学界对汉冶萍公司问题的研究大多是利用已出版的史料，缺乏对大量存在却未被发掘与整理的近代报刊和档案史料的运用。据统计，国内外存在相当数量的汉冶萍公司新史料未被发掘与整理，包括《申报》《时报》《益世报》《东方杂志》《矿业周报》等在内，约有两百多种近代报刊涉及对汉冶萍公司问题的论述，湖北省档案馆、武汉市档案馆、萍乡矿务局档案馆、重庆钢铁公司档案馆、上海市档案馆等地也藏有许多未被利用的原始档案史料，而且还存在一定数量的海外历史文献资料。③

### （三）汉冶萍公司研究的思考

近代以来，汉冶萍公司一直被视为"中国制造之权舆"。④ 深入研究汉冶萍公司问题对研究中国近代企业史具有非常典型的意义，虽然现有的研

---

① 左世元：《汉冶萍公司新铁厂选址大冶的原因探析》，《黄石理工学院学报》2012年第4期。
② 陈锴：《扬子机器厂与汉冶萍公司关系述析》，《安庆师范大学学报》2023年第3期。
③ "汉冶萍公司档案的搜集整理与研究"项目课题组：《"汉冶萍公司档案文书的整理与研究"项目介绍》，湖北大学中国思想文化史研究所，2013年12月。
④ 雷平：《汉冶萍公司："中国制造之权舆"》，《湖北社会科学报》，2014年5月15日，第4版。

究成果在数量上已有一定规模,但在许多方面问题研究上仍有不足。随着对历史的认识深入发展,汉冶萍公司研究应该是一个值得持续关注并推陈出新的领域。2008年3月,湖北黄石、武汉先后举行了汉冶萍公司成立100周年的座谈会和学术研讨会;2013年,湖北师范学院成立汉冶萍研究中心;2014年6月11日,《光明日报》理论周刊·史学版专版刊发"汉冶萍档案研究:保存知识、创造知识"主题报道,刊发了科大卫、李中清、梁晨、周洪宇、熊承家、周积明、郭莹、方一兵等国际合作团队成员的文章,介绍了汉冶萍公司档案的现存概况、重大价值、历史意义、创新视角和研究前景;① 2014年11月,周积明教授主持的"汉冶萍公司档案的搜集整理与研究"课题,获得2014年度国家社科基金重大项目(第二批)立项(2019年获得滚动资助);2014年12月,第一届汉冶萍国际学术研讨会在黄石召开。② 2015年6月17日,《光明日报》理论周刊·史学版再次专版刊发了李培德、于乃明、陈慈玉、任放、蔡明伦、张实、李柏林等学者的文章,从不同角度管窥百年汉冶萍公司的"前世今生"。③ 2016年10月,第二届汉冶萍国际学术研讨会在武汉召开。④ 2018年11月,第三届汉冶萍国际学术研讨会在萍乡召开。以汉冶萍公司为主题的学术会议的召开、科研团队的组建、重大项目的立项等不仅凸显了汉冶萍公司研究的重大意义,而且标志着汉冶萍公司问题正在逐步成为史学研究的热点之一。因此,我们应从创新理论、拓宽视野、借鉴方法和发掘新史料等方面,深入推进今后对汉冶萍公司的研究。

---

① "汉冶萍档案研究:保存知识、创造知识"主题报道文章包括科大卫《汉冶萍公司简史及其档案的重要意义》,李中清、梁晨《突破既有学术脉络创新汉冶萍档案研究》,周洪宇《让汉冶萍研究走向世界学术前沿》,熊承家《湖北省档案馆藏汉冶萍公司档案概说》,周积明《汉冶萍档案的现状与整理研究的价值》,郭莹《劳动史:汉冶萍档案研究的新视角》,方一兵《汉冶萍档案的技术史价值》,参见《光明日报》2014年6月11日,第14版。
② 蔡明伦、张泰山主编《第一届汉冶萍国际学术研讨会论文集》,长春出版社,2016。
③ 专版文章包括李培德《多维视野下的汉冶萍公司史研究》、于乃明《中日关系史上的汉冶萍——以小田切万寿之助为切入点》、陈慈玉《日本对繁昌铁矿的投资与争夺》、任放《"湖北新政"视野下的张之洞、盛宣怀、张謇》、蔡明伦《私矿煤井:汉冶萍公司生存困境一瞥》、张实《汉阳铁厂外部环境探析》、李柏林《南京国民政府钢铁国营政策与汉冶萍公司的历史命运》,参见《光明日报》2015年6月17日,第14版。
④ 尚平、张强主编《第二届汉冶萍国际学术研讨会论文集》,武汉出版社,2018。

1. 创新理论，深化主题内容的研究

汉冶萍公司58年的历史，与近代中国社会的政治、经济、文化等方面的发展密不可分，因而突破传统的研究领域，将汉冶萍公司发展置于时代大背景与具体社会历史条件之下考察，具有重要的价值意义。而这要求我们必须在借鉴其他学科的理论的基础上增强理论运用的创新能力，不断用新的理论深化主题内容和拓展研究范畴。如布迪厄的"场域"理论、博弈论等可以为我们研究多方力量围绕汉冶萍公司利益所形成的"场域"中的利益博弈提供了一种新的分析框架，有助于从宏观上理解汉冶萍公司与地方政府（湖北、江西、湖南）、中央政府（清政府、南京临时政府、北洋政府、国民政府）及外国政府（日、美、德、英、比等）之间的复杂关系。

2. 拓宽视野，加强多学科交叉视角的研究

既有的汉冶萍公司研究成果主要集中在社会学、经济学和历史学领域，我们必须突破传统研究的学科界限，拓宽视野，增强多维度的审视，形成跨学科综合研究的趋势。这要求我们必须借鉴管理学、政治学、心理学、教育学、地理学、建筑学等多学科的研究路径，拓宽研究的视野。如从技术史的角度，既可以探讨纯粹的钢铁技术发展，也可以分析由物到人、再到社会的技术社会变迁过程。笔者认为，对汉冶萍公司钢铁技术史的研究在一定程度上可以理解为考察中国近代钢铁技术知识的形成、传播及影响的过程。因此，技术史的考察应该立足于内外史相结合的视野。

汉冶萍公司是中国近代最大的钢铁煤联营企业，不仅要将其置于中国近现代史（包括区域史）中考察，更要将其放在世界近现代史的平台上研究，在国际视野下探究其与世界政治、经济和国际环境的关系。

3. 借鉴方法，推动纵深化研究

在新理论和视野的指导下，我们还要积极借鉴其他学科的研究方法，从横向和纵向上比较分析，增加现有研究的广度和深度。汉冶萍公司地跨湖北、湖南、江西、重庆、上海等地，经历了多次政权的更迭和频繁的战乱，因而有必要从横向的区域角度和纵向的时间维度分析公司在不同发展阶段中呈现出的不同表象特征。

此外，还可以采用专题研究的方法，从宏观、中观和微观三个层面分析。具体说来，可以从宏观上研究汉冶萍公司与近代政治、经济、社会变迁的关系；从中观上研究其与下属的某一厂矿的关系、发展历程以及对地方社会的影响；从微观上研究公司发展过程中的某一具体的历史事件。如汉冶萍公司的运道问题，运道的畅通与否直接反映了公司的经营状况，对汉冶萍公司运道（铁路、陆路、水路）的研究还有待进一步的深化，既可以探讨运道的修筑对某地近代化进程的推动作用，又可以考察其对近代区域社会的影响，还可以研究运道修筑过程中具体的事件。

4. 发掘新史料，开拓新的研究空间

史料的发掘是研究的关键，开拓新的研究空间必须系统地发掘和整理新史料。汉冶萍公司的整个历史发展过程与日本有着千丝万缕的关系，很多细节方面的深入研究还须依靠日文档案和报刊史料的发掘与整理。除了日本外，汉冶萍公司还与英、美、俄、法、比等国有债务、订货、人员等方面的往来，而这些问题的深化研究都亟待更多新史料的发现。

其中，档案史料的整理是推动研究的重点。虽然目前已整理和出版了不少汉冶萍公司史料，但笔者在湖北省档案馆发现有相当数量的关于汉冶萍公司慈善事业和大冶铁厂的档案未被整理利用，这些档案对学界认识汉冶萍公司在地方社会中的地位与作用，探讨大冶铁厂兴建过程、失败原因及影响等问题都具有重要的价值意义。因而，新史料的发掘与整理必定是今后开展研究工作的前奏。

## 三 本书的研究思路

本书第一章为民初汉冶萍公司的发展态势概述，主要阐述了辛亥革命在经济和政治上对汉冶萍公司产生的影响，民初汉冶萍公司的组织结构与资本因素，以及围绕汉冶萍公司所形成的多方利益力量格局，并描述1915年多方力量格局的变动情况。

第二章以民初汉冶萍公司与湖北地方势力的关系为视角，分析湖北地方势力围绕汉冶萍公司利益而与公司之间产生的多次博弈，主要包括武昌革命军占据汉冶萍公司在鄂省境内矿产、"湖北人士"反对汉冶萍公司中日合办及抵借外债、湖北省临时议会没收汉冶萍公司在鄂省厂矿、"部办"

与"鄂办"汉冶萍公司之争、鄂省官本改填股票事等五次利益的冲突与博弈，进而考察多方力量围绕汉冶萍公司资源产生的冲突与博弈，蠡测在民初政权更迭的时局背景下汉冶萍公司在鄂省产业的生存境遇。

第三章分析民初因江西地方势力先后通过私开矿井、派员接办、武力侵占、破坏矿界、省办新矿等手段争夺萍乡煤矿资源，汉冶萍公司请求湖南地方政府"保护"、袁世凯北洋政府的"维持"和日本势力的干涉以抗衡地方政府的侵占行为，由此形成了多方力量争夺萍乡煤矿资源的博弈。

第四章主要是从博弈论的视角分析汉冶萍公司1500万日元大借款合同生效的过程，梳理各方力量在这一过程中的行动逻辑，进而透视汉冶萍公司与地方政府、中央政府、日本势力之间错综复杂的关系。

第五章主要是梳理"二十一条"谈判过程中关于汉冶萍公司问题的交涉，阐述袁世凯北洋政府对汉冶萍公司条款之"为难情形"，日本与中国、欧美列强对汉冶萍公司条款的交涉情况及汉冶萍公司的应对策略。

# 第一章

# 民初汉冶萍公司的发展态势

汉冶萍公司因资本至巨、规模宏大而为人所窥伺，"汉冶萍素负重名，人皆视为肥美而欲攫食之"。① 民初，汉冶萍公司所面临之局势更为严峻，"自民国成立以来，抢攘愈多，损失愈巨，内则启省界之竞争，外则招强邦之觊觎"。② 围绕民初的汉冶萍公司厂矿资源，多方力量形成了争夺资本的"场域"。而且，汉冶萍公司与多方力量之间有着既存在冲突又需要合作发展的复杂关系。

## 第一节 辛亥革命对汉冶萍公司的冲击

1911年辛亥革命的爆发，对近代中国社会的发展产生了深远的影响。作为政治、经济等方面的一个重要分水岭，汉冶萍公司也面临着重大的变革。1913年初，盛宣怀回忆辛亥革命后政权更迭造成的汉冶萍公司生存环境变化情形，辛亥以前，"大难未作，各省谨守秩序，厂矿距离三处尚能联络一气"，且生产出货计划稳定，"汉厂四炉，悉供钢货，添大冶四炉，专镕生铁，并与日商续订售铁合同，预收铁价，计划粗就"，至辛亥革命

---

① 《许恒致盛宣怀函》（1911年11月25日），《汉冶萍公司（三）——盛宣怀档案资料选辑之四》，第196页。

② 《张謇呈大总统文》（1914年8月5日），湖北省档案馆编《汉冶萍公司档案史料选编》上册，第318页；《拟具汉冶萍公司收归国有办法呈》（1914年8月5日），《张謇全集》第2卷，江苏古籍出版社，1994，第268页。

后,"机炉被毁,轮驳被踞,钢铁、煤焦贵重物料损失殆尽,工匠四散,全局糜烂",感叹"今政体一改变,将此二十年艰难缔造,悉付诸攘夺破碎之中"。① 此时的汉冶萍公司不仅生产遭到破坏,出货困难,而且丧失了政治上的优势,为各方势力的纷争与攘夺提供了可乘之机。

## 一 经济损失严重

汉冶萍公司成立后,不仅合并萍乡之煤、大冶之铁,而且开采附属厂矿原料,"至锰铁、锰精,为炼钢要需品,从前概向外购,价贵而用不给。本公司现有采锰矿三处,一大冶,二兴国州,三衡州。其萍乡已购锰山,尚未开凿,又自造多罗密石,又自造火砖,务使此后原料齐备,除筹款制备机炉外,悉取给于本公司以为断"。② 此后,汉冶萍公司还新建炉座,扩充设备,产品产量增加,质量提高,除国内钢轨使用外,还远销至日本、美国和南洋群岛。1910年《东方杂志》载文曰:"汉阳铁厂自改设新钢炉后,各省铁路所用钢轨以及附属各件,争向汉厂订购,几有应接不暇之势。上海等处机器厂、翻砂厂需用生铁无论矣,日本及南洋各岛,与夫美国西滨太平洋各省,亦无不乐购汉厂生铁。但期出货增多,不患销路不广。"③ 同年,《国风报》载文预估汉冶萍公司将来之成效将倍增:"厂矿出货既多,则成本骤减,获利愈厚。综计公司生意,戊申年四百余万两,己酉年已增至六百余万两,今年添开钢铁大炉,自用煤焦加倍,外销亦广,必达八百万以外,可预卜也。"④ 而且,汉冶萍公司更是被西方报刊视为"中国二十世纪之雄厂",所生产之钢铁装运出口更被看作"将为欧、美二洲实在之中国黄祸",感叹"中国醒矣!此种之黄祸,较之强兵劲旅,蹂躏老赢之军队,尤可虑也","夫中国所有物产、生料既富足如此,宜其日见发达。况工价又便宜,思之殊无法足阻中国渐进为钢铁大国耳"。⑤

---

① 《盛宣怀致袁世凯函·附开汉冶萍公司经理说帖》(1913年初),吴伦霓霞、王尔敏合编《盛宣怀实业函电稿》下册,香港:香港中文大学中国文化研究所,1993,第797—798页。
② 《汉冶萍煤铁路矿厂概略》,《东方杂志》第6卷第8期,1909年。
③ 《汉冶萍煤铁厂矿记略》,《东方杂志》第7卷第7期,1910年。
④ 《汉冶萍煤铁厂矿公司之成效》,《国风报》第1卷第7号,1910年。
⑤ 《汉冶萍煤铁厂矿记略》,《东方杂志》第7卷第7期,1910年。

阳夏之战，汉阳铁厂机件多被损坏，其中损坏之"铜圆机鼓"经矿务局总办卢政条陈而铸铜币以济急用。民国成立后，政局渐稳，铁厂即派员赴沪购置各项机件配修开工，但"八卦大炉系战事紧急时停工，彼时并未安备整理，致炉机与铁水镕成一完全钝物"，无法修理，只得用炸药穿孔爆破，大大增加了修复开工难度。① 而此时，萍乡煤矿矿务也遭受重大损失，"武昌革命军起，萍乡矿务遂遭一度之大顿挫矣。是年十月，长沙不守，江西大局亦岌岌可危。于是，萍乡全体洋工程师即于该月二十二号离萍，向汉口出发，以为安全之计。是时中国国是正如乱发之不可爬梳，而其影响于萍乡煤矿公司为尤甚"。②

辛亥年，因各省铁路风潮和武昌起义的影响，汉冶萍公司营业状况大不如前，"汉阳铁厂钢铁等轨减二十六万一千担，生铁减一百万担有奇，共估值减二百二十一万两"，③ 结算至辛亥革命爆发，公司通过销售生铁、轨件、钢板、煤焦、矿石等项共收银只有6034618.95两，而截至1911年8月，汉冶萍公司的内外欠款竟达约1400万两。④ 因经营困难，股东官利不发现钱，只照票面股本息率填给息股。而"汉冶萍公司产品制货运道跨连三省，局势散漫，人众事繁，整理不易。革命以来，营业顿挫，亏损极巨，外界侵凌，诛求无已，致进行一切阻滞，脉络未能贯串，所负债务超过股本二倍，大半恃出货运售为拔本付息之计"。⑤ 按照汉冶萍公司原定计划，只要生铁、矿石、钢轨、煤焦皆有一定之销售，是能够按期还清负债的。但辛亥革命之后，汉冶萍公司情形大变，其经营困难之处有四：

一曰煤焦。汉厂全恃萍矿煤焦，而煤焦全恃运道，一经开炉，即

---

① 《湖北铁厂工程调查记》，《山西实业报》第1卷第5期，1912年；《汉阳铁厂工程之调查》，《顺天时报》1912年5月22日，第2版。
② 霆锐：《萍乡煤矿公司经始困难谈》，《大中华杂志》第2卷第12期，1916年。
③ 汪敬虞编《中国近代工业史资料》第2辑（下），科学出版社，1957，第847页。
④ 《汉冶萍公司董事报告》（1912年4月13日），《汉冶萍公司（三）——盛宣怀档案资料选辑之四》，第243、244页；《汉冶萍股东大会记》，《申报》1912年4月14日，第7版。
⑤ 《汉冶萍公司董事会报告书》（1914年2月下旬），《汉冶萍公司（三）——盛宣怀档案资料选辑之四》，第789页。

需源源接济。军兴后,轮驳常为军界截用,运单又失效力。萍矿外销之煤由民船运汉者,偷盗掺杂,好煤变劣,买主不收,失此销路难以支持。

一曰铁矿石。冶矿鄂省正议没收,此外尚有两处开工之矿,土人误为铅矿,阻止采运,若汉厂开炉后因无矿石停炼,损失更巨。

一曰锰矿石。汉厂所用锰矿石,向恃鄂之兴国、湘之常耒,而非有法律保护,势难采运。

其最可忧者犹在金融。自军兴后机关破坏、营业久停,每月坐耗及待支之款则债息月二十余万两,上海总事务所经费月五千余两,上海码头、栈房、轮船月六千余两,汉厂机炉修复及逐月薪工,约估竣工总需三十万两。而萍矿窿路绵长,仅仅抽水、换料、保存经费,月非二万余两不可,加以轮驳及各运局经费亦月需数千两。①

煤焦、铁矿石、锰矿石和金融四大问题为汉冶萍公司命脉所系,无原料则无法出货,无资金则无法维持营业,公司亏损更甚。汉冶萍公司厂矿轮驳在辛亥革命之时多为军队所占用,为恢复经营,必须设法收集,以资运煤运矿。如此局势下,汉冶萍公司"事业既不能进行,财源业已枯竭,押借各债环逼而来,旦夕破产",已处绝地而无术救济,具体表现如下。

其一,公司财务方面:汉冶萍公司自开办以来,"用款至三千六百万两之多,前后所筹股本不及千万,余皆向外国银行押借而来",此时存款不敷日用。

其二,厂矿营业方面:"光复之后,各厂办事人员与各地方官绅联络一气,各就地域把持一切,不受总公司节制,对于总公司派去职员辄行拒绝。"各处厂矿也纷纷为人把持:湖北兴国锰矿为当地土豪所占据,公司屡请鄂督与其交涉无效;湖南常耒锰矿为该处矿长卜鄂生所把持,任用亲

---

① 《汉冶萍国有议·军兴后之现状及其危机》,《中华实业丛报》第8—9期合刊,1914年;《汉冶萍公司困难问题》,《顺天时报》1912年8月22日,第4版;《汉冶萍国有议》,江西萍乡赖俊华私人藏品,2023年12月7日笔者拍摄。

友，自由出售，价入私囊；新开采之武昌银山头、马鞍山两处铁矿亦为本地人危某所据，别立汉昌公司；又"新铁炉所需蓄水池原与兵工厂商借，该厂现复食言，不允借用"；"测定后湖之积矿积渣地段近亦为某人煽惑，业主不允租借"；萍乡煤矿则更是自行决策。

其三，内部管理方面：公司员司办事奢靡，虚耗过多，且"大半为盛宣怀之厮养"，营私舞弊。①

直到1912年7月底，汉阳铁厂化铁股、炼钢厂、商务股、机器股等处清理修复工程陆续办竣。② 至1914年1月，汉阳铁厂三座炼铁炉日出铁250吨至500吨，炼钢厂马丁炉六座日出360吨左右，其他压钢板厂、制钢轨厂、机电厂、汽锅房均亦正常开工运作。③

1914年6月，汉冶萍公司董事会公推董事兼总稽查陈廷绪调查辛亥革命期间厂矿各处损失，共计规银3724804.345两（其中，赣省李烈钧开挖私井偿款及德国赔款尚不在内，见表1-1）。

表1-1 辛亥革命时期汉冶萍公司资产损失

单位：两（规元）

| 汉冶萍公司下属各处 | 损失数 |
| --- | --- |
| 上海总事务所及商务所并所负之股本债款各息金 | 2566298.68 |
| 汉阳铁厂 | 641820.914 |
| 大冶铁矿 | 9632.484 |
| 萍乡煤矿 | 148061.792 |
| 武昌铁矿 | 1030 |
| 常耒、阳新锰矿 | 63860 |
| 马鞍山、幕府山煤矿 | 32960 |
| 汉阳砖厂 | 10300 |
| 武汉、株洲运销局及上下游各分销处* | 181393.635 |

---

① 《汉冶萍危机一发》，《民立报》1913年3月4日，第8页；《汉冶萍公司之悲观》，《申报》1913年3月4日，第3版。
② 《汉阳铁厂前星期办竣工程报告》，《民立报》1912年7月24日，第12页；《顺天时报》1912年7月31日，第4版。
③ 《汉阳三大厂之调查录》，《顺天时报》1914年1月25日，第8版。

续表

| 汉冶萍公司下属各处 | 损失数 |
| --- | --- |
| 轮驳处 | 69446.84 |
| 总计 | 3724804.345 |

资料来源:《汉冶萍公司辛亥军兴损失总细数目册》(1914年6月),湖北省档案馆编《汉冶萍公司档案史料选编》上册,第315页;《汉冶萍公司事业纪要》(1924年3月),湖北省档案馆编《汉冶萍公司档案史料选编》上册,第45页。

说明：＊上下游各分销处指武昌分销处、长沙分销处、城陵矶分销处、应城分销处、南京分销处、镇江分销处、九江分销处。

## 二 政治优势丧失

汉阳铁厂从创办到生产、销售都得到了清政府的大力支持。汉阳铁厂创办初期,张之洞即请求清政府的财政支持,清廷户部从卢汉铁路资金中拨两百万两,后又续拨数十万两用于铁厂创办。铁厂建成投产后,张之洞又上奏清政府,请准免税行销各省及运销外洋,经议准,汉阳铁厂钢铁行销各省一律免税。汉阳铁厂招商承办后,清廷任命督办盛宣怀为全国铁路总公司督办,以便销售铁厂钢轨及其他铁路配件。因而,在清政府的扶持和保护下,汉阳铁厂获得了很多的优惠政策,如修筑铁路,必须专向铁厂订购钢轨；湖北省本无相宜之煤矿,准在湖南、江西、安徽、江苏等省沿江、沿海之处随时勘寻开采；规定铁厂所产钢轨及所出各种钢铁料,在自开煤矿为铁厂炼钢炼铁之用,可以免税五年；对于开办时期的官款,准予逐年抽还,每出生铁一吨,抽银一两；饬令江西巡抚,令萍乡县援照开平之例,不准另立煤矿公司,土窿所出之煤应尽矿局照市价收购,不准另售他商；等等。[①] 同时,张之洞、盛宣怀自身的政治地位优势,也对保障汉阳铁厂经营具有重要的作用,如张之洞利用湖广总督的身份给予了汉阳铁厂大力的支持,有些地方知县还直接参与了厂矿工程的筹建。

1911年10月26日,因盛宣怀被视为辛亥"国祸"之始作俑者,清廷上谕:"邮传大臣盛宣怀即行革职,永不叙用。"同时,撤去盛宣怀在京住宅的护兵。盛宣怀逃往大连,不久,经青岛乘船抵日本神户。各省新成立

---

① 湖北省冶金志编纂委员会编《汉冶萍公司志》,第146页。

的革命政府对盛宣怀的家产和汉冶萍公司各厂矿采取了查封和没收措施。

1912年4月，在进行重新改组整顿后，汉冶萍公司董事会即呈文大总统袁世凯、内阁总理唐绍仪、参议院、交通部、工商部、副总统兼鄂督黎元洪、湘督谭延闿、赣督李烈钧，请求"护持完全商办之汉冶萍公司"，"务求大总统暨国务总理、各总长、都督，俯念汉冶萍费本三千余万，造端宏大，商力艰危，民国富强此为基础，通饬所属凡属本公司厂矿、栈路、机料、物产，准予一体护持"。① 但各地方革命军因财政困难，需饷甚急，"光复后之公司控制厂矿，情势益艰，加以所在土客之猜，地方政府又从而阻扰之、觊觎之、甚至攘夺之"。②

鄂、赣、湘三省军政府先是攘夺汉冶萍公司厂矿，继而又在"二次革命"期间"不能忘情于汉冶萍"，"先从报纸谣言，函来索借，甚至以反间为要挟，以手枪、炸弹为恫吓，无所不至"。③ 陶湘陈述辛亥革命后汉冶萍公司被"各分省界一味恃蛮"之情形道："乃自去秋武汉起义，一概停工，公司正在罗掘设法修复。讵料鄂省议会反抗于前，赣省又别立集成公司名目，阻挠于后。"④ 李维格描述鄂赣纷争对汉冶萍公司之影响："军兴以来，鄂、赣官绅之纷争，兵事扰攘之损失，厂矿局势之涣散，尤病上加病，淹淹〈奄奄〉欲绝矣。"⑤ 吕景端在致盛宣怀函中感叹："军兴以来，俨成盗界，涎人财产，动辄借词收没，与明火执仗之劫夺何殊！"⑥ 盛宣怀对此也痛心疾首："汉冶萍本属创深痛巨，正在设法支撑，渐图规复。此次匪乱（按：指辛亥革命），各处经营停滞，索债纷纷，无以为应。尤可虑者，化铁炉一日不能无焦煤，而运煤轮驳百余只，悉为黎副总统调用，若一月内

---

① 《汉冶萍公司呈请护持电》，《民立报》1912年4月30日，第6页。
② 《汉冶萍国有议》，《中华实业丛报》第8—9期合刊，1914年；《汉冶萍国有议》，江西萍乡赖俊华私人藏品，2023年12月7日笔者拍摄。
③ 《盛宣怀致杨士琦函》（1912年7月22日），陈旭麓等主编《辛亥革命前后——盛宣怀档案资料选辑之一》，上海人民出版社，1979，第296页。
④ 《陶湘致朱启钤函》（1912年8月30日），《汉冶萍公司（三）——盛宣怀档案资料选辑之四》，第324页。
⑤ 《李维格：汉冶萍公司创办概略》（1914年6月12日），《汉冶萍公司（三）——盛宣怀档案资料选辑之四》，第846页。
⑥ 《吕景端致盛宣怀函》（1912年6月19日），陈旭麓等主编《辛亥革命前后——盛宣怀档案资料选辑之一》，第286页。

不能平定，必断接济，化铁炉一再停辍，损失更巨。尚忆当年毅然领办，实为中国开一利源，岂为一人一家私利哉。"①

总之，辛亥革命的爆发对汉冶萍公司造成了巨大的冲击，不仅造成了直接的巨额经济损失，而且打破了公司原有政治上的优势，严重影响了公司的正常生产经营。清末汉冶萍公司虽然改为商办，但仍有官力可借，地方官绅不敢侵夺，外人更不能无理反对。但民国成立以后，汉冶萍公司丧失了政治上的受保护优势，随着民权日益强大，民气日益扩展，地方官府与绅民遇事即挟持、敲诈汉冶萍公司，而汉冶萍公司只能或忍气退让，或以金钱运作，或别谋官力以对付之。其情形正如公司自己总结："正在收合余烬，力求补救之时，鄂人忽倡没收之议，风潮激烈，赣督李烈钧从而附和，几以武力攘据萍矿。当是时也，内则罗掘俱穷，外则摧残无已，累卵之危，不可终日。"②

## 第二节　民初汉冶萍公司的组织结构与资本因素分析

《申报》曾描述民国初年的汉冶萍公司的形势岌岌可危道："经营数年，一蹶不振，公司大半洋股职员相继辞职，汉冶萍附近各矿又多为当地人民所占有，群情涣散，不知此后之维持者，将如何着手，如何进行。"③面对如此不利局势，汉冶萍公司从1912年4月起即着手整顿，主要集中在改革内部结构和寻求资金援助，"目前最要者，改良本公司之组织，统筹全局之金融"。④

### 一　组织结构与运作机制

辛亥革命后，汉冶萍公司开始改革内部组织结构，按照《公司律》采

---

① 《盛宣怀致孙宝琦函》（1912年8月8日），陈旭麓等主编《辛亥革命前后——盛宣怀档案资料选辑之一》，第304页。
② 《汉冶萍公司第五届帐略》（1914年4月），湖北省档案馆编《汉冶萍公司档案史料选编》上册，第573页。
③ 《汉冶萍公司又岌岌矣》，《申报》1913年3月4日，第6版。
④ 《汉冶萍公司董事报告》（1912年4月13日），《汉冶萍公司（三）——盛宣怀档案资料选辑之四》，第243页。

用股份公司的形式，建立了近代化的组织结构，形成了以董事会为决策机构，股东联合会为监督机构，总、副经理负责执行的运作机制。盛宣怀是汉冶萍公司的创办者，当他再次被选举为汉冶萍公司总经理及董事会会长时，公司内部举盛与反盛者矛盾趋于明显化。

### （一）汉冶萍公司组织结构的演变

1904年1月，在借鉴西方国家法律的基础上，清政府颁布了近代中国第一部公司法——《公司律》，明确规定了各项经营管理原则，为近代公司企业提供了法律和制度上的保障。"从总体上看，近代中国首部《公司律》一方面固然已经正式以国家的名义对公司这一新兴的经济组织形式作了法律上的肯定，使公司组织第一次在中国的大地上正式取得了合法的法律地位，同时也表现了国家政权提倡和保护'公司'组织的法律理念"。[①]但是，在当时的历史条件下，人们普遍缺乏公司法律意识，传统的投资、经营方式仍然占据主导，近代公司法律规范并未得到切实执行。民国伊始，清代法律凡是不与共和国体相抵触者，都被视为有效而继续得以沿用。直到1914年1月13日，北洋政府农商部才颁行了近代中国的第二部公司法——《公司条例》。

在公司法人治理结构中，公司经理阶层与董事会、股东会的权限范围以及互相之间的关系对公司的运作发展具有极为重要的作用。一般来说，公司经理阶层必须服从董事会的决策，这早在1904年的《公司律》中已有明确规定："董事局会议议定之事，该公司总办及各司事人等必须遵行。"同时又规定"公司寻常事件总办或总司理人、司事人等照章办理，其重大事件应由总办或总司理人请董事局会议议定后列册施行"；"公司总办或总司理人、司事人等均由董事局选派，如有不胜任及舞弊者，亦由董事局开除，其薪水酬劳等项均由董事局定"。[②]

汉冶萍公司自改归商办后，实行董事长负责制，董事长是实职，经理处于附庸的地位，公司建立了股东会、董事会、经理处等法人治理机构，

---

① 张忠民：《艰难的变迁——近代中国公司制度研究》，上海社会科学院出版社，2002，第66页。

② 张忠民：《艰难的变迁——近代中国公司制度研究》，第448页。

"汉冶萍公司依《公司律》组织，且经部中注册，是公司之地位已确定，股东之权利已巩固，无论何人不能侵夺。侵夺之即与立宪之政体相悖，以宪法保护人民之权利，为唯一之主旨也"。① 但《公司律》确立的公司内部治理结构（见图1-1）在汉冶萍公司商办初期并未有效运作，公司经营者与所有者未能分开，最大股东盛宣怀先后任公司的总经理和董事会会长，牢牢地掌控了汉冶萍公司的决策运行，股东大会形同虚设。

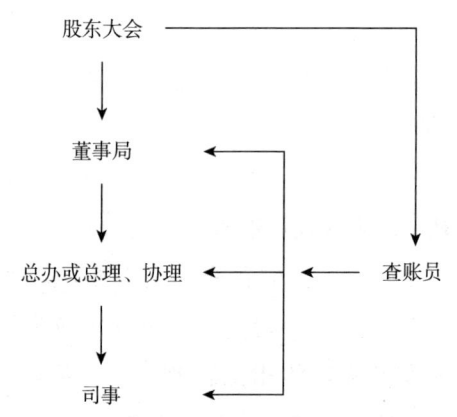

```
            股东大会
               │
               ▼
            董事局 ◄─────────┐
               │             │
               ▼             │
        总办或总理、协理 ◄── 查账员
               │
               ▼
              司事
```

**图 1-1　《公司律》中确立的公司内部治理结构**

　　典型合理的公司内部治理模式应该是，股东大会是其最高权力机关，董事会是日常决策机构，经理则是负责具体执行，查账人负责监督。"股东会议虽然是公司治理结构中的最高权力机构，代表股东的意志和利益。但是它对外不能代表公司，对内不能执行业务，不能直接干预公司的经营决策和具体经营，只能通过投票表决程序，选举和罢免董事，赞成或否决决策事项，对公司的经营管理进行间接影响。而且由于通常情况下，股东常会一年只召开一次，即使是临时股东会也只是在公司遇有重大事情必须提交股东会表决时才由董事会提议召开"。② 董事会成员不仅必须从本公司的股东中产生，而且大部分公司都通过公司章程规定，只有持有一定数量股份的股东才有被选举为董事的资格。资本的多寡成为董事及经理人选的决定力量。

　　然而，汉冶萍公司之权理董事早在股东大会选举之前，就已被盛宣怀

---

①　《新评二》，《新闻报》1913年1月23日，第2张，第2版。
②　张忠民：《艰难的变迁——近代中国公司制度研究》，第423页。

和李维格多次会商内定。1908年8月9日,盛宣怀致函李维格论及权理董事的人选问题道:"上海、北京拟定五人,汉口四人,渭臣以外三人请速酌定,密示。查帐员二人,一系顾晴川,一系孙法臣即周扶翁之旧伙计,徽州人,此公极明白公正。"① 9月28日,又说:"至于权理董事,上海李云书(浙人)、顾永铨(苏人。或顾晴川,亦是苏人。晴川或须留以查帐)、何伯梁(皖人,即何芷舫之子)、王子展(杭人,或由招商局另举一人)、何晓初(粤人),汉口宋渭臣之外应举何人,请即与渭翁酌拟示知,或四或五均可。"② 汉冶萍公司此时虽然在名义上改归商办,但实际上仍延续着官督商办的管理模式(见图1-2)。

督办 → 汉阳铁厂 → 总办 → 司事

董事会 → 经理处 → 司事

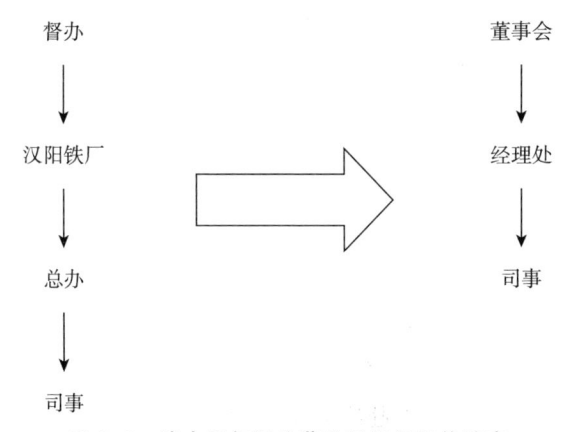

**图1-2 清末民初汉冶萍公司组织机构演变**

民国成立后,汉冶萍公司在沪组合总事务所,选任经理、所长,分科治事。董事会成立后,汉冶萍公司决定实行董事负责制,即公司一切方针大计及对外交涉事宜,均由董事会决定。公司总理、协理改称总经理、经理,由董事会派任,受董事会节制,各厂矿负责人,由总经理、经理确定后报请董事会核准派任,归总经理和经理节制,董事会同时决定将上海总公司改为总事务所,经理处下设厂务处、矿务处、商务处和收支所,各厂矿改总办为坐办(见图1-2)。

---

① 《盛宣怀致李维格函》(1908年8月9日),《汉冶萍公司(三)——盛宣怀档案资料选辑之四》,第19页。
② 《盛宣怀致李维格函》(1908年9月28日),《汉冶萍公司(三)——盛宣怀档案资料选辑之四》,第26—27页。

同时，汉冶萍公司董事会遴派妥当之人赴厂任坐办，收捡残破，修治炉机。1912年4月20日，汉冶萍公司董事会公议正式任命赵凤昌为会长，张謇为总经理，叶景葵为办事经理，杨学沂为总公司秘书长。4月25日，公司董事会公议任命项兰生为收支所所长，吴健为驻汉阳铁厂坐办，刘维庆为驻大冶铁矿坐办。4月26日，公司董事会任命李维格为驻沪办事经理兼任厂务所长，对董事会负完全责任，同时，任命王勋为商务所所长，林志熙为矿务所所长。其中大冶铁矿的管理较为特殊，所有行政事务均由坐办与矿长会商办理，"坐办驻窑，矿长驻山，公事往回均用函件"。①

1913年4月14日，公司董事会任命卢洪昶为运输所坐办。4月23日，收支所所长项兰生因病辞职，公司董事会将收支所更名为会计所，附属新设一稽核员，任命于焌年为所长（1915年4月辞职，由金菊蕃、赵炳生代理），杨静祺为稽核员（1913年6月，由赵兴昌改任）。4月28日，汉冶萍公司鉴于"厂矿区域，分隶鄂赣，煤焦运输，复取道湖南，地跨三省，局势散漫，董事会远在上海，对于厂矿大小事务，仅凭文字报告，不能躬亲巡视，殊多隔膜。今欲消息灵通，事事征实，开门见山，毫无隐漏，方能收鞭辟入里之效，自非由会举人周历稽查，随时详告，无以资整理而策进行"，公推陈廷绪为厂矿总稽查，周历厂矿，考察支销之虚实、任事之勤惰。② 5月6日，因李维格赴冶矿筹划第四炉，并整理冶、萍两矿事务，驻沪经理之职由王勋、于焌年兼代，协商筹办。③

## （二）民初汉冶萍公司的运作机制

汉阳铁厂官督商办时期，按照规定，督办由湖广总督奏派，总办及委员由督办禀派，办事商董、查账商董由众商公举。但是，这一规定并未得到执行，督办盛宣怀负责经理厂矿之用人理财，筹划布置，机炉添设，款项筹措，委员、司事、中外匠工撤留等一切事务，只是择要禀报湖广总督

---

① 《孙德全致公司董事会函》（1915年3月1日），湖北省档案馆编《汉冶萍公司档案史料选编》上册，第446页。
② 《公司董事会致陈廷绪函》（1913年4月28日），湖北省档案馆编《汉冶萍公司档案史料选编》上册，第423页。
③ 《汉冶萍公司董事会致王勋、于焌年函》（1913年5月6日），《汉冶萍公司（三）——盛宣怀档案资料选辑之四》，第490页。

考查。汉冶萍公司成立并改归商办以后，经营管理之事权主要集于总理盛宣怀和协理李维格之手，但其时总理盛宣怀身任邮传部尚书，事务繁多，办事实权皆在汉阳，北京、上海等处遥为节制，汉阳铁厂、大冶铁矿、萍乡煤矿三处的具体用人行事则由董事局公举之总办全权负责。凡厂矿应办事件均凭往来函件报告，以致百弊丛生。

辛亥革命以前，汉冶萍公司的借款一向是以总理名义签字，其权限系根据公司章程第六十四节"总协理会同董事议决事务"之条。辛亥革命之后，盛宣怀深感"我处情形亦非从前可比，一系度支部力量断不能帮助，一系咨议局于矿石恐有干预"，因而计划组织实行股东会、董事会，如此"新政府于此危难穷窘之公司或不致侵占"。① 因此，汉冶萍公司决定改组董事会，明确规定董事应从股东中选举，正、副会长再由董事会内互相公推。李维格建议仍旧公举董事九人，共同担负公司之完全责任，总、协理之外其中四人为办事董，一司厂务、一司矿务、一司银钱、一司商务，剩余三人为无职董事，遇有会议，总、协理及办事董六人均必须到会。盛宣怀认为"此法可使议会得有真气力，不致如前虚设"。② 汉冶萍公司重大决策之事，"统由股东所举之全体董事把负责任"。③ 1912年4月19日，汉冶萍公司召开新董事会全体会议，全体股东通过了汉冶萍公司机构组成大纲，即《董事会办事细则》七条和《董事会对于公司所负责任之大纲》五条：

**董事会办事细则**

董事九人，如有因事不能到会时逾一月者，即由董事公共延请会外合董事资格之股东代理，如逾三月仍不到会，即应辞职，由被选权次多数之董事推升。

董事会应推会长一人，开会时应议事件由会长提议，各董事静听

---

① 盛宣怀：《致李一琴函》（1911年11月25日），《盛宣怀未刊信稿》，中华书局，1960，第225页。
② 《盛宣怀致林志熙函》（1912年3月13日），《汉冶萍公司（三）——盛宣怀档案资料选辑之四》，第230页。
③ 《汉冶萍公司董事会致龙绂瑞、龙绂年函》（1913年4月中下旬），《汉冶萍公司（三）——盛宣怀档案资料选辑之四》，第480页。

后方能讨论,惟须一人词毕,第二人始可发言。如有发表文牍,由董事会书记宣读,各人静听。若会长缺席,即由董事公推临时议长提议,以免秩序紊乱。

董事九人,至少须五人到会方成董团,而能议决事件。

董事议事室只能议事,不能闲谈,唯另有一室以便董事起坐休息。

董事每逢星期六午后四时到会,由经理人报告一星期要事。如一星期内有特别要事,经理不能个人负责任,须董事议决者,即由经理人定期通知董事,开临时会议。

查帐人于常会均可到会发议,但不得有表决权。办事人常会不列席,如有应行查询事件,由董事会随时延请到会。

公司遇有对外要件,经董事会议决后,特出委任状,委任总经理、经理人执行。

**董事会对于公司所负责任之大纲**

董事九人对于公司负完全责任,其办事章程另拟。

总经理一人、经理二人,由董事会延用,订定合同,受监督于董事会。经理二人为办事经理,对于董事会同负完全责任。办事经理所用书记等人由办事经理自用,报告董事会核准(合同未订定前,先行函订任事)。

所长四人:一曰厂务所长;一曰矿务所长;一曰商务所长;一曰收支所长。由办事经理会同保举,由董事会延用,订定合同,隶属于办事经理,对于办事经理各负各所完全责任。所长所用本所各人由所长保举,由办事经理报告董事会核准后,再由办事经理委任。

以上在公司总事务所办事。

厂矿各派坐办一人,由办事经理会同所长保举,由董事会订定合同,隶属于所长,对于所长各负完全责任。

厂矿各派收支一人,由收支所长保举,由董事会核定委任。[①]

---

[①] 《汉冶萍公司董事会常会记录》(1912年4月19日),《汉冶萍公司(三)——盛宣怀档案资料选辑之四》,第249—250页。

至此，汉冶萍公司董事会正式成立，而且经董事会议定，公司在沪设立总事务所，总经理即驻上海，居中调度，分设厂务、商务、矿务、会计等所，各派所长各司其事。一切事务事先须报总公司，由董事会议决，方能见诸实行。因汉冶萍公司董事会与股东联合会成员居沪者多，在沪之总事务所，由董事会亲临考核，股东联合会随时监察一切办事。盛宣怀旅居东京期间即考察日本公司之董事会情形，并撰《通筹全局意见书》阐释董事会的重要作用，"此次到日东视察其社会章程，莫不注重董事会，而董事皆真属股东代表，休戚相关，原负责任会中有专务役薪资，最重之常务役监查、役次之议事，与办事相为表里"，且"欧美亦莫不如是"，因而他认为汉冶萍公司也应该重视发挥董事会的作用。① 1913年2月中旬，汉冶萍公司经理李维格、叶景葵致函董事会，阐述公司内部的运行机制道："公司议事机关只应有董事会一处，遇有特别重大事件，代表股东决议。若经理以次，皆为雇用人员，只有执行之职分，并无公议之权利，中外营业莫不如是。"②

1913年5月，外界怀疑汉冶萍公司所招股份多虚、用款不实，熊希龄、李烈钧以此为由电商汉冶萍公司，提议应由湘、鄂、赣收回合办。股东汪文溥趁机提议成立股东联合会进行监察，"一方面对内，清查股款、考覆用途、敦促进行，为董事会严重之监察；一方面对外，抵制外界非法干涉，为董事会实力之后盾"。③ 6月7日，汉冶萍公司股东常会一致赞成，发起成立"以补助营业进行，抵制非法干涉，考求工费简实，沟通股东情愫为宗旨"之股东联合会，邀请各省各帮在沪股东开职员会，然而实际上，该联合会成立是因为"华股真名姓少，难通信，故设联合会"。④ 汉冶萍公司股东联合会公举21人为评议员，并公推傅筱庵为主任，选定上海四马路东首五号之华兴保险

---

① 《光复后汉冶萍经过事实：盛宣怀氏通筹全局意见书》，《中华实业丛报》第2期，1913年。
② 《李维格、叶景葵致汉冶萍公司董事会函》（1913年2月中旬），《汉冶萍公司（三）——盛宣怀档案资料选辑之四》，第410页。据此，汉冶萍公司经理层认为萍矿公举李寿铨为临时矿长之事，"自有不得已之苦衷，而于公司前途，实有莫大之危险"，严重侵犯了董事会的权利。
③ 《光复后汉冶萍经过事实：五月二十日之股东常会》，《中华实业丛报》第2期，1913年。
④ 《盛宣怀致高木电》（1913年12月31日），武汉大学经济学系编《旧中国汉冶萍公司与日本关系史料选辑》，上海人民出版社，1985，第471页。

行楼上为事务所，其评议和审查关于股东质问公司函件及条陈厂矿办法等事，有半数通过即成议决之案，"以达于董事会，得复后，即时公布"，每月常会二次（逢一号、十六号下午四时开会），另有不定期之特别会。① 6月9日，股东联合会正式召开成立大会。② 12月20日，为解决股东会通过之问题，王勋致函盛宣怀认为"联合会既为股东会所公举组织，只须将当时股东会议案抄送，便为联合会组织合乎法律之根据"，因而抄录当时议案，"股东沈叔逵君起言，董事既欲股东监察公司之营业，必须逐月报告或则按季知照股东云云。次由汪幼安君起言，既欲股东监察，必须组织一股东联合研究会实行监察"，提请由议长及董事二人签名盖印。③ 不久，汉冶萍公司股东联合会为工商部及鄂、赣、湘三省所承认。

然而，在高木陆郎看来，汉冶萍公司股东联合会"性质不过补助机关，法律上，该会决议，毫无效力"。④ 实际上，股东联合会也确实是汉冶萍公司章程中所没有的，其如何组织、是否有法律之根据均需说明。并且，高木陆郎认为此时汉冶萍公司之内部组织管理较为松散，"公司事业，多依靠不精通业务之无能董事来支配，甚至零星琐事均进行干涉，而各董事一个月只开两次董事会，逢开会日又只有一、二小时到公司点卯"。⑤ 1914年5月23日，股东庄得之以公函提醒汉冶萍公司诸股东，指责论"公司办事之腐败，用款之糜费，汉冶萍公司可谓两擅其胜"，"以毫无所事之公司机关处糜费至如是之巨，为各公司所未有"，提请董事会议决由公司特派专员一人监督收支款目。⑥ 12月，为实行节流，汉冶萍公司特设总稽核处。

---

① 《公司股东联合会简章》（1913年6月），湖北省档案馆编《汉冶萍公司档案史料选编》上册，第424页；《汉冶萍公司组织股东会》，《申报》1913年6月12日，第10版。
② 《光复后汉冶萍经过事实：股东联合会成立之广告》，《中华实业丛报》第2期，1913年。
③ 《王勋致盛宣怀函》（1913年12月20日），《汉冶萍公司（三）——盛宣怀档案资料选辑之四》，第711页。
④ 《高木陆郎致盛宣怀电》（1913年5月26日），《汉冶萍公司（三）——盛宣怀档案资料选辑之四》，第535页。股东联合会成立之初，听闻公司有人与洋商开议借款，联合会询问董事会，但董事会否认有其事。而实际上，此时盛宣怀、李维格、王勋、于焌年等人正通过高木陆郎与日本正金银行井上绳之助、儿玉谦次等人接洽。
⑤ 《高木致正金银行总经理井上密函》（大正二年十二月十一日），武汉大学经济学系编《旧中国汉冶萍公司与日本关系史料选辑》，第452页。
⑥ 《庄得之致汉冶萍公司股东公函》（1914年5月23日），《汉冶萍公司（三）——盛宣怀档案资料选辑之四》，第841页。

由上可知，民初汉冶萍公司虽然改革了内部组织结构和运作机制，实行董事会负责制，不断完善企业内部管理，取得了一定的成效，但未能走向完全制度化、专业化、契约化的近代企业管理模式。

### （三）盛宣怀与民初汉冶萍公司

盛宣怀是汉冶萍公司早期历史中的核心人物之一，从汉冶萍公司成立起，盛宣怀即担任公司总理兼董事，虽然1912年4月落选，但至1913年3月他又被选举为董事会会长，1915年5月，盛宣怀因病改任副会长，与董事会主要成员均有密切关系。

辛亥革命之时，盛宣怀为保护汉冶萍公司厂矿而积极寻求各方力量保护。1911年10月15日，盛宣怀致函前往武昌镇压革命军的督军荫昌，许诺如能保全汉阳铁厂、枪炮厂，愿出十万银元重犒麾下有功将领士卒，以资激励。[①] 1912年3月11日，在汉冶萍公司召开股东大会之前，盛宣怀在日本神户致函公司董事会，提交股利、办事、选举和预算四件筹议事项。[②] 4月13日，汉冶萍公司召开股东选举大会，盛宣怀虽侨居日本神户，但亦被选入公司九人董事会成员之列。为便于公司董事会议事，经盛宣怀的委托和公司董事会的同意，其董事之职暂由陈廷绪代理。[③]

---

[①]《盛宣怀为保汉阳铁厂枪炮厂愿出重犒致荫昌函》(1911年10月15日)，中国第二历史档案馆编《中华民国史档案资料汇编》第一辑，江苏人民出版社，1979，第178页。

[②]《盛宣怀致汉冶萍公司董事会函》(1912年3月11日)，《汉冶萍公司（三）——盛宣怀档案资料选辑之四》，第227—229页。

[③] 1912年4月13日，股东选举的董事会九人成员（按当日票举数排列）是：赵凤昌（竹君）、盛宣怀（杏荪）、杨士琦（杏城）、聂其杰（云台）、王存善（子展）、沈敦和（仲礼）、何声灏（伯梁）、朱佩珍（葆三）、袁思亮（伯夔），新查账人为朱志尧、杨翼之（1913年5月，重新选举公推查账人为孙慎钦、陶兰泉；1915年5月27日，重新公推谢纶辉、吴锦堂为查账人）。4月29日，盛宣怀之职由陈廷绪（理卿）代理。6月22日，何声灏因事回皖，其职初拟由唐文治（蔚芝）代理，但因唐文治在邮传部实业堂任职，不便参与董事会之事。7月1日，恰好李经方（伯行）到沪，照章依次以票举多数补任，公司遂请李经方为董事。12月23日，因袁思亮在赴北京申请"国有"后不久即就任工商部秘书之职，公司董事会请施则敬补任。1913年2月，会长赵凤昌因病请辞，杨士琦亦于不久后辞职。2月21日，经公司董事会票选，公举王存善为会长，董事会初拟所缺两席由周晋镳（金箴）、王驾六顺补。但王驾六以"并无股份，从未预会"为由婉拒，公司董事会遂请张武铺（知笙）接任。1913年4月，聂其杰辞职，因备选乏人，直到1914年4月22日，才推举杨学沂（绥卿）充补。1915年5月27日，因公司董事两年任期已满，投票另选九人（按当日票举数排列）为：孙宝琦（慕韩）、盛宣怀、王存善、李经方、周晋镳、沈敦和、张武铺、林熊徵（薇阁）、杨学沂。

盛宣怀在汉冶萍公司的势力盘根错节，旅居日本期间，除正常公务书函往来外，其亲信还随时将鄂、赣两省接管汉冶萍厂矿和汉冶萍国有等重要事件函电密报。① 1912年8月，汉冶萍公司股东方叔记在呈董事会意见书中攻击盛宣怀道："公司困难固属实情，而从前盛氏时代积弊之深，人言藉藉。今则政体已改，董事及办理者大半易人，趁此大加改革，一廓清盛氏之积弊，俾股东血本不至无着。"② 但随即就有傅应熊、孙思诚、程光祖等180人共同致公司众股东意见书进行回击，"盛氏经办时，已发三届利息，凡我股东将本求利，不论盛氏之好坏，只问利息之有无。现在大加改革，百事维新，忽议官利停止，以各股东汗血资本置于毫无价值之地，无不疾首痛心。至于盛氏之积弊，方叔记先生如确有证据，则李一琴（按：李维格）诸先生均系原经手，尽可彻查。或与盛氏蓄有私怨，信口雌黄，此等意见书真一钱不值也"。③ 且不论双方争辩之事实，单说盛宣怀能得到如此多股东的联名公启支持，足见其在汉冶萍公司内之影响力。

1912年9月间，盛宣怀悄悄从日本回到上海。1913年2月14日，袁世凯秘书沈祖宪呈袁世凯关于汉冶萍公司股东请求盛宣怀复任公司总理文，袁世凯批示应交国务院，由工商部核办。④ 2月28日，在鄂省批准盛宣怀复任汉冶萍公司总理后，公司股东周晋镳等83人联名致电大总统、国务院及工商部，请求"迅赐批示，并祈先赐电复"。⑤ 1913年3月25日《申报》揭露盛宣怀对汉冶萍公司的种种谋划行为，"盛宣怀回上海后，

---

① 参见《关于鄂赣两省接管汉冶萍厂矿和汉冶萍国有事密电四件的主要内容》、《□□□致盛宣怀函》（1912年9月上旬），《汉冶萍公司（三）——盛宣怀档案资料选辑之四》，第338—339页。
② 《股东方叔记意见书》（1912年8月），湖北省档案馆编《汉冶萍公司档案史料选编》上册，第262页。
③ 《股东傅应熊等意见书》（1912年8月），湖北省档案馆编《汉冶萍公司档案史料选编》上册，第263页。
④ 《批秘书沈祖宪呈汉冶萍公司股东请复任总理以保实业由》（1913年2月14日），《袁世凯全集》第二二卷，河南大学出版社，2013，第52页。
⑤ 《上海汉冶萍公司股东周晋镳等致袁世凯等电》（1913年2月28日），《汉冶萍公司（三）——盛宣怀档案资料选辑之四》，第1305页。

雄心未死，仍思恢复汉冶萍权力，已遣其亲信王存善等四出运动，欲于此次股东会时运动多数票选为总理。又，日前周晋镳等联名呈工商部请准盛宣怀复任汉冶萍总理，奉工商部批云复任总理于向章不合，应毋庸议。闻周等又复连名电争。盛之徒王存善等已设法先将某人加入董事会以行干预之计，又闻林虎侯案亦与盛有关，盛为总理，林案即可消灭云。又闻盛又辇巨金至京运动。盛府中屡有某国人一名为之谋主"。① 3月30日，上海《民立报》刊载汉冶萍公司股东大会情形，感叹"盛宣怀手臂通天！"②"冰盦"编俚歌以嘲讽盛宣怀曰："汉冶萍为选着盛宣怀，盛氏本有千万财，做个把总理原应该，只是此人名望坏，勿要再把卖国手段拿出来。"③

1913年初，盛宣怀向大总统袁世凯提出当时解决汉冶萍公司困难之建议曰："如政府目下即能备款收部有，自应责成工商部，赶紧派员接办；如果一时调查未完，财政部尚难筹拨巨款，以还急债而供急用，则此事万不能听其溃散，愈难收拾；如大总统批准股东所请，与从前注册存案，公司总理由股东公推、政府任命，名义相符。"与此同时，汉冶萍公司为使自身"对内对外均有信用"，也将赶紧设法补救，"一面清厘急债，一面推广出料"，而对鄂、赣两省实行适当之笼络，"至于地在鄂、赣，似亦稍宜笼络"。④ 但袁世凯对此并无明确批示。张謇此时也因汉冶萍公司股东有意复举盛宣怀为总理而被迫辞职："张謇君上年经董事会推任总经理，据公司中人言，张君足迹从未到过公司一次，既不视事，亦不辞职。现闻股东会另举总理，张始具书辞职。"⑤

1913年3月29日，汉冶萍公司召开股东特别大会，有股东数人提议选举盛宣怀复任公司总理，经大会公选，其中"赞成举盛者"有81181权，

---

① 《汉冶萍与盛宣怀》，《申报》1913年3月25日，第10版。
② 《汉冶萍股东大会记》，《民立报》1913年3月30日，第12页。
③ 冰盦：《十二月花名时事歌并小序》，《申报》1913年4月7日，第13版。
④ 《盛宣怀致袁世凯函》（1913年初），吴伦霓霞、王尔敏合编《盛宣怀实业函电稿》下册，第797页。
⑤ 《光复后汉冶萍经过事实：张季直之辞职函》，《中华实业丛报》第1期，1913年。

"反对举盛者"有 13148 权,盛宣怀以高票当选。① 后来,盛宣怀认为"商办公司以议事、办事为两大机关",董事兼任总理则"议事人侵及办事之权,亦于法定不甚符合",因而未承认自己为公司总理,只表示将作为议董于公司"董事会中列席参议,共图挽救之策"。② 汉冶萍公司董事会认为两者名称虽异,但职责是一样的,仍请盛宣怀"主持会务",公举其为董事会会长。③ 随即董事会将此选举结果通电告知北京国务院、工商部、副总统黎元洪、鄂省民政长夏寿康、赣督李烈钧、湘督谭延闿、江苏都督程德全等处。④ 然而,此事遭到了湘省的强烈反对。4 月 4 日,旅沪湘人在沪西斜桥湖南会馆开会,认为盛宣怀被举为汉冶萍公司总理事,"蔑视吾湘股权可谓甚矣","殊不合理,吾湘人亟宜研究,并谋对付方针,必须合乎法律以表湘人人格",公举龚练百、聂其杰、周可均、黄兆祥四人为起草员,电请工商部及湘都督,声明该公司开会之不法情形,同时再举陈强、唐支厦二人赴湘邀同各界开会集议,更举钱兆湘赴京联合各界商讨对付办法。⑤ 但这种反对

---

① 《公司股东特别大会议案》(1913 年 3 月 29 日),湖北省档案馆编《汉冶萍公司档案史料选编》上册,第 266 页;《光复后汉冶萍经过事实:三月二十九日之股东特别大会》,《中华实业丛报》第 1 期,1913 年。在选举结果宣布之后,湖南代表周可均忽然声称未见自己所投之反对举盛者票的五千二百三十七权。有股东诘问周可均何以知反对举盛者的票数内无五千二百余权之票。主席王存善当即请湖北代表丁立中、时象晋复检票数,而周可均不待检毕即离去。等到复检完毕,该票仍无着落。主席王存善即以赞成票数已过十成之七,即使其余票权全属反对,亦应无效为由,遂具公函邀盛宣怀到公司就任总理,并拟电呈工商部和湖南都督,声明当日会场情形,以免误会。1913 年 5 月 20 日,在汉冶萍公司股东常会上,湖南代表吴镜仪对上次会场阻扰周可均发言一事,表示发言失当,深感抱歉。股东孙铁舟也特别声明,当时只是反对周可均之言论,并非反对湘省之意,对湘省谭都督不遗余力保护公司表示感激。周可均亦登台声说,盛宣怀为湘人所不喜,恐举出不为湘人所赞成之理由,正拟申说理由,即遭哗阻,且上次大会事前本无选举问题,忽临时发生,代表是以反对,由此造成彼此误会。
② 《光复后汉冶萍经过事实:致董事会之盛函一》,《中华实业丛报》第 1 期,1913 年;《光复后汉冶萍经过事实:致董事会之盛函二》,《中华实业丛报》第 1 期,1913 年。
③ 《汉冶萍公司董事会临时会议记录》(1913 年 3 月 31 日),《汉冶萍公司(三)——盛宣怀档案资料选辑之四》,第 441—442 页。在此次召开股东大会之前,有一份"秘密总纲"表明有股东申联支持盛宣怀:"一、会场如有人举盛氏为总理,凡我股东应当鼓掌辅助。投票公决应即缮注赞成字样。一、会场如有人攻诘盛氏,凡我股东应即合力辩驳。一、会场如有人攻诘叶经理,凡我股东应即附和鼓掌。"参见《秘密总纲》(1913 年 3 月下旬),《汉冶萍公司(三)——盛宣怀档案资料选辑之四》,第 444 页。
④ 《光复后汉冶萍经过事实:董事会之通电》,《中华实业丛报》第 1 期,1913 年。
⑤ 《盛宣怀当选汉冶萍总理之反动力》,《申报》1913 年 4 月 5 日,第 10 版。

本身不合《公司律》，因而并不能改变汉冶萍公司股东大会的选举结果。

至此，盛宣怀重新回到了汉冶萍公司的权力核心。不过，与辛亥革命之前不同的是，此次盛宣怀是以"商"的身份重掌汉冶萍公司，并没有任何"官"的身份。对于内外的反对之声，盛宣怀利用报刊发表声明，"向无以个人抵押及担保之事"，并请求各界监察正在进行之裁汰工作。①

1914年2月23日，盛宣怀因病须静养，致函汉冶萍公司董事会，请王存善、李经方权为代理。② 此后，盛宣怀在汉冶萍公司的地位逐渐式微。3月7日，天津《大公报》发表评论，极力痛斥盛宣怀为国之"怪物"，"近数十年来，中国之第一大怪物，其惟盛宣怀乎……中国之有盛氏，一若天造地产，使之为掀风鼓浪之瘟元帅者"。③ 1914年9月，小田切向日本外务省提出"汉冶萍公司日华合办大纲案"时，提出须特别注意事之一：

> 盛董事长不但在性格及经历上与袁大总统不相容，且尚有不少政敌。因此盛在担任公司要职期间，公司自不易避免来自政府与外界之压迫；且其宿疾已入膏肓，现不能亲视公司事务。此时使之脱离公司，实为使公司摆脱困境之捷径。然而细观盛氏之境遇，其所以直至今日尚对公司地位恋恋不舍者，系因其私产之大半均投在公司。但因六百万日元旧债调换借款成立，已收回其全部，时至今日，放弃其地位，谅不会吝惜。④

据日本方面对汉冶萍公司的调查，盛宣怀在汉冶萍公司股票额为475万日元。⑤

---

① 《盛杏苏启事》，《申报》1913年7月25—31日，第1版；《盛愚斋启事》，《申报》1913年9月2日—10月1日，第1版。
② 《盛宣怀致汉冶萍公司董事会函》，《汉冶萍公司（三）——盛宣怀档案资料选辑之四》，第785页。
③ 无妄：《闲评一》，《大公报（天津）》1914年3月7日，第1张，第3版。
④ 《汉冶萍公司日华合办大纲案》，湖北省档案馆编《汉冶萍公司档案史料选编》上册，第369页。
⑤ 《加藤致日置益函》（1914年12月17日），湖北省档案馆编《汉冶萍公司档案史料选编》上册，第368页。

论者多认为盛宣怀是贻误汉冶萍公司发展的罪魁祸首。1928年4月23日，国民党政府农矿部参事陈郁在关于汉冶萍公司问题之报告中痛斥盛宣怀："自清光绪年间接办汉冶萍矿厂，媚外肥己，甘为国贼，先后借日债三千余万元，迄今并息计算，已达五千万元之数。且与日人订立合同，设最高顾问工程师，使日人得以监督矿厂；设会计顾问，使日人得以监督财政，更订贱价售砂售铁合同，四十年内交付日人生铁八百万吨，矿砂一千五百万吨，不啻以我国唯一钢铁事业之实权与财政，拱手奉之外人之前，其为汉冶萍之罪魁可谓毫无疑义。"①

时人对盛宣怀的评价也是莫衷一是，"灵犀"描述盛宣怀对日借款之动机道："光复后时局剧变，盛因资产之富，颇不自安，有求庇日人之心，并欲利用借款，一方救济公司，一方将公司所有财产抵押，以杜觊觎。"② 盛宣怀在汉冶萍公司虽有培植朋党势力之嫌，但对于汉冶萍公司的人事任用，也有为公司利益着想的深思熟虑。民初公司改组时，因外界舆论怀疑公司内部"朋比"，杨学沂建议盛宣怀不要公举自己和李维格、林志熙、王勋等人而"坐实人疑，请另备有声望信用、非公党派者备选"。③ 盛宣怀认为以现下时局，必须用"熟手""性情相洽"之人才能办事。④ 1912年4月初，公司之前的总、协理因非股东公举，遂均辞职。总协理名目为总、副经理，由董事公选，非董事之张謇被选为总经理，"总经理一席，秉三意须借用张季直君名望，与政府说话方能有济"。⑤ 此举足见此时远在日本的盛宣怀对公司将来之筹谋，"从前弟在日本，曾嘱股东公推泗州（按：杨士琦）为董事、通州（按：张謇）为经理，素所佩服，为实业老手。现幸此二公均握政柄，弟拟请王槐翁即到公司充经理，以后公司行政举动，

---

① 《陈郁关于汉冶萍问题之报告》，湖北省档案馆编《汉冶萍公司档案史料选编》下册，中国社会科学出版社，1994，第161页。
② 灵犀：《汉冶萍借款问题之回顾及现在之危机》，《尚贤堂纪事》第4册第6期，1915。
③ 《杨学沂致盛宣怀函》（1912年3月15日），《汉冶萍公司（三）——盛宣怀档案资料选辑之四》，第231页。
④ 《盛宣怀致李维格函》（1912年4月1日），《汉冶萍公司（三）——盛宣怀档案资料选辑之四》，第240页。
⑤ 《李维格致盛宣怀函》（1912年4月17日），《汉冶萍公司（三）——盛宣怀档案资料选辑之四》，第247页。

拟皆禀承泗州及通州两处，[泗州]即由阁下通信，通州即由槐翁通信。"①1913年《民国汇报》第2期对盛宣怀与汉冶萍公司之关系描述道："盛氏数十年心血，大半耗于汉冶萍，盛氏一生之事业，亦以汉冶萍为最有成效。铁质之佳，固已有名于世界，若资本充足，必获大利。无如盛氏之力，只及于此也，盛氏不倒，则汉冶萍当更为发达。"② 因此，盛宣怀于汉冶萍公司功绩也是不容忽视的。

## 二 资本因素与行为逻辑

辛亥革命后，汉冶萍公司损失惨重，债台高筑，而恢复生产、添炉扩充、偿还借款等都需资金，在此动荡时局，"恐非洋债终难保全"，③ "非大借外债不能续命"，日商趁机向南京临时政府提议以汉冶萍公司"华日合办"为条件可筹借巨款，但引进日资合办，"不啻举全国钢铁业拱手授诸外人"。④

查公司此时金融问题，"负债除股本外，已达二千四百余万两，而综计每月须耗利息二十余万两，斯诚极困难之问题也"。⑤ 为此，公司董事会积极筹划解决资本问题。1912年4月1日，盛宣怀提议公司亟须开会，与银行商定准发行公司债票二千万，或一次卖，或分两次，以便迅速将第一、二、三炉修复，第四炉赶造，并将重利急债或归还，或换给公债票，以免损耗赔偿。除此之外，还要求股东认买债票若干万，先济燃眉之急；或由社会立即认买股票若干万，借此稳固根本。⑥ 股东王循理曾主张向各省招集公股，但因其时各省财力奇绌，难以办到。故而只得筹划续招商

---

① 《盛宣怀致于焌年函》（1914年9月1日），《汉冶萍公司（三）——盛宣怀档案资料选辑之四》，第866页。
② 《汉冶萍矿各方面之观察》，《民国汇报》第1卷第2期，1913年。
③ 《盛宣怀致王存善函》（1911年11月9日），《汉冶萍公司（三）——盛宣怀档案资料选辑之四》，第195页。
④ 《叶景葵致聂其杰、何范之电》（1912年2月2日），湖北省档案馆编《汉冶萍公司档案史料选编》上册，第327页。
⑤ 《汉冶萍公司股东徐冠南等意见书》（1912年8月上旬），《汉冶萍公司（三）——盛宣怀档案资料选辑之四》，第312页。
⑥ 《盛宣怀致李维格函》（1912年4月1日），《汉冶萍公司（三）——盛宣怀档案资料选辑之四》，第239—240页。

股，计划将股本增至3000万元，"除已招一千三百余万元外，尚须续招一千七百万元"，但因老股票存在头等优先、二等优先和普通三种名目，而此次新招股份全为普通，余利无期，不能调动附股积极性，若将前后所招统归一律，取消以前优先名目，老股换新股，则又易造成老股起争执。① 汉冶萍公司还呈文交通部，计划以添设新厂、募集新债为补救之策，而救急之法分两项："一粤汉铁路所定钢轨千四百万，从四国借款内支用，此款债票售尽，提千二百万，照五厘交息（此款存银行行息二厘，国家赔三厘），惟与公司商议需时，拟从大宗借款用四百万，由此项扣还；二拨借中央公债票六百万元作为补助公款，不交息。"② 但交通部未给以明确答复，总长施肇基推诿曰："自当与同院诸公特别筹议，冀副雅命，一俟议有办法，再当随时布闻。"③

此时，汉冶萍公司股东股本263540股，每股洋50元，共计银洋13177000元；又辛亥年八月以前填给股东每股息洋2.533元，共计息股银洋667546元；共计股本银洋13844546元，内含工商部股份174万元。④ 汉冶萍公司原有资本早已耗尽，且外债达3200余万两，因而不得不依靠借外债周济。⑤

1912年8月17日，日本驻大冶技师西泽公雄致函正金银行驻北京董事小田切万寿之助，详细分析时局，认为对日借款是汉冶萍公司扩张发展的唯一出路：

> 三省革命派由于财政穷乏而垂涎公司之利源，欲得之以济燃眉之

---

① 《汉冶萍公司董事会临时会议记录》（1912年5月15日），《汉冶萍公司（三）——盛宣怀档案资料选辑之四》，第260页。
② 《汉冶萍铁之生机》，《民立报》1912年5月21日，第7页。
③ 《交通部施总长复汉冶萍公司经理请拨款项函》（1912年5月22日），《政府公报》第52号，1912年6月21日。
④ 《汉冶萍公司与铁路总公司合同》（1912年9月），《汉冶萍公司（三）——盛宣怀档案资料选辑之四》，第353—354页。
⑤ 《汉冶萍矿各方面之观察》，《民国汇报》第1卷第2期，1913年。外债事项包括："预收日本生铁价六百万元，矿石价二百余万元，预收邮传部二百万两，四川省轨价一百余万两，正金借款二百万元又一百万元，三井纱厂押款一百万元，汇丰各银行、东方银公司借款一百九十万两，道胜银行借款一百万两，共计三千二百余万两之巨。"

急。但因各省缺乏联络，对制铁事业又缺乏经验，取得后难以取得超过公司以往营业之成绩，自不待言；且明显地必将陷于较现状更为穷迫之境地。此际，北京政府鉴于大势，洞察时局，当能认清必须迅速说服公司反对派，重新用我国借款，坚决实行公司扩张计划，开通急需之铁路而着眼于长远之大利。且三省人民不仅由于该公司之营业直接获得巨大工资，同时又获得许多由事业带来之间接利益，早一日迅速开工，实为救济三省经济之捷径。①

其时，汉冶萍公司国有、商办问题始终未决，日人又来催逼在汉阳铁厂所定之货，"而定货则不能再延，经费已一筹莫展，若无救急之法，只有宣告破产"，至1912年10月借贷也已俱穷，"以致一筹莫展"，因而只得恳请政府"迅赐维持"，拨款济急。②经国务院会议决定，政府拨发公债票五百万元以资补助，且此款限定作为开炉之用，不准挪移填补亏损，并由工商部派员监督开支。但中央政府之拨款因还期、付息两项尚须鄂省理财部与工商部协议，因而延迟给票，此项款未到以前，汉冶萍公司厂矿又不得不先行筹措，以资接济。10月9日，公司董事会电请湖南都督谭延闿，请饬湖南银行续借银票十万两，专供萍矿之用。谭延闿承诺接济，饬财政司如数筹备，将该款分作五期，每半月取用二万，由萍矿派员与银行商明期息，订立合同，分批承领。③沪、汉用款亦就地筹济。11月，收支所所长项兰生报告公司此时各种需款，"除已转期外，所有德华洋例银六万一千余两，三井六万六千二百二十七两，台湾七万五千两，均因银根极紧，约定月底必须筹还，无可再缓。其余汉厂经费、萍矿汇票、运销汇款、公司开

---

① 《西泽致小田切函》（1912年8月17日），湖北省档案馆编《汉冶萍公司档案史料选编》上册，第297页；《日驻大冶技师西泽致正金银行驻北京董事小田切函》（大正元年八月十七日），武汉大学经济学系编《旧中国汉冶萍公司与日本关系史料选辑》，第387页。
② 《汉冶萍公司董事会常会记录》（1912年10月4日），《汉冶萍公司（三）——盛宣怀档案资料选辑之四》，第357页。
③ 《汉冶萍公司董事会常会记录》（1912年10月12日），《汉冶萍公司（三）——盛宣怀档案资料选辑之四》，第359—360页。据矿务所长林志熙送萍矿支用此项湘款单："每月额汇二万两，两月共四万两；每月补存薪三千五百两，两月共七千两；购米万石，约二万三千两；修焦炉估价八千五百两；修火砖炉估价二千一百两。总共八万另六百两。"

支,几无一非急需之款",汉冶萍公司董事会遂请董事朱葆三向中外银行筹商以票抵银,由中国银行代表工商部签字,以应本月之需。① 但外国银行大多不愿抵押借款,朱葆三又托友人留意代询有无华人愿意借款,"目下公司只存银数千两,亟须有款济急"。11月17日,总经理张謇致电袁世凯,请饬交通银行暂押借40万两,但交通银行沪行不允。汉冶萍公司董事会一面委派王存善、朱葆三前去与交通银行沪行经理张绍莲商议,先押银20万两,两月为期,到期必还;一面请经理向正金银行商押巨款,以债票作抵,用川粤汉轨价还本,并俟经理所谈押款将次成议时,请交通部致函正金银行作证,声明汉厂交轨必留款以还此债。② 但交通银行沪行仍不愿押借,汉冶萍公司只能赶紧与正金银行筹议,并托王存善向通商银行短期折银20万两,以一月为期,俟正金银行押借定议,即时归还。③

同时,汉冶萍公司总经理张謇致电袁世凯催发公债票。但后来政府允拨之500万公债票因在市场上信用不高,售现仅值六七折,且为数最多只能在10万以内,由此亏耗过巨,汉冶萍公司提议以公债票500万元向日本正金沪行经理儿玉谦次磋商,押借日币350万元,自1913年7月起,期限三年,用川粤汉两路轨价归还。1912年12月7日,经多次会商,最终签订借款时改为以公债票500万元押借正金上海分行规银250万两。④ 而且,汉冶萍公司还允诺将来如续将公司产业抵押借款,横滨正金银行上海分行具有优先权,公司照章所开之营业情形及出入款项报告也可照送一份。在此形势之下,汉冶萍公司所需之资金,"除日本银行外又一无挪移之处"。⑤

---

① 《汉冶萍公司董事会常会记录》(1912年11月14日),《汉冶萍公司(三)——盛宣怀档案资料选辑之四》,第368页。
② 《上海张謇致袁世凯电》(1912年11月17日),《汉冶萍公司(三)——盛宣怀档案资料选辑之四》,第1301页;《汉冶萍公司董事会临时会议记录》(1912年11月18日),《汉冶萍公司(三)——盛宣怀档案资料选辑之四》,第369页。
③ 《汉冶萍公司董事会常会记录》(1912年11月23日),《汉冶萍公司(三)——盛宣怀档案资料选辑之四》,第370页。
④ 《汉冶萍公司与日本横滨正金银行借款合同》(1912年12月7日),《汉冶萍公司(三)——盛宣怀档案资料选辑之四》,第379页。汉冶萍公司董事会曾多次请求财政部、工商部将由公司承担的五百万元公债票息取消,但未获准。参见《工商部令汉冶萍公司董事会》,《顺天时报》1913年8月30日,第3版。
⑤ 《汉冶萍公司董事会临时会议记录》(1912年10月7日),《汉冶萍公司(三)——盛宣怀档案资料选辑之四》,第358页。

1913年1月8日，钦其宝致函刘子真，陈述辛亥年汉冶萍公司帐略中没有载明之公司财务状况，"汉冶萍共用三千五六百万，内股本居三分之一，余皆借款，股本无外款。借款系预支日本购矿价值及抵押挪借之款"，而"现需款项，非添招商股所能应急，大举开办，恢复旧日规模，似应再借洋款"。① 而后，盛宣怀在致袁世凯的说帖中也陈述辛亥以来汉冶萍公司经营之困难："一年以来，除借零星外债及请政府补助外，别无善全之策，用人愈夸，解事愈少，外无以抵制赣、鄂之要求，内无以整理厂矿之规则，且经理及厂务长、商务长从未一到厂矿，上海则一味铺张，各处则弊端百出，致使定货、贷款各洋商，因炉座不齐开而催铁尤急，因到期必爽约而催本愈急，几微之款，如汤沃雪。辛亥九月，该资本三千二百余万元两，壬子年底竟至三千六百余万两，股东核算利息及各项靡费，每日须加本银七千两。"②

3月20日，李维格、叶景葵报告汉冶萍公司"其欲罢不能，欲进无策之困苦"，其原因不外"经济窘迫、地方阻难两层"。③ 3月29日，汉冶萍公司开股东特别大会，商讨"变相国有"这一通融维持厂矿之法，"工商部、湖南省本均有公股；今拟将公司前欠交通部款商作股份，湖北、江西亦设法令其作为股东，有选举董事之权。财政部前补助之公债票，如能由工商部商改作股，尤为有益。如是内而三部外而三省。均为公司之股东，各派一人为董事，合原有之董事，筹画进行，地方问题大致解决。再借一大宗外债，实地整顿，以图恢复"。④ 但汉冶萍公司股东一致反对这一主张，坚持原先所定办法，如"国有"不成，即主张完全商办。

4月，李维格面告汉冶萍公司董事会，"公司金融枯竭，势将不支，必

---

① 《钦其宝致刘子真函》（1913年1月8日），《汉冶萍公司（三）——盛宣怀档案资料选辑之四》，第400—401页。
② 《盛宣怀致袁世凯函·附开汉冶萍公司经理说帖》（1913年初），吴伦霓霞、王尔敏合编《盛宣怀实业函电稿》下册，第798页。
③ 《李维格、叶景葵报告》（1913年3月20日），《汉冶萍公司（三）——盛宣怀档案资料选辑之四》，第427页。
④ 《公司股东特别大会议案》（1913年3月29日），湖北省档案馆编《汉冶萍公司档案史料选编》上册，第265—266页；《光复后汉冶萍经过事实：三月二十九日之股东特别大会》，《中华实业丛报》第1期，1913年。

须先从筹款着手，方能及于其他各项"，董事会公议商定，"只有商之正金，将政府前以公司名义借用之二百五十万元抵借济急"，公请李维格前往磋商，①但北洋政府无力扶持，4月11日，湖南股东龙绂瑞、龙绂年致函汉冶萍公司董事会，认为须尽快解决公司资本问题，"现在办法只有国有、借款二途，再无良法，望此时于此二者之中决定一项，无徒肆口舌之争，以求实为主。此问题为资本所关，即行解决，勿再延误，致有破产之虞"。②

此时，汉冶萍公司虽然大力整顿各处事务，筹划扩充之计，但因无资金，始终难以实行。4月中下旬，公司董事会复函陈述大冶须添炼铁炉，但公司"经济困难，非借款补助不足以资补救而事扩充"。③ 5月20日，汉冶萍公司董事会报告借款问题，"商战时代非进即退。中国铁业只一无二，本公司年来之所以不能得利者，诚为时局未清，亦缘费本太巨，出货太少，致经济益复困难。欲图出险，不得不放手为之"，因而提议筹借巨款以还债和扩充。④ 5月31日，盛宣怀致函高木陆郎，称"现在公司以借款为第一要义"，请求高木陆郎鼎力设法筹商。⑤ 汉冶萍公司认为借助收归国有而发还股本，"自是第一上策"，但是国有问题迟迟不决，政府又因财政困难不能兼顾，"不得已只有仍归商办"，而"继续商办，则有要着三端：曰发行债票，曰国家保息，曰疏通地方情意"。特别是"疏通情意，必使地方与公司有利害相共之关系，空言无补。而利害相共之办法，必如何而后于地方有益，于公司无损"，其主要意义在于"合中央、地方、公司三者之力，众擎共举"。⑥ 10月4日，股东联合会会员汪文溥致函公司董

---

① 《汉冶萍公司董事会常会记录》（1913年4月5日），《汉冶萍公司（三）——盛宣怀档案资料选辑之四》，第457页。
② 《龙绂瑞、龙绂年致汉冶萍公司董事会函》（1913年4月11日），《汉冶萍公司（三）——盛宣怀档案资料选辑之四》，第465页。
③ 《汉冶萍公司董事会致龙绂瑞、龙绂年函》（1913年4月中下旬），《汉冶萍公司（三）——盛宣怀档案资料选辑之四》，第480页。
④ 《董事会报告》（1913年5月20日），《汉冶萍公司（三）——盛宣怀档案资料选辑之四》，第521页；《光复后汉冶萍经过事实：五月二十日之股东常会》，《中华实业丛报》第2期，1913年。
⑤ 《盛宣怀致高木陆郎函》（1913年5月31日），《汉冶萍公司（三）——盛宣怀档案资料选辑之四》，第538页。
⑥ 《李维格、叶景葵报告》（1913年3月20日），《汉冶萍公司（三）——盛宣怀档案资料选辑之四》，第427页。

事会会长及董事,认为虽然"举债非可稍缓须臾",但借款之前必须先与中央、地方政府进行交涉:

> 中央、地方既接洽,然后借款,借款既定,然后精选外国有名技师为工程师,委托厂矿各职而仍自握完全之主权,庶乎本公司营业乃有回复之望。否则不为根本之解决,日与一般觊觎攘夺者委蛇,对付既穷而谋孽未已,欢、忠两竭而责望犹奢。营业日以顿挫,资本日以销铄,则破产殆为事实上所必不可免。寻常公司之破产,所牺牲者股东之资本而已,汉冶萍破产则牺牲者为国家之命脉。政府**漠视汉冶萍,甚或蹂躏之,非漠视汉冶萍,蹂躏汉冶萍,直漠视而蹂躏此国家耳。苟知汉冶萍为吾国之汉冶萍,则何忍漠视,更何忍蹂躏?是故以公司归国有而由国家借款为上策,其次则商办而政府尽其保护。**今日之计,非先量借款之程格,借款不能有成,非先与中央及地方各政府了解各项交涉,则即借成巨款而办理仍有阻挠,终至涂地而后已。与其再增数千万之负担而仍不免异日之蹉跌,则何如先事解决之为愈。①

11月20日,会计所所长于焌年将汉冶萍公司此时各项债款罗列清单呈送盛宣怀(见表1-2)。

表1-2 汉冶萍公司借款总数单(截至1913年11月)

| 款项 | 金额(规元两) |
| --- | --- |
| 产业抵押借款 | 13166234.124 |
| 煤焦铁等抵押借款 | 526800 |
| 预收生铁价 | 4500000 |
| 预收矿石价 | 123711.34 |

---

① 《汪文溥致汉冶萍公司董事会长、董事函》(1913年10月4日),《汉冶萍公司(三)——盛宣怀档案资料选辑之四》,第649—650页;汪幼安(汪文溥):《致汉冶萍董事会书》,《中华实业丛报》第6期,1913年。报刊刊载时与原函中黑体加粗部分不同,改为"提议一面积极筹款,一面派员调查,将情形告之政府,请求保护"。

续表

| 款项 | 金额（规元两） |
| --- | --- |
| 预收钢轨价 | 3202097.024 |
| 应作股票款 | 1700156.701 |
| 钱庄行号款 | 2127976.234 |
| 合计 | 25346975.423 |

资料来源：《借款总数单》，《汉冶萍公司（三）——盛宣怀档案资料选辑之四》，第662页。各款项下具体来源及数额参见该资料第662—677页。

1913年12月24日，盛宣怀致电高木陆郎，开列截至阴历年底，汉冶萍公司急需拨用各款计119万两的明细，"计汉口各钱庄还款三十五万两；汉厂储蓄款五万两；厂矿短期各借款三十一万两；厂矿用款四十八万两，共一百十九万两"，请求迅速向正金银行商妥，"如数在借款内先行支用为托"。① 但是，汉冶萍公司要想从根本上走出困境，"非谋出货增多，断不足以自拔"，而"两年来招集人工，修复炉座，补购损失材料，酌还急迫债项，寥寥货款不敌出款十分之二"。②

盛宣怀虽然密令徐元英等在湖北各处，温秉仁、魏允济等在湖南各地勘查矿山，以备扩充经营，然而汉冶萍公司在如此巨额的债务之下，各厂矿丝毫不能接济，所出生铁、钢料又皆为债主扣还，且中外各债环向逼勒，"目下厂矿经费无所出，到期重债不能转，第四新炉不能成，银行钱铺丝毫不能挪借。政府虽有心维持，而现在决无现款可以补助。别国银行虽愿抵借，而条件更比正金严厉。实逼处此，日坐愁城"，③ 数月之内竟无另行借款之法，"不得已赓续前约议借日币九百万元，为添造五六两炉、接济厂矿工程之用，并将短借重息之款归并六百万元本利，皆以生铁、矿石抵还"。④ 但合同签订后，上海正金银行以尚未接到东京来电为托词，未

---

① 《上海盛宣怀致高木陆郎电》（1913年12月24日），《汉冶萍公司（三）——盛宣怀档案资料选辑之四》，第1308页。
② 《汉冶萍公司董事会报告书》（1914年2月下旬），《汉冶萍公司（三）——盛宣怀档案资料选辑之四》，第789页。
③ 《汉冶萍公司向日本银行借款节略》（1914年1月），《汉冶萍公司（三）——盛宣怀档案资料选辑之四》，第774页。
④ 《汉冶萍公司简明节略》（1914年1月10日），湖北省档案馆编《汉冶萍公司档案史料选编》上册，第306页。

交付款。1914年1月6日，汉冶萍公司以西沟地道契作为信抵于往来透支规元12万两。1月14日，因萍矿到期汇票银2万两无以应付，又以此地契抵押2万两。①

1914年1月，汉冶萍公司因"股份太少，日债太多，未免喧宾夺主"，拟定出新股票3000万元，筹划官商合办，即官商平权，具体办法是将公司所欠官款改作股票，再加入官款而凑成股本3000万，与商股均平，但"商力一时断不能及，拟请将中央借款尽数作抵，不足之款俟中央续借外款再行补足"，如此公司则可成为"官商合办之局，得官力可以杜省界之凭陵，得商力可以平外人之争竞"。②但孙武等地方官绅认为官商合办不仅是汉冶萍公司脱卸责任之策，"股东大会冀朦混通过，为分肥卸责地步，隐串实业，当道主持官商合办，阴为脱卸"，将导致利权纠葛不清，"试按此次条款，公司利权全失，前途必致破产，合同未消，官商合办，汉冶萍公司岂复为吾国所有？"③而且官商合办为盛宣怀促成借款提供了契机，"汉冶萍官商合办之说为盛借款阶梯"。④3月14日，汉冶萍公司在呈农商部文中，陈述举借外债之无奈："中国方患贫弱，不能不赖开矿为第一富国策，然与外人合办，总不及自办为上策。而招股不足，继以借债为中策。"⑤3月22日，盛宣怀致函孙宝琦，认为中国"华商魄力太小，程度尤浅，三年无利，已经着急，遑论接济。倘无国力提倡保持，恐舍去借款，无他妙法"，当前之局势是"非借款不能办事，而借款必起风潮"。⑥

8月4日，盛宣怀致函政事堂左丞杨士琦，陈述汉厂之陇海轨价70万被交通部扣还前欠款后之汉冶萍公司情形，"目下所最急者陇海、粤汉、吉长、张绥各铁路已交轨料，闻部令将前项先行轨价扣还前欠。于是国外

---

① 《盛宣怀致上海正金银行函》（1914年1月14日），《汉冶萍公司（三）——盛宣怀档案资料选辑之四》，第764页。
② 《汉冶萍公司简明节略》（1914年1月10日），湖北省档案馆编《汉冶萍公司档案史料选编》上册，第305页。
③ 《北京孙武等通告汉冶萍股东电》，《通问报：耶稣教家庭新闻》第590期，1914年。
④ 《北京电》，《申报》1914年2月24日，第2版。
⑤ 《汉冶萍公司呈农商部文》（1914年3月14日），湖北省档案馆编《汉冶萍公司档案史料选编》上册，第363页。
⑥ 《盛宣怀致孙宝琦函》（1914年3月22日），《汉冶萍公司（三）——盛宣怀档案资料选辑之四》，第818页。

（第四炉未付料价）、国内（厂矿月需经常之费）汇票皆无以应付。虽为数无多，但以轨价不付，各处经济闭塞，则仍不得不仰给于日人"，而此时欧战爆发，盛宣怀认识到"钢铁价值势必飞涨"，请求暂缓扣抵。① 8月23日，盛宣怀在汉冶萍公司董事会临时会议上报告公司近来所需之用款，"本年支出预算尚有应付第四炉座伦敦汇票四万镑，约需银三十五万两。汉厂每月经费十万两，萍矿每月十五万两，共计九、十、十一、十二四个月经费银一百万两。又，汇丰短期押款二十万两"，原本拟以陇海铁路、粤汉铁路轨价维持，但适逢欧战爆发，陇海铁路停工，比利时之款项不能汇至国内，而粤汉铁路轨价又被交通部扣还旧债，且汉冶萍公司自身商力不支，"既不能再借洋款，又不能求借官本"，因而董事会公议"惟有将陇海轨价欠单六十万两向各银行多方商押，以抵汇票及短押之款，一面承造粤汉路轨一百四十英里，恳求部中暂缓扣还旧债，照章付给现款，以充四个月汉萍经常经费。至于应还正金二百五十万两公债票之押款，原议以川粤汉轨价划还者，暂由公司请商正金展缓再还"，交通部之扣款成为维持汉冶萍公司生产之关键。② 8月29日，盛宣怀致函交通部次长麦信坚，请求将陇海铁路、张绥铁路、吉长铁路、浦信铁路等应付款项共计约80万两照数拨付，并请准预支粤汉铁路一半银35万两，两项款"合成百万，方可放手造货"。③

同时，汉冶萍公司股东联合会会议，以钢轨造本每吨需银50余两，并无利益，如不能预付价款，且恐开炉不起，拟请暂停钢炉生产，专售生铁，以资急用。但对于添售生铁一事，据高木陆郎所说，"因制铁所本年购办预算款，内无有剩余之故，均似不多成效之望。揣日本方面之意，并非绝对拒否周转。据其所云：前于一千五百万借款时以为不须再借，讵未

---

① 《盛宣怀致杨士琦函》（1914年8月4日），《汉冶萍公司（三）——盛宣怀档案资料选辑之四》，第857页。
② 《汉冶萍公司董事会临时会议议案》（1914年8月23日），《汉冶萍公司（三）——盛宣怀档案资料选辑之四》，第861—862页。
③ 《盛宣怀致麦信坚函》（1914年8月29日），《汉冶萍公司（三）——盛宣怀档案资料选辑之四》，第865页。

经一载，如此款项告短，殊属诧异"。① 且盛宣怀对此事也是极不赞成，"敝见以汉冶萍之建设，原以炼钢制轨，杜塞洋产为宗旨，今若停钢售铁，殊失本意，且重贻外人訾笑。苟有一息生机，必以造轨为前提"，② 因而他致函粤汉铁路督办詹天佑和交通部次长麦信坚，请求将 7000 吨轨价约银 40 万两列入预算，并迅速照全数发现价拨付。③

1915 年 2 月 28 日，张謇认为欲求汉冶萍公司发展，必须官商合办："是则对外而欲拒其干涉，须先减少其债权；欲减少其债权，须先能按期交货；欲能按期交货，须能多出生铁与铁砂；欲能多出生铁、铁砂，须加营运资本，而先须官商合筹。"④ 5 月 27 日，盛宣怀在汉冶萍公司董事会上报告公司现下财政困难情形："现在担负中外各债，如此其巨，所恃分区采炼，作为经常费用者，只此货价之收入，内中大宗货款抵付债息，并有先经订明现银定造之铁路轨件，交货后不能拨还货价，甚至各军舰所用煤价亦悬欠未还。壬子年股东大会议定，招足股本三千万元，至今无起而应者。财政之艰，不可终日。"盛宣怀认为只有请求政府财政扶持才能走出困境，"维持之法，目前只求辅以财政，速其进行，收效之后，奚止保商，实甚保国，此政府之所应切实注意者也"。⑤ 此时，汉冶萍公司计划"每年以货值抵还"外债，且以后"断不能再借丝毫外债"，⑥ 因而在北洋政府的维持下，汉冶萍公司发行实业债票 1200 万元，分四年拨给，政府贴息六厘，公司贴息二厘，第五年起将本利匀作十年摊还。⑦ 但至 10 月，公司又陷入资金困难，"汉冶萍公司现因股份尚未

---

① 《高木陆郎致盛宣怀函》（1914 年 9 月 21 日），《汉冶萍公司（三）——盛宣怀档案资料选辑之四》，第 876 页。
② 《盛宣怀致麦信坚函》（1914 年 9 月 28 日），《汉冶萍公司（三）——盛宣怀档案资料选辑之四》，第 879 页。
③ 《盛宣怀致詹天佑函》（1914 年 10 月 30 日），《汉冶萍公司（三）——盛宣怀档案资料选辑之四》，第 883 页。
④ 《拟具汉冶萍公司官商合办理由呈》（1915 年 2 月 28 日），《张謇全集》第 2 卷，第 271 页。
⑤ 《盛会长报告书》（1915 年 5 月 27 日），湖北省档案馆编《汉冶萍公司档案史料选编》上册，第 277 页。
⑥ 《盛宣怀致孙宝琦函》（1915 年 5 月 28 日），《汉冶萍公司（三）——盛宣怀档案资料选辑之四》，第 939 页。
⑦ 《汉冶萍公司呈政府文》（1915 年 6 月），《汉冶萍公司（三）——盛宣怀档案资料选辑之四》，第 949 页。

招足，大冶新厂未成，四年之内，汉冶萍三处皆需接济，除营业收进现款扣抵外，尚需接济华银六百二十万元，并须扩充象鼻山铁矿、高坑煤矿、汉阳炼焦炉等处，开办经费华银五百八十万元，故拟向通惠实业股份有限公司商借本国银元一千二百万元，为维持营业之用"。① 虽然汉冶萍公司试图通过政府向通惠公司借内债1200余万以谋求自身发展，但最终因日本方面的极力干涉，这一计划很快归于取消。1915年底，汉冶萍公司只得又向北洋政府请求拨款救济，"现查厂矿一切经费预算，月需四十五万两，一年即需五百四十万两。所出生铁、矿砂系抵还债款，即间有于借款合同之外临时售出之生铁，然为数甚微。而所恃为入款者，在年销钢轨六万吨，以每吨售价五十两计之，收入为三百万，出入相抵，每年不敷在二百四十万两左右。现已罗掘俱穷，智尽能索。外国银行因有日债之关系，不肯借款。若再向日商请益，窃恐束缚愈甚，振拔愈难，再四思维，与其坐待危亡，贻累政府，不若预为陈明，犹可作先事之补救"，因而恳请审计院院长孙宝琦将汉冶萍公司资金困难情形转呈政府，"拟请每月拨借二十万两，以三年为止，长年六厘计息。自拨款之日起，五年内付息，五年后本息摊还"。②

综上所述，辛亥革命后，汉冶萍公司始终面临资本匮乏的难题，各处厂矿衰落，虽有提议中日合办、国有、续招新股、添设新厂、官商合办等办法，但都不能从根本上解决资金问题，最终，举借日债成为公司维持生存和发展的无奈选择。

## 第三节　围绕民初汉冶萍公司的多方力量

汉冶萍公司厂矿三处所有矿山、厂局、码头、航路、行栈，跨连鄂、湘、赣三省，附属产业极多。围绕汉冶萍公司厂矿资源，地方势力、中央政府和日本势力纷纷欲占为己有，形成了多方力量冲突与博弈的局面。

---

① 《盛宣怀致儿玉谦次函》（1915年11月中旬），《汉冶萍公司（三）——盛宣怀档案资料选辑之四》，第976页。

② 《汉冶萍公司请孙院长转恳政府拨款补助节略》（1915年底），《汉冶萍公司（三）——盛宣怀档案资料选辑之四》，第990页。

## 一　地方势力

辛亥革命以后，省界观念日益盛行，各省只知保护地方之生命财产，这成为破坏共和局势的"大害"之一："省界之害，自世界主义发生，国家主义已形狭小，何况地方主义。中国人民素不知合群之说，兼之习俗不同，语言互异，而地方行政长官亦复拘牵职守，漠视邻封，省界之争因之而起，西人每谓中国二十二省，不啻二十二国，洵非苛论。今共和肇始，虽存分省之名，不应再存分省之见。乃自各省独立，枭杰之士各据一方，不但一省如一国，而一省之中，亦不啻分为无数小国，而某省同乡会、某府同乡会等名目，纷然发现，甚至一人得志，欲扩张其本省之势力，相与援引乡人，挤排客籍，一若国家可牺牲，人民可涂炭，独此本省人之私利必不可稍自放弃。长此争执，不但各省之感情难以融洽，即一省中之纷扰，亦恐未有已时也。"① 不仅各省之间存在冲突，各省内部也有分歧，甚至内讧。

民初，鄂、赣争夺汉冶萍公司厂矿资源，地方势力与公司关系最为紧张。1912 年 9 月汉冶萍公司委派叶景葵、袁思亮、杨廷栋进京请求收归国有时，论述鄂、赣争夺公司情形曰："鄂议会因盛宣怀主持铁道国有政策，迫旧政府下格杀勿论之令，实为民国罪人，决议将该公司资本作为盛氏一人私产，全数充为鄂省公有；而江西人士见萍乡煤矿可获大利，亦主张归赣主办，派遣总办赴萍接收，该矿以煤炭与外国订有购买契约，何能分离独办；而附属于该公司之锰矿，鄂省亦派人接收，以致互相争夺，成分裂之现象。"② 1913 年《民国汇报》第 2 期刊载《汉冶萍矿各方面之观察》，也阐述汉冶萍公司与鄂、赣两省之缪辀情形："民国肇造，实业界中之缪辀，莫甚于汉冶萍公司矣。萍乡之煤矿，江西人欲争取之，以为江西所有物，于时测量及警察，与公司互起争讧。鄂人亦效其所为，欲收汉冶之铁矿为湖北所有，于是孙武攫得督办之权。而公司对于赣、鄂之防堵，几至

---

① 梦幻：《论破坏共和之五大害（续）》，《大公报（天津）》1912 年 4 月 22 日，第 1 张，第 2 版。
② 《汉冶萍代表到京》，《民立报》1912 年 9 月 11 日，第 6 页。

无孔不入,即收回国有亦所甘心。"①

不仅各省政府争夺汉冶萍公司,公司厂矿所在州县地方官绅亦是如此,"外人只知我中国好争省界,实则尚有府界、县界之分。厂矿名隶三省,实则分隶各属"。②1913年2月,大冶县知事咨文汉冶萍公司,以矿山出产甚优,拟请补助经费为地方自治之需,大冶人卢荆林代表全县,偕同大冶铁矿坐办刘维庆至沪,董事会正与接洽间,又接大冶县东、北两乡董会之来文,称"矿山在东、北两乡,与城中自治会无与",但卢荆林答复:"矿产系全邑利益,不能偏于两乡,伊系一县代表,可以担任此事。"汉冶萍公司电嘱大冶矿局,将卢荆林所述之情形询问两乡董会,尚未得到回复,而卢荆林不日内即须前赴热河,因而不能开董事会提议此事。汉冶萍公司经理认为,"查公司商办成案,每生铁一吨,捐银一两,地税均纳在内,是铁由矿出,既已纳捐,本无别项应捐理由。惟该地人民总以本邑权利未肯放弃,且地极瘠贫,自治经费难筹,莫不注重于此。自前清宣统二年即经要求,迄无成议。今卢君来此,业经与之磋商,拟由公司呈请中央政府,此项补助费将来即由一两生铁捐项下拨出若干,交该县充用"。而卢荆林以"自治需用甚大,铁捐拨充,缓不应急"为由,仍请解决此项问题。汉冶萍公司经理遂将此问题报告董事会,请求公决商定每年应助费,以便应付,并将刘维庆报告"冶人要求,其愿甚奢,每引萍矿岁助地方公益捐二万为比例"等语一并报告董事会。董事会会长王存善决议,"现时每年暂由矿辅助钱四千串文,并须与之订明,如铁捐拨充得清后,此项助费即行停止"。但经理声称,这种方法"属望过奢",四千串恐不能解决问题,复经公议由经理磋商,至多酌加一千串。③同时,对于汉阳铁厂开采之阳新锰矿,阳新地方绅商亦是竭力反对、阻禁,"光复时遂毁矿局、搬运路、封禁开采,民国成立后,铁厂追偿十余万之损失,该邑索取十余年

---

① 《汉冶萍矿各方面之观察》,《民国汇报》第1卷第2期,1913年。
② 《立本记等股东公启》(1913年3月中旬),《汉冶萍公司(三)——盛宣怀档案资料选辑之四》,第430页。
③ 《汉冶萍公司董事会临时会议记录》(1913年2月27日),《汉冶萍公司(三)——盛宣怀档案资料选辑之四》,第418页。

之租金，两方京鄂争讼，久难解决"。①

地方官绅及商人对汉冶萍公司也是十分关注。张謇、熊希龄等为挽救公司，募集华商资金，欲组织新公司，接收汉冶萍公司事业，并与盛宣怀协商。同时，刘学洵、杨芰菁等人与华商张云伯、温钦甫、曹成甫、于右任、张伯纯、张静江、赵菊椒等亦筹议组织新公司，欲接收汉冶萍公司事业，并选举鄂籍人士贺良朴为代表赴武昌与副总统黎元洪面商。贺良朴"自称已集一千二百万，存沪中银行，请派员验款"，准予开办。②湖北省临时议会全体赞成，于是黎元洪电告大总统袁世凯，袁世凯遂电召贺良朴赴京，贺良朴携带拟定新公司之明分界限，对待日人、洋债、华债、旧股、筹措资本及政府维持等事项的处理办法进京。③贺良朴谒见袁世凯时，袁世凯表示"如果有此新公司，我甚为赞成，汝可与梁燕孙（梁士诒）及刘霖生（刘揆一）商量"，贺良朴往见财政部次长梁士诒，梁士诒称刘学洵"风云雷雨，太靠不住"，贺良朴虽称除刘学洵外，"其余股东皆极可靠"，但梁士诒"终不甚谓然"。④贺良朴再往见工商总长刘揆一，而刘揆一则称"汉冶萍现正筹收为国有，本部自有办法"，因而贺良朴"乃不得要领而止"。⑤实际上，组织新公司所筹集之款远不足以开办汉、冶、萍三厂，"盖矿业之性质与他业异，开办时所需固定资本恒极巨，然后可责大利于将来，以汉冶萍局面之大，地则跨鄂、湘、赣三省，矿则分煤铁二项，工则兼采炼多途。日本人所著《支那经济全书》谓实须有资本五千万元始能尽其利，盖不诬也"，汉冶萍公司创始资本也仅1300余万元，"区区之数仅办三局之一"，不足以"今兼办三局"。⑥

总之，地方势力与汉冶萍公司的利益争夺主要体现在债权关系上，

---

① 《汉阳铁厂与阳新人争矿纪》，《申报》1915年4月28日，第6版。
② 《汉冶萍矿各方面之观察》，《民国汇报》第1卷第2期，1913年。
③ 《汉冶萍新公司组织之真象》，《民国经济杂志》第1卷第4期，1912年；《汉冶萍新公司之计画》，《民立报》1912年10月21日，第12页；《汉冶萍新公司之真象》，《民谊》第3号，1913年。
④ 《汉冶萍矿各方面之观察》，《民国汇报》第1卷第2期，1913年。
⑤ 《汉冶萍矿各方面之观察》，《民国汇报》第1卷第2期，1913年。
⑥ 《汉冶萍国有议》，《中华实业丛报》第8—9期合刊，1914年；《汉冶萍国有议》，江西萍乡赖俊华私人藏品，2023年12月7日笔者拍摄。

1913年5月24日，盛宣怀致函李维格，深刻揭示了地方政府攘夺汉冶萍公司之实质："地方安危实为债权关系。"① 因此，经济利益的纠葛才是引发地方势力争夺的根本原因。

## 二　中央政府

民国伊始，内外交困，百废待兴，南京临时政府财政极其窘迫，原拟发行军需公债一亿元，专充临时政府军需及保卫治安之用，年息八厘，以钱粮作抵，期限六年，发行区域以民军势力所及的地方为限。但债票多由各省都督预先领去，或以贱价出卖，或以抵发军饷，南京临时政府直接募得之款，不过五百万元。② "中央之供给仰诸小款，各省之收入耗于养兵，以致军队林立，而遣散无资"，各项用款尚不够支出，更有债款到期应还，民国元年"以辛丑赔款年内应还者三百七十五万镑，前清各项急债到期应还者一千五百余万元，南京政府新债到期应还者八百五十余万元，约合银六千四百五十余万元，均系本年年底必不能缓之款"。同时，为获得列强的承认，民国政府认还清政府与列强之间的所有债款，为保信用，必须如期偿还，并且"不惟承认问题，因此必大受影响，抑且各项债款均为抵押，势必协以谋我，实行干涉"。③ 鉴于此种局势，民国政府舍再借外债而无他法。杜亚泉在《临时政府借债汇记》开篇即说道："民国政府成立，需费浩繁，各省地丁杂税，既未能应时解集，济中央之急需。而海关收入税金，外人又以赔款为辞，暂不缴付，于是不得不谋之外债，以救燃眉。惟以时地之不同，故手续亦因而差异。盖南北未统一之前，外人既守中立，而南京政府亦不便自我开端，资北方以口实，自不得不假资本家为凭借，以求间接之吸收。"④ 因此，汉冶萍公司厂矿产业成为南京临时政府间接对日举借外债的抵押品之一。

---

① 《盛宣怀致李维格函》（1913年5月24日），《汉冶萍公司（三）——盛宣怀档案资料选辑之四》，第531页。
② 千家驹编《旧中国公债史资料（1894—1949年）》，财政经济出版社，1955，第9页。
③ 《财政部致各省通电》（1912年11月7日），中国史学会、中国社会科学院近代史研究所编，章伯锋、李宗一主编《北洋军阀1912—1928》第二卷，武汉出版社，1990，第208页。
④ 高劳（杜亚泉）：《临时政府借债汇记》，《东方杂志》第8卷第11号，1912年。

民初，以振兴实业作为扩充经济来源的正常途径同样是无法满足北洋政府急迫且超常的财政需求的，因而北洋政府在大量举借外债的同时，还四处聚敛财富和控制收入来源。因此，政府及其成员有着自己的利益追求，在实际过程中，政府会利用行政权力介入经济行为，影响公司的经济决策和行为，而汉冶萍公司在与政府博弈的过程中，也会或借助、或抵制政府力量以谋求有利于公司发展的条件。这主要包括两种情况。

其一，当政府权力行为与公司经营发展产生冲突时，公司会相应产生抵制和抗拒行为。官商矛盾的产生和发展，源于政府对经济实行干预政策的不合理、失误乃至反动。杜亚泉认为在民初汉冶萍公司中日合办案中汉冶萍公司即存在抵制心理，"在政府虽无没收该公司之心，而盛氏实具有抵制政府之意，则政府与盛氏，固处于对待之地位"。①

其二，为保障运营和发展，公司也会借助政府力量以获取某些方面的优势。1912年3月29日，盛宣怀致函孙中山，提出汉冶萍公司官商合办，以图发展，"钢铁关系自强，需本甚巨，华商心有余而力不足，恐非政府与商民合办不能从速恢张，以与欧美抗衡也"。② 1912年9月，盛宣怀即认为必须请求政府设法扶持，以解决鄂、赣与汉冶萍公司之间的纷争，"无论国有不国有，由中央特派专员督同众股东及在事员司妥办，亦可免鄂赣之纷争"。③ 工商部总长刘揆一也表示，"据现状以测前途，内则有破产之危，外则有攘夺之险。国家起而振之，诚为当务之急"，因而工商部"对于局中主详查严办，对于局外则排难解纷"。④ 1913年5月，盛宣怀致函高木陆郎，陈述湘、鄂、赣交涉之事情形，"湘、鄂业已疏通，从前扞格情形全行消灭。……湘、鄂既已联络一气，则赣省亦不致始终反对矣"。⑤

---

① 高劳（杜亚泉）：《临时政府借债汇记》，《东方杂志》第8卷第11号，1912年。
② 《盛宣怀致孙中山函》（1912年3月29日），夏东元编著《盛宣怀年谱长编》下册，上海交通大学出版社，2004，第951页。
③ 《盛宣怀致孙宝琦函》（1912年9月18日），《汉冶萍公司（三）——盛宣怀档案资料选辑之四》，第345页。
④ 《呈袁世凯缕陈汉冶萍公司多关国家实业拟毋庸饬盛宣怀赴鄂等情请批示遵文》（1912年12月31日），《刘揆一集》，华中师范大学出版社，2011，第38—39页。
⑤ 《盛宣怀致高木陆郎函》（1913年5月31日），《汉冶萍公司（三）——盛宣怀档案资料选辑之四》，第538页。

1913年10月4日，股东联合会会员汪文溥致函公司董事会会长及董事，认为公司"地跨三省，厂连数局，非得一握有无上之权者主之，不能杜绝一切之觊觎、不能排除一切之攘夺。尤非得一精于采炼之技师绾其事，仍必旷日耗资而终归于尽"，而"握无上之权者为国家"，因此，公司应当一方面归之国有，而由国家借款，用外国工程师，另一方面"亟应进商各国资本家，量度借款之条件"，但是筹借外债之举，又因中央、地方各政府之漠视商人，"则举债前之困难无穷，举债后之为忧方大"。① 1914年2月19日，盛宣怀在与正金银行正副经理会谈时说道："公司经营上常感最困难之处，乃湖北及江西两省之反对；其反对之程度甚大，虽乞援于北京政府，而政府之援助训电，纯系一片义务，收效甚少。毕竟此系由于政府与公司无直接利害关系所致，如双方利害关系密切，政府对公司即有充分保护之必要。因此，早拟将北京政府与地方政府当局之债务一律转换为中央政府名义之股票，使其发生股东利益关系，此次即拟促其实现。"②

汉冶萍公司因"煤铁采运，畅行无阻，钢铁制炼，一尘不惊，全赖地方安宁，政府保护，区区商力断难与之抵御。故虽为完全商办之公司，仍有不能不乞助于政府之势"，③ 在经营过程中一直与政府保持着密切的关系。1914年2月24日，盛宣怀就国务院所商官商合办、将政府存款改作股份问题致函王存善，提议请加官股成为官商合办，"现照原奏加股一千万，而商力不足，先加官股，实为题中应有之义。一则以后公司全赖政府维持，一则公司筹款难以再借外债，非政府辅助巨款，无以为继"。④ 官商合办成为公司股东联合会寻求保护之策，"政府与公司休戚相关，自可实力保护，种种困难问题悉可解决，而官商合力，维持进行，实为长治久安

---

① 《汪文溥致汉冶萍公司董事会长、董事函》(1913年10月4日)，《汉冶萍公司（三）——盛宣怀档案资料选辑之四》，第649、648页；汪幼安：《致汉冶萍董事会书》，《中华实业丛报》第6期，1913年。
② 《日正金银行上海分行经理致横滨总行经理函》（大正三年二月二十日），武汉大学经济学系《旧中国汉冶萍公司与日本关系史料选辑》，第513页。
③ 《汉冶萍股东联合会报告全体股东书》（1914年3月），湖北省档案馆编《汉冶萍公司档案史料选编》上册，第274页。
④ 《盛宣怀致王存善函》（1914年2月24日），湖北省档案馆编《汉冶萍公司档案史料选编》上册，第273页。

之计"。股东联合会还表示，如果官商合办各节能切实进行，则"公司困难立可解决，省界意见立可消除，既可坚外债之信用，即可期内容之发达。且本会更有进者，钢铁为世界各国富强基础，我股东同为国民，于国家富强大计，实有相维相系之情。官商合办，势力益雄，地利人和，得由涣而萃之象，盘根错节，正由剥而复之机，其有大造于公司者，即有大造于国家也"。①

1914年3月22日，盛宣怀致函孙宝琦，认为此时公司因无资金援助、湖北省要求空填股票、钢轨销售等问题"必有求于政府"。② 1915年4月15日，卢洪昶因金奉铁路换轨而未经通告，深感被漠视，致函盛宣怀，认为"非政府与我公司休戚相关，无能为也"。③ 袁世凯接受"二十一条"中第三号汉冶萍公司问题后，5月22日，盛宣怀即表示"目下公司股东不可靠，外债无望，非政府实行维持不可"。④ 5月27日，盛宣怀在股东大会上辞职作报告时，明确强调了汉冶萍公司的发展必须依靠政府的扶持，而且将政府的维持视为公司长久发展的关键：

> 政府深知汉冶萍为特准商办之公司，中国前途影响至巨，故一再派员调查，冀研悉公司经济之内容，为补助维护之计。回顾厂矿处处与地方交涉，如购地设厂、派员采锰、萍乡矿界，无一不赖当地长官之维持，而催收各项大宗货款暨此后按年定用路轨，尤非政府实力主

---

① 《汉冶萍股东联合会报告全体股东书》（1914年3月），湖北省档案馆编《汉冶萍公司档案史料选编》上册，第274页。1913年杨廷栋（翼之）进京时，董事会"深维钢铁关系军国要需，非如他项营业，为商力所能独任，是以发起请加官股与商股合办之议，恳为代商中央。其办法以公司积欠前清邮传部，四川铁路局预支轨价及交通银行、大清银行并湖北、湖南官钱局、裕宁官钱局等款暨元年冬工商部补助公债票，内除革命时损失呈请政府就中赔补外，所有公中存款，全数填股。益以农商部原有官股一百七十万元一律作为官股。倘政府以官股数目必与商股相埒，则不足之数仍由官筹，并请由官筹备活本一千万两，以辅商力之不足"。这样，汉冶萍公司将成为官商平权之公司。
② 《盛宣怀致孙宝琦函》（1914年3月22日），《汉冶萍公司（三）——盛宣怀档案资料选辑之四》，第819页。
③ 《卢洪昶致盛宣怀函》（1915年4月15日），《汉冶萍公司（三）——盛宣怀档案资料选辑之四》，第922页。
④ 《盛宣怀致杨学沂函》（1915年5月22日），《汉冶萍公司（三）——盛宣怀档案资料选辑之四》，第931页。

持，不足以资救急。惟愿后此主持董会者，遇事悉与政府协商，凡事胥求政府辅助，不第公司济屯出险，为中国留此钢铁制造之基础，即千万股东亦胥于此托命焉。……（汉冶萍公司）商力衰竭，非济之以国家之劲力，立见蹉跌，此宣怀所大惧也。维持之法，目前只求辅以财政，速其进行，收效之后，奚止保商，实甚保国。此政府之所应切实注意者也。……欲供应新旧六炉之燃料，必就萍矿另开高坑新井，估费一百数十万两，应求财政部将南京政府所欠公司本利二百五十万余元，如数拨还，俾可全工完竣，分途并举。目前月计不敷之款，求交通部预支货价，先定一数，以安其心。其绥靖地方，保护矿权，则求农商部暨当道各长官任之。宣怀老病危殆，来日无几，惟预料此十五年后，中华民国必成一庄严巩固之制造工厂，惟政府实图利之。①

因而，民初汉冶萍公司与中央政府保持着密切的关系，虽然偶尔有冲突抵制之举，但公司更多的时候要借助中央政府之力以维持保护。

## 三　日本势力

矿业为立国之生命，矿产开发可以利用外资，但决不允许外人投资。自1898年3月，中德《胶澳租借条约》签订以后，各国争相投资中国矿业，中国矿权屡屡丧失。② 此后，列强纷纷增加了对中国矿业的投资，法国主要集中于云南、四川两省，德国主要集中于山东半岛及华北一带，俄国主要集中于中俄两国的边界地区。庚子事变后，日人也开始在华投资矿业，矿业成为日人投资中仅次于铁路者。据日本商工省1931年之估计，日本投资于中国"八万余万日金投资之巨数中，投资于矿业者，即占一万八

---

① 《盛会长报告书》（1915年5月27日），湖北省档案馆编《汉冶萍公司档案史料选编》上册，第277页。
② 中德《胶澳租借条约》第二项第四款之规定："于所开各道铁路附近之处相距三十里内，如胶济北路在潍县、博山县等处，胶沂济南路在沂州府、莱芜县等处，允准德商开挖煤斤等项及须办工程各事，亦可德商、华商合股开采，其矿务章程，亦应另行妥议。"此后各国纷纷援引此条约，要求利益均沾。参见王彦威、王亮编《清季外交史料》第5册，湖南师范大学出版社，2015，第2548页。

千万元日金"。① 在汉冶萍公司的利益问题上，英、美两国虽也存在一定的利益关系，但最主要的外国势力利益关系者是日本。

近代以来，日本国内钢铁及军事工业迅速发展，而日本国内之钢铁原料储量稀少，主要依靠从国外输入。故此，日本对于解决钢铁原料问题极为重视，其主要目标在于"尽量利用中国境内之煤及铁矿砂实行侵略政策，在中国境内设立大规模之制铁所，或设法攫取中国大钢铁工厂之财权，以谋本国钢铁之接济"。② 而大冶铁矿为宝贵之资源，"仅铁山及狮子山等处，矿量四千余万吨，矿石之含有铁量约百分之六十乃至七十，若以全体言之当可达二亿万吨之矿量，可惊异之宝窟，以之制造军械，有取之不竭用之不尽之势"。③ 因而，日本积极主张中日合办汉冶萍公司，并设法向公司提供借款，以攫取其原料和财权。

1905年8月21日，日本农商务大臣清浦奎吾、外务大臣小村寿太郎和大藏大臣曾祢荒助联名向内阁总理大臣桂太郎提请议案，要求确立日本对汉阳铁厂、大冶铁矿、萍乡煤矿"将来之方针"：

一、为确实扶植帝国在汉口方面之利权，并对中国将来之形势有所准备起见，特采取下列手段：

（一）大冶铁矿及萍乡煤矿之采掘权，将来应看准时机，使其全归于我国；

（二）上述两矿之经营以及汉阳铁政局和兵工局之经营，必须以聘用日本技师负责业务为条件，提供资金，其管理权亦须归于我国。

二、上述手段之实行，以表面作为商业关系较为便利。因此，应通过制铁所长官着手进行，逐渐扩大其权利。④

---

① 侯厚培、吴觉农：《日本对华之矿权侵略》，《日本帝国主义对华经济侵略》民国史料丛刊326，大象出版社，2009，第213页。
② 侯厚培、吴觉农：《日本对华之矿权侵略》，《日本帝国主义对华经济侵略》民国史料丛刊326，第227页。
③ 《大冶铁山之宝贵》，《盛京时报》1915年8月20日，第3版。
④ 《日临时兼任外务大臣桂太郎致大藏大臣曾祢第一一二号机密函·附记一》（明治三十八年八月二十一日），武汉大学经济学系编《旧中国汉冶萍公司与日本关系史料选辑》，第125页。

此后，日本据此方针，始终以提供巨额借款为手段，逐步扩大其权利。但因中国法律规定矿业、电信、交通、铁道等重要事业，外商投资额不得超过资本总额的45%，而且对于企业之运用，人员之分配，亦有严密之法律规定。① 所以，对于清末民初最重要的煤炭钢铁企业——汉冶萍公司，日本政府一直试图实现"中日合办"。1908年盛宣怀访问日本时，日本内阁总理大臣桂太郎即向盛宣怀提出两国合办汉冶萍公司，由中方出原料，日方精制造，"资本各半，利益均分，通力合作"。② 武昌起义后，革命军占领汉阳铁厂，有日本人出面干涉，"盖实有财产上之关系"。③ 1912年初，日本势力又欲借"中日合办"汉冶萍公司及给予南京临时政府五百万元借款之机，要求得到政府的"认证"："承认采取适当措施，与汉冶萍公司事业经营所在地之湖北、湖南和江西各省官宪交涉，不得因其他地方事故而妨碍公司业务。"④

1912年3月，叶景葵论述对日借债比对欧美借债之两大便利：其一，"欧美借债因情形不熟，类多挑剔；日人种种便利，易着先鞭"；其二，"欧美借债必索抵押"，大冶铁矿早已以三百万元抵押日本大仓，"汉厂若无冶矿等诸石田，萍矿之利甚微，不过值二三百万之担保"，故"屡与欧美人借债，迄无成说"，但是"日本乘机起矣"。⑤ 4月17日，孙中山在被推举为实业联合会会长后发表演说，对比欧美的煤铁富强之道而论及汉冶萍公司外债问题，他认为应先有国家主权才能举借外债，"中国最富者莫如煤铁，欧美富强之国无不重在煤铁。中国汉冶萍为富国基础，倘全国有数百汉冶萍，安得不富？论资本一层，外债非不可借，但合办则流弊甚大。仆之意最好行开放主义，将条约修正，将治外法权收回。中国有主权

---

① 陈真等编《中国近代工业史资料》第2辑，生活·读书·新知三联书店，1958，第397页。
② 夏东元编《盛宣怀年谱长编》下册，第950页。
③ 《汉冶萍矿各方面之观察》，《民国汇报》第1卷第2期，1913年。
④ 《"权利合同"及"中华民国政府之认证"》，武汉大学经济学系编《旧中国汉冶萍公司与日本关系史料选辑》，第313页。
⑤ 叶景葵：《汉冶萍公司国有策》，《大公报（天津）》1912年3月14—16日；《关于汉冶萍之舆论·汉冶萍国有策》，《中国实业杂志》第3年第3期，1912年；叶景葵：《汉冶萍国有策》，《民国经世文编》实业三，近代中国史料丛刊第五十辑（497），台北：文海出版社，1970，第4865页。

则无论何国之债皆可借,即外人之投资亦所不禁,欧美各国无限制投资之事。盖一国之财力有限,合各国之财力则力量甚大矣"。① 他主张借外债之实质是"用外人办理工商事业,乃订立一定之期限,届期由我收赎,并非利权永远落于他人之手"。②

但是,借外债则易招致外人监督财政问题,朱有瀗阐述了这一逻辑:"夫吾国贫弱极矣。欲致富强,则必举行新政、奖励实业、补助小民生计,夫人而知之。然举行奖励补助之必需款,需款之必筹款,亦夫人而知之。筹款之道,国富则筹之于国,民富则筹之于民,国贫、民贫则惟有筹之于外债,外债一借入而即足以兆亡国之征,则必峻拒之,峻拒之而筹款之道穷,筹款之道穷则惟有不举行、不奖励、不补助,不举行、不奖励、不补助则吾国必长此贫弱,长此贫弱则从前之外债必无清偿之一日,既无清偿之日外人亦必借口而监督吾财政。"③ 民国建立以后,中央与地方因财政困难皆纷纷抵押产业借款,危害甚大,"统计革命以后,内外新借之款,当不下数千万,除关税厘金、盐务铁路,早经备抵外,凡国中公私物产可以作抵者,无一不入外人之手,若再纷纷借款,随借随用,随用随借,恐不待国家地方税划分,已倒持太阿之柄,悉举而授诸他人矣"。④ 然而,在民初政局背景之下,矿业的发展离不开外资。1913年3月,刘揆一撰写《修订矿法意见书》,论述因民初矿业发展之艰难而不得不利用外资情形道:"民国起义之初,恐惹外人之干涉,不得不首先承认清国与各国所订之约,继续有效,吾人处此时局,于无可挽回之中,不得不勉筹对付之策。况军兴以来,民穷财尽,苟欲兴办矿业,又非利用外资不为功,窃尝深思熟计,舍准中外商民合股办矿而外,别无最善之法",但规定"矿之股份,外国人不得逾十分之四",以保障矿业利权。⑤

汉冶萍公司因借有巨额日款,以生铁、矿石分年抵还,故与日本早有

---

① 《实业联合会欢迎孙中山记》,《大公报(天津)》1912年4月26日,第2张,第2版;《在上海中华实业联合会欢迎会的演说》(1912年4月17日),《孙中山全集》第二卷,中华书局,2011,第340页。
② 《在北京迎宾馆答礼会的演说》(1912年9月5日),《孙中山全集》第二卷,第449页。
③ 朱有瀗:《外债平议》,《大公报(天津)》1912年4月30日,第2张,第3版。
④ 梦幻:《论民国将与外债相终始》,《大公报(天津)》1913年2月12日,第1张,第3版。
⑤ 《修订矿法意见书》(1913年3月),《刘揆一集》,第73页。

密切的联系。1913年8月29日，盛宣怀致函高木陆郎，"自辛亥两年以来，银行、制铁所之援助公司，其情可感，其义可风，尚祈阁下转达悃忱，始终全谊，再助一臂之力，达到二百万圆垫款目的，以存此厂矿，为制铁所保材料来源，为银行保完全担保之品，彼此幸甚"。① 高木陆郎也认为就汉冶萍公司而言，"非如日本必期安全矿砂生铁之供给，有直接利害关系者，即无应此等大借款之理"。② 股东孙慎钦看到了日本不遗余力地发展铁业之实质，"铁为工业根本，而制械造舰为国家存立上之唯一要件。若不自谋，猝遇外患，绝其供应，即足以制死命。故日本于甲午以后，设兵器制造厂，又经营制铁所，不遗余力"。③ 1914年10月29日，高木陆郎在致盛宣怀的信中明确地表示日本对汉冶萍公司提供赞助借款之目的即参与公司事务的决策，"查汉冶萍公司扩充资本，系由日本政府招致资本家集合而成，是以日本公众意见，对于推广公司事业欲购办各种机器，均应由东洋行家承揽。虽当时借款合同内并未详明此语，而在资本家一方面，以为事属通例，毋庸过虑，故慨然赞助前项借款也"。④

日本方面既不愿意看到汉冶萍公司破产，又不希望其他势力插足公司事务。"资金的缺乏给汉冶萍带来了不少所有权上的纷争。欧战开始时，日本贷给汉冶萍公司的债款，共约三千万日元。自从民国二年借款合同签订后，公司股东多表不满，纷纷出售股票，政府却趁机收购股票，以准备将来把它收归国有。这时，有人倡议把汉冶萍充公，有人主张借第三国借款，抵制日本。对于日本投资者来说，这些都是很严重的威胁。"⑤ 因此，日本通过多次提供巨额贷款以取得在公司的独特地位，攫取公司的控制权，并最终以两国条文的形式正式确定下来。至1915年，汉冶萍公司共负

---

① 《盛宣怀致高木陆郎函》（1913年8月29日），《汉冶萍公司（三）——盛宣怀档案资料选辑之四》，第623页。
② 《高木陆郎致盛宣怀函》（1913年9月1日），《汉冶萍公司（三）——盛宣怀档案资料选辑之四》，第625页。
③ 《光复后汉冶萍经过事实：复商部文意见》，《中华实业丛报》第6期，1913年。
④ 《高木陆郎致盛宣怀函》（1914年10月29日），《汉冶萍公司（三）——盛宣怀档案资料选辑之四》，第882页。
⑤ 谢世佳：《盛宣怀与他所创办的企业——中国经济发展理论与创造力之研究》，台北：华世出版社，1970，第93页。

日债计日金46085000余元，①而且大冶铁矿所产之铁矿石"供给于日本八幡制铁所者，约占其出产之半"。②1915年第3期《中国实业杂志》载："汉冶萍所出之铁，每年几乎以百分之六十输送日本。"③而且，公司重要事务均有日人参与，故在时人看来，"我徒负有厂矿之名，彼日人坐享其利"。④

有学者认为，"盛氏家族从汉冶萍分得股息数百万元，约占盛氏在汉冶萍股本的一半。这是盛氏财产得以迅速膨胀的原因之一，也是盛宣怀极力向日本借钱来维持汉冶萍的根本动因"。⑤举借外债本身并无好坏之分，关键在于举债者及其用途。1912年，杜亚泉在《论依赖外债之误国》中即认为"夫外债非必不可借，惟不善利用之，则其累殊甚"。⑥汉冶萍公司多次举借日债虽然是内忧外患形势下的无奈之举，但很大程度上也是日本势力干预公司内部事务的一种方式和手段，其背后是多方力量的冲突与博弈。盛宣怀自己也意识到"汉冶萍借款将来亦恐不能归一国"，筹划向六国借款。⑦但是由于"公司与日本前有许多合同，不能不尽先商日本"。⑧数额庞大的日债合同严重影响了汉冶萍公司的正常经营和发展。

其时，关于日债具体数额有多种说法，"或曰现在日债共三千六百万圆，或曰现在两千五百万圆"，而据当时各种调查，有论者开列日债表介

---

① 陈真等编《中国近代工业史资料》第3辑，生活·读书·新知三联书店，1961，第454页。
② 《国内外纪事：日本：汉冶萍近况之日报谈》，《国货月报（上海1915）》第2期，1915年。
③ 《汉冶萍收归国有之预测》，《中国实业杂志》第6年第3期，1915年。
④ 《汉冶铁矿收归国有计画》，《时报》1915年1月3日，第5版。
⑤ 张后铨：《汉冶萍公司史》，第239页。
⑥ 伧父（杜亚泉）：《论依赖外债之误国》，《东方杂志》第9卷第1号，1912年。类似表述有："目前所最困难者，独一财政问题。盖当此破坏告终，建设伊始，无一不需巨款，即无一可置缓图，然库藏久空，来源早竭，则不得不以抵借外债为剜肉补疮、饮鸩止渴之计，此亦事势之万不得已也。但专恃外债，无论外人把持要挟，得以攘我利权，制我死命，即使事事就范，究不能视为外府，取不竭而用不穷，故为今之计，外债固不能不借，用途不可不慎。"《论财政救急之惟一办法》，《大公报（天津）》1912年11月4日，第1张，第2版。
⑦ 《盛宣怀致李维格函》（1912年3月24日），《汉冶萍公司（三）——盛宣怀档案资料选辑之四》，第235页。
⑧ 《盛宣怀致李维格函》（1912年4月1日），《汉冶萍公司（三）——盛宣怀档案资料选辑之四》，第239页。

绍日本资本投入汉冶萍公司之金额共计 2884 万元。[1] 据 1914 年底日本对汉冶萍公司之调查，日本对汉冶萍公司贷款总额已达日金 3530 万元，其中与日本政府有关系者即高达 3370 万元。[2] 而据 1915 年 4 月 29 日日本《大阪每日新闻》报道，日本投入汉冶萍公司及大冶铁山之资金此时共计有 2784 万元，主要款项如下：

一　大冶借款，金额三百万元，投资期：明治三十七年，投资者：东亚兴业银行；

二　萍乡炭坑借款，金额二百万元，投资时期：明治四十年，投资者：大仓组；

三　汉阳铁政局借款，金额一百万元，投资时期：明治三十九年，投资者：三井物产会社；

四　汉冶萍公司借款，金额三百万元，投资时期：明治四十五年，投资者：正金银行；

五　汉冶萍公司借款，金额一千五百万元，投资时期：大正二年，投资者：正金银行；

六　汉冶萍公司借款，金额三百八十四万，投资者：正金银行。[3]

据上可知，汉冶萍公司对日本借款实际数额虽各有差异，但这些数字能充分反映的是借款额之巨大，显示两者有着密切的债权关系。

学者曾指出大举借债的利弊："依靠举债进行资本的大规模扩张，一个重大的隐患就是使得公司长期负债急剧增加，从而导致公司一方面表现为总资产规模的迅速扩大，但另一方面却是日益沉重的债务负担以及利息支出。如果企业没有足够的赢利以及偿债能力，很有可能就会陷入举债扩

---

[1]《警告汉冶萍公司股东诸君及全国父老书》，《中华全国商会联合会会报》第 2 年第 8 号，1915 年。
[2]《日外务大臣加藤致驻北京公使日置益函》（大正三年十二月十七日），武汉大学经济学系编《旧中国汉冶萍公司与日本关系史料选辑》，第 541 页。
[3] 神州：《汉冶萍日人资金确数》，《新民报》第 2 卷第 5 期，1915 年。

张的泥潭。"① 盛宣怀对日债也有清醒的认识，1912年9月18日，他致函孙宝琦，认为汉冶萍公司所需资金"只有日本尚愿接济，其意可揣，不言而喻"。② 汉冶萍公司的经营者中也有倾向于借日债之论，至1917年5月，汉冶萍公司与日本制铁所续订生铁、矿石交额及价值合同时，李维格依然视日本为"友好之邦"，"至日本之对于公司，当辛亥变乱之际，公司不能交货，不能还款，有出无进，实已破产，倘彼欲据而有之，殆一绝好机会，而彼反以巨款借与公司，以资接济，此次合同所订之生铁、矿石于加价之外，并允种种协助，其无乘危之心亦已明矣"。③

1921年夏，兵工学会会员陈世鸿考察国内外兵工厂时，见日本之钢铁原料多由中国供给，而中国却反由欧美输入，甚为震惊，返校后即着手调查。1922年撰成长文《我国煤铁矿与日本国防及工业之关系》，他极为敏锐地发现了中国煤铁矿与日本国防及工业之间此消彼长的关系："煤铁为国防之根源，复为发达工业之要素。……日本煤铁缺乏之程度如此，而需要数量又如此，则日人之朝野上下，孜孜经营，急谋我煤铁矿之采掘权，不惜重资，其用心之所在，了若指掌矣！中日关系势难两立，故彼之国防巩固一分，则我国防之危机增加一分，彼之工业发达一分，则我资财即多被吸收一分，况犹以我之煤铁供其国防及工业之资哉。"④

值得注意的是，为了争夺汉冶萍公司的利益，日本国内各势力也存在很大的矛盾与冲突，以致最终日本大藏省不得不出面对局面进行控制。时任大藏大臣的阪谷芳郎在中间斡旋调解，确定让三菱接管大冶铁矿，三井则分得汉阳制铁所（的潜在利益），萍乡煤矿由大仓组直接接手，由此划定了日本各势力对汉冶萍煤铁厂矿公司利益的分割。⑤

---

① 张忠民：《艰难的变迁——近代中国公司制度研究》，第508页。
② 《盛宣怀致孙宝琦函》（1912年9月18日），《汉冶萍公司（三）——盛宣怀档案资料选辑之四》，第345页。
③ 《李维格致公司董事会函》（1917年5月12日），湖北省档案馆编《汉冶萍公司档案史料选编》下册，第432—433页。
④ 陈世鸿：《我国煤铁矿与日本国防及工业之关系（续）》，《东方杂志》第19卷第19号，1922年。
⑤ 久保田裕次：《日露戦後における対中国借款政策の展開——漢冶萍公司を中心に》，《日本史研究》2011年第589号。

## 第四节　1915年：新格局的形成

1915年是汉冶萍公司历史上的一个重要节点。随着时局的变化，汉冶萍公司的发展呈现出了一种新的局面。

其一，盛宣怀在汉冶萍公司内部权力式微。1914年1月1日，日本横滨正金银行上海分行副经理水津弥吉在与盛宣怀会商是否召开股东大会及能否通过1500万借款案后，就盛宣怀其时之地位提醒横滨总行："盛宣怀今日之势力，能否准备使其完全照现在条件通过，尚有疑问。"①此后，日本方面一直密切关注着汉冶萍公司内部的权力变动态势，1915年4月27日，高木陆郎秘密向儿玉谦次报告了汉冶萍公司将出现的重大变动：

> 目前盛氏仍在患病，确系事实，精力不济，步履维艰，终日卧床或坐于床前椅上。因此，关于盛氏之继承人问题，盛氏亦煞费苦心，且与袁世凯亦常常交换意见，认为有必要安排适当之后继人。孙宝琦来沪，如前所述，彼同袁、盛均甚友好，且皆有亲戚关系，盛亦注意及此，有意将来将汉冶萍公司（董事会）会长让与孙氏。目前似拟暂以副会长资格让他留驻北京，借以便于疏通各方意见，而孙氏亦已内心允诺，袁氏心中似亦同意。②

据此，高木陆郎认为"为公司计，如孙氏接任，当然很合适"，而"日本方面亦会认为无何不可"。这种在其时尚未公开的密议，甚至公司董事、经理等人都还不知道的秘密，高木陆郎能知晓且立即向国内汇报，足见日本势力在汉冶萍公司内部之地位特殊及日人对汉冶萍关注程度之高。1915年5月27日，盛宣怀致函汉冶萍公司股东，正式提出辞职：

---

① 《日正金银行上海分行致横滨总行电》（大正三年一月二日），武汉大学经济学系编《旧中国汉冶萍公司与日本关系史料选辑》，第474页。
② 《高木陆郎致儿玉谦次密函》（大正四年四月二十七日），武汉大学经济学系编《旧中国汉冶萍公司与日本关系史料选辑》，第571—572页。

敬启者，前承股东多数诘责，谓鄙人于汉冶萍创办之人，不应置身事外，黾勉从事，冀共挽救，顾其时喘病虽剧，尚不如是之甚也。入会以后，载阅寒暑，大端虽略有措施，内部迄未尽整理，心赢力绌，欷疲万分。迩来肺病日深，起床日少，艰危之局，势难以孱躯支柱其间。谨奉书辞谢。务祈各股东另举声望卓越经验宏富者接办会务，以匡不逮，幸勿再举鄙人，感祷无极。专此。敬颂公益。①

当日，公司股东大会选举董事，时任审计院院长的孙宝琦以39258权当选。6月24日，公司董事会照章用记名法正式投票，公推孙宝琦为会长，②盛宣怀为副会长。7月24日，公司股东联合会傅宗耀等人致函董事会，"向来贵公司对于各洋行往来各件，由会长签字为凭。本年股东会公推正、副会长，同负责任，以后应由两会长会同签字，倘正、副会长有一位不在上海，即由一个签字，或正或副均可作凭"。③次日，公司董事会表示赞同。这样，盛宣怀虽然名为副会长，实则仍具有会长之实权。至1915年冬，盛宣怀因病正式退出了公司的日常经营管理事务，并于1916年4月27日在上海病逝，董事会随即决定由李经方任副会长。1920年，在清理盛宣怀遗产时，汉冶萍公司股票（创字、优字、普字三种股票）合计规元2698387.92两，全部归于愚斋义庄。④

其二，经理负责制取代了董事会负责制。1913年4月11日，汉冶萍

---

① 《盛宣怀致汉冶萍公司股东函》（1915年5月下旬），《汉冶萍公司（三）——盛宣怀档案资料选辑之四》，第934页；《盛会长辞职书》（1915年5月27日），湖北省档案馆编《汉冶萍公司档案史料选编》上册，第277页。
② 《汉冶萍公司股东推举本院长为领袖董事长即日就任由》（1915年6月），外交部档案，台北"中研院"近代史所档案馆馆藏档案（以下所引档案馆藏地相同者不另注），档案号：03-03-030-01-008。其实，早在之前股东即已举定孙宝琦为汉冶萍公司会长，但孙宝琦以"政府维持之方针未定"和"外交之问题未解决"而不敢贸然遽行就职。参见《孙宝琦致盛宣怀函》（1915年5月7日），《汉冶萍公司（三）——盛宣怀档案资料选辑之四》，第927页。
③ 《股东联合会致董事会函》（1915年7月24日），湖北省档案馆编《汉冶萍公司档案史料选编》上册，第278—279页。
④ 丁士华整理《盛宣怀遗产分析史料》，《近代史资料》总111号，中国社会科学出版社，2005，第187页。愚斋义庄是盛氏家族于民国初年设立的慈善机构，对内用以开支家族义庄、祭扫、赈济、抚恤、嫁娶等公共费用，对外支持社会慈善事业。

公司湖南股东龙绂瑞、龙绂年阐述公司总理的重要性:"公司通例,总理一席既为各股东所公推,则须负完全责任,即公司名誉攸关,亦股东资本所系。"①

1914年5月23日,盛宣怀在董事会临时会议上提议"总经理之移汉,以厂矿扩充取其就近督率耳"。王存善也表示赞同办事机关移设汉口,并趁机提议裁撤董事会,"此后工程,总经理远在汉口,必须重以事权,董事会难以遥制,应请会长遥挈大纲,指示办理,董会机关似可裁撤以节糜费"。股东联合会会长傅筱庵当即提出疑问,"总经理移汉一举,究于工程上有无裨益?经济上是否节省?"并认为"董事会为法定团体、监督机关,对于办事人初不以在汉在沪而异,即使因事简节费起见,应开股东大会取决,似未便自由解散"。②因而,董事会并未裁撤。1915年8月,汉冶萍公司计划将总事务所移汉。盛宣怀认为这是总经理欲与董事会争公司行政用人之权,"所谓商办公司者,股东会、董事会而已矣。今总经理力争行政用人全权而无须预告董会,则董会直同虚设,股东会而无股权,则股东会如何成立,公司名义亦自然消灭于无形,又岂能执公司名义抵制外人乎?"在盛宣怀看来,汉冶萍公司如果没有董事会则不能称为公司,因而主张"董事为股东举用之人,如涉及股东之事,董事断不能代为做主,必须开股东会征求多数股东意见,方能答应"。③1916年9月,董事会任命夏偕复为汉冶萍公司总经理,盛恩颐为副经理。从此,汉冶萍公司的业务经营直接由经理掌握,除厂矿高级职员人选外,人事核定不再经董事会批准,这标志着汉冶萍公司由董事会负责制转变成了经理负责制。④

其三,受一战的影响,世界钢铁及原料价格上涨,自1916年开始,汉冶萍公司经营由亏转盈,进入"黄金发展"时期。早在1914年,汉冶萍公司即着手筹划扩充改良,1915年以后更是进入扩张时期,先后与日本九

---

① 《龙绂瑞、龙绂年致汉冶萍公司董事会函》(1913年4月11日),《汉冶萍公司(三)——盛宣怀档案资料选辑之四》,第465页。
② 《汉冶萍公司董事会临时会议议案》(1914年5月23日),《汉冶萍公司(三)——盛宣怀档案资料选辑之四》,第840页。
③ 《盛宣怀致王存善函》(1915年10月7日),《汉冶萍公司(三)——盛宣怀档案资料选辑之四》,第962—963页。
④ 湖北省地方志编纂委员会:《湖北省冶金志》,中国书籍出版社,1992,第278页。

州制钢厂、江西鄱乐煤矿有限公司、河北龙烟铁矿公司等企业合股经营厂矿，其经营规模空前扩大。欧战爆发后，列强无暇东顾，中国免于被瓜分的危机，时人看到了国内发展的时机，"以为可乘欧战之机，西人未遑东顾之秋，力谋自强，定我华千载之基，立民国永世之业，诚所谓千载之一时也"。① 在汉冶萍公司自身得到飞速发展的同时，国内也出现了一批新的钢铁企业。1915年以前，汉冶萍公司是当时中国唯一的现代化钢铁企业，其钢铁产量几乎占当时整个中国钢铁产量的全部，1915年以后，国内其他钢铁厂相继建设投产，汉冶萍公司虽然仍具有绝对的优势，但国内钢铁企业已不再是一家独营的局面。②

其四，日本通过"二十一条"攫得汉冶萍公司的控制权。汉冶萍公司虽然出现了短暂的"黄金时代"，③ 在欧战期间本可获巨额利润，但一战爆发后，日本乘机迅速提出"二十一条"，将汉冶萍公司牵入其中，经多方交涉，中日最终签订《民四条约》，日本在汉冶萍公司中取得了绝对的优势地位。④ 同时，因与日本订有借款合同，汉冶萍大部分矿石、生铁只得按原定之价运入日本，不能随市场变动，仅获利2000余万元，反而失掉了发展的机会。1914年，《中华实业界》翻译《北京英文日报》关于日本折价购入大冶之铁矿一事，认为据海关册所载，"其所售之价仅居现今市价三分之一"，虽然曾订定借款合同"允将生铁低价出售"，但"并无定准"，且"一再缩减"之条例"于商业上殊属不成事体"，因而希望北洋政府"亟当汲汲措意"，同时湖北地方官员也"亟当早日提议，设法取缔"。⑤

---

① 《刘毅致盛宣怀函》（1915年5月23日），《汉冶萍公司（三）——盛宣怀档案资料选辑之四》，第931页。
② 虽然在1915年以后，国内其他钢铁厂相继建设投产，全国钢铁产量有所提高，但至1921年，汉冶萍公司的钢铁产量仍占全国产量的65%以上。
③ 一战期间，汉阳铁厂开日产250吨高炉2座，日产100吨高炉2座，开容积30吨的平炉7座，每日生产生铁700吨，钢210吨；大冶铁矿年产矿石50—60万吨。煤焦、铁矿石、生铁、钢材产量大幅度增长，共盈利2940多万元。参见马景源《汉冶萍公司始末》，《湖北文史资料 汉冶萍与黄石史料专辑》，中国人民政治协商会议湖北省委员会文史资料委员会，1992，第17页。
④ 1915年5月27日，中日正式签订《民四条约》，在"关于汉冶萍事项之换文"中明确指出，汉冶萍公司可与日本资本家商定合办，中国不将该公司充公、收归国有或使其借日本以外的外资。
⑤ 《大冶矿之生铁》，《中华实业界》第1号，1914年。

而且，在时人的眼中，1915年的"二十一条"也是日本侵夺汉冶萍公司的重要节点。1917年《中华工程师学会会报》第4卷第9—12期，以《汉冶萍借用日款之经过》为题名，连续刊载1912年1月29日之中日合办草合同、1913年12月2日之1500万大借款相关合同、1915年1月18日日本公使日置益提出"二十一条"中关于汉冶萍公司问题之第三号及修正案，认为至中国政府被迫承认除第五号外之修正案止，"汉冶萍公司之案亦至此为一结束"。①

---

① 《汉冶萍借用日款之经过》，《中华工程师学会会报》第4卷第9—10期，1917年；《汉冶萍借用日款之经过（续）》，《中华工程师学会会报》第4卷第11—12期，1917年。

# 第二章

## 鄂省争夺汉冶萍公司[*]

汉冶萍公司地跨湖北、湖南和江西三省，其重要组成部分汉阳铁厂、大冶铁矿及部分附属厂矿均位于湖北省境内。辛亥革命后因武昌首义之功和副总统黎元洪督鄂，湖北省在当时的政治局势中具有特殊性，渐有抗衡中央政府之心态。民初，湖北地方政府因财政困难，一直试图将汉冶萍公司收归"鄂有"，叶景葵对这种情形曾描述道："民国虽建，而省界难融，鄂人艳汉厂收支之巨，跃跃欲试。"[①] 对此，汉冶萍公司不仅积极与之抗衡、据理力争，而且寻求中央政府和日本势力作为支持参与其间，但这些势力又有着自身的利益考虑。因此，多方力量之间始终存在着利益的冲突与博弈，围绕汉冶萍公司在鄂省厂矿产业的争夺情形错综复杂，是民初政局的一个缩影。

## 第一节 辛亥变局下的汉冶萍公司在鄂省厂矿

武昌起义后，财政问题是维持政权和军队稳定的关键。南京临时政府财政部曾电询各省财政状况，"目前民国财政，万绪千端，非赖周谘，曷

---

[*] 本章部分内容已发表，参见李超《民国初年湖北地方政府争夺汉冶萍公司鄂省产业探析》，《武汉理工大学学报》2016年第3期。

[①] 叶景葵《汉冶萍公司国有策》，《大公报（天津）》1912年3月14—16日；《关于汉冶萍之舆论·汉冶萍国有策》，《中国实业杂志》第3年第3期，1912；叶景葵《汉冶萍国有策》，《民国经世文编》实业三，第4866页。

资共济",希望统筹全国财政。① 湖北军政府都督黎元洪报告称财政困难,"自起义迄今,用款已达九百万有奇。原存生银、银元、铜币,统计不过四百万左右,按月支出需银三百余万元。近日各省援军相继而至,饷项多由鄂拨",② 照此情形万难维持。黎元洪虽有为存私利之见,但所呈湖北财政艰窘万分也确为实情。自清末以降,鄂省积欠外债甚巨,久逾偿还之期,迁延未能付清,结算至民国元年上半年,鄂省应还外债日金17万余元、洋例银1069000余两。③ 1912年7月,黎元洪报告鄂省财政状况曰:"湖北每月开支需洋二百万,本省收入只恃通过税接济,每月收入不过百万,每月计算不敷之数一千二百余万,自正月至六月已亏至六百余万之多。"④ 而且,至11月,鄂省各项外债总计数额亦高达240万两。⑤ 在这种情况之下,与湖北有密切关系之汉冶萍公司,作为当时中国最大的钢铁企业,必定被湖北地方政府视为重要的财政来源而进行争夺。

1911年,时任邮传部尚书的盛宣怀鉴于当时各省各地的商办铁路风潮,为保障汉阳铁厂钢铁的国内市场,抵制外国钢铁的进入,宣布实行铁路国有政策,但实际的状况却远远超出了他的预计,很快四川爆发了保路运动,由此更是导致了辛亥革命的发生。⑥ 时人因而视盛宣怀为"国祸"之罪魁祸首,新成立的湖北军政府将盛氏在鄂地界之私产悉数充公。又因盛宣怀是汉冶萍公司的最大股东,"盛在宣统季年,其私产垫入汉冶萍者,

---

① 《南京财政部来电》,辛亥革命武昌起义纪念馆、政协湖北省委员会文史资料研究委员会合编《湖北军政府文献资料汇编》,武汉大学出版社,1986,第625页。
② 《黎元洪关于鄂省财政困难情形复南京财政部电》(1912年1月26日),《湖北军政府文献资料汇编》,第624页。
③ 《鄂省应还外债之调查》,《大公报(天津)》1913年1月26日,第3张,第1版。
④ 《黎副总统请款》,《盛京时报》1912年7月24日,第4版。
⑤ 《鄂省之债台百级》,《顺天时报》1912年11月13日,第4版。
⑥ 以往关于清末"干路国有"政策的研究多认为是清政府"倒行逆施的反动卖国行为",但近年来有些学者认为这一政策是清政府根据当时商办铁路经营无明显成效,而又弊病丛生的实际情况,所采取的一项加快中国铁路发展的政策。当时官办并不能解决资金、技术等难题,而且必须归还为数不小的商股,清政府只得大举借外债,而这又使路权为外人所控制,加之"干路国有"政策出台后极为不得人心,因此造成了严重的后果。参见朱英《辛亥革命前期清政府的经济政策与改革措施》,华中师范大学出版社,2011,第136—138页。

不下四五百万两"。① 故而，汉冶萍公司在鄂省境内之矿产也成为没收的主要目标。日本驻汉口总领事松村贞雄在致外务大臣内田康哉的信函中就明确指出湖北地方政府没收汉冶萍公司的目的是将其作为地方财政的基础，"武昌方面认为，汉冶萍公司纯属盛宣怀之私产，湖北军政府当然有权没收，以为湖北财政之基础，非经湖北军政府认可，任何人不得擅自处理"。②

辛亥革命的爆发为日本插足汉冶萍公司事务提供了机会。早在辛亥革命前九天，原敬内相在听取汉阳铁厂工程师西泽公雄的汇报后，就在日记中写道："不管怎样，不妨把大冶地方视为我之势力范围。"③ 当年10月12日，汉阳铁厂被革命军攻占。盛宣怀当即请求日本方面派兵保护汉阳铁厂，或由横滨正金银行以对汉阳铁厂有借款等利害关系，直接与武昌革命军进行交涉，但日本因顾虑与清军、革命军之关系，认为暂时需静观时局，"尚未到用兵加以保护之时机"，④ 遂以兵力不足为由而未同意。同时，李维格于武昌起义第二天即从北京搭专车急返汉口，委托横滨正金银行北京支店长实相寺向伊集院请求保护，而实相寺乘机提议，"汉冶萍公司如有何重要文件等需要交由我总领事代为保存时，亦可事先提出商谈"。⑤ 10月23日，李维格与日人三井洋行汉口分行副经理丹羽义一议定，将汉阳铁

---

① 叶景葵：《述汉冶萍产生之历史》，《卷盦书跋》，上海古籍出版社，2006，第53页。《卷盦书跋》收录之此文比《东方杂志》（《述汉冶萍产生之历史》，第9卷第3号，1912年）、《民国经世文编》（《述汉冶萍产生之历史》，第4877—4881页）收录两文全面，叶景葵后来在《述汉冶萍产生之历史》的前后多次有增加内容。1915年，此文又略有文字改动，再被刊载，参见《汉冶萍之历史》（《中国实业杂志》第6年第6期，1915年）。据王昭文所调查，盛宣怀此时在汉冶萍公司之股票仅五万两，"或云盛股甚多，当收没之。孰知盛宣怀异常狡黠，已于四五年前将股票更换他名，其标明盛氏所有者仅五万两耳"（王昭文：《萍矿调查记》，《湖南实业杂志》第2期，1912年）。
② 《松村驻汉口总领事致内田外务大臣函》（1912年2月26日），中国社会科学院近代史研究所中华民国史研究室主编，邹念之编译《日本外交文书选译——关于辛亥革命》，中国社会科学出版社，1980，第365页。
③ 〔日〕升味准之辅：《日本政治史》第2册，董果良、郭洪茂译，商务印书馆，1997，第429页。
④ 《日外务大臣内田致驻中国公使伊集院第二一九号电》（明治四十四年十月二十三日），武汉大学经济学系编《旧中国汉冶萍公司与日本关系史料选辑》，第256页。
⑤ 《伊集院驻清公使致松村驻汉口总领事电》（1911年10月12日），中国社会科学院近代史研究所中华民国史研究室主编，邹念之编译《日本外交文书选译——关于辛亥革命》，第42页。

厂及萍汉轮驳暂委日本在汉三井洋行代管。① 为保全自身与汉冶萍公司借款关系上之权利，日本还"暗中提醒革命军首领黎元洪注意"。② 其时日本方面之总方针是"只要是与各国共同利益有关之问题，帝国政府自然要和各国政府采取共同措施；然而关于我国特殊利益问题，则不得不采取单独行动，实属万不得已"。③ 因而，日本一直密切关注着中国时局，"注视今后动乱发展，到适当时机，或能产生实行某些策略之机会"。④ 10月底，革命军计划以汉阳铁厂和武昌四局及其他资产作担保，募集军事公债，日本外务大臣内田康哉闻讯，立即指示松村贞雄必须向黎元洪提出郑重交涉，"务使其从该担保中删除汉阳铁厂"，以免侵害日本的既得权利。⑤

1912年2月1日，日本驻汉口总领事松村贞雄向日本政府汇报了汉阳铁厂之近况，"铁厂警卫问题，经与官革两军交涉，在革命军占领汉阳时期，由革命军担任防务，在官军占领时期，由官军或巡警守卫，幸得安然无事。自官军撤退后，警卫遂感不足。被委代管之三井洋行汉口支店，决定雇用印度人，昼夜看守大门，以防闲人出入；近更增夜警数名，以防盗贼"，正是因为有日本势力的干涉，辛亥革命以后的汉阳铁厂"对机器施

---

① 《北洋军阀统治时期湖北大事记专辑》，《湖北文史资料》总第22辑，中国人民政治协商会议湖北省委员会文史资料研究委员会，1988，第5页。1911年11月14日，西泽公雄在致中村雄次郎的信函中秘密报告了李维格对当时汉冶萍公司的两条处理办法：一是待停战后，由日本制铁所出面向武昌革命军都督黎元洪提出正式交涉，要求由日本派遣工程技术人员前来汉阳，重新燃起熔矿炉，恢复生产，迫使黎元洪尊重各国既得之利权，履行既定的生铁合同；二是武汉地区将来大有兵连祸结之虞，不适于大规模工业发展，拟将汉阳铁厂所有一切机械设备全部迁往上海，与日本合资，共同经营，并发行股票，招募日本人投资购股，兴办一大型铁厂，将现今之汉阳铁厂与扬子江机器局合并起来，特造趸船，将大冶及他地矿石运至上海，焦炭及煤炭则由萍乡、开平及日本供应。参见《西泽致中村函》（1911年11月14日），湖北省档案馆编《汉冶萍公司档案史料选编》上册，第321页。
② 《日驻汉口总领事松村致外务大臣内田康哉第七十四号电》（明治四十四年十月十七日），武汉大学经济学系编《旧中国汉冶萍公司与日本关系史料选辑》，第254页。
③ 《内田外务大臣致杉村驻德大使电》（1912年2月4日），中国社会科学院近代研究所中华民国史研究室主编，邹念之译《日本外交文书选译——关于辛亥革命》，第142页。
④ 《日临时兼外务大臣桂太郎致驻汉口总领事松村第四十四号电》（明治四十四年十月十四日），武汉大学经济学系编《旧中国汉冶萍公司与日本关系史料选辑》，第254页。
⑤ 《日外务大臣内田致驻芜湖领事奥田第七号电》（明治四十四年十一月八日），武汉大学经济学系编《旧中国汉冶萍公司与日本关系史料选辑》，第258页。11月16日，募集公债之议因未取得成案而告中断。

以周密的保养,并保护熔铁炉,虽经四个月仍不失热气"。①

日本之所以如此关注汉冶萍公司,是因为在鄂省境内之大冶铁矿对日本国内重工业来说具有极其重大的意义。1897年,日本九州福冈成立之八幡制铁所,虽邻近煤矿,但铁矿资源缺乏,因而日本通过1899年4月签订的《煤铁互售合同》获得了大冶的矿石原料,因而冶矿为八幡制铁所提供优质而廉价的铁矿石。1903年3月10日,日本外务大臣小村寿太郎致驻上海总领事小田切的密函中即明确说明日本对于大冶铁矿之方针:"我国对大冶铁矿方针,在于使其与我国制铁所关系更加巩固,并成为永久性者;同时,又须防止该铁矿落入其他外国人之手。此乃确保我制铁所将来发展之必要条件。"② 而日本欲达到控制大冶铁矿的目的,"舍投充分之资本不为功"。③

辛亥革命爆发后,大冶地方原有清朝官吏逃亡,武昌军政府占领了该地,但因日本人投有资本,日本领事即以该矿与日本关系密切为由,将军舰"龙田"号一直停留于此地,借口保护。1911年10月17日,海军大臣斋藤实在致驻在汉口的第三舰队司令官川岛令次郎和上海的加藤中佐的电文中明确表示,"大冶,如暴动波及该地,我方即有理由以国家自卫权名义加以保护。届时,可在保护侨民范围内,采取措施保护我国特殊权益"。④ 11月中旬,日本与大冶矿务局缔结协约,其中明确规定"如兵乱长期延续,以一时通融难于办理时,日本政府可代替中国矿务局,自行管理一切矿山事务"。⑤ 11月13日,日本又派驱逐舰"神风"号先行警戒航路,调集"满洲"舰于当日正午抵达大冶石灰窑水域示威。其后不久,

---

① 《日本驻汉口总领事馆情报》第六十七报(1912年2月1日),《辛亥革命资料》,中华书局,1961,第617页。
② 《日外务大臣小村致驻上海总领事小田切第十二号机密函》(明治三十六年三月十日),武汉大学经济学系编《旧中国汉冶萍公司与日本关系史料选辑》,第44—45页。
③ 《大冶铁矿历史谈》,《东方杂志》第7卷第9期,1910年。
④ 《斋藤海军大臣致川岛第三舰队司令官(时在汉口)及加藤中佐(时在上海)电》(1911年10月17日),中国社会科学院近代研究所中华民国史研究室主编,邹念之编译《日本外交文书选译——关于辛亥革命》,第102页。
⑤ 《日驻汉口总领事松村致外务大臣内田第五十九号机密函》(明治四十四年一月十二日),武汉大学经济学系编《旧中国汉冶萍公司与日本关系史料选辑》,第259页。

"千早"舰亦开往大冶。① 而对于此时正处于炮火之中的汉阳铁厂，"帝国海军如欲加以保护，必须就其着手时机及方法等加以慎重考虑。只要清军或革命军之任何一方不采取特殊行动加以破坏，即使该厂在战火中可能遭到若干损害，帝国政府亦不愿采取干涉行动"。② 由此观之，凡关涉日本利益之举动，日本必会积极关注和加以保护，甚至不惜派遣军队武力干涉。叶景葵对此即揭示道："日本制铁所若无冶矿，万难成立，故日人对于冶矿售铁之约必以全力护持。"③ 后来，一位日本人亦回忆记述道："武汉革命起义，动乱频繁，而大冶一地，仍一丝不动，保持平静，事业无损失。"④

## 第二节　湖北军政府侵占汉冶萍公司在鄂省厂矿

1911年12月，湖北军政府颁布了保护矿山的命令："凡银、铜、铁、煤、硝磺各场所在地点，皆责成该管知事严加封禁，妥为保护。"⑤ 在上海的日本政治家欲通过借款获取大冶的矿产资源，"乃向上海革命党进言，谓大冶矿山富饶，欲使其更取得日本资金之通融，以此唬使黎元洪"。⑥ 12月28日，湖北军政府遂派遣陈再兴、万树春和陈维世等三人向大冶矿务局交涉，声称凡盛宣怀所有之一切财产尽行没收，大冶铁矿将由革命军接管，今后中外人等一切有关矿业事务统由革命军直接经办。12月30日，日本外务大臣内田康哉一方面令驻汉口总领事松村贞雄当即"严肃宣告"："汉冶萍公司夙与我国关系甚深，革命军当局必亦熟知其历史渊源，即使

---

① 《西泽致中村函》（1911年11月14日），湖北省档案馆编《汉冶萍公司档案史料选编》上册，第321页。1912年1月，由于水量关系，"千早"舰下航，由河川炮舰接替。
② 《斋藤海军大臣致第三舰队司令官电令》（1911年11月25日），中国社会科学院近代研究所中华民国史研究室主编，邹念之译《日本外交文书选译——关于辛亥革命》，第125页。
③ 叶景葵：《汉冶萍公司国有策》，《大公报（天津）》1912年3月14—16日；《关于汉冶萍之舆论·汉冶萍国有策》，《中国实业杂志》第3年第3期，1912；叶景葵：《汉冶萍国有策》，《民国经世文编》实业三，第4865页。
④ 秦敏：《石灰窑"西泽公馆"旧闻》，《湖北文史资料 汉冶萍与黄石史料专辑》，第190页；《日人对李维格与西泽协议的记述》，武汉大学经济学系编《旧中国汉冶萍公司与日本关系史料选辑》，第270页。
⑤ 《北洋军阀统治时期湖北大事记专辑》，《湖北文史资料》总第二十二辑，第17页。
⑥ 《日驻汉口总领事松村致外务大臣内田第十一号机密函》（明治四十五年一月十五日），武汉大学经济学系编《旧中国汉冶萍公司与日本关系史料选辑》，第265页。

采取上述措施，我方利权亦不得因此而受到丝毫损害。"① 另一方面，内田指示驻上海总领事有吉明"严予监视"此事今后的趋势和中方的措施，并随时电告。② 次日，松村贞雄向黎元洪询问其事，告诫此举"必将招致不愉快之结果"，黎元洪迫于压力，答曰："确曾派员前往矿务局，其目的仅在于调查矿务局之现状，目前尚无意于占领该矿山。"③ 但这明显是一种托词，日本实际上也一直秘密派员调查此事，驻大冶技师西泽公雄在向国内制铁所长官中村雄次郎的函文中汇报了武昌军政府派员没收大冶铁矿之另一实情，"实由于武昌军政府接纳大冶县缙绅中欲收回权利之富有者请愿"，请愿之重要事项主要有四点："第一为县知事及其部下之交迭；第二为大冶煤矿之开采；第三为大冶矿山乃盛宣怀私产，应没收之；第四为日本之势力，年复一年发展，特别因大冶矿务局订结三百万元之借款，每年无代价赠与日本五万吨之矿石一事。"④ 因而，西泽公雄认为日本应早做准备及决定，未雨绸缪。日本海军对此迅速制定了占据计划，为加强大冶地方警备力量，1912年2月5日，派遣特别陆战队47人前往大冶，不久更是"突派陆军百余人到冶，暂住于矿工休息所房屋，又派兵舰一艘泊于石堡江岸，不去，并令水兵登陆测绘"，非法驻扎长达14个月。⑤

武昌军政府派遣人员及随同卫兵到大冶矿务局后，总办刘维庆受胁迫

---

① 《内田外务大臣致松村驻汉口总领事电》（1911年12月30日），中国社会科学院近代研究所中华民国史研究室主编，邹念之编译《日本外交文书选译——关于辛亥革命》，第194页。
② 《日外务大臣内田致驻上海总领事有吉一七四号电》（明治四十四年十二月三十日），武汉大学经济学系编《旧中国汉冶萍公司与日本关系史料选辑》，第261页。
③ 《松村驻汉口总领事复内田外务大臣电》（1911年12月31日），中国社会科学院近代研究所中华民国史研究室主编，邹念之编译《日本外交文书选译——关于辛亥革命》，第194页。
④ 《日驻大冶技师西泽致制铁所长官中村函》（明治四十四年十二月三十一日），武汉大学经济学系编《旧中国汉冶萍公司与日本关系史料选辑》，第263页。
⑤ 《日兵驻守大冶铁矿之交涉》，《申报》1912年11月6日，第6版；李少军：《论八一三事变前在长江流域的日本海军陆战队》，《近代史研究》2014年第5期。1912年12月22日，《时报》载文曰："日人在大冶驻兵筑路，借保矿产为名，俨为己有。"［汪敬虞编《中国近代工业史资料》第2辑（上），科学出版社，1957，第502页］而且，西泽公雄主张将大冶石灰窑至黄石港江岸地方开为通商埠头，大量收购地产，"此次日兵驻冶与石灰窑开埠颇有关系，该处地皮日前曾有日舰水兵登岸测勘，愿我外交家其注意之"。《大冶铁矿又有借用日款之说》，《申报》1912年11月9日，第6版；《大冶铁矿又有借款之说》，《台湾日日新报》1912年11月22日。

而曾一度至西泽公雄处避难。① 西泽公雄对军政府派遣人员给予警告后，刘维庆方回矿局。但不久，军政府派遣人员借来大冶地方警备队队长刘文豹及所属兵丁，强迫与刘维庆进行谈判，计划征收军饷、招募士兵，并据黎元洪之指示欲将其拘往武昌面询。刘维庆再次躲避于西泽公雄官舍。西泽公雄借矿局之名，委派小野虎雄前往提醒军政府人员注意。② 面对日本的强势干涉，刘文豹向西泽公雄表示"今后定当采取慎重行动"，县知事张铭则凡县政大小事件均与西泽公雄商议，并张贴告示保护矿务。③ 但日本在进行外交和军事施压的同时，也表示可以考虑将大冶的若干利益分给武昌军政府，以避免革命军染指矿山。④

1911年12月，兴国州地方缙绅商议决定将该地矿产出售给日本，并与西泽公雄面商，希望按照大冶矿山先例来办理。1912年1月，江夏当地绅商调查汉冶萍公司附属厂矿之一的江夏马鞍山煤矿一切机器、房产，并报告鄂省财政部。随即鄂省财政部批示"准以一半归公，一半供地方公益之用"。⑤ 为此，汉冶萍公司请求南京临时政府予以保护，孙中山对此批示："查该矿系汉冶萍资本，该公司现愿向某［国］借巨款为中央军政府用，事在垂成，应予保护。今特电知，谕命财政部取销收没之命。尚有湖北兴国矿亦系该公司产业，祈一律准予保护。"湖北都督黎元洪就此事致电南京临时政府参议院，极力辩驳道："此次战争，武汉生命财产损失最巨，鄂省财产不能任该公司抵押借款。且准大总统规定保护财产之命第五条，则马鞍山煤矿理应没收，该公司要求取销，万难承认。"并请参议院

---

① 鄂省于光复之时派遣此练兵一队驻冶保护矿山。1913年2月8日，该队调防他处。大冶铁矿坐办刘维庆因此时之事嫌怨已深，以致酿成恶感，未能欢送，兵士等以保护有功而今却毫无面子为借词，一哄而进，将总局头、二进门窗什物全行打毁，刘维庆由后门避往山中。其后，刘维庆即借公赴沪，又因丁忧而未归矿局。参见《季厚垫致盛宣怀函》（1914年4月10日），《汉冶萍公司（三）——盛宣怀档案资料选辑之四》，第462页。
② 《日驻大冶技师西泽致制铁所长官中村函》（明治四十四年十二月三十一日），武汉大学经济学系编《旧中国汉冶萍公司与日本关系史料选辑》，第262—263页。
③ 《日本驻汉口总领事馆情报》第七十报（1912年2月8日），《辛亥革命资料》，第623—624页。
④ 吴少华、贺峰：《黎元洪对大冶铁矿一次流产的接管》，《湖北文史资料 汉冶萍与黄石史料专辑》第2辑总第39辑，第198页；《日驻汉口总领事松村致外务大臣内田第十一号机密函》（明治四十五年一月十五日），武汉大学经济学系编《旧中国汉冶萍公司与日本关系史料选辑》，第265页。
⑤ 《日本驻汉口总领事馆情报》第六十五报（1912年1月26日），《辛亥革命资料》，第612页。

转达孙中山和饬知汉冶萍公司。① 黎元洪借口保护财产，意欲侵占汉冶萍公司在鄂省厂矿以填补地方财政。而且还致电南京临时政府请求保护江西萍乡煤矿，"恳速筹办法，庶免辘轳而挽利权是幸"，② 名为避免萍乡煤矿落于外人之手，实则也为侵占汉冶萍公司计。但此时因为汉冶萍公司关系到对日借款问题，所以南京临时政府准予了"维持保护"。

最终，因日本方面的"密切关注"和南京临时政府的"维持保护"，湖北军政府令本省实业司司长李四光③详加调查汉冶萍公司性质。但是，实业司的调查表明，汉冶萍确为商办公司，并非盛氏私产。湖北军政府只得撤回陈再兴等三人，将他们以"假借军政府之命，擅行种种非法活动，故不待交"的罪名给"以适当之处分"。④ 仅留监视员一人，驻守大冶。

## 第三节 "湖北人士"反对汉冶萍公司中日合办及抵借外债

1912年初，南京临时政府为解决财政问题，以汉冶萍公司厂矿为抵押向日本借款，而日本乘机提出中日合办汉冶萍的要求。这一行为在全国范围内引起了强烈的反对风潮，尤以"湖北人士"的反对之声突出。

### 一 汉冶萍公司中日合办案的由来及过程

民初，财政问题是南京临时政府面临的重大难题，临时政府不仅得不到地方实力派的援助和支持，各省反而以种种借口向临时政府索要款项，

---

① 《〈时报〉新闻一则》（1912年1月12日），陈旭麓等主编《辛亥革命前后——盛宣怀档案资料选辑之一》，第249页；《黎元洪致参议员电》，湖北省档案馆编《汉冶萍公司档案史料选编》上册，第331页。
② 《鄂省为保护萍乡煤矿致南京临时政府电》，《湖北军政府文献资料汇编》，第702页。
③ 1912年2月，经湖北军政府提议，成立实业部，公举李四光、牟红勋为正副部长，隶属鄂省军政府，掌管全省农工商矿及一切实业行政事宜。3月，为区分中央与地方，实业部改置为实业司，李四光、曹宝仁任正副司长。实业司实行分科办事，科以下设课。8月，李四光辞职。
④ 吴少华、贺峰：《黎元洪对大冶铁矿一次流产的接管》，《湖北文史资料 汉冶萍与黄石史料专辑》第2辑总第39辑，第198页。

另外，列强的破坏更加重了临时政府的财政危机。1911年底，孙中山从海外归国时，在上海会晤了日本三井物产会社上海分行经理山本条太郎，商洽借款事宜。但山本条太郎提出以汉冶萍公司"中日合办"为条件方可"设法借款"。① 而山本条太郎实际上是经八幡制铁所所长中村雄次郎的授意，并征得了首相西园寺和外务大臣内田康哉的共同商议，出于"对于日本将来着想却是极为有利"的考虑提出此条件。② 在日本方面看来，因汉冶萍公司为日本提供铁矿砂且日本已贷巨款，若将其抵押借款势必利益受损，而且为防止南京临时政府加以利用，必须由中日合办的机构来经营管理，其真正意图在于希望实行合办。1912年1月21日，因军事急需资金，陆军总长黄兴委任何天炯全权负责与三井洋行借款事宜，筹划将汉冶萍公司改为"华日合办"，并由该公司担借日金五百万元，归民国政府借用。③ 2月2日，何天炯与山本条太郎会见时，表明了南京临时政府对将汉冶萍公司抵押借款极力赞成的意见："余于该借款，以立第三者地位，于当事者交涉之间，虽不便插入，然以所谓本问题成立基因之民军政府意向，亦不可不表明于当事者。故热心以当之，我民军政府甚希望借款有成，其担保效力以及条件，无论确实保证，且极力与以便宜。"④

汉冶萍公司经过辛亥战火的冲击，损失惨重，人员散避，运道阻塞，厂矿停产，百废待兴。据股东吴锦堂言，"厂矿停办一日，须糜借款息金

---

① 此据1912年1月，王勋到日本后与山本条太郎会晤时，山本自己所说，"汉冶萍中日合办的设想，是去年十二月底我与阁下（孙中山）晤谈，议论到浙江铁路时提起的。当时我曾经谈到，假使阁下能同意浙江铁路由中日合办，也许能以该路为抵押，设法借款。若仍保持为中国铁路公司，恐难罗致借款"。《上海三井物产会社致孙中山函》（1912年1月27日），陈旭麓等主编《辛亥革命前后——盛宣怀档案资料选辑之一》，第237页；《上海三井物产会社致孙中山函》（1912年1月27日），湖北省档案馆编《汉冶萍公司档案史料选编》上册，第325页。
② 《三井常务董事山本条太郎在〈东京朝日新闻〉上发表的谈话》，武汉大学经济学系编《旧中国汉冶萍公司与日本关系史料选辑》，第292页。
③ 《黄兴致盛宣怀电》（1912年1月22日），湖北省档案馆编《汉冶萍公司档案史料选编》上册，第323页。1月上旬，黄兴致电日本三井财团总代表井上馨曰："敝政府委托贵国三井之森恪君筹措资金一事，务祈赐以助声。"[参见《致井上馨书》（1912年1月上旬），《黄兴集》，湖南人民出版社，2008，第171页] 1月26日，黄兴致电盛宣怀，催促其即刻将与三井洋行借款办妥，"否则民国政府对于执事之财将发没收命令"[参见《黄兴致盛宣怀电》（1912年1月26日），湖北省档案馆编《汉冶萍公司档案史料选编》上册，第324页]。
④ 《盛宣怀之借款交涉》，《台湾日日新报》1912年2月14日。

五千两",①且不能供应原有预订之货。此时公司所有资产共3300万两,其中股票1000万两,日本借款1000万两,陆续所借中外零债共1300万两,而这种零债利息重大,汉冶萍受亏甚深。②换句话说,至民初,汉冶萍公司股本不足三分之一,而借款却超三分之二。新建立的南京临时政府无法提供强有力的维持保护,各地方政府又大肆没收汉冶萍所属矿产为己有,公司急需资金重新开办,股本却几已耗尽,为避免破产倒闭,不得不继续向日本借款,但日本正金银行以时值中国内乱,无法保障公司开工,所订购货物不能如期交付,且此前已借巨款为由,认为不能再行添借。在这种情形之下,汉冶萍公司只有接受三井洋行所提议之"华日合办"或由新政府将公司产业、股款和欠款接认两种办法筹措资金。③

由此,对日举借外债成为南京临时政府和汉冶萍公司被迫的共同选择,但这又为日本势力向汉冶萍逐步渗透提供了机会。对此次借款盛宣怀曾说:"乃日本趁民政府要借债,运动此约,催逼我公司成议。"④虽有推

---

① 《盛宣怀致李维格函》(1912年3月25日),《汉冶萍公司(三)——盛宣怀档案资料选辑之四》,第237页。

② 《汉冶萍公司致各股东公函》(1912年2月),湖北省档案馆编《汉冶萍公司档案史料选编》上册,第327页;《黎元洪关于整理开办汉冶萍公司产业致袁大总统电》(1912年3月26日),《湖北军政府文献资料汇编》,第714页。

③ 《王勋致陈荫明电》(1912年1月14日),湖北省档案馆编《汉冶萍公司档案史料选编》上册,第322页。

④ 《盛宣怀致杨学沂函》(1912年2月24日),湖北省档案馆编《汉冶萍公司档案史料选编》上册,第324页。1912年3月18日,盛宣怀致函杨士琦曰:"汉冶萍久困,财力不足,矿产抵押尚不敢为,况合办乎?此次南京发轫,何天炯奉命力迫成议,下走坚持,而三井持宁政府已准之约,以全权与公司交涉,势不能拒。弟率未签字盖印,且于公司草合同末条声明:'民国政府核准后须股东会议议决方能知会日商。舆论哗然早在意中。'"(夏东元编著《盛宣怀年谱长编》下册,第948页)1912年5月13日,盛宣怀复函天津孙宝琦:"汉冶萍事明明是孙逸仙与三井订立契约,逼公司承认,尚幸操纵得法,得以轻轻取消。"(《盛宣怀年谱长编》下册,第952页)1914年3月22日,盛宣怀复函孙宝琦,再次提及中日合办之事曰:"及壬子正月孙文与日人在南京订立中日合办契约,强令公司加契,鄙人不肯画押,极力挽回,得以消灭。"(《盛宣怀年谱长编》下册,第971页)而日人对中日合办之缘由叙述道,因汉冶萍公司创办之初,"其资金为二千万元,实缴资本仅一千三百万元,而由日本借款又达其一半以上。因此,在两国当事人之间,便起中日合办之念。但当时清朝法律,不允外资合办;且以受当时政敌袁世凯之压迫,盛宣怀至感困难。不久袁世凯失意,盛氏位列要职,遂制定承认与外国合办的法律。但至宣统三年第一次革命爆发,盛氏亡命日本,其财产为革命军所窥伺,盛氏为交二百万元以免于难,向日本资本家申请借款,我资本家答应以中日合办为条件"(《盛宣怀年谱长编》下册,第950页)。

诿责任之意，但也道出了日本之态度。

1912年1月26日，南京临时政府、汉冶萍公司与三井洋行签订《汉冶萍公司中日合办草约（南京）》。① 山本条太郎对此草约做了简要的记录，其要点如下：

一、汉冶萍公司的资本由原来的1500万日元增加到3000万日元，日中股东持有的股份相等，因日本已贷给中国1000万日元，故再贷款500万日元，合起来即为日本持有的股份。

二、这500万日元由公司贷给民国政府，但一部分以现金支付，其余充民国政府向三井物产购买武器的价款。

三、民国政府承认日中合办的上述条件，而目前在日本的公司督办盛宣怀，则作为公司的董事承认他与日方协定的条件，然后再由股东大会追认。

四、在召开上述股东大会之前，日方向民国政府支付200—300万日元，余额经股东大会决议再支付。②

1月29日，盛宣怀与日商代表小田切万寿之助在神户签订了《汉冶萍公司中日合办草约（神户）》，主要内容是：改汉冶萍公司为中日合办之有限公司，定股本3000万元，中日各半；公举董事11人，中方6人，日方5人，中国人任总经理，日人任协理，总会计为日方1人，后添中方1人；汉冶萍公司所有一切产业，物料及权利，并照案所享有的特别利益，均由新公司接收。新公司俟中华民国政府电准后，即将此办法通知股东，如有半数股赞成，则签订正式合同。③ 合同之中还特别声明新公司的管理权仍在中方，"惟该公司仍当纯由华人管理，并仍以中国公司注册，而设

---

① 《汉冶萍公司中日"合办"草约（南京）》（1912年1月26日），湖北省档案馆编《汉冶萍公司档案史料选编》上册，第324页；《光复后汉冶萍经过事实：南京临时政府记名调印之三井契约书》，《中华实业丛报》第1期，1913年。
② 〔日〕升味准之辅：《日本政治史》第2册，第430页。
③ 《汉冶萍公司中日"合办"草约（神户）》（1912年1月29日），湖北省档案馆编《汉冶萍公司档案史料选编》上册，第326页；《光复后汉冶萍经过事实：华日合办已废草合同原稿》，《中华实业丛报》第1期，1913年。

总行于上海"。①

中日合办草合同签订后，经南京临时政府同意，盛宣怀向日本横滨正金银行提出了300万日元的借款，委任李维格全权办理，"以大冶本公司铁山铺担保，并以武昌县银山头、马婆山及富池口、鸡笼山铁山所出售之矿石担保"。②2月10日，预借矿石价值300万日金合同及特别合同正式签订。实际上，这笔借款中的250万元转给三井物产会社，复转给政府，汉冶萍公司只得50万元。③

但是，南京临时政府经过慎重考虑，认为中日合办恐有流弊，转以发行内国公债，"不若公司自借巨款，由政府担保，先将各欠款清偿，留一、二百万作重新开办费，再多借数百万转借与民国。原借还期、利息等统由民国正式承认，与公司订合同，依期付息还本与公司，于公司一无所损，更得民国维持，两皆裨益"。④后又由于时间仓促，缓不济急，遂采取外债、国债相配合的办法，"向汉冶萍及招商局管产之人，商请将私产押借

---

① 《民国商筹借款》，《台湾日日新报》1912年2月22日。
② 《盛宣怀给李维格的委任状》（1912年1月30日），陈旭麓等主编《辛亥革命前后——盛宣怀档案资料选辑之一》，第242页；《盛宣怀给李维格的委任状》（1912年1月30日），湖北省档案馆编《汉冶萍公司档案史料选编》上册，第327页。1912年3月23日，因情况发生变化，在地方上实行困难，汉冶萍公司提出将所开"武昌县银山头、马婆山及富池口、鸡笼山铁山所出售之矿石担保"协议更改，不能担保抵押，日本方面表示同意，但要求不可提供作其他担保之用，且将来如果可以抵押之时，必须按照原合同办理。参见《日外务大臣内田致中国公使伊集院第五十一号机密函》（明治四十五年六月七日），武汉大学经济学系编《旧中国汉冶萍公司与日本关系史料选辑》，第354—358页。
③ 南京临时政府因反对之势过大，取消了先前所拟定的500万借款之议，改由盛宣怀以大冶铁山为抵押借款日金300万元，此借款即作为1911年5月所商议1200万借款之一部分。300万元借款合同签订后，先交南京临时政府财政部总长陈锦涛200万，其余100万中原拟交给湖北50万，后因湖北地方极力反对"中日合办"及孙中山决意废约而始终未交给鄂省；余下50万尚未交至孙中山，全国反对风潮大起。最终，这100万一半交至财政总长熊希龄处，一半归汉冶萍公司。汉冶萍公司所得之50万，付上海总公司日金40万（30万交王勋，10万存横滨正金银行），付正金银行积欠利息等项目日金七万九千二百零四元三十二钱，由高木陆郎交付汇日本神户盛宣怀手日金二万零七百九十五元六十八钱。而交盛宣怀手之日金中，一万四千三百六十一元七角用于还汉阳铁厂五期公债票银（照市价每元合规银七钱五分二厘之数），余款日金六千四百三十三元九角八分则用于随后各项报销。参见《汉冶萍公司（三）——盛宣怀档案资料选辑之四》，第235—236页。
④ 《陈荫明复王勋电》（1912年1月17日），陈旭麓等主编《辛亥革命前后——盛宣怀档案资料选辑之一》，第231—232页；《陈荫明致王勋电》（1912年1月17日），湖北省档案馆编《汉冶萍公司档案史料选编》上册，第322页。

巨款，由彼筹得款后，以国民名义转借于政府，作为一万万元国债内之一部分"，并取消以汉冶萍公司由私人与外人合股五百万元之议，"仍用私人押借之法，借到二百万元，转借于政府"。① 由此可知，因为汉冶萍公司具有重要价值，且关系到对日借款问题，所以此前在湖北地方政府欲侵占公司在鄂产业时，南京临时政府给予了汉冶萍"维持保护"。

## 二 "湖北人士"的反对风潮

"中日合办"草合同签字时，未与南京临时政府政要商议并取得承认，在手续上也没有经过参议院审议，因而招致临时政府内部的抗议，特别是湖北籍参议院议员。在获悉南京临时政府意欲与外人合资开办汉冶萍公司，并以汉冶萍矿抵借外债后，临时政府参议院内的鄂省议员张伯烈、刘成禺等表示强烈反对。刘成禺等在参议院提出，临时政府将汉冶萍公司押借外债而致"中日合办"，及擅发军用钞票，有背临时政府组织大纲，既失政府信用，又足激变民心，建议提案纠正。② 1912年2月8日，刘成禺就合办之事在参议院发议，湖北议员时功玖、江西议员文群、陕西议员赵世钰赞成其议，作为议案交参议院议决。孙中山不愿将此项议案付表决，特嘱咐参议院副议长王正廷前往武昌向黎元洪详细解释，并设法调回刘成禺，使其不再倡反对之议。湖北地方政府方面也致电王正廷，召其回鄂为湖北交涉长。而汉冶萍公司则利用公司职员王勋（不久任公司商务所所长）与王正廷师生之谊的私交，多方打听消息，向其解说合同内情，并

---

① 《咨参议院答复汉冶萍借款并无违法文》（1912年2月18日），《孙中山全集》第二卷，第106页；《大总统咨参议院答复汉冶萍借款并无违法文》，《临时政府公报》第26号，1912年3月1日；《孙中山咨参议院文（节录）》（1912年2月18日），湖北省档案馆编《汉冶萍公司档案史料选编》上册，第332—333页。1912年2月22日，参议院再次就汉冶萍借款事质问孙中山［《南京临时政府参议院咨孙中山质问汉冶萍借款等事文》，《孙中山藏档选编（辛亥革命前后）》，中华书局，1986，第201页］。2月23日，孙中山咨复参议院，将汉冶萍借款手续及军用钞票行使之情形答复道："汉冶萍之款系该公司以私人资格与日本商定合办，其股份系各一千五百万元，尚未通过合同于股东会，先由该公司借日本五百万元，转借与临时政府，而求批准其事，先交二百万元至三百万元，俟合办公司成立，交清五百万。该款已陆续收到二百万元。本总统以与外人合股，不无流弊，而其交款又极濡滞，不能践期，是以取消前令。惟已收支之二百万元，照原约须为担保之借款。"（湖北省档案馆编《汉冶萍公司档案史料选编》上册，第334页）

② 《参议员议案》，湖北省档案馆编《汉冶萍公司档案史料选编》上册，第331页。

"授以种种辩护之方法"。① 3月25日，参议院审查汉冶萍公司合资办法案，指责盛宣怀签订的合办契约"丧权违法"，"未交本院议决，无论股东会能否通过，本院决不承认"，"应由政府自负责任，即行废约，免贻后患"。②

湖北地方政府一直试图将汉冶萍公司在鄂省厂矿收归省有，早在1912年1月13日，时任民国临时副总统、海陆军大元帅兼鄂省都督的黎元洪就给汉冶萍公司札书，认为"汉、冶二厂均隶鄂属，早经划归管理"，饬令湖北省理财部财务科副科长陈再兴赴南京、上海等地调查一切出入账目，其中即包括与日人订立之合同。③ 陈再兴先到南京会见了财政部部长陈锦涛和参议院首要人物，但他们对借款内幕都不了解，仅知道是由孙中山、黄兴、盛宣怀和松方正义四人签字成立的。2月2日，陈再兴携湖北及上海军政府札饬各一件到沪与汉冶萍公司接洽。2月13日，黎元洪向南京临时政府表示不赞同借款，请求取消借款以安定人心，陈述其之前收归"鄂有""意在消除外患，挽回国权，并借以保守物品，留备全国军民之用"，但对于中日合办一事，则表示"虽系一时权宜之计，但对外政策种种失败，实由于此。刻下民国新建，事事须确求正当办法，万不可再蹈满清覆辙，致以机会均等、利益均沾之说，启外人干预之渐。此间议会全体及各部处职员，均不敢承认此举。贵处如果有合资开办情事，希迅即设法取消，切勿任少数人颠顶之为，致拂舆情而生恶感"。④ 孙中山当即复电黎元洪，称将借款变为虚抵："汉冶萍款原急不择荫。前途陆续仅交过款二百万，随到随尽。现订仅以此数变为虚抵，而废弃合办之约。"⑤ 而鄂省不愿

---

① 《王勋致李维格函》（1912年2月12日），陈旭麓等主编《辛亥革命前后——盛宣怀档案资料选辑之一》，第247—248页；《王勋致李维格函》（1912年2月12日），湖北省档案馆编《汉冶萍公司档案史料选编》上册，第330页。刘成禺还运动上海《民立报》之主笔、鄂人力子和啸秋，极力反对。

② 《再汇记关于汉冶萍舆论及事实·参议院报告审查汉冶萍合资办法案》，《中国实业杂志》第3年第4期，1912年；《南京电报》，《民立报》1912年3月26日。

③ 《黎元洪给汉冶萍公司札》（1912年1月13日），吴伦霓霞、王尔敏合编《盛宣怀实业函电稿》下册，第899页。

④ 《黎元洪为请取消与外人合资开办汉冶萍公司产业合约致南京临时政府暨参议院电》（1912年2月13日），《湖北军政府文献资料汇编》，第704页。

⑤ 《复黎元洪》（1912年2月13日），《孙中山全集》第二卷，第88页；《孙中山致黎元洪电》（1912年2月13日），湖北省档案馆编《汉冶萍公司档案史料选编》上册，第331页。

受财政上之困苦，亦不承认虚抵之二百万。因而，湖北军政府表示不会坐视公司中日合办及抵押借款，"鄂意梗不受命"。①

2月14日，黎元洪就不赞同以汉冶萍矿抵借外债复电南京临时政府："汉冶萍系鄂赣菁华，皆属民国范围，非如未确定之权利，而不必深顾惜者也。盛宣怀欲保私产，不惜断送国权。恳祈顾全大局，勿堕奸计。汉冶萍中日合办之约，决不可允。……否则国基未固，人心已离，民国前途，不堪复问矣。"② 2月17日，黎元洪再次致电南京临时政府，要求废除中日合办之约，"诚以汉冶萍矿，于海陆军前途，关系至重，利权之损失，犹其次也。今合办之约，可以作废，即应将已交之款，设法归还，以免无穷之缪辀"。③ 同时，他又因顾虑今后各国将援引"中日合办"为口实而难以应付，希望再与日本交涉，"汉冶萍系公司性质，不可认为国家私物，万不得已而听外人入股，只可作商人合资办法，言明汉冶萍公司与日商合资。改立新公司，庶于国际全无关涉"，提出将中日合办条例改为汉冶萍新公司，由汉冶萍公司与日商合股组织。④ 2月下旬，湖北省临时议会致电请求时任南京临时政府司法部长的伍廷芳主持，认为以汉冶萍公司对日抵借巨款，"一失海陆军前途之效用，一失长江流域之主权"，以关系鄂省"权利之存废"为由，表示"鄂人誓不承认"。⑤ 2月25日，湖北省临时议会致电参议院，声称"湘赣两省军政府及袁新总统声言死不承认"，并公

---

① 《王勋致李维格函》（1912年2月12日），陈旭麓等主编《辛亥革命前后——盛宣怀档案资料选辑之一》，第248页；《王勋致李维格函》（1912年2月12日），湖北省档案馆编《汉冶萍公司档案史料选编》上册，第330页。
② 《黎元洪就不赞同以招商局抵借外债复南京临时政府电》（1912年2月14日），《湖北军政府文献资料汇编》，第637—638页。
③ 《黎元洪就不赞同以汉冶萍矿抵借外债致南京临时政府电》（1912年2月17日），《湖北军政府文献资料汇编》，第639页。
④ 《黎元洪咨参议院文》（1912年2月），湖北省档案馆编《汉冶萍公司档案史料选编》上册，第332页。
⑤ 《关于汉冶萍之舆论·鄂省临时议会致伍部长电》，《中国实业杂志》第3年第3期，1912年；《武昌电报》，《民立报》1912年2月26日，第3页。1912年1月6日，湖北军政府开会决定成立省临时议会。2月1日，选出议员66人。2月10日，湖北省临时议会开幕，举刘心源为议长。1912年4月，因湖北临时省议会成立，湖北省临时议会停止活动，前后共存在两个月时间。

举张祥麟、董昆瀛为代表赴宁力争抗拒。① 3月13日，湖北军政府更是明确致电南京临时政府及参议院："此间议会全体及各部处职员，均不敢承认此举。贵处如果有合资开办事情，希迅设法取消。"②

湖北地方各团体、人士对此事也是极力反对，纷纷致电以孙中山为代表的南京临时政府和参议院，据理力争。1912年2月19日，"湖北全体"据《群报》专电栏内载汉冶萍借款事，致电孙中山、各部长、参议院等表示："如果属实，敝省誓不承认。"③ 2月23日，湖北共和促进会也致电临时政府，认为汉冶萍公司实属鄂赣公产和关系民国命脉，用国际合办名义吸引外资是"丧权辱国之举"，请即设法挽回。④ 2月25日，武昌社会党亦致电临时政府表示誓不承认汉冶萍矿抵押并与外人合办事。⑤ 与此同时，汉冶萍公司在湖北的部分职员也因汉阳铁厂与兵工厂关系之深，声称若实行合办，则将以武力阻止。⑥ 理财司司长李作栋在论及湖北人民对借款的不满时也说："对于此次借款，湖北人民不分上下，反抗气势很高，不易镇静下来。湖北省临时议会已决议废除合同，对南京政府，非迫其取消不可。"⑦

关于汉冶萍借款问题，鄂省与南京临时政府双方争执之焦点在于："武昌方面认为，汉冶萍公司纯属盛宣怀之私产，湖北军政府当然有权没收，以为湖北财政之基础，非经湖北军政府认可，任何人不得擅自处理。对此，南京方面则认为，汉冶萍公司原系一财团法人，该法人所借之款，

---

① 《武昌电报》，《民立报》1912年2月27日，第3页。
② 杨玉如编《辛亥革命先著记》，科学出版社，1958，第230页。
③ 中国第二历史档案馆编《湖北全体为不承认汉冶萍矿抵押借款事致孙大总统等电》，《南京临时政府遗存珍档 三》，凤凰出版社，2011，第808页。
④ 中国第二历史档案馆编《湖北共和促进会反对中外合办汉冶萍煤铁矿厂事致孙中山等电》，《南京临时政府遗存珍档 三》，第872页；《湖北省共和促进会通电》（1912年2月28日），湖北省档案馆编《汉冶萍公司档案史料选编》上册，第338页。
⑤ 中国第二历史档案馆编《武昌社会党为不承认汉冶萍矿及招商局抵押并与外人合办事致孙大总统等电》，《南京临时政府遗存珍档 三》，第898页。
⑥ 《日正金银行董事小田切致外务大臣内田函》（明治四十五年二月二十四日），武汉大学经济学系编《旧中国汉冶萍公司与日本关系史料选辑》，第344页。
⑦ 《日驻总领事松村致外务大臣内田第二十三号机密函》（明治四十五年三月十九日），武汉大学经济学系编《旧中国汉冶萍公司与日本关系史料选辑》，第329页。

中央政府予以转借，毫无不妥之处。"① 而袁世凯于 1912 年 2 月 15 日被选举为中华民国临时大总统，黎元洪转向袁世凯示好，日本方面也看出了黎元洪的意图，"黎认为既已选定袁世凯为大总统，凡有关借款等重大事宜，均应与袁直接磋商，与南京政府无涉。故以湖北境内之大冶铁矿为抵押与外国签定借款合同等情事，南京政府不得恣意擅专"，计划迫使孙中山、黄兴将合办案移交新政府办理。② 面对湖北地方政府反对借款之强硬态度，日本驻汉口总领事松村在致外务大臣内田的信函中提醒不应忽视鄂省之态度："湖北省民众，地方观念素甚强烈，关于此类事体，如对地方势力不予以足够重视，将使工作之进行遭遇不少困难。"③ 日本方面始终以为自身谋求最大利益为原则，密切注视时局的变化，寻找时机促成"中日合办"，真实目的在于"隐以抵制鄂省籍没"。④ 3 月 3 日，鉴于中国国内的反对舆论，高木陆郎致电王勋，提出将说服日本资本家让步，"商一华人收回日股之法，以平舆论。三省则每省许红股若干及尚未交清之借款分款若干，股东则保官利若干，华日一律"。⑤ 次日，王勋复电高木陆郎，明确表示"舆论反对已成燎原，非柄政数人所能说转，尊意甚美，惟目下不能做到"。⑥

中日合办问题也引起了社会各界的反对舆论。1912 年 2 月，张謇致函孙中山、黄兴反对中日合办汉冶萍公司，"凡他商业，皆可与外人合资，惟铁厂则不可；铁厂容或可与他国合资，惟日人则万不可。日人处心积虑

---

① 《松村驻汉口总领事致内田外务大臣函》（1912 年 2 月 26 日），中国社会科学院近代研究所中华民国史研究室主编，邹念之编译《日本外交文书选译——关于辛亥革命》，第 365 页。
② 《松村驻汉口总领事致内田外务大臣函》（1912 年 2 月 26 日），中国社会科学院近代研究所中华民国史研究室主编，邹念之编译《日本外交文书选译——关于辛亥革命》，第 365 页。
③ 《松村驻汉口总领事致内田外务大臣函》（1912 年 2 月 26 日），中国社会科学院近代研究所中华民国史研究室主编，邹念之编译《日本外交文书选译——关于辛亥革命》，第 366 页。
④ 《湖北人之对于汉冶萍公司观》，《时报》1912 年 6 月 21 日，第 4 版。
⑤ 《高木致王勋电》（1912 年 3 月 3 日），湖北省档案馆编《汉冶萍公司档案史料选编》上册，第 338 页。
⑥ 《王勋致高木电》（1912 年 3 月 4 日），湖北省档案馆编《汉冶萍公司档案史料选编》上册，第 339 页。

以谋我，非一日矣，然断断不能得志。……盛于汉冶萍，累十余年之经营以有今日。民国政府对于该公司当始终扶助，不能因其为盛所经营，而稍加摧抑。即盛宣怀之私产，亦当通饬保全，以昭大公。至中日合办之说，则万不可行，未可因其以借款之故，稍予通融"。① 2月2日，叶景葵致电公司股东聂其杰、何范之，认为"今以汉冶萍引日资合办，是不啻举全国钢铁业拱手授诸外人，危险何堪设想"。② 2月5日，湖南共和协会上书孙中山，论述汉阳铁厂招日股之弊端。③ 2月11日，汪精卫致电孙中山表示："汉冶萍日人附股，关系民国前途，祈作罢。"④ 2月13日，时任南京临时政府总统府枢密顾问的章太炎也致函孙中山，反对汉冶萍公司合资一案。⑤ 2月下旬，民社、湖南共和协会、江西联合分会四川共和协会、河南共和协会、国民协会中华民国联合会等联合具名，开列汉冶萍公司成本、借款之七条细目，以"汉冶萍公司非纯粹完全之商办，盛宣怀不能以公司名义有与外国人合股之权"和"汉冶萍厂矿业经注册，属于股份公司，盛宣怀不能以个人名义有擅借外股及合外股之权"两大理由表示反对，宣布盛宣怀之罪状，认为当视之为全国公敌，并提出四条处理办法。⑥ 2月25日，公司上海股东龙绂瑞、马继桂、王扬滨、袁思亮、黎经诰、黄曾洛、黄曾武、聂其杰、何声灏、蒋鸿林等亦以盛宣怀私自擅权与外人订约为由发表公电来诘问。⑦ 2月26日，公司董事会也表示合办之约未经会议审查，并无效力。⑧ 3月18日，留日学生徐光炜等人也为汉冶萍公司"华日合办，丧权失利，隐贻后患事"上书袁世凯，希望"群起力争，务

---

① 《为汉冶萍借款致孙总统、黄部长函》，《张謇全集》第1卷，第238—239页。
② 《汉冶萍拒款问题》，《申报》1912年2月28日，第2版。
③ 黄彦、李伯新选编《孙中山藏档选编（辛亥革命前后）》，第190—192页，中华书局，1986。
④ 黄彦、李伯新选编《孙中山藏档选编（辛亥革命前后）》，第193页。
⑤ 马勇编《章太炎书信集》，河北人民出版社，2003，第420—422页。
⑥ 《民社等之"汉冶萍合资公揭"（节录）》，湖北省档案馆编《汉冶萍公司档案史料选编》上册，第336页；《申报》1912年2月23—25日，第3版；《民声日报》1912年2月22—25日。1912年2月26日，上海《时报》也刊载了此文，与此文大致相同的还有《反对盛宣怀为汉冶萍公司招外股借外债文》[黄彦、李伯新选编《孙中山藏档选编（辛亥革命前后）》，第197—201页]。
⑦ 《汉冶萍股东致盛宣怀电》，《申报》1912年2月25日，第1版。
⑧ 湖北省档案馆编《汉冶萍公司档案史料选编》上册，第336页。

求废约而后已"。① 3月24日,《民声日报》发表《论汉冶萍矿中日合办之害》,以1911年3月31日公司与日本订立预借生铁价值600万元之合同为例,推算按年扣付生铁之款,认为"日本借款六百万元,仅抵铁值四分之一"。② 熊希龄也散发传单布告鄂、赣、湘三省抵制合办。③

最终,在以湖北籍人士为代表的反对合办的强大舆论压力之下,孙中山为稳定局势,以"现今时局已定,筹款将较容易,且三井交款迟滞"为由,决意废除盛宣怀与小田切万寿之助在神户所签订的草约,"本总统以与外人合股,不无流弊,而其交款又极濡滞,不能践期,是以取消前令。惟已收支之二百万元,照原约须为担保之借款"。④ 但不久,孙中山解职,此事需交由新任总统和总理核准。1912年2月20日,李维格致函盛宣怀,转述王勋来函中提及即将就任内阁总理的唐绍仪与赵凤昌商谈时的内容,唐绍仪表示希望由公司废约,"政府取消恐别生枝节,公司取消系解较易。将来帮助公司,政府自有办法"。⑤ 2月29日,盛宣怀因反对之舆论声浪过大而致函日商代表小田切万寿之助,声明合办须俟股东公决。⑥ 小田切当即复函表示"一月限期"解决。⑦ 3月16日,孙中山面告三井洋行职员森恪,宣布不承认盛宣怀与日方签订的草约。而此时日本三井洋行正欲借政府批准而实行此约,盛宣怀唯有据神户草约第十条之规定"须经股东大会有多半数之赞成方为正式有效",立即

---

① 徐光炜:《留东学生为汉冶萍事上大总统禀》,《民国经世文编》实业三,第4885—4889页;《奉大总统谕交徐光炜论汉冶萍原矿禀请核办》(1912年3月),外交部档案,档案号:03-03-029-01-001。
② 《论汉冶萍矿中日合办之害》,《民声日报》1912年3月24日。
③ 《抵制汉冶萍公司合办传单》,《熊希龄先生遗稿》第5册,上海书店出版社,1998,第5107—5108页。
④ 《咨复参议院再次质询临时政府抵押借款等案文》(1912年2月23日),《孙中山全集》第二卷,第124页。
⑤ 《李维格致盛宣怀函》(1912年2月20日),陈旭麓等主编《辛亥革命前后——盛宣怀档案资料选辑之一》,第251页;《李维格致盛宣怀函》(1912年2月20日),湖北省档案馆编《汉冶萍公司档案史料选编》上册,第333页。
⑥ 《光复后汉冶萍经过事实:盛宣怀致日商代表小田切声明合办须俟股东公决函》,《中华实业丛报》第1期,1913年。
⑦ 《光复后汉冶萍经过事实:盛宣怀致日商代表小田切取消合办草合同函》,《中华实业丛报》第1期,1913年。

知照董事开股东大会公决。① 3月18日，日本驻南京领事铃木荣作致外务大臣内田康哉表示，日本鉴于中国国内反对中日合办舆论甚为激烈，更担心南京临时政府"万不得已时，将导致公开取消与三井所订之合同"，因而未逼迫南京临时政府核准神户草约，也未要求汉冶萍停止召开股东大会，"尽管这样有招致全盘毁灭之虞，但希望将此事看作形式上暂时消灭，然后见机以图复活"。② 3月22日，汉冶萍公司召开临时股东大会，各股东均以此事有损国权和商业，极不赞成，投票结果显示，全场440人一致反对合办，已超过公司全部股份之十分之八，因而照章有决议之权，"中日合办"之草合同宣布无效。但是，此次大会只是废除了神户合办草约，与三井洋行所签订的南京草约、横滨正金银行借款及其附约依然存在。而且，高木陆郎交给盛宣怀的善后办法中还对汉冶萍公司加以限制，"此约废后汉冶萍亦不能与他外人合办；汉冶萍如欲以厂矿抵押托外国银行代借款项，或代售债票，须先尽与日本横滨正金银行商办"。③ 而盛宣怀则被迫向小田切万寿之助表示，"合办取消，将来售铁、借款、商务生意仍必照旧"。④ 1915年，美国加州大学王毓祥翻译英国濮兰德于1914年所著之《中国之将来》，评价此事件曰："南京政府图目前之挥霍，不惜举汉冶萍之铁，扬子江流域之煤，拱手让之日人。……所谓中日企业公司者，其中

---

① 此前据传，合办草约南京临时政府已核准。后据山本条太郎所说，所核准的系与三井在南京所签订之草约。盛宣怀为此多次致电王勋、李维格，要求迅速询问孙中山确认，"若所批准实系沪三井之约，即易废，若系二十九草约，须即开股东会议决再废"（湖北省档案馆编《汉冶萍公司档案史料选编》上册，第333页）。但实际上，孙中山此时已决定要取消草约。1912年2月24日，盛宣怀致电李维格表示："孙定取消，已电前途，现始将二十九草约送宁，岂能核准。唐（唐绍仪——笔者注）等并非误会，实欲诿咎公司，三井又一味濡滞，系彼自误，我茬再含糊，袁、孙并力集矢，死有余辜。弟两言可决，如彼认三井与商所订草约即算核准，我惟有立即知照股东开会公决。"（湖北省档案馆编《汉冶萍公司档案史料选编》上册，第335页）1913年《中华实业丛报》第1期对此有明确的区分，将南京草约称为"南京临时政府记名调印之三井契约书"，而神户草约则被称为"华日合办已废草合同原稿"。
② 《日驻南京领事铃木致外务大臣内田第七十二号电》（明治四十五年三月十八日），武汉大学经济学系编《旧中国汉冶萍公司与日本关系史料选辑》，第348页。
③ 《高木交盛宣怀关于废除汉冶萍中日合办草约后办法》（1912年3月25日），湖北省档案馆编《汉冶萍公司档案史料选编》上册，第340页。
④ 《盛宣怀致李维格函》（1912年4月1日），《汉冶萍公司（三）——盛宣怀档案资料选辑之四》，第238页。

国之催命符乎，少年中国虽倒，中日企业公司犹存。"①

## 第四节　湖北临时省议会没收汉冶萍公司在鄂省厂矿

　　1912年初，湖北省实业司司长李四光关于汉冶萍公司为商办性质企业的调查结果令湖北省临时议会十分不满。湖北军政府遂委派蔡绍忠、纪光汉分别任汉厂、冶矿监督，并有威胁、恫吓之举。4月，湖北地方官绅掀起了接管汉、冶厂矿的活动。5月4日，汉冶萍公司董事会致电黎元洪，以现在汉阳铁厂和大冶铁矿秩序稳定，并有县知事保护为由，公议决定"拟请分饬蔡、纪二君回省销差，以免重縻公帑，而符完全商办名义"。② 6月16日，为保障汉阳铁厂于阳历7月顺利开工，工商部咨文湖北都督黎元洪，要求其饬令湖北内务、实业二司及汉阳、大冶、兴国、武昌各县知事，对汉冶萍公司在鄂省产业加以保护，并发文各县晓谕军民人等，"汉阳铁厂、大冶铁矿、兴国锰矿、马鞍山煤矿、琴断口砖厂、武昌县铁矿，开办多年，成效卓著，去岁武汉军兴，工役四散，停止工作数月于兹。现在大局粗平，克期开工，诚恐无知愚民借端滋扰，合亟出示晓谕，俾众周知。除谕饬外，为此示仰军民人等一体遵照，不准借端滋扰，违者定即按律治罪"。③ 此时，在新任坐办吴健的整顿下，汉阳铁厂原有炉座均陆续开始恢复生产，扩充工程建设也有序进行。④

　　但是，就在6月20日，鄂省士绅张大昕、夏寿康等陈请湖北临时省议会，称盛宣怀为"民国罪人"，汉冶萍煤铁矿三厂确系盛宣怀一人私产，股东之说概系捏造，非合资营业，不能取消鄂派汉阳铁厂、大冶铁矿两厂

---

① 王毓祥：《中国之将来》，《东方杂志》第12卷第8号，1915年。
② 《公司董事会致黎元洪电》（1912年5月4日），湖北省档案馆编《汉冶萍公司档案史料选编》上册，第281页。1913年11月，湖北省议会议决取消蔡、纪两监督。12月24日，公司董事会致函汉厂、冶矿，要求即行停止两监督津贴伙食等项。
③ 《汉阳铁厂开工有期》，《申报》1912年6月17日，第6版；《顺天时报》1912年7月3日，第4版。
④ 《汉冶萍之新规模》，《民立报》1912年6月19日，第8页；《汉冶萍煤铁厂矿之进行观》，《顺天时报》1912年6月26日，第4版。

之监督，并咨请湖北军政府取消承认商办，加派委员迅速赴两厂切实办理，同时惩治实业司李四光等人的"欺诈之罪"。① 湖北官绅及临时省议会之真实意图是收汉冶萍公司在鄂省厂矿归公有，因而"鄂人总以售矿石为非是"②。6月22日，湖北临时省议会以汉冶萍公司为盛宣怀之私产为名，全体通过决议，予以没收。

对于湖北临时省议会的没收行为，盛宣怀认为是鄂省官绅明知中日合办草约出自南京临时政府，"无从委咎，而妄称一人私产，立意破坏"，故而对汉冶萍公司"于千疮百孔之时，又增敲诈需索"。③ 汉冶萍公司董事会研究善后办法，以赵凤昌为代表的董事极力抗争，谓该公司确以商股占多数，并非盛宣怀一人之产，请求多方力量的维持。董事会对鄂省没收之理由及办法进行了详细的驳斥（见表2-1）：

表2-1　汉冶萍公司董事会关于鄂省没收的意见

| | 鄂省之意见 | 汉冶萍公司董事会之意见 |
|---|---|---|
| 商业性质问题 | 官本巨款，与他项商业不同 | 此官本即张之洞官办时所用官款五百六十万两。光绪二十二年五月奏改商办时声明，商厂出铁一吨，提银一两，至还清为止。还清以后，仍按吨报效银一两。此为鄂省将来应得商厂永远之酬报，而不能为此时没收之引证 |
| | 万一路局秦越视铁厂，则必大开漏卮，华铁销路阻塞，断难支持，与设铁厂之本意相背，此事关系国计甚大，商人无力挽回，应请准其停工发还商本，或仍归官办等语。是承办者可随时停工，仍归官办。此非完全商业性质者二 | 此条系预防商厂接办以后，官界不予护持，甚至有别项阻滞工筑之事，届时汉厂不能开工，只可请官发还官本。即此次呈黎副总统文中所谓："如将全体股东所投资本一律给还，并将公司所欠内外各债二千三百四万两继续承认，公司董事便可召集股东，解散公司。"非不还股本，未认外债便可没收作为官办 |

---

① 《汉冶萍将为鄂省公产矣》，《申报》1912年6月24日，第6版；同时参见《湖北省临时议会咨军政府文》（第220—222页），《鄂省议会议决没收汉冶萍公司》（第284—285页），两文均载于《汉冶萍公司（三）——盛宣怀档案资料选辑之四》。注：《湖北省临时议会咨军政府文》书中标注时间为1912年约2月下旬，但笔者据文中内容和《申报》报道及股东声明，认为此文所作时间约为1912年6月。1912年3月，袁世凯于北京就任临时大总统后，即下令各省组织议会。4月，湖北临时省议会成立。1913年3月，湖北省议会成立。1914年2月，湖北省议会因地方政府的压制被迫取消活动。1916年10月1日，其又恢复。
② 《盛宣怀致李维格函》（1912年6月9日），《汉冶萍公司（三）——盛宣怀档案资料选辑之四》，第272页。
③ 《盛宣怀致孙宝琦函》（1912年7月13日），《汉冶萍公司（三）——盛宣怀档案资料选辑之四》，第298页。

续表

| | 鄂省之意见 | 汉冶萍公司董事会之意见 |
|---|---|---|
| 商业性质问题 | 铁厂奉委承办之后,用人理财等事,遵照湖北总督札饬,均由督办一手经理,酌量妥筹,但随引择要禀报湖广总督查考。是督办由湖广总督遴选,与商办公司由众股公举者不同。此非完全商办性质者三 | 此系官督商办时代,用人理财自应禀官查考。然亦并未订明由官派人。至光绪三十四年汉冶萍合并公司,完全商办后,一切用人行政,统照公司律,由股东公举之董事会主持委任,只求股东同意,更无所谓禀官查考 |
| 是否应收归鄂办问题 | 官局改办之初,奏案则曰招商承办,奏定章程则曰商局承办。无论有无商股,定名为承办,决不可混入商办。赵凤昌等来电乃称为商办湖北汉冶[萍]有限公司,电文又有"完全商办"之语,意在改革之后,文卷无稽,出此朦混之手段,以肆其罔利之野心。不知该厂既有官本巨款,督办又由总督札委,是明以官款为该厂之主体,而商股不过其附属之品耳。此应收归鄂办者一 | 承办云者,系商人承官府失败之后,集股办理,即此便是完全商办。文卷具在,彼此可以稽考。至股商为厂矿之主人,官本又有提捐还款之案据,主客之势断难倒置,罔利之说,尤属无凭 |
| | 厂矿开办之始,张之洞以官用征收厂地、矿山,鄂省绅民深明大义,价值均不计较。盛宣怀承办后,销售矿砂以谋其私利,强占民业以拓其范围。兴国、大冶、武昌、圻水各县人民控诉,经前年咨议局亦提议累次。鄂省捐无穷之利源,鄂民受无理之侵夺。即在专制时代已实不能容,岂可复见于民国?此应收归鄂办者二 | 张之洞交商承办时,所有汉阳铁厂、大冶铁矿、锰矿、兴国锰矿、李士墩、马鞍山煤矿,厂内、厂外关涉铁厂之铁山、煤矿,均交付厂商接收,作为商产。见诸奏定章程第二条。所用成本均在五百六十余万两以内。当时鄂民如何收价、缴地,无庸厂商顾[过]问。厂商接办后,凡置购矿山悉与山主和平价购,银地两交,契约性质决不随政体改变 |
| | 照原章,督办须由湖广总督奏派,厂矿内重要事项随时禀报,湖广总督查考,清帐须送湖北总督查核。即冶厂借款事,两次与日本订立合同,均系先与湖北督抚商定。按诸章程,征诸事实,湖北对于该厂有特别之权利,万无因国体变更致丧失湖北固有主权之理。此应收归鄂办者三 | 此系官督商办时代办法,说见前 |
| | 查盛宣怀接办时,接收官款五百数十万,忽免其息,又未收本,盛宣怀承办十余年,罔利营私,不一而足。盛产既有没收之宣布,断不能以官款及充公之款任意抛弃,听诸少数人之吞蚀。此应收归鄂办者四 | 铁捐即系还本,商厂尚未出铁一百余万吨,先已缴过银一百余万两。若以息计,公司应先向鄂省收回预缴官本之息。至盛产没收与否,另一问题,不能以此牵及全体股东,亦非商办公司所能顾问 |

续表

| | 鄂省之意见 | 汉冶萍公司董事会之意见 |
|---|---|---|
| 处置办法 | 汉、冶两厂，应以吾鄂为主体，自无疑义。乃赵凤昌等径行电请取销汉冶两厂监督，欲将鄂中主权一昧抹煞。如此居心行事，趋避互深，即与盛氏私股同时没收原不为过。……所有盛宣怀私产，查照原案没收不计外，如该两厂之外有股份者，系有确实证据，仍宜分别办理。其他种外债各种契约，在未经宣告没收以前，与厂业实有关系者，亦应不失效力 | 照副总统勘语："外有股份仍准分别办理"，则凡投资于汉冶萍者，公司有簿籍，股东有股票，无一非确实证据。又他种外债各种契约与厂业实有关系者，亦不失效力，则鄂省实行没收，本公司所该中外债款二千三四百万两，自应与股商票本一并由鄂认还。否则，公司法律一日不消灭，商权即一日不能卸责 |

资料来源：《汉冶萍公司董事会常会记录》（1912年7月20日），《汉冶萍公司（三）——盛宣怀档案资料选辑之四》，第300—302页。

早在1912年3月25日，盛宣怀即致函李维格认为黎元洪"虽派蔡绍忠驻厂，系属表面文章，决不阻挠"。[①] 5月，汉冶萍公司股东金浩如、朱大鹏、付振东、薛昌、董开泰、王炳夫、陈永明、赵钰孙等八人发表联合声明，认为湖北临时省议会之举"为专制野蛮时代所不及也"，汉冶萍公司资产"一千三百余万元计二十六万余股"为"千万人之股份"，不能借口为盛宣怀私产而强行没收。[②] 6月30日，汉冶萍公司专文呈请黎元洪，阐述了汉冶萍公司由官办而改为官督商办，再改为完全商办及民初重新整顿之大概情形，认为湖北临时省议会没收之举实为"破坏商办，欲将一千三百余万元之股本，不问来历理由，一概抹煞，凭空攘夺"。该呈文还提出以归还股本、继承债款为接受湖北临时省议会没收之条件，"今鄂省议会既愿收回利权，如将全体股东所投资本一律给还股东，并将公司所欠内外各债二千三四百万继续承认，由鄂省议会筹还债主，敝公司董事等自当召集股东大会，竭力陈请各股东解散公司，收回股本"。[③] 黎元洪未给明确

---

① 《盛宣怀致李维格函》（1912年3月25日），《汉冶萍公司（三）——盛宣怀档案资料选辑之四》，第237页。
② 《汉冶萍公司股东声明》（1912年5月），《汉冶萍公司（三）——盛宣怀档案资料选辑之四》，第268—269页。
③ 《汉冶萍公司呈黎元洪文》（1912年6月30日），《汉冶萍公司（三）——盛宣怀档案资料选辑之四》，第289、290页；《呈黎副总统文》，《民国经世文编》实业三，第4883、4884—4885页；《汉冶萍公司董事会呈黎副总统文》，《大公报（天津）》1912年7月9日—10日；《汉冶萍有限公司董事会呈大副总统文》，《民立报》1912年6月30日—7月3日。

答复，只表示将派员赴上海查办。他不仅仅是因无法承担汉冶萍巨额的股本和内外债，还顾虑日本方面的态度，恐引起外交交涉。

同时，汉冶萍公司还呈请北洋政府工商部和大总统，恳予维持。1912年6月下旬，大冶铁矿坐办刘维庆致电汉冶萍公司经理，陈述纪光汉奉黎元洪特别命令实行监督，鄂省议会"即日有人来冶没收"。汉冶萍公司董事会临时会议公议，先通电大总统、副总统、国务总理、参议院、工商部、湘赣两都督，然后"招集全体股东开特别大会，公筹对付"。① 汉冶萍公司董事赵凤昌等为此事呈文工商部，认为鄂省临时议会"以汉冶萍三厂完全为盛氏私产，其所发股票实系伪造。又以实业司不察原委，朦称为纯粹商办，咨请军政府收回成命，将汉冶萍收作公产，为鄂人所有财权。迹其居心，无非破坏商办，欲将一千三百余万元之股本凭空攘夺"，详陈公司实系完全商办并前后办事各情形，请求秉公维持。② 7月18日，工商部专文咨湖北都督黎元洪，证明汉冶萍公司为纯粹商办性质，"不得因盛氏有股在内，遂将各股东一概抹煞，致启众商疑惧之心"，请力予维持，并转咨湖北临时省议会"详查原委，以释疑虑，而免纷争"。③ 7月20日，北京总统府批示，表示湖北临时省议会没收之行为不合法，公司财产应加以保护，"汉冶萍煤铁厂矿系股份公司成案俱在，既属股东财产，自应按法保护。该董事等所呈鄂省议会请收作鄂产各节究竟是何情形，饬工商部

---

① 《汉冶萍公司董事会临时会议记录》（1912年7月11日），《汉冶萍公司（三）——盛宣怀档案资料选辑之四》，第296页。7月13日，刘维庆又致函公司经理请求急示办法，称："纪监督要求各节：在各局设监督办公处；各局派员司办公；传谕现在各员司服从监督命令，违则黜罚；索送现在员司工役薪水籍贯花名册；索送自去年十月起银钱矿石详细簿册；索阅日矿合同；逼令季冠山寓所迁让，扩充监督住宅；伙食嫌淡薄，传厨子长跪，几欲笞责。以上各项，如有违抗，枪毙坐办云云。是日又来徐三事，带兵四名，实行没收。先向西泽要求赞成，云如坐办违抗，立即枪毙。西泽嘱守退让主意。"参见《汉冶萍公司董事会常会记录》（1912年7月20日），《汉冶萍公司（三）——盛宣怀档案资料选辑之四》，第300页。
② 《工商部咨湖北都督请维持汉冶萍公司文》，《汉冶萍公司（三）——盛宣怀档案资料选辑之四》，第304页；《政府公报》第79号，1912年7月18日；《直隶实业杂志》第4期，1912年。
③ 《工商部咨湖北都督请维持汉冶萍公司文》，《汉冶萍公司（三）——盛宣怀档案资料选辑之四》，第304—305页；《政府公报》第79号，1912年7月18日；《直隶实业杂志》第4期，1912年；《汉冶萍之解剖观》，《民立报》1912年9月2日，第8页。

迅速咨行湖北都督、民政长查明办理"。①8月26日,工商部奉大总统批示,在咨湖北都督和民政长的行文中明确表态,汉冶萍公司属于股东财产,不应收作鄂产,应请查明办理。②至此,汉冶萍公司董事赵凤昌等"奔走于中央,现已运动成熟,由工商部通电鄂、赣两省,请仍交还商办,黎公接电即与刘民政长筹议,以中央既命令归还,自应遵守"。③

但是,湖北临时省议会并没有遵令行事。因而,汉冶萍公司又借助日本势力进行抵制。1912年7月10日,高木陆郎致电盛宣怀,建议立即召开临时董事会和股东临时总会,将公司负债总额发表,并声明"政府如将没收,所有负债即归政府偿还"。④8月17日,日本驻大冶技师西泽公雄在致小田切万寿之助的函中,对于湖北临时省议会没收之事,认为"幸大冶铁山为我国权利所在,彼等武昌派遣之监督亦有所顾虑,是以有关我国矿务,尚未能引起丝毫纠纷与障碍",但日本方面也表示,如果既得利益受损,"必坚决采取强硬之外交",并建议汉冶萍公司以官款改填股票来杜绝革命派的没收,"在万不得已时,将过去加在公司资产中之多少官款将来改成政府股金,对之分配以与其他股票同样之利益,借以杜绝革命派所专门称道之没收主张,相信此亦不失为一策"。⑤8月23日,盛宣怀致函日本横滨正金银行总经理井上准之助,以汉冶萍公司"与贵国银行及制铁所合同借款甚有关涉",提请注意。⑥

在汉冶萍公司的极力抗争、日本势力的威胁和袁世凯北洋政府的维持

---

① 《批汉冶萍煤铁厂矿有限公司董事赵凤昌等呈详陈公司实系完全商办并前后办事各情形请秉公维持令行鄂都督转咨省议会将收作公产之议案取消文》(1912年7月20日),《袁世凯全集》第二〇卷,第212页;《汉冶萍煤铁厂矿有限公司董事杨士琦、沈敦和、袁思亮等呈:大总统详陈公司实系完全商办并前后办事各情形请秉公维持令行鄂都督转咨省议会将收作公庭之议案取消文并批》,《政府公报》第84号,1912年7月23日;《顺天时报》1912年7月25—26日,第5版。
② 《工商部咨湖北都督、民政长奉大总统批汉冶萍煤铁厂矿公司既属股东财产该董事所呈鄂议会拟收作鄂产各节饬速咨行查明办理应请查照施行文》,《政府公报》第118号,1912年8月26日。
③ 《汉冶萍交还商办之条件》,《申报》1912年9月13日,第6版。
④ 《上海高木陆郎致盛宣怀等电》(1912年7月10日),《汉冶萍公司(三)——盛宣怀档案资料选辑之四》,第1283页。
⑤ 《西泽致小田切函》(1912年8月17日),湖北省档案馆编《汉冶萍公司档案史料选编》上册,第297页。
⑥ 《盛宣怀致井上准之助函》(1912年8月23日),《汉冶萍公司(三)——盛宣怀档案资料选辑之四》,第320页。

之下，黎元洪极力撇清自己与湖北临时省议会没收汉冶萍公司之事，以湖北省为军民分治①为由，认为没收之事系属湖北民政长刘心源所管，自己也并未发布没收之命令，对外通告大冶铁矿为公司财产。而刘心源则派员调查汉冶萍公司，查得三厂合计共欠内外债已高达24407600两。② 鄂省据此提出了将汉冶萍公司交还商办之三项条件：

>　　清算交代　汉阳铁厂、大冶矿厂前因收归官□，所有出入款项及修理机件未付之款为数甚巨，现既仍归商办理，应将已用之官项如数缴还，未付之欠项亦应由该公司认付。兹已饬令该厂监督造具用款清册及该厂产业机件用具等项清单移交该公司总理接收；
>　　处分盛股　该公司股份有系前清农工商部公款及前户部拨款，鄂省公款综共约近千万，盛宣怀私股亦占多数，现既归商办，盛氏股份应如何处置，俟查明究有若干股，再请国务院会议解决。其鄂省公款，或索回以济公用，或填股票作为公股，则由鄂民政府交省议会核议定夺；
>　　声明外债　该厂曾欠日本订购钢铁之银一千余万，前日人因收归官办，曾向中央政府提出严重交涉，现既仍由商办此项外债理应作该厂私债，与公家无涉，应照会日领事转饬该日商知照，以清界限。③

最终，在各方力量的相互争夺与博弈中，湖北临时省议会没收汉冶萍公司厂矿之事，经王芝椿、李叔明的调停，"送给两监督明暗津贴后可暂作暗销矣"，而得以暂时解决。④

---

① 1912年7月1日，湖北省实行军民分治，内务、实业、教育、财政划归民政长刘心源接管，其他如司法、交通、外交事宜暂归民政长管理，俟官制颁布后直接隶属中央，与军政府不相附属。
② 《汉冶萍公司内容披露》，《申报》1912年8月23日，第6版。
③ 《汉冶萍交还商办之条件》，《申报》1912年9月13日，第6版。
④ 《关于鄂赣两省接管汉冶萍厂矿和汉冶萍国有事密电四件的主要内容》（1912年9月上旬），《汉冶萍公司（三）——盛宣怀档案资料选辑之四》，第338页。1914年2月，汉冶萍公司议决将津贴停止，但驻汉厂之监督蔡绍忠不愿离开，欲得酬谢，与汉坐办吴健为难。盛宣怀建议一方面以公司董事会的名义致函湖北都督段芝贵恳请保护，另一方面由李经方以私交名义恳请派员查办。2月底，蔡绍忠即离去。参见《盛宣怀致吴健函》（1914年2月17日），《汉冶萍公司（三）——盛宣怀档案资料选辑之四》，第776—778页。

对于湖北临时省议会的没收行为，时人也多有反对之评述。1912年6月下旬，汉口有报纸载《鄂省议会议决没收汉冶萍公司》，在文末按语中说，汉冶萍公司自创办以来，既有官股，也有商股，"官股有属之中央者，有属之湖北者"，商股为多次募集所招，认为"今硬指为盛氏私产，实属无理取闹。盛宣怀诚民国之罪人，只当没收其本身所有资本。其经手为公司所借之债，关系交涉，尚是一问题，办理不当，卤莽，致为外人鄙薄。至千余万商股更何能因盛宣怀一人之故全体没收，古今中外无此蛮理也"。① 7月2日，章士钊署名"行严"，在《民立报》上发表《论湖北省议会议决没收汉冶萍公司事》，论述湖北临时省议会没收汉冶萍公司"最强之普通心理"曰："鄂议会所据以没收三厂之理由，在坐实三厂为盛宣怀私产，股东之说，夙为该议会所未闻。今之号为汉冶萍股东会者，乃盛宣怀串捏多人为之，而盛为民国罪人，其私产当作为公有，故公有之案断不可摇"，认为"所谓社会革命者，即财产革命也"，而湖北临时省议会"仇视资本"，"敢为摧破商办实业之事而无所惜"，并且自辛亥革命以来，国内资本因这种情况而丧失者不少，"鄂人之欲甘心于汉冶萍公司，其一例也"，对比欧美国家财富集中之策，他更是批评湖北临时省议会没收之举，"从实业上仅有之萌芽而摧折之，使以后所有商办实业微有资者相戒裹足不敢投"，实际上是"自杀之愚计"。② 同日，《时报》发表《论鄂议会没收汉冶两厂之无理》指责这种不法行为："凡各省之强毁人民祠宇者，皆属不法之行为，为法治国所不容者尔！"③ 7月26日，时任湖北军政府实业司司长的李四光谓，如果将汉冶萍公司收归鄂省公有，则以后无人再敢投巨资办厂经管实业，并以种种证据说明两厂（汉阳铁厂、大冶铁矿）确系纯粹

---

① 《鄂省议会议决没收汉冶萍公司》（1912年6月下旬），《汉冶萍公司（三）——盛宣怀档案资料选辑之四》，第285页；《鄂议会议决没收汉冶萍公司》，《顺天时报》1912年7月4日，第4版。

② 《论湖北省议会议决没收汉冶萍公司事》，《章士钊全集》第二卷，文汇出版社，2000，第391—392页；行严：《论湖北省议会议决没收汉冶萍公司事》，《民立报》1912年7月2日，第2页。

③ 《论鄂议会没收汉冶两厂之无理》，《时报》1912年7月2日，第2版。

商办。① 同日，孙宝琦致函盛宣怀，认为鄂临时省议会欲将汉冶萍公司尽行充公是"野蛮见解"，感叹"以之代表人民，国家安得不乱！"② 还有论者发表《为汉冶萍事忠告湖北省议会》，指责湖北临时省议会"纯以利心乘之"，不详加考核事实原委而突生攘夺之计，是"利欲之见"。③

## 第五节 "部办"与"鄂办"汉冶萍公司之争

黎元洪见既然汉冶萍收归"鄂有"不成，便力促"国有"。1912年3月26日，他最早提出将汉冶萍公司收归"国有"，在致大总统袁世凯的电文中阐述了收归"国有"的重要性和两大好处："当此民国初建，百废待兴，轨道轮舟，枪炮机械，在在皆资煤铁。及今改良，或者利权不溢，国力可充。且一归国有，即可立时开办，三万工人，均全生计，消弭隐患，莫此为尤，其利一；且停工日久，机械锈蚀，矿穴淹没，洋工程师日事闲散，坐靡薪资。若一经兴办，即不至再虞损失，其利二。"④ 这一主张得到了汉冶萍公司部分股东的支持。5月，因湖北临时省议会欲委员办理汉阳铁厂，汉冶萍公司股东金浩如、朱大鹏等八人也联合发表声明，请董事会迅速呈请正副总统、国务院、参议院收回"国有"。⑤ 7月，汉冶萍公司计

---

① 《北洋军阀统治时期湖北大事记专辑》，《湖北文史资料》总第二十二辑，第37页。证据有三："（一）前清奏案，汉阳铁厂系光绪十六年由张文襄奏准开办，陆续投资五百五十八万六千余金，嗣因官本不继，用款浩繁，于光绪二十二年奏交督办盛宣怀招商承办，以前所用官款商局承认分年抽还，以后需用厂本无论多少悉归商筹，并承认合订商局承办汉阳铁厂章程十六条，设立汉冶萍股份有限公司，光绪三十四年在前农工商部注册；（二）调查报告，起义时前鄂理财部派员陈再兴前往两厂调查，报告总公司设立在沪共集商股二千万元；（三）来往公电，去岁十月湘都督电副总统有云萍乡煤矿曾经汉冶萍煤铁公司招有商股甚多系属公司性质未可以为公产派人接办等语，副总统复电有云，据理财部陈再兴报告其中商股甚多难保不无满人资本在内等语，则确系商办必非盛氏一人承办也可知矣。"参见《汉冶萍纯粹商办之证据》，《申报》1912年7月27日，第6版。

② 《孙宝琦致盛宣怀函 五十五》，王尔敏、吴伦霓霞合编《盛宣怀实业朋僚函稿》下册，台北"中研院"近代史研究所，1997，第1502页。

③ 《为汉冶萍事忠告湖北省议会》，《民国经世文编》实业三，第4876—4877页。

④ 《黎元洪关于整理开办汉冶萍公司产业致袁大总统电》（1912年3月26日），《湖北军政府文献资料汇编》，第713—714页。

⑤ 《汉冶萍公司股东声明》（1912年5月），《汉冶萍公司（三）——盛宣怀档案资料选辑之四》，第269页。

划"趁此次湖北不法行为之好机会,召开股东大会,由股东决议:湖北敢于做出此种不法行为,虽与政府无关,但如政府不能保护公司,公司无法继续营业,只有请政府自行经营,即改为国有"。①8月,股东方叔记在呈公司董事会的意见书中说道,"汉冶萍之事业关系于股东之股本者固巨,关系于国家及鄂省地方者尤巨。拟请各董事代表全体要求鄂中大吏及中央政府,以能否实力扶持公司为断。能扶持则股东等牺牲官利亦所甘心,不能则惟有请其收为国有"。②由此,申请"国有"成为汉冶萍公司抵制湖北地方政府没收的策略之一,正如时任公司经理兼赴京代表的叶景葵所说:"收归国有并非我等所敢赞成,但因各地官宪对公司财产,处置粗暴,以致股东们为保护本身利益宁愿收归国有。"③

地方政府的纷争只是汉冶萍公司申请"国有"的表面原因,实际原因是受辛亥革命的影响,汉冶萍公司亏损巨大,各处生产秩序未复,商力已竭,难以为继。公司股东考虑到新成立之民国政府为维护国家统一,必定广开铁路,而所需之钢轨则必须依靠汉冶萍公司,"现在商力既然不支,惟有要求政府收为国有,以国家权力指挥开工,一切扞格自可化除"。④1912年8月21日,汉冶萍公司正式向大总统和工商部呈请收归"国有"。虽然收归"国有"能将地方政府分割的权益收回,有助于补助财政和壮大国家资本,更有利于中央集权的需要,但对于汉冶萍公司的"国有"申请,北洋政府顾虑甚多,既有汉冶萍公司巨额的资本和内外债务问题,而且还有日本势力的干涉风险,因而迟迟未能明确决议。9月16日,工商部

---

① 《高木自上海致制铁所长官中村雄次郎函》(大正元年七月二十二日),武汉大学经济学系编《旧中国汉冶萍公司与日本关系史料选辑》,第376页。
② 《股东方叔记意见书》(1912年8月),湖北省档案馆编《汉冶萍公司档案史料选编》上册,第262页。
③ 《叶景葵与小田切谈话记录》(1912年9月14日),湖北省档案馆编《汉冶萍公司档案史料选编》上册,第298页。汉冶萍公司董事会会长赵凤昌对此也说:"鄂赣人士,于厂矿横加干涉,屡濒危殆,势不能支,不得已开股东大会议决,呈请国有。"参见《赵凤昌致唐绍仪函》(1912年11月29日),湖北省档案馆编《汉冶萍公司档案史料选编》上册,第301页。
④ 《汉冶萍公司董事会常会记录》(1912年8月1日),《汉冶萍公司(三)——盛宣怀档案资料选辑之四》,第307页。

委派王季点、王治昌、李善富三人赴汉、冶调查厂矿。而此时,粤汉铁路催轨,公司急需资金开炉冶铁,10月10日,国务院奉大总统令复电汉冶萍公司董事长赵凤昌,"由政府拨发公债票五百万元,以资补助",国有问题再行商定,"至该公司将来应否作为商办,抑或收归官营,应由政府视察情形酌定"。①

此时,鄂省早已筹划接管汉冶萍公司厂矿,"况前督办盛宣怀匿迹日本,久未返国,该厂职务一概放弃,内股外债交涉繁难,而该厂矿又与鄂省关系密切,援前清鄂督张文襄奏办该厂矿原案(有如该厂办理不善应收归官有由鄂另派督办之语)",②经湖北军民两长提议,奉副总统黎元洪令,并由地方党会团体公举,委任孙武全权督办鄂省党会及工商实业。1913年《民国汇报》第2期刊文揭示鄂省之目的:"汉冶萍公司之在湖北,湖北人视为最大之利薮,谓必应归湖北人掌握,湖北人既无此巨款以购入之,乃力倡国有之说。所谓国有者,与中央之所谓国有不同,欲以中央名义收回而湖北人握其权也。于是由黎副总统电请袁总统任命孙武为督办。袁总统以该公司尚未决定归为国有,不能任命辞之。孙武乃约汉冶萍股东之湖北人,用股东名义举之为督办,于是孙武宣告就任,已称为督办矣。"③

---

① 电文同时还声明,政府拨发的500万元公债票,"限定作为该公司开炉之用,不准挪移填补亏损",由工商部派定委员王季点监督拨放事宜,金事王治昌监督公司开支〔参见《复汉冶萍公司董事长赵凤昌电》(1912年10月10日),《袁世凯全集》第二〇卷,第486页;《北洋政府国务院致公司董事会电》(1912年10月10日),湖北省档案馆编《汉冶萍公司档案史料选编》上册,第299页〕。工商部还就拨放债票一事,与汉冶萍公司代表等约定办法四款:一、只准抵押,不准出售;二、利息由公司担任;三、还本期限照票面分年成数,按限归还;四、债票出纳归部派监督经管〔参见《工商部致王治昌函》(1912年11月9日),湖北省档案馆编《汉冶萍公司档案史料选编》上册,第299页;《汉冶萍借债续闻》,《山西实业报》第1卷第20期,1912年〕。但是,汉冶萍公司董事长赵凤昌不满此四条办法,致电大总统、国务院和工商部,要求"允援照拨给汉口商会债票办法,或售或押,蠲免利息,十年后归还票本,庶符蒸电补助之意"〔参见《赵凤昌致大总统、国务院、工商部电》(1912年11月17日),湖北省档案馆编《汉冶萍公司档案史料选编》上册,第300页〕。
② 《孙武督办汉冶萍厂矿》,《申报》1912年12月14日,第6版。
③ 《汉冶萍矿各方面之观察》,《民国汇报》第1卷第2期,1913年。黎元洪对孙武此举"亦甚不谓然,但不能止之尔"。

孙武督办之重点即汉冶萍公司在鄂省厂矿。12月11日，孙武命令汉冶萍公司暂行停工，一切职员均另行委任。① 12月15日，为巩固鄂省利权并将汉冶萍公司收为地方公产，孙武在武昌抱冰堂邀请民政府、临时省议会、实业司、财政司、武昌商会、汉口商务总会、汉口各团体联合会以及实业界诸人，大开会议，提出以扩充为入手的补救之法。② 随即孙武委派丁立中、田民宪赴沪调查汉冶萍公司一切内容。12月19日，孙武又在汉阳铁厂内设立整理局，并提出了处理公司外债、股本、厂矿、人员、地权及督办之责任等六条办法：

一曰外债之清核。凡汉冶萍所借外债，如在未起义以前，实系厂矿借贷自用，确有凭证者，应继续承认偿还，其为盛宣怀私自借贷者，均由盛宣怀清还。

一曰股本之处分。除盛宣怀外，所有华人商股，一律保护其应享固有之权利，惟与盛氏伙串舞弊者，不在其列。

一曰厂矿之办法。暂时悉仍旧整理，俟秩序恢复，再筹款集股，以谋扩充。

一曰人员之去留。凡厂矿办事人员，才能胜任者，悉留旧供职，惟浮滥不职及煽鼓风潮者，立予罢斥。

一曰地权之解决。厂地矿山既属地方公产，应明定权限范围及相当之利益，以息纷争。

一曰督办之责任。应维持厂矿不为盛氏一人所断送，收回地方应享公权，尊重确实商业，事理就绪，再为扩充，以谋进行。③

汉冶萍公司对鄂省委任督办之事"大为骇怪，多拟赴沪与股东会妥商

---

① 《汉口电报》，《民立报》1912年12月12日，第3页。
② 《武汉督办汉冶萍谈》，《时报》1912年12月22日，第3版。
③ 《孙武致北洋政府大总统电》（1912年12月19日），湖北省档案馆编《汉冶萍公司档案史料选编》上册，第303页；《汉冶萍公司董事会常会记录》（1912年12月20日），《汉冶萍公司（三）——盛宣怀档案资料选辑之四》，第390页。

办法"，① 并向工商部询问应对之策，工商部表示鄂省委任孙武为督办，并未经中央政府认可，因而不会轻易将汉冶萍交其接办。② 并且，工商部还称汉冶萍公司为商办公司，鄂省无权查账，未收归国有之前，"无派督办之理，鄂督民政长及省议会均系违法，拟请总统严电驳诘"；在汉冶萍公司方面，董事会始终没有承认鄂省所委任之督办，股东亦"拟强硬对待，即日选派代表来都提起诉讼"。③

日本方面对此事也极力反对，驻京公使伊集院彦吉因日本与汉冶萍公司"向有密接关系，放款款目亦属不少"而"不得不格外留意"，"闻命督办之耗，十分诧异，且以此事甚不以为然"，认为"该公司原系商办事业，迄未闻改订组织之事，今任由官任命督办，则该公司性质可谓遽行改变，如此不但公司事业受有影响，为之公司基础或有摇动之虞"，因而电请中国政府"设法维持，以保事业为要"。④

时任工商部总长的刘揆一委派李尚文赴鄂调查汉冶萍公司情形后，仍拟提议归商办。⑤ 刘揆一在致袁世凯的电文中表示，"官家之于公司实无成绩之可言，且公司自商办以来，已用款三千五百万两，其中股份虽少，亦近千万，即使旧时官款尽可作数，在用款中不过八分之一，在股份中亦仅三分之一，只能与公司商议将此改为股本，被选一二董事，无派督办之权也"，因而对待公司问题应持审慎态度，不必特派督办，"公司负债累累，本部亦未尝不虑其终累主权，故有收归国有之议，然必查明股本之真伪，债项之缓急以及继续之资本，一一为之核准，方能昭信中外，断非派一督办可以了事，稍涉操切，便多障碍。此次鄂省方有派督办之议，日使已来诘责之文，可为明证。……要之，汉冶萍之公司与盛宣怀之关系少，与国家实业之关系多，无辜受愚之股东应予保护，而舞弊营私之董理不可优

---

① 《汉口电报》，《民立报》1912年12月12日，第3页。
② 《工商部致公司电》（1912年12月22日），湖北省档案馆编《汉冶萍公司档案史料选编》上册，第303页。
③ 《汉冶萍最近谈》，《时报》，1912年12月26日，第4版。
④ 《据日本使称武昌当局拟派孙武为汉冶萍公司督办请设法维持》（1912年12月16日），外交部档案，档案号：03-03-029-01-009。
⑤ 《汉冶萍仍归商办》，《盛京时报》1913年2月25日，第3版；《顺天时报》1913年2月18日，第7版。

容，此该公司善后之要义"。① 袁世凯当日即对此做出批示，认为自汉冶萍公司改归商办后，督办名目即作废，"今委督办未免侵夺商权"，应由国务院咨行湖北省查照取消。② 因而，副总统黎元洪致电袁世凯解释此次委任督办"系因闻该公司有续借日债开工之说，故特派员监督，并非强夺归官"。③

孙武在督办汉冶萍公司后，为防止将公司矿产暗售与日人，在鄂垣乙栈设立办公机关，并派鄂州兴业银行经理丁立中赴沪运动公司股东承认。④ 有论者撰《汉冶萍公司问题》一文，揭露鄂省窃权攘利之实质，"近日复有任意窃名之通电，意图破坏公司，以遂一二人窃权攘利之私"，因而欲破除"一般无知者对于该公司根本上谬误之心理"：

> 按诸无知者之心理，第一谬误之点即以汉冶厂矿在鄂境，其资产主权即宜属之鄂省是也。……汉冶厂矿，始为国有，继为国与商共有，再为公司之所有，而为公司之主体者，即为出资本于公司之人。汉冶厂矿开始时含有户部之五百余万两，则国家亦不过以资本主一部之资格，同列于公司诸资本主之中，而主权之全属于公司，则绝对无可疑者也。今无知者之言曰汉冶厂矿为鄂中公产也，曰开办资本为鄂人膏血也，曰招商承办不过代为经理也，曰厂矿之所有主权属于鄂省、渐有经营之权属于公司也，吾不知何所据而云然。如谓承办章程第六条，有仍归官办之规定，为主权属鄂省之证，则该规定为保护商本而设，曰商人无力挽回应请准其停工，发还商本，仍归商办云云。

---

① 《呈袁世凯缕陈汉冶萍公司多关国家实业拟毋庸饬盛宣怀赴鄂等情请批示遵行文》（1912年12月31日），《刘揆一集》，第39—40页；《工商部呈袁世凯文》，《汉冶萍公司（三）——盛宣怀档案资料选辑之四》，第398—399页；《呈大总统缕陈汉冶萍公司实情文》，《民国经世文编》实业三，第4875页；《工商总长呈大总统缕陈汉冶萍公司实情文并批》，《中国实业杂志》第4年第2期，1913年；《工商总长呈大总统缕陈汉冶萍公司实情文并批》，《协和报》号外，1913年；《工商总长呈大总统缕陈汉冶萍公司多关国家实业拟毋庸饬盛宣怀赴鄂文》，《申报》1913年2月1日，第8版；《工商部呈大总统文》（1912年12月），工商部档案，档案号：07-24-15-02-（1）。
② 《批工商总长刘揆一呈缕陈汉冶萍公司多关国家实业拟毋庸饬盛宣怀赴鄂等情批示遵行文》（1912年12月31日），《袁世凯全集》第二一卷，第312页；《汉冶萍督办取销》，《大公报（天津）》1913年1月6日，第2张，第2版。
③ 《汉冶萍督办取销》，《大公报（天津）》1913年1月6日，第2张，第2版。
④ 《孙武督办汉冶萍矿厂近况》，《申报》1913年1月12日，第6版。

是非发还商本，不能归官办，即归官办，仍为国有而非鄂有也。如谓该章程第十、第十三条之规定，鄂省总督有用人理财之查考审定权，为主权属鄂省之证，则当时既为国与商共有，而鄂总督为国家委任之代理者，自应有如此之规定，合并萍矿为一公司后，则其效力已暗中销失矣。兹第以汉冶厂矿在鄂境之故，遂谓鄂省独为主权者，不必出一锱一铢之资本，可以三数鄂人。该会议决没收，目鄂省为田主，目公司为佃户，佃户无强占田地之理，然亦思鄂省各属田房产业，为外省人购买管业者，不知凡几。鄂人果可目为佃户强占，任意开会议决没收，不费分文之资本乎？盖今日吾国一般人共有之谬误心理：凡己省事业必己省独占，不许同国之他省人经营之，如赣省之争萍矿，以及各铁道之重要干线，皆横一省界于胸中，不欲他省资本之流入，故迁延至今，无成效之可言。①

对此观点，《新闻报》用按语评价曰："按：右论主持公道，尚无偏颇之弊。汉冶萍公司既在前清注册，自应继续有效，否则，凡注册之公司危矣！又岂独一汉冶萍！所谓民国人民之幸福者，受法律之保护也。公司有弊无弊，清查之权在股东，盛宣怀果有弊，应由股东诉之法律也。今事不出之股东，而违背法律没收人之财产，则盗跖之行，甚不愿伟人如黎公而蹈之。嗟呼！国亡于贫，而国之所以贫，实业之不兴也。今提挈之不暇，而愿戕贼之，人心去，邦本倾，是可忧已！"② 在时人眼中，保护汉冶萍公司和依法处理舞弊行为才是于国于民有利的方式。

然而，在工商部看来，汉冶萍所占官本四百余万，倍于鄂省官本二百余万，为调节鄂省与汉冶萍公司的纷争，"提归部办以便直接与外人交涉及股东清厘较易"，因而拟将汉冶萍公司三厂收归部办。③ 据工商部调查员报告，"汉冶萍地连数省，易启纷争，债多股少，运掉不灵，事大人众，督察不易，员司丛弊，整饬无方，外债纠葛，关系主权，请发

---

① 《汉冶萍公司问题》，《民国经世文编》实业三，第4870—4872页。
② 《汉冶萍公司问题（续）》，《新闻报》1913年1月9日，第2张，第2版。
③ 《汉冶萍改归部办之商榷》，《申报》1913年1月17日，第6版。

布命令收归国有，内外债务一律由部按照原订契据，继续担认股份，照章保息，俟完全接收之后，切实清理，分期归偿"，盛宣怀认为如果真能按此实行，则汉冶萍公司厂矿有望归于统一。① 但鄂省始终坚持"以汉、冶厂矿在鄂境，其资产主权即宜属之鄂省"。② 鄂人对于北洋政府拟将汉阳铁厂、大冶铁矿改归官办之说，"甚不为然，盖因有归湖北公办之意"。③ 由此引发了鄂省与工商部之间关于汉冶萍公司问题的"部办"与"鄂办"之争论。

1913年2月20日，孙武以汉冶萍公司督办身份致电袁世凯，"主一律改归商办"。④ 3月，孙武代表湖北地方政府向工商部陈述不必部办及应由鄂办之理由。1913年4月中旬，工商部认为这是"根本上之误解"和"事实上之误解"，对此予以一一缕析驳斥（见表2-2）：

表2-2 工商部与鄂省关于汉冶萍公司所有权问题的意见

| | 鄂省意见 | 工商部意见 |
| --- | --- | --- |
| 不必部办之第一理由 | 工商部以国有为宗旨，有意与鄂为难 | 国有之议实出公司之呈请，公司之呈请实出股东之决议。本部方以该公司亏耗太大，纠葛太多，不欲于政费奇绌之时为此不急之务。延宕半年未与解决。乃公司旬日数电，急于星火，艰危请命，惟盼国有。本部两次调查，再四审慎，孰知公司内容外况决非纯全商办所能维持。理由复杂，未易殚述，略引其端：一曰地跨数省，易启争端；二曰债多股少，运掉不灵；三曰事大人众，督察不易；四曰财力枯竭，无术救济；五曰积弊太深，难期振作；六曰外债纠葛，关系主权。凡此数端，一不解决，即无公司。是以本部为维持商业计，振兴矿务计，扩张矿务计，保守主权计，无论如何为难，不能不俯顺商情，设法补救 |

---

① 《盛宣怀致向瑞琨函》（1913年4月中旬），《汉冶萍公司（三）——盛宣怀档案资料选辑之四》，第472—473页。
② 《汉冶萍公司问题》，《民国经世文编》实业三，第4870页。
③ 《汉阳铁厂铁山改归官办之风说》，《顺天时报》1913年10月8日，第2版。
④ 《北京电报》，《民立报》1913年2月21日，第6页。

续表

| | 鄂省意见 | 工商部意见 |
|---|---|---|
| 不必部办之第二理由 | 鄂派督办并非夺商人之营业，部拟国有亦系官办之性质，何以鄂不可办，部独可办 | 本部之所主张非商办官办之问题，亦非部办鄂办之问题，不过官办商办宜分界限，部办鄂办宜审事势，并非谓部独可办，鄂独不可办也。该公司铁产于鄂，煤产于赣，运经于湘，锰亦出于湘，若鄂派督办，湘赣随之，纷争宁有已时？若谓部办为国有，鄂办亦为国有，试问代表国家者究为中央政府耶？抑地方政府耶 |
| 应由鄂办之第一理由：地权 | 矿厂坐落湖北，利为鄂尸，害为鄂受，与工商部无直接关系，工商部不能越俎 | 公司以股东为主体，本不能因厂位而论地权，即以地权论，汉冶萍关系鄂湘赣三省，久已成为事实，岂仅鄂有地权？果如此说，该公司总局坐落在沪，设有人据此理由，主张沪有，鄂人又将何说？故地权之说绝对不成为理由。以云利害，则股东共之，股东不尽鄂人，利害岂为鄂省？本部旧有该公司股份一百七十四万元，最近加入公债五百万元，几占股本全额二分之一，何谓无直接关系。本部以股东之资格，则为公司之主人；以职权之资格，则为公司之监督。况以公司之请求，发生国有之政策，何谓越俎而代 |
| 应由鄂办之第二理由：财权 | 创始已糜鄂款千数百万，折半减算，作为官本五百六十万两。外股虽较多，而零星散寄于各省；官股虽较少，而悉出自鄂人。况鄂派督办，则公司所负之债二千余万由鄂任还，是以四千余万之公司，鄂款实居三千余万，举派督办不属之鄂而属之谁 | 查公司自前清光绪十七年创办至光绪二十二年改归商办，计费官款五百六十余万两，并无减半折算之事，此五百六十余万之官本，大半系由张之洞奏拨应解中央之款项及交通部二百万两，并非纯粹鄂款。可指为鄂款者，仅有盐库之六十余万，成案俱在，非可臆揣。商办之始，议订出铁一吨，缴银一两，陆续偿还，并无作股之说。结至前清宣统三年为止，已共缴银一百三十余万两，是鄂款久已加倍收回，无复财权之可言。若谓鄂派督办，则鄂承债务二千余万，官本债项合为三千余万之财权，不知以股本而论，部款实多于鄂款，以承还债务而论，本部何殊于鄂省 |
| 应由鄂办之第三理由：事权 | 张之洞请归商办原奏曾经声明，商人无力挽回仍归官办，今公司不能维持，鄂人应遵奏案 | 夫民国对于前清奏案本无遵守之必要，况原奏所谓仍归官办，并非专指鄂省乃为官办、国有即非官办也。至谓战事损失不及□□，公司为鄂人生命博存之物应为鄂有等语。当汉阳失守之时，城且不保，何有公司？公司之保存，实有外交上之关系，稍知汉事者，皆能言之，并非鄂人于汉阳失守之后，独守公司，公司何由因鄂人而保存？即使真由鄂人铁血博存，则民国且然，何况公司，能谓民国为鄂所独有乎 |

续表

| | 鄂省意见 | 工商部意见 |
|---|---|---|
| 应由鄂办之第四理由：债权 | 公司外债甚多，国有易成交涉，不如商借商还，国家不担责任 | 查公司外债至二千余万，军兴之后，鄂正患贫，岂能承此巨债，既有外债，即非国有，亦随时可起交涉，况原函既主规复官办之奏案，更无所谓商借商还，既属官办，国家何能不负责任？若谓鄂人主办，责任鄂人负之，岂有国家全体所不能负之责任，湖北一省独能负之耶？与商争利、与部争权之说，则本部始终未尝以此疑鄂。盖本部对于汉冶萍之主张只计大局之利害，未计权利之得失也。至日使前来责言，与赵凤昌等有无关系虽不可知，惟既有发生交涉之事实，本部即不能不先事预防，况某国（日本）之与公司实有密切之关系，从中干涉，不待运动，亦非本部所能讳饰也 |
| 其它 | 创办之时，人为鄂人，地为鄂地，款为鄂款，产为鄂产，鄂省有切近之利害，他方面皆无干涉之权利 | 创办者为张之洞非鄂人也，地连湘赣非鄂地也，款由集股非鄂款也，产属股东非鄂产也。鄂省固有切近之利害，本部实有干涉之职权也 |
| | 清廷革命大宝且为民国所有，何独于区区奏派之总理不可易置督办，不知引用奏案之语，仅于原函收归官办之处见之 | 本部对于汉冶萍不能官派督办之主张，并非拘牵奏案，亦非拘牵督办总理之名义，只言公司用人之权。按照法理应属之股东选出之董事会，而不能属之他方面耳 |
| | 公司为盛氏私产 | 试问商股之外，尚有部、鄂、湘之官股，岂能概目为私产耶？诚尽私产，则盈亏属盛氏一人，宁惟鄂可不问，本部亦可不问矣。何有部、鄂之争执耶 |

资料来源：《工商部答复孙武争汉冶萍公司归鄂自办各节均系误解复国务院函》（1913年4月1日），《刘揆一集》，第41—44页；《工商部呈国务院文》（1913年4月中旬），《汉冶萍公司（三）——盛宣怀档案资料选辑之四》，第473—476页；《光复后汉冶萍经过事实：工商部复国务院驳鄂有函》，《中华实业丛报》第1期，1913年。

由上可知，湖北地方政府与袁世凯北洋政府主要是围绕汉冶萍公司的所有权归属问题展开辩论。鄂省代表意见之宗旨为"能不为个人职权争，不能不为鄂省主权争，能以解职结欢于该部，不能以一人之私开罪全鄂也"，而针对鄂省的种种说法工商部亦明确表态，"本部亦能不为职权争，不能不为全局争，能以私意结欢于一人，而不能以私意害全局也"，并且，认为"汉冶萍之事，论其艰难则万不愿国有，论其关系则势难为鄂有"，希望孙武能"熟思审处，事有利于鄂而不关系他方面者宜为鄂争也,关系之方面多而难达利鄂之目的者似不必固争也"。① 1913年《中华实业丛报》第1期刊载全文后,在按语中评论,"完全商办之公司,决无外界可以径行割渡之理,亦决无外界可以横事干涉之理,非特鄂有不能由鄂人自决,即国有亦不能由政府专制",虽然工商部与鄂省"驳辩各节颇为晓畅",但工商部所认为"不可商办之见解,似非正确之论",主要原因有二:其一,共和国体之下,"国有与民有同为公共事业,只有广狭之分,并无彼此之别";其二,汉冶萍公司关系全国命脉,"不惜割舍一部分商人营业,进谋国家大计",工商部所举之理由"均非应归国有之必要",如果没有外界非法干涉则"公司自能了之"。因此,论者主张仍归商办,"引渡须出自愿,营业不能久悬,国有既迁延不决,则当然仍应归完全商办也"。②

虽然盛宣怀以此事关系国防主权为由,极力赞成收归"部办","矿产商业,外人耽耽〈眈眈〉注视,或思攘夺已有,或思另帜树敌。民国不思富强则已,舍此别无入手之策也;民国不欲振兴实业则已,非此无以为凡百工厂之母也"。③但是,孙武坚持认为汉冶萍公司必须改归"商办",主张"其已用之款,由国家所发给,当从速召集商股合资抵还"。④而且,此时袁世凯并无一定将汉冶萍收为"国有"之决定,而工商部收归"部办"之真正动机实源于"工商部中人以设部以来,一事未办,而汉冶萍办理最久,成效已著,欲借此以装饰门面。故力主收回国有,然所谓主持国有者,亦属空言,因目下尚无款也"。⑤

因而,汉冶萍公司在沪召开股东大会之时,大会请盛宣怀交出其管理该厂时各账目。同时,财政部亦派员调查此事,但是据财政部之调查报告

---

① 《工商部答复孙武争汉冶萍公司归鄂自办各节均系误解复国务院函》(1913年4月1日),《刘揆一集》,第41—44页;《工商部呈国务院文》(1913年4月中旬),《汉冶萍公司(三)——盛宣怀档案资料选辑之四》,第476页;《光复后汉冶萍经过事实:工商部复国务院驳鄂有函》,《中华实业丛报》第1期,1913年。
② 《光复后汉冶萍经过事实:工商部复国务院驳鄂有函》,《中华实业丛报》第1期,1913年。
③ 《盛宣怀致向瑞琨函》(1913年4月中旬),《汉冶萍公司(三)——盛宣怀档案资料选辑之四》,第473页。
④ 《孙先生之汉冶萍公司谈》,《星期汇报:新闻舆论商务丛刊》第1年第4号,1913年。
⑤ 《汉冶萍矿各方面之观察》,《民国汇报》第1卷第2期,1913年。

所说，改归商办必定有许多周折，"如照其意见改归商办，则经济之筹划、手续之烦琐，必须经许多周折方能达到目的也"。①

但汉冶萍公司的归属问题始终未能确定，导致纷议不断，"中央政府欲归国有，鄂省人民希望移为本省公有，而股东依然有维持商办之意，三者鼎立"，新任工商总长张謇提议研究妥善之策，催促各方面代表迅速进京接洽，黎元洪推荐时象晋、丁立中为鄂省代表赴京。② 1913年4月3日，《申报》对汉冶萍公司争论评论曰："汉冶萍上海开股东会主商办，孙武函商部请鄂办，商部核议定部办，虽然以若大之费、若大之债、若大之弊、若多人之争执，我恐所谓商、所谓鄂、所谓部者，均未必能肩此重任，而汉冶萍之前途大可悲惜也！"③

## 第六节　鄂省官本改填股票的交涉

湖北地方政府在与工商部争论"鄂办"与"部办"的同时，还与汉冶萍公司交涉官本改填股票一事，"内与院部抗议，外与公司诘难，观听淆乱，进行阻滞"④。1912年9月，鄂省行政公署致电李钟蔚、丁立中，认为汉冶萍公司免息捐之请"事关全鄂"，将提议会议定通融办法。⑤ 孙武提议将汉冶萍公司在鄂省之矿山认捐合股。1913年3月，湖北省民政府致电汉冶萍公司称，已委派时象晋、丁立中为湖北省代表赴汉冶萍股东大会与议。汉冶萍公司董事会公议认为，"股东会向无来宾旁听席，以其非股即无入场之资格"，但公司"炼厂、铁矿具在鄂境，鄂省政府既派代表预会，自不能不变通办理，即在会设来宾一席，由经理招待入场，列席旁听，勿

---

① 《孙先生之汉冶萍公司谈》，《星期汇报：新闻舆论商务丛刊》第1年第4号，1913年。
② 《汉冶萍之归属问题》，《顺天时报》1913年10月27日，第3版。
③ 无名：《杂评一》，《申报》1913年4月3日，第3版。
④ 《盛宣怀致向瑞琨函》（1913年4月中旬），《汉冶萍公司（三）——盛宣怀档案资料选辑之四》，第472页。
⑤ 《鄂省行政公署致李钟蔚、丁立中电》，《汉冶萍公司（三）——盛宣怀档案资料选辑之四》，第352页。

庸致送入场券"。① 3 月 29 日，汉冶萍公司召开全体股东特别大会之时，时象晋、丁立中转述湖北军民两政府维持之意："湖北全体意见，对于汉冶萍主张无不以全力维持保护。"② 但他们此次到沪，实际上是受湖北军民两政府委托，前来解决湖北官本问题及对待办法的。

## 一 湖北代表与汉冶萍公司的第一次交涉

1913 年 4 月 3 日，湖北代表时象晋、丁立中以汉冶萍公司事权、财权、地权三问题俱与鄂省有关，欲推翻光绪二十二年张之洞在将汉阳铁厂改归商办时，约定将之前官局用款共银五百数十万两，按所出生铁每吨捐银一两，按年汇数缴还，地税一切均在内，并无另外捐款之成案。4 月 5 日，针对湖北代表两人来函所列三权办法，汉冶萍公司董事会常会拟订期约与两代表磋商，公举沈敦和、周晋镳、李维格、杨学沂四人协同参议。③ 双方经过多次面议磋商讨论，4 月 19 日，汉冶萍公司董事会正式逐条详细答复丁立中，主要观点如下（见表 2-3）：

表 2-3 汉冶萍公司与湖北代表关于事权、财权、地权的意见

| | 湖北代表意见 | 汉冶萍公司董事会意见 |
| --- | --- | --- |
| 事权 | 汉冶萍商办公司何自昉乎？由前汉冶萍督办盛宣怀承办后，召集各商合资而成者也。盛督办何所禀承而履行兹事乎？由前鄂督张之洞奏派而来者也。推溯权源，固起于鄂之行政长官。今继续办理，股东一切有效，而独于事权一节，赵凤昌辈始则盘踞沪公司。既而耸动工商部，希图收归国有，抹煞吾鄂，置军政府及民政长于局外 | 公司应认鄂政府保护维持……鄂省除铁矿之外尚多他矿，似可特设一局，即由鄂省军、民两府公举孙上将督办，以后汉冶萍公司如有地方公事，应请保护维持，即可径商鄂省矿务局办理，并请该局专派一员往来其间，以通气脉 |

---

① 《汉冶萍公司董事会临时会议记录》（1913 年 3 月 27 日），《汉冶萍公司（三）——盛宣怀档案资料选辑之四》，第 438 页。
② 《汉冶萍公司全体股东特别大会记录》（1913 年 3 月 29 日），《汉冶萍公司（三）——盛宣怀档案资料选辑之四》，第 440 页；《光复后汉冶萍经过事实：三月二十九日之股东特别大会》，《中华实业丛报》第 1 期，1913 年。
③ 《公司董事会常会议案》（1913 年 4 月 5 日），湖北省档案馆编《汉冶萍公司档案史料选编》上册，第 268 页。

续表

| | 湖北代表意见 | 汉冶萍公司董事会意见 |
|---|---|---|
| 财权 | 创办经费，汉阳一厂，冶、萍两矿置屋购机先后去款一千数百余万，折成五百六十万两，此皆鄂省于鄂省固有款中筹拨而来者。当鄂省奏办时，以为指日大利可成，不必锱铢计较，既未计息，亦不限期。在鄂督之意只以一省关系，他无分利之处，即厚予公司利益，亦未始非体恤商艰、提倡实业之苦心。今则情形大异，湘之借款及公司年余拨归工商部之款，俱经在事董事及经理收作成本发给股票，独于十八年以来未取息金之成本置之不理 | 今依来议，将官款改作股本，此议若出于公司呈请，恐财政部尚有驳论，如鄂省决议如此办法，应请黎副总统经商袁总统，当可照允。至于股东一面，应由公司开会议决，俟中央政府及股东会两方面通过后，再将敝公司已经缴还官本及枪炮、钢药两厂取用料价结算抵捐除去外，所余官本若干，应照每年出铁之数核计应缴之捐，分年填给股票 |
| 地权 | 矿厂三处，鄂得其二。划地之利有大小，其权即应判轻重。以三地比合而论，冶为至重，汉与萍较轻。冶矿产铁甚富，煤为炼铁之物，厂为炼铁之地。有冶而后须汉，有汉而后须萍，此其连类而及者。今据前日开会主席报告，在事董事及经理举吾鄂与湘、赣并论，独不思湘无地权，断乎不能比并；赣有地权，视鄂只占三分之一。湘之债权变为股权，赣无财权。前闻工商部员王治昌云，部欲拨款予之。鄂之成本数多岁久，反令向隅。吾不知在事董事及经理何厚于湘、赣而薄于吾鄂？固此上下其手之事，是诚何心也 | 今议鄂、赣地方疏通，仍照从前原奏在大冶设炉四座，毋庸移改下游（江苏省界内浦口等处）。惟公议必须预算大冶能否永久敷用，方能定此方针。查公司购有矿山以供汉厂四炉及日本预定之矿石，恐难再供大冶四炉之用。原议张前督圈购之有铁矿山均可供给公司开采，应请湖北民政府备文正式移交，则公司预算始可议决大冶开造四炉，而截止下游另行建造之议。……应请贵省早赐公断，以便股东常会解决为荷 |

资料来源：《丁立中、时象晋致汉冶萍公司董事会函》（1913年4月3日），《汉冶萍公司（三）——盛宣怀档案资料选辑之四》，第449—451页；《丁立中、时象晋致公司董事会函》（1913年4月3日），湖北省档案馆编《汉冶萍公司档案史料选编》上册，第397页；《汉冶萍公司董事会致丁立中函》（1913年4月19日），《汉冶萍公司（三）——盛宣怀档案资料选辑之四》，第469—471页；《公司董事会致丁立中函》（1913年4月19日），湖北省档案馆编《汉冶萍公司档案史料选编》上册，第398—399页。

在湖北代表看来，汉冶萍公司"创办之时，人为鄂人，地为鄂地，款为鄂款，产为鄂产"，因而鄂省不能"失其固有之利权"，但对于"有关系之部与省，亦须求其折衷至当"。[①] 工商部复国务院公函内关于鄂省筹商拟以张之洞用款给发股票的声明道："商办之始，议订出铁一吨提银一两，陆续偿还，并无作股之说。结至前清宣统三年为止，已共缴银一百三十余

---

① 《丁立中、时象晋致汉冶萍公司董事会函》（1913年4月3日），《汉冶萍公司（三）——盛宣怀档案资料选辑之四》，第451页。

万两,是鄂款久已加倍收回,无复财权之可言。"①

4月15日,丁立中致函赣督李烈钧及民政长彭程万,转述汉冶萍公司董事会"先决鄂权,并讯赣事"的处置办法,建议赣省"速委专员担任直接公司洽商"。② 4月16日,彭程万复电丁立中称"萍矿为赣土地,必不能任其无厌开掘,固非徒争地权也",而都督李烈钧已将此案交议,待"表决后即当进行"。③ 赣督李烈钧也致函丁立中表示,"此事关系赣省主权,诚非浅鲜,务希坚持定议,以保全本省财权、地权为要",鄂赣之间需随时"函电通报"。④ 不久,赣省亦趁机以财权、地权之说致电汉冶萍公司,且其时赣省派人在萍矿矿路近处大肆开挖土矿,危害机矿。汉冶萍公司请其停撤,援照要求,与财政部商请,将原张之洞拨用公款内之两淮盐务50万两(江西在两淮盐区之内),按照鄂章填给赣省公股票,以平其心。⑤ 因此,围绕汉冶萍公司问题,鄂赣两省有着共同的利益,"相倚作指臂"。⑥

4月20日,丁立中回复汉冶萍公司董事会,"因公司大反前议,陡变真相,负鄂政府维持保护之苦衷,拂立中代表调停之本旨,违盛杏荪会长往返讨论之情词,背董事周、沈、杨诸公日前面议之条件",表示"条列之难词未便赞同",并逐条批驳,对公司进行严厉警告,"鄂省官本五百六十万之股票,如照填给,速付交来;不允填给,限函到二十四钟内正式答复。若财权问题一解决,其他事权、地权,极易商榷也"。⑦ 4月21日,盛宣怀恐误会加深,开列公司对鄂省官本改填股票的为难之处及预算分期账

---

① 《汉冶萍公司董事会致丁立中函》(1913年4月19日),《汉冶萍公司(三)——盛宣怀档案资料选辑之四》,第470页。
② 《上海丁立中致李烈钧、彭程万电》(1913年4月15日),《汉冶萍公司(三)——盛宣怀档案资料选辑之四》,第1306页。
③ 《南昌彭程万致丁立中电》(1913年4月16日),《汉冶萍公司(三)——盛宣怀档案资料选辑之四》,第1306页。
④ 《李烈钧致丁立中电(二件)》,《汉冶萍公司(三)——盛宣怀档案资料选辑之四》,第452页。
⑤ 《汉冶萍公司董事会致丁立中函》(1913年4月19日),《汉冶萍公司(三)——盛宣怀档案资料选辑之四》,第471页。
⑥ 《北京电》,《申报》1913年6月23日,第2版。
⑦ 《丁立中致公司董事会函》(1913年4月20日),湖北省档案馆编《汉冶萍公司档案史料选编》上册,第399—400页。

单，向鄂省进行说明，提议"截至民国二年年底止，将预缴银一百零七万二千余两抵销之外，先行改给股票银四百万两，合洋五百四十七万九千四百五十二元，计自民国三年起至民国十四年止，按汉冶两处每年出铁之数，即以填发股票。其余五十余万两，或再援发股票，或于民国十四年之后，仍按一两缴捐"。[①] 同时，盛宣怀趁机请求鄂省将大冶尚有之官购铁山拨归商业开采，"鄂省以官本抵换股票为要义，公司以官山准予商采为要义，实则填发股票年限，获利迟早全在大冶添炉，仍是鄂省与公司利害相同也"。[②] 5月上旬，丁立中、时象晋将交涉情形呈文黎元洪，并转述汉冶萍公司之三条要求：

一、起义后兴国之锰石矿、汉阳之兵占房请鄂政府令地方官发还保护；

一、鄂之官本大多由部奏拨，鄂既改作股本，望鄂政府陈明中央，前款与公司无预；

一、公司计划汉厂只能炼钢、冶厂添炉炼铁，恐商购矿山不敷开采，拟请鄂政府酌拨大冶官购矿山为新炉之用，公司除认铁捐外并每年加缴地方捐款为酬报。[③]

1913年6月9日，湖北民政府致电汉冶萍公司股东联合会，陈述因省议会不承认先期所拟虚填股票、按年扣捐等办法，"咨请迅派代表再行赴沪磋商，妥订换股办法"，因而决议委派顾问官李钟蔚赴沪磋商办理。[④] 6月14日，湖北民政府致函孙武，认为"此次该公司所拟条件，阳予以给

---

① 《公司关于铁捐改填股票之条议》、《官本改填股票预算账单》（1913年4月21日），湖北省档案馆编《汉冶萍公司档案史料选编》上册，第400—402页。

② 《请拨官山归商开采函》（1913年4月21日），湖北省档案馆编《汉冶萍公司档案史料选编》上册，第402页。

③ 《丁立中、时象晋呈黎元洪文》（1913年5月上旬），《汉冶萍公司（三）——盛宣怀档案资料选辑之四》，第495页。民国时人报道相关情形参见《汉冶萍最近之消息》，《庸言》第1卷第13期，1913年。

④ 《光复后汉冶萍经过事实：湖北民政府致股东联合会董事会电》，《中华实业丛报》第3期，1913年。

股之虚名，而阴没其官本之实利，一经允照所拟，将举鄂省所有该厂矿之事权、财权、地权澌灭殆尽，恐非全鄂人民所能忍受，亦非鄂中政厅所敢允许"，要求汉冶萍公司"按照官本予鄂省以相当之权利"，并强调"此改官本为股本，系由鄂省依照官本原案，与公司双方磋议，亦与中央无涉"。而且湖北省议会也认为，汉冶萍公司所拟按年扣捐作股等办法是虚填股票，似此解决则"鄂省并无权利"，"查鄂省对于该项厂矿，系属于倡首创办之人，原投官本为数甚巨，此时既改官本为股本，自应按照优先股份，与以特别利益。即使让步，亦应按照原有官本一律作为实股，换给股票，与公司新旧股东同享平等之权利，方足以昭平允。至原案每铁一吨，捐银一两，纯系缘地权而起，与此次改填股票缘官本而起者，截然两事。倘现填之股必俟扣回十二年之捐，始能作实，则是原五百余万之官本，不啻无形取消，实属无此办法"。①

而后，孙武复函湖北民政府，详陈鄂省对于汉冶萍公司最近之各项办法及公司所提出的要求，认为应尽快提前解决。②同时，孙武还呈文副总统黎元洪，陈述自督办汉冶萍公司以来之多次磋商情形，请求迅速咨文催促湖北省议会议复"一定办法"，以释局外之猜疑，并饬汉冶萍公司"即日将股票全数填齐，交鄂收存。所有此次湖北公股，股息一概豁免，以十四年为限，俟十四年后再行起息"，而对于汉冶萍公司所请拨之大冶官有矿山，建议"应俟该公司扩充时，随时双方商定，准其备价承购"。③

在汉冶萍公司看来，虽然孙武有"酌定年限、免捐免息之调停"意，但鄂省议会则是"抹杀一切，非但欲将逐年抵还官本之捐，预并一次填股，并欲于填股后仍将该捐随时重抽，而股息亦不能展缓"。④

要厘清双方之间官本交涉的实质问题，须先弄清楚鄂省所说之最为重要依据——开办经费来源及官本问题。

1913年《中华实业丛报》第6期，刊载了鄂督张之洞、户部招商承办

---

① 《湖北民政府致孙武函》（1913年6月14日），湖北省档案馆编《汉冶萍公司档案史料选编》上册，第402、403页。
② 《光复后汉冶萍经过事实：孙上将复湖北民政府书》，《中华实业丛报》第3期，1913年。
③ 《光复后汉冶萍经过事实：孙上将武呈黎副总统文》，《中华实业丛报》第3期，1913年。
④ 《光复后汉冶萍经过事实：鄂省会无理干涉》，《中华实业丛报》第5期，1913年。

原奏《前清湖广总督张之洞奏湖北铁厂招商承办议定章程以为大局折》和《前清户部覆奏湖北铁厂招商承办折》两件，"于设厂时官本拨用之由来及改商办后归偿之办法，规定最为明晰"，因此专门补录全文"以为息争之一助"（见表2-4）。①

表2-4 开办汉阳铁厂经费来源一览

| 时间 | 款项来源 | 款项性质 | 款额（库平两） |
| --- | --- | --- | --- |
| 光绪十五年八月 | 自香港汇丰银行暂借，由广州十六、十七年分闰姓商人预捐饷款1400000元内拨还 | 捐款 | 13.167万 |
| 光绪十六年闰二月 | 户部所筹铁路经费，由湖北认筹铁路经费截抵 | 部款 | 5万 |
| 光绪十六年四月 | 户部所筹铁路经费，由湖北十六年分应解京之地丁京饷银内截抵 | 部款 | 36万 |
| 光绪十六年四月 | 户部所筹铁路经费，由湖北十六年分应解京之厘金京饷银内截抵 | 部款 | 8万 |
| 光绪十六年四月 | 户部所筹铁路经费，由湖北十六年分应解京之盐厘京饷银内截抵 | 部款 | 16万 |
| 光绪十六年四月 | 户部所筹铁路经费，由湖北十六年分应解京之西征洋款改为加放俸饷银内截抵 | 部款 | 20万 |
| 光绪十六年四月 | 户部所筹铁路经费，由湖北十六年分应解京之厘金边防银内截抵 | 部款 | 8万 |
| 光绪十六年四月 | 户部所筹铁路经费，由湖北十六年分应解京之旗兵加饷银内截抵 | 部款 | 7万 |
| 光绪十七年正月 | 户部所筹铁路经费，由湖北十七年分应解京饷银内截抵 | 部款 | 45万 |
| 光绪十七年正月 | 户部所筹铁路经费，由湖北十七年分应解海署海防经费银截抵 | 部款 | 24万 |
| 光绪十七年正月 | 户部所筹铁路经费，由江西十七年分应解海署海防经费银截抵 | 部款 | 6万 |
| 光绪十七年正月 | 户部所筹铁路经费，由湖北十七年分应解户部京饷银内截抵 | 部款 | 25万 |
| 光绪十七年三月 | 湖北新海防捐奏准留垫勘矿杂支 | 海署款 | 2.8551万 |
| 光绪十八年二月 | 自奏准拨用枪炮厂常年经费后，历年共拨用银 | 挪借枪炮厂款 | 156.4622万 |

① 《光复后汉冶萍经过事实：补录前清鄂督户部招商承办原奏》，《中华实业丛报》第6期，1913年。

续表

| 时间 | 款项来源 | 款项性质 | 款额（库平两） |
|---|---|---|---|
| 光绪十八年二月 | 奏拨湖北厘金余款 | 省款 | 5万 |
| 光绪十八年二月 | 奏拨湖北盐厘余款 | 省款 | 5万 |
| 光绪十八年二月 | 奏拨湖北盐道库存长江水师申平银，自二十年起分十年摊还 | 借省款 | 10万 |
| 光绪十八年二月 | 奏拨湖北粮道库存杂款，自二十年起分十年摊还 | 借省款 | 10万 |
| 光绪十九年二月 | 奏拨湖北粮道库存杂款，自二十二年起分十年摊还 | 借省款 | 10万 |
| 光绪十九年二月 | 自奏准拨用织布局股本后，历年共拨用银 | 挪借织布局款 | 27.8762万 |
| 光绪十九年五月 | 奏拨湖北粮道库存杂款，自二十二年起分十年摊还 | 借省款 | 5万 |
| 光绪十九年五月 | 奏拨湖北盐道库存长江水师申平银，自二十二年起分十年摊还 | 借省款 | 5万 |
| 光绪二十年七月 | 奏拨湖北厘金、盐厘，二十年分 | 省款 | 10万 |
| 光绪二十年七月 | 奏拨湖北厘金、盐厘，二十一年分 | 省款 | 10万 |
| 光绪二十一年八月 | 奏拨江南筹防局经费，由两淮盐商报效拨还 | 江南捐款 | 13万 |
| 光绪二十一年八月 | 奏拨江南筹防局经费，由湘岸盐商报效拨还 | 江南捐款 | 2万 |
| 光绪二十一年八月 | 奏拨江南筹防局经费，由皖岸盐商票引增价拨还 | 江南款 | 27万 |
| 光绪二十一年八月 | 奏拨江南筹防局经费，由湘岸盐商票引增价拨还 | 江南款 | 8万 |
|  | 收铁厂自炼出钢铁样品售价 | 厂款 | 2.4825万 |
|  | 借拨江南筹防局 | 借江南款 | 50万 |
|  | 历年积欠华洋厂商票号之款 | 借商款 | 10.1199万 |
| 各款项合计 |  |  | 582.9629万两 |

资料来源：孙毓棠编《中国近代工业史资料》第1辑（下），科学出版社，1957，第885—887页。

注：光绪二十四年闰三月十三日，张之洞奏《查明炼铁厂用款咨部立案折》，记载湖北铁政局"统共实收库平银5586415两零，实用库平银5687614两零，除收付两抵外，实不敷银101199两零，皆系分欠华厂洋厂各商号之款。"此数与本表合计总数略有出入，实因张之洞未将广州购买机器之131670两计算在内，且各款项零数不详和扣除汇费所致。

从开办汉阳铁厂各项经费来源来看，张之洞创办汉阳铁厂共筹经费5829629两零，除清政府户部筹拨的200余万两外，其余300多万两均系向外多方凑借。其中湖北投资汉阳铁厂仅30万两，加上暂借的40万两，共计70万两。汉冶萍公司认为这笔款项，"或为部拨之款，或为盐商之捐款，或为枪炮局及江南筹防局之借款，均非湖北一省之款。而盐厘及盐粮道库、织布局等三款，同为内销之部款，亦不得谓为湖北一省之款"，而且所谓的"一两捐归还官本，亦即以之为报效、地税，并未云归还湖北一省所投之资本"。① 而据工商部复国务院公函内声明："此五百六十余万之官本，大半系由张之洞奏拨应解中央之款项及部款二百万两，并非纯粹鄂款，可指为鄂款者仅盐库之六十余万。"② 1918年1月27日，上海总商会暨汉冶萍公司股东会全体致农商部电文更是称，开办汉阳铁厂"各款非系部拨即属江南、两淮拨借，即鄂省盐厘及盐粮库之七十万两亦是内销部款，与鄂省地方收入款无涉"。③

在汉冶萍公司看来，鄂省之要求实是虚填股票，"平空翻异，强令公司一次填给股票，改为股本"，使公司在此艰危之时反而增加"数百万虚股之负担"。④ 而所谓虚填股票，是指因其时官本已耗蚀殆尽，欲公司承认缴还，而又非商力所能支撑，故令按年抽捐作为缴还官本。但截至1913年，鄂省官款款项仅为湖北官钱局四笔，金额共35万两，在此时汉冶萍公司总官款11391283元中仅占4%左右（见表2-5）。

表2-5 截至1913年汉冶萍公司官款清单

| 官款款项 | 金额 |
| --- | --- |
| 民国财政部公债票 | 500万元 |
| 前清邮传部预收轨价 | 200万两 |
| 四川铁路公司预收轨价 | 100万两 |

---

① 《汉冶萍公司呈农商部文》，《汉冶萍公司（三）——盛宣怀档案资料选辑之四》，第424页。原文属日期1913年3月12日，当为错误。此文为草稿，实际呈文大意相同，但文辞有改动。参见《汉冶萍公司呈农商部文》（1914年3月17日），湖北省档案馆《汉冶萍公司档案史料选编》上册，第364—365页。

② 《汉冶萍公司董事会致丁立中函》（1913年4月19日），《汉冶萍公司（三）——盛宣怀档案资料选辑之四》，第470页。

③ 《上海总商会暨全体股东致农商部电》（1918年1月27日），湖北省档案馆编《汉冶萍公司档案史料选编》下册，第183页。

④ 《光复后汉冶萍经过事实：鄂省会无理干涉》，《中华实业丛报》第5期，1913年。

续表

| 官款款项 | 金额 |
| --- | --- |
| 四川铁路公司预收轨价之息 | 16485.113 两（截至 1912 年 3 月底） |
| 汉口、南京交通银行十二笔款项 | 693156 两 |
| 大清银行二笔款项 | 5 万两 |
| 湖南官钱局十一笔款项 | 466386 两 |
| 湖北官钱局四笔款项 | 35 万两 |
| 湘钱局 | 51020 两 |
| 裕宁官钱局二笔款项 | 38590 两 |
| 各款项合计 | 洋例银 4665637.113 两，洋 500 万元<br>两项折合共计洋 11391283 元 |

资料来源：《官款清单》，湖北省档案馆编《汉冶萍公司档案史料选编》上册，第 306 页。

## 二　湖北代表与汉冶萍公司的第二次交涉

1913 年 6 月 15 日，因湖北省议会咨请，湖北民政府委任李钟蔚、丁立中再行赴沪与汉冶萍公司磋商，妥订换股办法。[①] 6 月 28 日，孙武据湖北军民政府的要求，致函汉冶萍公司董事会，要求公司与李钟蔚、丁立中"查照接洽筹商，按照议会事由，会同股东联合会正式切实决复"。[②] 7 月 9 日，汉冶萍公司董事会致信湖北代表李钟蔚、丁立中说帖一通，认为鄂省官本改填之股票价值，"胥视汉冶炉座能否永久存在为断。鄂议会以一起并填为重，本公司则以通盘筹画为尤重，设仅就事论事，不为久计，则汉冶萍终必破产，不第商股一千三百万尽掷虚牝，即鄂省所争并填股票数百万亦仅换一废纸"，提出铁山、锰矿、铁捐、股息和股权等五个方面的解决办法。[③] 7 月 14 日，李钟蔚、丁立中就这五个方面复节略一件，双方磋

---

[①]《湖北民政府委任令》（1913 年 6 月 15 日），《汉冶萍公司（三）——盛宣怀档案资料选辑之四》，第 546 页；《光复后汉冶萍经过事实：湖北民政府委任丁立中令》，《中华实业丛报》第 3 期，1913 年。

[②]《孙武致公司董事会函》（1913 年 6 月 28 日），湖北省档案馆编《汉冶萍公司档案史料选编》上册，第 403 页。

[③]《公司董事会致湖北代表说帖》（1913 年 7 月 9 日），湖北省档案馆编《汉冶萍公司档案史料选编》上册，第 403 页；《光复后汉冶萍经过事实：董事会致鄂代表李蔚中、丁立中两君说帖》，《中华实业丛报》第 4 期，1913 年。

商如下（见表 2-6）：

表 2-6　汉冶萍公司董事会与湖北代表关于官本改填股票的意见

| | 汉冶萍公司董事会意见 | 湖北代表意见 |
| --- | --- | --- |
| 铁山 | 新炉四座设在大冶，为就铁便利计，为鄂民生活计，两面有益。设炉全恃借款，出铁全恃原料，照汉四炉、冶四炉齐开计算，常年须采铁砂八九十万吨，又日商合同搭购每年至少十万吨，专恃商产之得道湾一处断不敷用。当张南皮在鄂圈购官山之时，本有矿产不敷，准向官矿采用之案，现拟以现款向鄂政府照原价置买，永为商产，惟声明此购还之山，专供四炉在冶炼铁之用 | 大冶官购矿山，公司既扩充冶炉，鄂省本有切近之关系，政府本有酌拨之允言，今拟以现款向鄂照原价置买，永为商产，声明专供冶炉之用，俟归查明原案，即可决议 |
| 锰矿 | 锰石为化铁物料之重要品，无锰不能炼铁。因冶锰苗薄泥深，改在兴国购地采用，军兴以后，被占未还，应请军民两府即日指令该县官绅完全交还，以资急用 | 兴国锰矿既是公司购采，可照指令交还 |
| 铁捐 | 今将官本改填商股，并须一起填实，如欲再令缴捐，商力断不能支，鄂股亦同受其厄，应照前案对半作算，填给股票后，第十五年起每铁一吨捐银一两。此项铁捐是否属于国税，抑属地方，请军民两府径商中央核定，与公司无涉，只请先给印文声明，填股后十五年抽捐，俾资信守。所有厂矿自运自用之煤焦、钢铁、矿石等料，仍照前案概免税厘。其出售者，照章纳税，不在此例 | 铁捐是一问题，官本又一问题，今官本改填商股，双方已经决议，惟鄂省主张一起填实，而公司虑力难支，拟免缴铁捐十五年，揆厥事势，鄂政府自当曲予体全。但为期太久，而失捐过多，或请少免数年，尚属易于磋就。至若报效之铁捐，运料之厘税，或照前清奏案，或遵前次条议，均无不可 |
| 股息 | 前议以按年出铁缴捐归本之数分填股票，现改提前一起填给，此项公股应免利十年，于股票上加盖第十一年起息戳记 | 以公司困难现状，本无股息可言，则请免股息十年，斯亦当体恤而遵照也 |
| 股权 | 权与利相辅而行，未届起息之前，有议事之权，已届起息之后，并有选举之权 | 此二语，是鄂省所得股票，公司既承认为股东，而又否认为股东也。在公司以息之已届未届而定权限，在鄂省对于第四条之股息酌免十年，实于体恤之中，已寓维持之意，断不能因维持免息十年而竟丧失十年之选举权。考诸法定股票公司定例，从未有此一种免权之股东。如虑鄂省股权太大，试问十年以后，又将何如 |

资料来源：《公司董事会致湖北代表说帖》（1913 年 7 月 9 日）、《湖北代表致公司董事会节略》（1913 年 7 月 14 日），湖北省档案馆编《汉冶萍公司档案史料选编》上册，第 403、404 页；《光复后汉冶萍经过事实：董事会致鄂代表李蔚中、丁立中两君说帖》《光复后汉冶萍经过事实：鄂代表复董事会说帖》，《中华实业丛报》第 4 期，1913 年。

汉冶萍公司认为这五个方面"对于厂矿为根本解决,对于鄂股为休戚相关,事相联属,无一可以偏废",① 湖北代表则认为"在公司以为意外虚款竟填大宗股票,在鄂省以为本份铁捐积聚而为股东,虽年限提前一起填实,而大冶官矿独允开采"。② 7月18日,经汉冶萍公司董事会常会集议,又对铁捐与股权两问题提出让步,"铁捐一节,现又减让三年;股权一节,现又请举监查员,与董会同负监查之责任",并于7月22日拟定草合同,送请李钟蔚、丁立中鉴阅。③ 7月23日,李钟蔚、丁立中复函汉冶萍公司董事会,认为"审度事势,细察合同,公司已无磋商之地位,鄂省尚有斟酌之条文",④ 遂将双方现议定之草合同存执一份带回呈报鄂省政府、省议会及孙武议决:

一、铁山:……代表回鄂后即调查官矿案,据山名段落、原购价目以及一切契据,缮具印文,交由汉冶萍公司照备现款承购,永为商产,印文中声明:此购还之山,专供四炉在冶炼铁之用。

二、锰矿:……由鄂省军民两府即日指令兴国官绅将该锰矿完全交还,听由汉厂派人采掘,并责令地方官绅担任保护采运之责。

三、铁捐:……填给股票后第十三年起每铁一吨,捐银一两。此项铁捐是否属于国税,抑属地方,请军民两府径商中央核定,与公司无涉,鄂省军民两府允先给印文,声明填股后十三年抽捐,俾资信守。所有厂矿自运自用之煤焦、钢铁、矿石等料仍照前案,概免税厘,此为保全本国实业,力杜漏卮起见,不论新章旧例,国税民捐,十三年内悉行蠲免。

---

① 《公司董事会致湖北代表说帖》(1913年7月9日),湖北省档案馆编《汉冶萍公司档案史料选编》上册,第403页;《光复后汉冶萍经过事实:董事会致鄂代表李蔚中、丁立中两君说帖》,《中华实业丛报》第4期,1913年。

② 《湖北代表致公司董事会节略》(1913年7月14日),湖北省档案馆编《汉冶萍公司档案史料选编》上册,第404页;《光复后汉冶萍经过事实:鄂代表复董事会说帖》,《中华实业丛报》第4期,1913年。

③ 《公司董事会致李钟蔚、丁立中函》(1913年7月22日),湖北省档案馆编《汉冶萍公司档案史料选编》上册,第404页。

④ 《李钟蔚、丁立中致公司董事会》(1913年7月23日),《汉冶萍公司(三)——盛宣怀档案资料选辑之四》,第578页。

四、股息：……此项公股准其免利十年，即于股票上加盖第十一年起息戳记。

五、股权：……鄂省既填有巨股，厂矿利害与众股东同之，应由鄂省于每届常会之时公举监查员一位，在鄂可以稽查厂矿所办之事，随时报告；在沪可以会同查帐员一并查帐，以重实在。①

1913 年 8 月 22 日，因湖北都督和民政长请求工商部秉公核夺湖北官绅与汉冶萍公司债捐交涉案，工商部饬令汉冶萍公司，将"应缴之款，或照数缴还，或填给股票，自应再与鄂代表妥议，呈部核办。至大冶矿界，迄今尚未呈报，应从速划清，绘具图说，呈部备案。除原咨所称拟酌提大冶余利一节，已将碍难施行情形咨复湖北都督、民政长外，所有出井税、年租两项，自应照章缴呈湖北实业司，以重国税而符定章"。② 8 月 30 日，汉冶萍公司董事会据此呈文工商部，详述鄂省官本改填股票两次交涉之情形，认为"目前惟以张之洞奏定成案为准绳，日后仍求大部速定一是，或收国有，或归省有，想拨还商本，担负债项，以后无论如何办法，股商无不乐于脱离关系也"。③ 同时，股东孙慎钦还拟定了八条关于呈复工商部文之意见：其一，声明盛宣怀招商承办汉阳铁厂是旧有资产而非股东现款；其二，原案俱在，"鄂中人士"不应反悔，以致侵害商股；其三，商股深受官厂之累，而鄂省"欲将无用之旧厂，作为现存之股本，且诋以巧取，未免冤甚"；其四，欧美钢铁事业之所以兴盛，是因为"以关税保护主义维持内地铁业，而又尽力于教育技师"；其五，"以英先进之国尚为美、德所制"，汉冶萍公司孤立无援而能支持至今，"董事会不负完全责任"；其六，钢铁为国家必要之业，应摒除私见，协力维持；其七，日本之矿业法

---

① 《李钟蔚、丁立中与汉冶萍公司合拟草合同》（1913 年 7 月），《汉冶萍公司（三）——盛宣怀档案资料选辑之四》，第 578—580 页。
② 《北洋政府工商部指令（第二七九号）》（1913 年 8 月 22 日），湖北省档案馆编《汉冶萍公司档案史料选编》上册，第 405 页；《光复后汉冶萍经过事实：工商部指令公司》，《中华实业丛报》第 6 期，1913 年。
③ 《公司董事会呈工商部文》（1913 年 8 月 30 日），湖北省档案馆编《汉冶萍公司档案史料选编》上册，第 406 页；《光复后汉冶萍经过事实：公司呈复工商部》，《中华实业丛报》第 6 期，1913 年。

律重视维护国内矿业发展；其八，汉冶萍公司无负于鄂省，鄂省之干涉摧残却是有负于公司。据此，孙慎钦恳请工商部"俯念铁业关系国家大局，力予保护，并咨地方官协同维持，将所有捐税各目暂行蠲除"。①

汉冶萍公司在与鄂省交涉过程中，始终试图寻求双方之间利益的平衡，"在鄂不失权利，在股东则权自我操，或可稍平其心，众意亦皆赞成"。②并且，汉冶萍认为最终议定必须呈北洋政府核准，令行公司照办方能正式订立合同。但此时，北洋政府正在计划以1300万公债票将汉冶萍公司收归国有，丁立中考虑到如果真实行，则鄂省股款将无着，"爰亟志之，以告鄂人"。③

汉冶萍公司为筹设新厂、增添炉座，向鄂省提出以商购大冶附近象鼻山官山为换股条件。辛亥革命后，日本通过借款取得了汉冶萍公司廉价、定额的矿石、生铁原料，公司为求发展则必须开辟新矿区，提高矿石产量。1913年10月1日，李维格据大冶铁矿坐办黄锡赓测勘大冶矿石容积报告详稿，认为"若以此二千六百余万吨计算，除去含有铜矿、各矿外，断不能再添炉座。此所以象鼻山实为新炉之根本也"。④但湖北省议会全体议员磋商和讨论汉冶萍公司换股条议，表示"未便承认"，尚有四条须再行商榷：

（甲）大冶官山铁矿断难售作商产，或由鄂省自行开采售于公司冶炼，或由公司承租，均无不可；

（乙）铁捐一项，若由公司承租官山，即应按照矿章缴纳租税；

（丙）股息免交十年，不过欲政府体恤商艰，恐该公司元气刻难恢复起见，倘此十年内该公司有红利可分，则此项股款即应起息；

（丁）股权，既填股票即应享有一切股权，此条亦宜妥为磋商。⑤

---

① 《光复后汉冶萍经过事实：复商部文意见》，《中华实业丛报》第6期，1913年。
② 《王存善致盛宣怀函》（1913年9月19日），《汉冶萍公司（三）——盛宣怀档案资料选辑之四》，第637页。
③ 《汉冶萍收归国有之消息》，《顺天时报》1913年10月9日，第8版。
④ 《李维格致盛宣怀函》（1913年10月1日），《汉冶萍公司（三）——盛宣怀档案资料选辑之四》，第641页。盛宣怀也说道："大冶设炉，必须多寻铁矿，方可为万年久长之计。"参见《盛宣怀致黄绍三函》（1913年10月21日），《汉冶萍公司（三）——盛宣怀档案资料选辑之四》，第657页。
⑤ 《鄂议会力争两大实业·汉冶萍利权问题》，《申报》1913年10月9日，第6版；《实业司出席省会》，《大公报（天津）》1913年10月16日，第3张，第1版。

汉冶萍公司股东联合会和董事会均对此意见不满。10月4日，股东联合会会员汪文溥致函公司董事会会长及董事，认为鄂政府索偿官本之意在"攫取数百万之股票"，现议定之办法"与勒捐公司四百万金何异？且鄂实业司又捐勒大冶官山，不肯践酌拨之约，不肯就价购之议，则原料供不应求，厂矿生机已绝，不解鄂人何以为此杀公司而又自杀之策（鄂既欲为股东，而又加出品之捐，绝厂矿之供，非自杀而何？）"，因而公司应当"执成案而逐年偿捐，执前约而指山索矿"，"绝对无从迁就"。①而盛宣怀因要求大冶官山之事未得到鄂省的同意，故对交涉采取推诿迁延，"近湖北方面为解决悬案要派出委员，已来电问过盛。现在盛正与其交涉中。如湖北委员到上海后，就会使诸事不便。所以盛已复如此一电：'因病不能面谈，希等病稍愈后，再请来沪会谈'。彼尽管如此推病，实际非常健康，每晨八时起，就检阅书报"。②

鄂省官本填股票各事，本应迅速解决，但因其事盘根错节，且恰逢丁立中丁忧，致旷日延时。汉冶萍公司亦"从来对湖北省和政府之间意见，并未充分疏通"。③12月11日，湖北省议会又因议员不足法定人数，鄂款换股办法案一时不能提议，对此湖北行政公署提出权宜之计，拟定办法，订立条件，以示限制，照会顾问官李钟蔚查照，并委任丁立中"权变办理，迅向该公司商定后，双方全权签字，换填股票，送署备案"。④12月

---

① 《汪文溥致汉冶萍公司董事会长、董事函》（1913年10月4日），《汉冶萍公司（三）——盛宣怀档案资料选辑之四》，第648—649页；汪幼安：《致汉冶萍董事会书》，《中华实业丛报》第6期，1913年。
② 《高木致井上函》（1913年11月11日），湖北省档案馆编《汉冶萍公司档案史料选编》上册，第348页；《高木自上海致正金银行总经理井上函》（大正二年十一月十一日），武汉大学经济学系编《旧中国汉冶萍公司与日本关系史料选辑》，第482页。
③ 《日正金银行上海分行致横滨总行电》（大正三年一月二日），武汉大学经济学系编《旧中国汉冶萍公司与日本关系史料选辑》，第473页。
④ 《湖北行政公署委任令》（1913年12月11日），湖北省档案馆编《汉冶萍公司档案史料选编》上册，第406页。该委任令中拟定"官山"条件："政府为提倡发达实业起见，如公司在大冶矿山附近设炉，所有官家铁山允许公司开采，但每出砂一吨抽费二分五厘。"附条五则：应俟公司自购之山开毕，再行开采鄂政府允租之官山；公司如有借款，不得以政府允租官山作抵押品；公司如有破产情事，官山不负连带责任；政府允租官山只准供本厂炼铁之用，不得售卖铁砂与外人；十年后每吨生铁照旧章捐银一两外，仍永远照抽二分五厘。

底,李钟蔚、丁立中奉鄂省行政公署议决办法,连日多次致函盛宣怀,希望迅速议定双方会议签字日期。经汉冶萍公司董事会议定,李钟蔚、丁立中作为鄂省代表前往上海,参与1914年1月3日之公司董事会常会,商议改股一案。在双方交涉过程中,汉冶萍公司董事会之盛宣怀、王存善认为李钟蔚、丁立中并无湖北省议会授予的全权,而为防止湖北省议会将来又复不允,坚持宜先报请中央政府通过,再订正式条约,但鄂省代表则坚持"条款议就,即订正合同,并填给股票,将来中央政府否认,即请将合同注销,股票缴还",双方各执一词,"以应否由鄂政府先行呈请中央政府通过允准为会议要义",最终还是没有议定解决方案。①

## 三　湖北代表与汉冶萍公司的第三次交涉

1914年2月2日,丁立中致电汉冶萍公司董事会,认为因"鄂官本填股票各问题会议经年可决不决",鄂人极为愤怒,"公司与地方之恶感将动",急电警告若"三日内不正式急详复电则鄂亦以前议失利否认有效,预备通电阻挠新借日款,再请鄂署派人查账,交涉决裂,功败垂成不可收拾",而面对丁立中的恫吓威胁,盛宣怀批示"此事俟奉部文复准后派人到京一并与院部议商"。② 2月4日,汉冶萍公司复电丁立中,坚持认为填发股票之前,必须呈部核准方能照行,现今董事会会长盛宣怀请病假,且"左有部令,右有股东督责,左右为难,实非有意观望",当就近请孙武在京"照约在中央通过说明由中央电饬公司股东议决,尤为便捷"。③ 2月5日,湖北旅京同乡会汤化龙、夏寿康、饶汉祥、张国淦、孙武等720人据丁立中报告交涉情形,"股未照填,约未订定,于公司进行不无妨碍",请求迅速决议而正式答复。④

---

① 《公司董事会致股东联合会函》(1914年1月8日),湖北省档案馆编《汉冶萍公司档案史料选编》上册,第407页。
② 《丁立中致盛宣怀等电》(1914年2月2日),《汉冶萍公司(三)——盛宣怀档案资料选辑之四》,第1313页。
③ 《汉冶萍公司董事会致丁立中电》(1914年2月4日),《汉冶萍公司(三)——盛宣怀档案资料选辑之四》,第1313页。
④ 《湖北旅京同乡会致汉冶萍公司董事会电》(1914年2月5日),《汉冶萍公司(三)——盛宣怀档案资料选辑之四》,第1314页。

1914年3月5日，在京湖北同乡代表魏景熊、胡瑞中受湖北军、民两府委托，赴上海参加汉冶萍公司股东大会，并与汉冶萍公司总理盛宣怀进行交涉，力争解决官山所有权及山界问题、官本数额与偿还办法问题。但汉冶萍公司表示湖北代表只可旁听而无发言之权。3月6日，鄂省都督段芝贵致电汉冶萍公司，认为鄂省对公司应有维持之责、监督之权，"汉冶萍厂矿鄂省缔造经营为完全自有之产业。张前督艰难辛苦，以五百余万为厂矿之根据，是鄂省又纯粹为厂矿之主人。官本未还清之先，按吨提银，抽还官本，既还清以后，仍须永远报效鄂省。权柄为官本、为官股，皆完全有主持之权。不独发言有权，且解决之权尤远驾股东之上"，而且鄂省"既有官本，又为地主，且外债与地方尤有密切之关系"，则汉冶萍公司之"一举一动自应随时呈请核夺"，因而在公司之股东大会上，"鄂省两代表军民两府均有完全发言之权"。① 3月7日，汉冶萍公司董事会复电段芝贵，陈述实有不敢直言之隐情，"惟因丁代表所索以一两捐先填空白股票数百万，中央尚无命令，股东会迄未通过，倘此次代表到场发言及此，深恐股东之中品类不齐，狃于公司向章，当场或有冲突致伤感情，于事无益"，认为此次误会是因过于求全而致疏忽，恳请始终鼎力维持。② 3月8日，汉冶萍公司董事会代理会长李经方又致函段芝贵，认为鄂省要求改填股票是欲成为股东而获得发言权，"至凡股东大会，按照各国商律，非股东本无发言权。中国商律虽不完全，亦未闻有发言之例。此孙武君必欲虚填股票之隐衷也"，劝段芝贵不必干涉公司事务。③ 但段芝贵对此举致电回绝："此事关系全国大局，而与鄂省之关系尤切，余岂难坐视此自私自利之董事，借此条件以饱私囊而断送吾国唯一之铁矿乎？"④

3月9日，魏景熊与卧病在床的盛宣怀接洽交谈。3月11日，魏景熊将谈话之详细情形函告湖北都督及省长，认为所谈多条内容"尚可援案应

---

① 《武昌段芝贵致汉冶萍公司电》（1914年3月6日），《汉冶萍公司（三）——盛宣怀档案资料选辑之四》，第1315页。
② 《汉冶萍公司董事会致段芝贵电》（1914年3月7日），《汉冶萍公司（三）——盛宣怀档案资料选辑之四》，第1316页。
③ 《李经方致段芝贵函》（1914年3月8日），《汉冶萍公司（三）——盛宣怀档案资料选辑之四》，第799、800页。
④ 《段都督之汉冶萍借款谭》，《申报》1914年3月13日，第6版。

付",但对于盛宣怀提出"填票须呈部核办,此是部文,公司中诸股东坚持此主义,愚不敢违众议",则希望鄂省政府能给予答复,并认为"股本尚未争回,股息、股权两事姑从缓议"。① 3月17日,王存善致函魏景熊等人,认为"铁捐业已查明,当时奏案提议系一百另七万有余,历年出铁只八十二万吨有余,每吨扣银一两,计公司尚存在政府未扣回银二十四万余两。至铁砂一项,共出过一百十七万余吨,但此系公司商产所出,并非湖北官山、官矿所出也",并附呈原函及清单、历年账略、商办历史等附件。② 3月22日,盛宣怀致函孙宝琦,陈述所拟定官股、现银及铁捐之解决办法:

一则官股未必多有现款,只能先将公司应还交通部、财政部及银行、官钱局各欠款现本无力归还者,改充股分。若与商股不相上下,即可作为合办。用人之权,按照外国与商股一例选举,而归商部总长监督之。

一则现银千万,一时恐亦难筹,拟请暂挪二三百万,余由汉冶萍办公司公债票,作为有价证券,赴币制局抵借纸币,两有裨益。并列入预算清单,在洋债之后,分年归还,以免再借洋债。

一则生铁每吨原捐一两,未经分晰归部归鄂,现今鄂省以为铁矿石出在大冶,捐应归鄂,拟请在一两捐内每吨提银一钱,作为矿石出井税,以归地方;其售与日本之矿石,则另由公司每吨提银一钱,以归地方。按照目下每年约得三四万两,如用矿石百万吨,便可得银十万之数,姑备一说,以备抉择。③

4月1日,魏景熊重新对汉冶萍公司申明旧案中的五条为铁山、锰矿、

---

① 《魏景熊致湖北都督、省长函》(1914年3月11日),湖北省档案馆编《汉冶萍公司档案史料选编》上册,第407页。
② 《王存善致魏景熊等函》(1914年3月17日),湖北省档案馆编《汉冶萍公司档案史料选编》上册,第407—408页。
③ 《盛宣怀致孙宝琦函》(1914年3月22日),《汉冶萍公司(三)——盛宣怀档案资料选辑之四》,第820页。

铁捐、事权及官本。4月10日，汉冶萍公司也逐条进行了答复。相较之前所议事项，铁山、锰矿、铁捐三项大体援引前案，但此次将股息和股权两节改为了事权和官本，特将此两项交涉列于下（见表2-7）：

表2-7 汉冶萍公司与湖北代表关于事权和官本的意见

| | 湖北代表 | 汉冶萍公司 |
|---|---|---|
| 事权 | 查章程第十条，铁厂奏委商办之后，用人理财、筹画布置、机炉应否添设、款项如何筹措，委员司事、华洋工匠人等如何撤留及应办一切事宜，悉照轮船，电报各公司章程，遵照湖广总督札饬，均由督办经理酌量妥办，但随时择要禀报湖广总督查考。又第十二条铁厂收支银钱，采炼钢铁、出售货物，查照轮船商局章程，按月由驻局总办将清账送与督办查核，按年由督办覆核，转送湖广总督查核各等语。今应遵照旧章，将应行查核各事宜仍归鄂政府查核，以符奏案。至鄂省于每届常会之时，公举一监查员，在鄂可以稽查厂矿所办之事，随时报告，在沪可以会同查账员一并查账。此议原出自商局，今拟实行，当无异议 | 来单查照奏案第十条、第十二条两条所载应行转报鄂督查核各事宜，请仍归鄂政府查核，以符奏案，并鄂省于每届常会之时，公举一人为监察员，在鄂可以随时稽查厂矿所办之事，随时报告；在沪可以会同查账员一并查账，等语。一为查照奏案，一系辅助公司，均可酌办 |
| 官本 | 官本从预付轨价内分作两次，先行提银一百万两，归还急需。此一百万两即在造轨之后应提每吨银一两内扣抵。俟预付一百万两扣清之后，每吨一两再行按年汇缴，此见奏定章程第五条。究竟此银提自何年，分作几次，在何款内提拨，有无细数，商局应有案可考，务须考核精确，开单具报，听候核准，以凭扣抵。至各条理清之后，再议汇还官本之法，以昭核实 | 原案奏明，出铁一吨，捐银一两，按年核计，共出生铁若干，共应提银若干，汇数呈缴，以息官本。自光绪二十二年四月商办之日起，至民国二年六月止，历年拨解纺纱、织布、枪炮、善后各局款项，代还官局物件、欠款，及枪炮、钢药两厂取用钢铁物料价值，岁修襄河堤工经费，均奉准鄂督批咨准抵铁捐有案。共已缴过银一百一十余万两，核计出铁八十二万八千余吨，尚余预缴铁捐将及三十万两 |

资料来源：《魏景熊对于公司申明旧案五条》（1914年4月1日），《汉冶萍公司致湖北代表函》（1914年4月10日），湖北省档案馆编《汉冶萍公司档案史料选编》上册，第409—410页。

4月12日，魏景熊致函汉冶萍公司，认为审查公司答复各件后，于矿山界址、铁数不符、矿砂无捐等项，仍有应怀疑质问之处。次日，盛宣怀即将函件送交总稽核杨学沂，命其迅速按条查核。4月21日，汉冶萍公司再条陈：认为官商矿山分界"自应遵照三十三年张前督咨案，以官拨归商及商办自购之山为商产，以官家后购未交之山为官产。官拨归商者，以案据为凭，商办自购者，以契约为据"，公司比鄂政府更希望多出铁，不会漏一两之铁捐，短报二十余两之价，而售予日本之矿砂无捐，反是政府为维持实业而有不依明文规定之举，"前清专制，尚知恤商，现在政府维持实业有加无已，况汉冶萍公司自经挫折，负债之重，损失之巨，实有岌岌不支之势，鄂政府尤应力予扶持，以免倾覆，似不宜为此苛细以速危亡也"。① 4月29日，魏景熊认为汉冶萍公司第二次答复尚有应加查核及驳诘之处，遂将铁山、铁捐中需再商榷各条，摘出录呈湖北省政府，以备采择。② 此次交涉，双方未能达成一致意见。

在与鄂省代表交涉的同时，汉冶萍公司还借助北洋政府力量"维持保护"。1914年3月4日，农商部据湖北代表孙武等呈称，汉冶萍公司与湖北代表磋议鄂省500余万官本填股票问题，经年未能解决，因而询问汉冶萍公司现在磋商情形如何，已否定议。③ 3月17日，汉冶萍公司复呈农商部，以"公司虽处于鄂省势力范围之内，要仍在民国一统政治之中"为由，详细呈述鄂省官本改填股票一事之经过，认为"原用官本，既非湖北一省所投资，又非公司接收时之估价，则以一两捐改填股票，应上候中央政府之核准，下待公司股东之议允"，指责湖北省代表"徒挟省界之私见，不顾统一政治之公义"，因而不能据其一面之词而遽行定议。④ 而中央政府未准照行即"因改填股票之后，湖北一省既获有将近六百万之巨股，即预操全公司强半之主权，此后中央政府既少收数百万之铁捐，将来收归国有，且须多出数百万之现款"。⑤

同时，汉冶萍公司还利用鄂省官吏向鄂省都督进行解释。鄂省都督府秘书长金煦生与都督段芝贵谈及鄂派代表魏景熊在汉冶萍公司调查事项时

---

① 《汉冶萍公司致魏景熊函》（1914年4月21日），湖北省档案馆编《汉冶萍公司档案史料选编》上册，第418页。
② 《魏景熊致湖北省政府函》（1914年4月29日），湖北省档案馆编《汉冶萍公司档案史料选编》上册，第419—420页。
③ 《农商部第二四六号指令》（1914年3月4日），湖北省档案馆编《汉冶萍公司档案史料选编》上册，第361页。
④ 《汉冶萍公司呈农商部文》（1914年3月17日），湖北省档案馆编《汉冶萍公司档案史料选编》上册，第364—365页。
⑤ 《汉冶萍公司呈农商部文》（1914年3月17日），湖北省档案馆编《汉冶萍公司档案史料选编》上册，第364页。

说,"都督因借款合同恐或有碍生权,是为正大问题。魏代表不应假都督名义而徇鄂人孙武等偏私之见,琐屑及于冶矿含铁六十五分,借以诬该公司有隐瞒铁捐情事。似此则恐为该公司所窃笑",并嘱告汉冶萍公司,"魏代表在沪查询条款,可毋庸过于注重对付也。至吕民政长,据谈实颇曲徇都督之意旨",以后汉冶萍公司若有呈鄂省长公事,应多缮一份,呈寄都督府。然而,据吴健所说,金煦生之所以如此出力帮助汉冶萍公司,实则是因"有子现赋闲居沪,托健代求我公于上海就近为位置一席,月得三四十洋足矣"。①

总之,鄂省要求将官办时所用官款550余万两填给股票,先议以前项官款除已缴捐银100余万两外,以400万两合洋540余万元,改填股票,一总归还。按汉、冶八炉每年出生铁吨数,分期十二年摊填股票,其余俟十二年后或换股或缴捐,届时再议,并将大冶官山归冶厂采用,业经双方签约。后因湖北省议会否认,鄂省复派代表李钟蔚、丁立中来沪,一再磋议,股票一起预填,免缴铁捐十年,股息亦免十年。签订后,因鄂省未能呈请中央政府核准,故最终并未准行。后鄂省又派魏景熊等人前往复议,但仍没有完全解决。1914年11月18日,盛宣怀复湖北巡按使段芝贵,告以汉冶萍公司应力求自办,"力请铁矿必宜专利,不宜为外人攘夺",为避免黑货交易扰乱市场,湖北地方政府也"拟提出铁矿自办"。② 1915年9月,湖北省成立官矿公署,自行开采象鼻山铁矿。此后,鄂省与汉冶萍公司的债捐纠纷依旧存在。

---

① 《吴健致盛宣怀函》(1914年5月6日),《汉冶萍公司(三)——盛宣怀档案资料选辑之四》,第838—839页。
② 夏东元编《盛宣怀年谱长编》下册,第973页。

# 第三章

## 赣省争夺萍乡煤矿*

萍乡位于赣省的最西部，与湘省醴陵县接壤，自古为产丰富优质之煤之区，矿区位于萍乡县之安源、紫家冲等处，距离县城约7.5公里，是汉冶萍公司的重要组成部分之一。盛宣怀曾说："萍乡煤矿与汉、冶命脉相连，实为公司根本"。[①] 民初，赣省因地方财政困难而一直觊觎萍乡煤矿的厂矿产业资源，"先拟砌词没收，继思武力占据，终以破坏矿界、私凿土井为摧残实业之计划"。[②] 此举不但遭到了萍乡煤矿管理者和汉冶萍公司董事会的抵制，也遭到了北洋政府、湘省和日本势力等与萍乡煤矿有利益关联者的反对。本章主要梳理各方利益相关者围绕赣省争夺萍乡煤矿的行动逻辑，论述这一过程中的利益冲突与权力博弈，进而展现辛亥革命后萍乡煤矿复杂的生存境遇。

## 第一节　辛亥变局下的湘赣争夺萍乡煤矿

辛亥革命前，赣省地方财政早已经是入不敷出，宣统三年亏缺银约

---

\* 本章部分内容已发表，参见李超《民初政局下企业的生存境遇——以1912年江西省接办萍乡煤矿为中心的考察》，《湖北社会科学》2019年第6期。

① 《盛宣怀致吴筱荪函》（1913年11月19日），《汉冶萍公司（三）——盛宣怀档案资料选辑之四》，第661页。

② 《盛宣怀等致汪瑞闿、赵惟熙函》（1913年9月13日），《汉冶萍公司（三）——盛宣怀档案资料选辑之四》，第633页。

300万两。① 辛亥革命后，新成立的江西军政府财政仍极为困难，日益难以维持巨额的军费开支和日常开销。1912年7月31日，《申报》载江西省财政困难形势："江西财政困难已达极点，现在计算省库亏空一百余万，全恃纸币流通，权济眉急。"② 1913年2月24日，江西军政府公布"民国元年度财政决算"："岁入银田赋257万两、盐课72万两、正杂税149万两、杂收入23万两、临时岁入11万两，共计512万两；支出银政务费361万两、军务费265万两、内务费69万两、外务费18万两、财政费28万两、司法费34万两、教育费139万两、交通费128万两，共计1042万。收支相抵，赤字530万两。"③ 江西军政府为减小财政赤字，主要采取向国内外银行借债、调整捐税、发行纸币和公债等措施进行弥补，与此同时还致力于争夺和控制江西省内的各种厂矿资源。

受辛亥战火影响，萍乡煤矿损失共计148061.792两。④ 同时，因汉阳铁厂停工，无须焦煤，外销亦因战乱兵事阻滞，煤矿不得不将窿工遣散，减少煤焦出货。此时，汉冶萍公司积极筹措资金及寻找善后办法，故萍乡煤矿并未停止生产。⑤ 1912年煤焦总产量虽较上年大幅度下降，但仍产出煤炭243923吨、焦炭29834吨。⑥ 赣省都督李烈钧以兴实业而开利源为名，委派萍矿副经理刘芋珊调查萍矿矿务，以便筹款接续开采。据刘芋珊回省报告，"此矿苗旺，必能发达"，而获厚利，从支出和收入预算上看，萍矿每年实可获利约689900两；从存款金额上看，萍矿各处资产约为11412000两，各项内外债约11289000两，两项相抵尚余银123000余两。⑦ 因而，萍乡煤矿的煤作为重要的经济资源，被赣省视为争夺的主要目标之一。

萍乡煤矿为辅助资金周转及成本，一直外销煤焦，但因萍乡煤矿在长江沿岸各地之煤炭被当地军政府视为公有财产而没收，以供海军等项之

---

① 《江西之财政观》，《顺天时报》1912年5月24日，第4版。
② 《江西筹放军饷之困难》，《申报》1912年7月31日，第6版。
③ 华桐主编《江西省财政志》，江西人民出版社，1999，第16页。
④ 《汉冶萍公司辛亥军兴损失总细数目册》（1914年6月），湖北省档案馆编《汉冶萍公司档案史料选编》上册，第315页。
⑤ 《萍乡煤矿之停办》，《顺天时报》1912年6月2日，第7版。
⑥ 《萍乡煤矿煤焦产额表》，湖北省档案馆编《汉冶萍公司档案史料选编》下册，第509页。
⑦ 《萍乡矿产调查录》，《申报》1912年7月31日，第6版。

用，导致萍矿煤焦运输不能付用，汉冶萍公司虽然先交民船分运，"备文并附运单样张，咨请黎副总统及湖南谭都督分饬所属，验单放行"。① 但公司运单因战乱而失效力，且民船运输时常有偷盗掺杂、好煤变为劣煤的情况，主顾不肯收用，纷纷退还，因而造成萍矿销售日渐难以支撑。

萍乡与湖南接壤，若有暴动必定会波及湖南地方社会之稳定，因而湖南革命政府以萍乡煤矿在该省辖区之内为由，乘辛亥后地方动乱而赣省军政府未成立之机接管了萍矿，并任毕晤明为萍矿营业监理人。1911年12月底，毕晤明前往九江，与九江军政府交涉收回被扣押之煤炭，并清理萍矿所属债权。据日本驻汉口总领事松村贞雄向日本政府的报告，"九江军政府没收之萍煤有一千五六百吨，其已供军舰用者逾六七百吨"。② 不久，九江卫戍司令官兼参谋长余鹤松、第二标统带刘世均暨九江军、学、商界全体公电湘省都督谭延闿，要求将萍矿归还赣省：

> 萍乡煤矿大半为盛宣怀私产，又在江西境内，理宜归赣管理，前屡电达在案。湖南光复虽在南昌先，萍矿虽暂归湖南，然全赣光复后理应拨还。譬如田家镇及华阳镇等处，皆浮军所光复，所耗饷项亦甚多，然事后仍各拨还鄂、皖。盖公义所在，断不能因其有利，遂攘他人之物为己有。今贵省近宣告各省，并设分售处，欲将萍矿永据为湘有。人或劝截留湘需用之物之过浮者以为报复，此诚不值一哂。然江西贫困，筹款甚难，骤失此大利，更难支持。除一面电中央政府及各省公判外，合请贵省顾大义，勿贪私利，速饬将萍矿归还江西，并先电复。③

谭延闿为澄清湖南省政府干涉萍乡煤矿之谣言而致电南京总统府、实

---

① 《汉冶萍公司董事会常会记录》（1912年6月15日），《汉冶萍公司（三）——盛宣怀档案资料选辑之四》，第276页。
② 《日本驻汉口总领事馆情报》第五十七报（1911年12月30日），《辛亥革命资料》，第599页。
③ 《谭延闿咨李烈钧文》（1912年2月上旬），《汉冶萍公司（三）——盛宣怀档案资料选辑之四》，第207页。

业部、内务部、各省都督及上海时报馆,公开发表声明以释外界之疑虑:

> 查敝省反正,萍处赣边,守军反对独立,创议攻湘。煤矿工人近万,联合汉厂为东南实业完全公司,义当扶助。萍绅及湘界股东亦环请维持,因派兵扼扎,始终坚持保护主义,并未丝毫干涉内政,并接济巨款以便继续开工。嗣以煤米为军用要品,叠接鄂电,须防敌人采办。是以派员报告统一办法。至各处分销,原系该矿旧有,浮电疑为敝省现已派设,尤□误会,敝处□委□告员扎稿□,载《湘鄂合报》,班班可考,何尝有宣布归湘及设立分销字样。诚恐贵处未悉底蕴,难免疑惑,除将颠未详情抄单咨达外,合先电闻。①

同时,谭延闿还咨文李烈钧,将有关往来电文及筹议办法文稿粘贴附于咨文之后,供其查照以免被混淆迷惑:

> 查敝省(按:湘省)起义之初,以萍乡界连湘省,煤矿工人近万,饥溃堪虞。维时赣省尚未独立,叠据萍乡士绅、湘界矿东禀请保护,以保安宁。敝省为顾全大局起见,不分畛域,于万急之际,勉拨五万金与该矿订立借款合同,以济眉急。该款将煤作抵,即借此煤以济鄂省军用。该矿得此煤款,分发工食,始得解危。此项军用煤吨尚系向之价购,以维完全公司性质。是敝省于该矿并无丝毫权利思想,专尽借款义务,已可概见。至各省商埠分销,本系该公司向来所有,并非敝省现在设立。而敝省所以派员赴各省报告者,诚以煤米为军用要品,叠准鄂省来电,须防敌人乘间购买,致误军机,是以派员报告,统一办法,以便稽考。札文具载湘、鄂各报,并未有现设分销字样。
> 
> 总之,敝省于萍矿,一方面因其为实业商务公司权限,只以保护

---

① 《为澄清湘政府干涉萍乡煤矿之谣电》(1912年1月30日),《谭延闿集》,湖南人民出版社,2013,第323—324页。

为止。正与九江各界视为筹款大利所在，用意相反。①

对于湘、赣两省的争夺，叶景葵表示，"湘都督保护，赣都督电争，其腾诸报纸者，真伪不可知"。②然而，因萍矿地处赣省，湘省派兵驻扎也引来了很多的非议。1912年2月6日，湖南都督谭延闿致电南京总统府、实业部、内务部、各省都督及上海时报馆，针对1月16日《时报》载"以萍乡煤矿系筹大利所在"，湖南省"因图利而干预"之说发表公开声明，解释湘省派兵驻扎是因为湖南省宣布独立后，"萍处赣边，守军反对独立，创议攻湘"，湘省应萍绅及湘界股东的请求，为保汉冶萍实业起见，遂派兵维持，"始终坚持保护主义，并未丝毫干涉内政，并接济巨款以便继续开工"，未尝有"宣布归湘及设立分销字样"。③

谭延闿在与赣省联络筹议办法的同时，还与鄂省进行商洽。1912年2月初，黎元洪以"萍乡煤矿前经盛宣怀收归铁政局公产，兼可供兵工厂之用"为由，委派萍乡官绅叶懋康、邹梦麟前往接办，并致电谭延闿"请转饬醴陵等县妥为弹压保护"。④谭延闿复电表示反对，称"萍乡煤矿曾经设有汉冶萍煤铁商股甚多，系属公司性质，未可以为公产派人接办，且江西前电尚称萍矿应归赣主持"，而对于盛宣怀股本没收问题，则等派人调查后电商办理。⑤后又致电黎元洪，提出解决萍矿利益纷争的"保全之策"：

> 萍矿为汉冶萍公司之一部分，全局凭据尚在盛氏掌中，股东亦多数居沪，若遽行占领，消息传出，盛氏素倚外援，必将全权寄托洋

---

① 《谭延闿咨李烈钧文》（1912年2月上旬），《汉冶萍公司（三）——盛宣怀档案资料选辑之四》，第207—208页。
② 《关于汉冶萍之舆论·汉冶萍国有策》，《中国实业杂志》第3年第3期，1912年；叶景葵：《汉冶萍国有策》，《民国经世文编》实业三，第4866页。
③ 《谭延闿致南京总统府、实业部、内务部、各省都督及上海时报馆电》，《临时政府公报》第9号，1912年2月6日。
④ 《黎元洪致谭延闿电》（1912年2月5日），《汉冶萍公司（三）——盛宣怀档案资料选辑之四》，第208页。
⑤ 《谭延闿咨黎元洪文》（1912年2月上旬），《汉冶萍公司（三）——盛宣怀档案资料选辑之四》，第205页。

商。股东知识有限,更将股票转售外人。如此即蹈甲午后开平覆辙,殊非保全之道。鄙意不如暂时不动声色。汉阳铁厂、大冶铁矿则由尊处派人,萍矿则由敝处派人,均暗地运动联络。俟将盛氏股份调查清楚,先将其股份充出,然后再以股东名义邀集众股东,晓以利害,实行保全之策,较为有益。汉冶萍为中华实业完全之区,义须尽力保护。①

黎元洪对这一合作办法甚是赞同,但因所委派之叶懋康已在赶赴途中,故请谭延闿转饬叶懋康回鄂销差。谭延闿当即委派沈明煦赴萍乡煤矿调查。但沈明煦到萍矿后,恰好萍矿总办林志熙赴沪筹款,所有应行调查之紧要问题,"非候该矿总办回萍,无从查悉",唯有股份一节,据该矿招待人员称:"汉冶萍三厂向系一家,所集之股均系汉冶萍总公司名义,萍矿并无单独股份。又该矿外债亦均由总公司经理,此间并无直接之外债。"② 沈明煦为便于湘省同鄂、赣会商酌定处置办法,先将调查所得情形及建议办法报告如下:

查该矿开支每月有十万余金之巨,以湘、鄂、赣各省财力,当此军饷外债紧迫之际,合谋尚不能支。如再划分省界,则糜烂何堪设想?查该矿为东南各省工业之根据。总办林志熙系股东公举,热心毅力均属可嘉,当此经济缺乏之时,尚能担任赴沪筹款,极力维持。如依鄂电派员接办,则林君乘此机会脱身事外,而接办之人复无财力以持其后,则该矿必不能保。明煦意惟有与鄂、赣会商,认该矿为完全商股办法,公家有维持之责,查问之权,而不必实行干涉,仍令林君竭力维持。庶湘、鄂、赣三省不致互有妨害,且能保全该矿于不败之地。至查收盛股及外债数目,似宜由三省会同派员,到沪查明酌商办理。③

---

① 《谭延闿咨黎元洪文》(1912 年 2 月上旬),《汉冶萍公司(三)——盛宣怀档案资料选辑之四》,第 205 页。
② 《谭延闿咨黎元洪文》(1912 年 2 月上旬),《汉冶萍公司(三)——盛宣怀档案资料选辑之四》,第 206 页。
③ 《谭延闿咨黎元洪文》(1912 年 2 月上旬),《汉冶萍公司(三)——盛宣怀档案资料选辑之四》,第 206 页。

谭延闿根据这一报告，咨文与黎元洪商议各条：

> 查萍矿销路甚广，于东南各省极有关系，自应保全以维实业。该员所呈，不为无见。鄙意商务借债本属常情，但期无妨，公司外债亦所不禁。至查收盛股固属要着，尚无变端可虑。惟股款既全系汉冶萍公司名义招集，股票实为上海汉冶萍煤铁厂矿总公司填发，票根即悉数由该沪总公司收存，则清查实在填出股票数目尤为切要之图，否则盛得自由填发股票，则现时之任意填股售卖外人，取款入己，及填股抵偿外债等事，均属理之所有，不得不及早防闲。①

湘省在"保护"萍矿的同时，还向汉冶萍公司索要萍乡煤矿欠萍株铁路及长沙大清银行的欠款合计 65 万余元，并另索要捐款 10 万，后经磋商减至 5 万。湘省要求汉冶萍公司将这两笔款项均改填股票。盛宣怀认为萍矿可以通过添招普通股份等措施，还清欠款，但需要谨防后患，"惟旧政府尚在，或变成分裂而非一统，则恐旧政府向萍矿索此官欠，不可不防"，因而在还清欠款时要将各借款的票据收回，捐款要出具收清印据，最好是能准用捐款抵将来之出井税。②

因汉冶萍公司地跨多省，调查必须要由鄂、湘、赣三省会同派员办理，而这样会因往返造成办事迟缓。且当时上海地属江苏，会商尤需时日。为把握事机，谭延闿建议黎元洪委派张謇、伍廷芳前往迅速调查，"就近在沪将该总公司已经填发股票存根，截算股款数目，暂停续招。声明招股借款系总理之责任，盛总理当时本系自居，并非由股东公举，实属有乖公司行为，现在宣告独立，尤为失效。防其非理之举动，应行查察之取缔。自查截之日起，以后所填股票，概不承认。而该公司营业一切仍听照常，并不干涉。俟将盛股、外债查清，召集股东开会，另举总理，再行示期续招，以清界限"。谭延闿认为这种办法较为妥当，"似此办理，则股

---

① 《谭延闿咨黎元洪文》（1912 年 2 月上旬），《汉冶萍公司（三）——盛宣怀档案资料选辑之四》，第 206 页。
② 《盛宣怀致林志熙、杨学沂、金忠赞函》（1912 年 1 月 5 日），《汉冶萍公司（三）——盛宣怀档案资料选辑之四》，第 197—198 页。

款截有的数,汉冶萍三厂矿之要领不啻握其全局。似较将各厂矿一一干涉,徒形棘手,而有实效"。①

1912年4月8日,上海《民立报》刊载湘省股东龙绂瑞致汉冶萍公司各股东及熊希龄电文,以萍矿停工、人心涣散为由,请速维持:"萍矿去岁九月停工,厂内员司小工仍正常办事,近闻该厂因中日合办之约,股东反对,必将取销。总办林虎侯有电不来,又辞退员司百余人,人心涣散,均思乘机攫取,事甚危急,若不从速维持,破坏之后损失必巨。"② 4月20日,萍矿同人以此电"大局攸关,不得不据实奉闻",公电驳斥曰:"萍矿自去岁九月至今,林总办暨在矿同人艰苦维持,迄未停工,特因运销阻滞,减少出数。至总公司叠开股东大会,林总办因公在沪,函电常通,并无有不来之电,更无辞退员司百余人之事,人心甚固,何至涣散,又何所乘机攫取。湘萍咫尺,有此不根之电,易惑远听,出自股东尤所不解。半年来,在矿同人不避艰险、坚持苦守,正为各股东保此完全之矿产,即为吾民国保此莫大之实业,绝不容无识之破坏也。"③

此时,江西都督李烈钧亦以萍矿失业人数众多,恐散为饥民、盗贼为由,敦促迅速开工。4月23日,汉冶萍公司董事会临时会议公议,认为"萍矿迭汇巨款,本为维持实业,免累地方起见。该矿并未停工,来电所称饥民盗贼,实与萍矿无干",因而由董事会致电李烈钧,并刊登于上海各报刊。④ 同月,汉冶萍公司总经理张謇,经理李维格、叶景葵,董事会赵凤昌等请求江西地方政府保护维持,"饥民盗贼似与萍矿无干,敝公司现已组织新董事会,不日筹集款项运往接济加开窿工,仍望贵都督转饬地方保护维持,是所深盼"。⑤ 5月20日,受江西省临时议会委派,刘树党、胡孚到鄂省专门调查汉冶萍公司情形,以便两省商同合办。邓振瀛(诗安)交来兄长邓振玑(字镇福,任职于黎元洪幕僚)的书函,盛国华了解

---

① 《谭延闿咨黎元洪文》(1912年2月上旬),《汉冶萍公司(三)——盛宣怀档案资料选辑之四》,第207页。
② 《长沙电报》,《民立报》1912年4月8日,第3页。
③ 《萍矿公司公电》,《民立报》1912年4月20日,第3页。
④ 《汉冶萍公司董事会临时会议记录》(1912年4月23日),《汉冶萍公司(三)——盛宣怀档案资料选辑之四》,第253页。
⑤ 《汉冶萍公司总经理张謇等电》,《申报》1912年4月25日,第2版。

情形后，立即致函伯父盛宣怀，陈述江西省临时议会之主张"只要黎作主，亦无法想"，而自己与江西都督李烈钧之老师王木斋（名国锋，江西人，前汉口同知，时住天津）为莫逆之交，可以"托其运动江西一班人"。①其后，鄂、赣两省一起掀起了争夺汉冶萍公司在其省界内厂矿产业的风潮。

## 第二节 赣省争夺萍乡煤矿中的博弈

民初，赣省将萍乡煤矿视为重要的经济资本，多次意欲侵占而引起风潮。赣省试图通过允许商人开矿、派员接办、破坏矿界、主张省办、要求填送股票等行为争夺萍乡煤矿产业资源，引发了中央政府、地方政府和日本等各利益相关者的博弈。面对外界多方力量的参与，汉冶萍公司始终"只以维持现状为主，而根本解决必须首要得人挈领振纲，化散为整，方可就理"。②最终，赣省的计划虽未得逞，但萍矿的恢复和生产受到严重影响。

### 一 允许商人开矿

辛亥革命后，商人段鑫等呈禀江西军政府政事部，申请创办集成公司在萍乡开采煤矿，业经批示，"集成公司于安源官矿外及无碍坟墓之处，所有煤矿自行开采，事属可行，应由萍乡县知事（按：汤兆玛）查明保护，并令该公司妥订章程，由县知事报部立案，总须不侵安源官矿，是为至要"。而且，江西军政府政事部还出示晓谕保护集成公司开矿，"凡集成公司开采矿山附近居民人等不得借故阻挠，并偷运矿煤，如查有上项情事，一经拿获定行严究不贷"。③在江西地方政府的支持下，集成公司"在

---

① 《盛国华致盛宣怀函》（1912年5月29日），《汉冶萍公司（三）——盛宣怀档案资料选辑之四》，第267页。
② 《汉冶萍公司董事会常会临时会议记录》（1913年1月22日），《汉冶萍公司（三）——盛宣怀档案资料选辑之四》，第403页。
③ 《公司董事会咨李烈钧文》（1912年6月17日），湖北省档案馆编《汉冶萍公司档案史料选编》上册，第283页。据李寿铨所说，"集成公司系萍绅萧景霞、段斐如钩串湘绅龙天锡所开，私发矿照"。参见《李寿铨致刘康遐函》（1913年5月2日），《汉冶萍公司（三）——盛宣怀档案资料选辑之四》，第489页。

萍矿给价归并之土窿界限内，穿凿小窿，破坏矿务"。①

在经段鑫等呈请江西都督及政事部批准开禁后，湘绅龙天锡等又呈请湖南都督及交通司批准，使集成公司与铁路公司订立合同，由火车载煤运湘转售扬子江各处。不久，龙天锡、段鑫又联名呈文工商部请求"取消盛氏苛禁，批准立案永遵"。1912年6月15日，工商部令汉冶萍公司与集成公司就此事情形详细调查后会商斟酌办理：

> 查东西各国办理矿务，无论大小各矿均有一定矿区，不得漫无限制。汉冶萍公司领安源官矿地界，究有亩积若干，自来未曾报部，且未缴纳矿界年租，本部无从查悉。今集成公司请于安源官矿之外，接买矿山，自行开采，于该公司工程进行上不审有无妨碍之处？理合令行该公司即将应领之矿界划出，绘图帖说，报部存案。一面会同集成公司斟酌彼此情形，妥商办理。如集成公司所请之地确与该公司不相妨碍，亦应划分清晰，俾得领照开采，以尽地利。本部为民兴利，以该公司办有成效，固必力予保护。然邻近未开各矿，亦必极力提倡，免致有货弃于地之叹。为此令仰该公司遵照办理可也。②

早在萍乡煤矿创立初期，张之洞、盛宣怀就依靠政治权力优势，命令江西巡抚德寿饬令下属随时申禁，明令禁止萍乡县境内任何人另立煤矿公司或多开窿口，"土窿采出之煤应尽厂局照时价收买，不准先令他商争售，庶济厂用而杜流弊"。③ 没有归并之井，必须造具清册，准业主挖卖烧煤，自烧粘块，但不准他们砌炉炼焦，私炼粗炭，防止掺杂混用之弊。光绪二十五年（1899年），萍乡煤矿协助产煤极佳之商井、商厂数十家组成"保合公庄"，举派董事，合炼焦炭，并且与之严定开井界线，订立章程，凡

---

① 《汉冶萍公司董事会常会记录》（1912年6月15日），《汉冶萍公司（三）——盛宣怀档案资料选辑之四》，第276页。
② 《工商部令》（1912年6月15日），《汉冶萍公司（三）——盛宣怀档案资料选辑之四》，第279页。
③ 《张之洞、盛宣怀会奏开办萍乡煤矿禁止另立公司片》（1898年4月16日），湖北省档案馆编《汉冶萍公司档案史料选编》上册，第201页。

遇事须秉公办理。光绪二十八年冬，因庚子之乱后萍煤外运困难，销路不畅，银根奇紧，经保合公庄董事文国华等30余人联名公呈恳请，官局给予优价20余万收购其名下之井厂，归并矿局，不愿归并者亦听之。① 光绪二十九年七月，双方订立字据成交。

据此成约，1912年6月17日，汉冶萍公司董事会为保公司利权，就江西军政府政事部允许集成公司开矿一事咨文江西都督李烈钧和湖南都督谭延闿，请求迅速取消集成公司开采萍煤的示谕，并勒令即日停闭：

> 比因政体改革，商人段鑫等置前次要求给价收买之事于不提，意在破坏矿章，使人人有在萍矿附近开窿采煤之权，当其事亟则力求归并，冀得善价，现乘时变，又以垄断之名加诸萍矿，设谋破坏，不特萍矿千万商本将遭危险，即商业契约性质亦被借端消灭，实使购产者人人自危，影响于社会者甚大。本年五月十六号，先由萍局缮具价购各井坐落地名，咨请萍乡县汤知事出示晓谕，声明此系矿局已购之井，为商业契约性质，别人不得侵入，借符政事部不侵安源官矿之意。如段鑫等在依脉三里以外购地开采，萍局自无权顾问。

> 除咨明湖南谭都督外，为此声叙原由，咨请贵都督俯念敝公司萍乡煤矿经数十载之经营，费千余万之成本，且当此急谋进行之时，万勿使意存破坏者，得以售其奸计，亟令萍乡县知事谕饬段鑫等克日将集成公司牌号取消，其号召四境新开各井，亦勒令一律停闭，以维矿章而免侵扰，萍矿幸甚，中国实业前途幸甚。②

---

① 参与联名公呈之30人为：文国华、黄士霖、李位堂、文廷钧、萧端翼、苏志林、李文治、彭用世、李资垫、黄以筼、张弼汉、钟应德、文廷直、黄序明、苏灏、甘醴源、文乃麒、黄显章、黎慕尧、黄廷芬、张可嘉、萧嵩彬、李曰华、易炳昭、李景勋、刘跃鳌、颜承筹、李显廷、倪镜蓉、李景云。

② 《公司董事会咨李烈钧文》（1912年6月17日），湖北省档案馆编《汉冶萍公司档案史料选编》上册，第283页。在汉冶萍公司看来，"查萍乡煤矿章程，向系按照湖南奏定办法，遇有大矿用机器开采者，仿开平煤矿之例，依脉十里内，无论何人之业，均不得另开窿口；小矿用人力开采者，依脉三里内，无论何人之业，不得另开窿口，均要指定一窿起算，不得游移。萍矿安源机井外，另开土井多处，此十里三里之约，应各就各井起算。"

但是，为吞并萍乡煤矿，李烈钧先谋攘夺，继施限制，以致集成公司乘机在矿界内开凿，意欲推翻旧有之成案，破坏机隆。1912年7月，李烈钧通令各该府县，凡汉冶萍公司厂矿轮驳、铁路、机器、原料、地产等，一律妥为保护。7月6日，李烈钧咨复汉冶萍公司，认为集成公司没有妨碍安源的煤矿开采，不便勒令停闭，拒绝了汉冶萍公司的请求：

查集成公司创办煤矿，业经前政事部核准立案，出示晓谕借资保护，惟该公司开采不得侵入安源官矿，以重矿权，前已分别饬知在案。至来咨声称令饬萍乡县知事谕饬该公司取消牌号并勒令停闭新开井口各节，查该公司创办煤矿系为开浚利源起见，如果查照定例，用人力开采小矿，用机器开采大矿，非系确违禁例，未便遽令取消牌号，封闭井口。除令知萍乡县知事切实查明具复，以凭核办外，合就备文咨复贵公司查照。①

汉冶萍公司认为集成公司是乘辛亥革命之机，希望收回卖出之井，解除矿禁，任意乱挖，为第二次要求给价之计，名为无碍官矿，实则于萍矿工程进行处处妨碍。因而，除咨请湘、赣都督行令取消集成公司牌号并封闭所开各井外，汉冶萍公司还将集成公司售井重开、破坏萍矿之具体情形呈文工商部，请求查禁，以维持矿业，力防损碍。集成公司始终以安源总矿相距里数为言，称：锡坑隔安源八里占一井，而十一里之梓家冲，十二里之张公塘，皆在禁内；梓家冲占一井，而十五里之黄家源亦在禁内。集成公司以此指为汉冶萍公司有意展拓之证。但经查矿区图，汉冶萍公司说明：锡坑切近黄家源，萍乡矿局于该处自开恒字、鑫字、谦字三号土井，梓家冲矿局自开安顺、国顺、泰顺三井，均安源机矿通风大峒；张公塘切近高坑，萍乡矿局自开信顺、泰顺、森顺三井，亦是采煤要道，因而汉冶萍公司绝不会任由其他公司穿凿侵害，并立即将集成公司砌词翻案、妨碍全矿情形，援照前次湘、赣两都督咨文，并附矿图呈文工商部，请求严行

---

① 《李烈钧咨汉冶萍公司文》（1912年7月6日），湖北省档案馆编《汉冶萍公司档案史料选编》上册，第285页。

查禁：

  兹奉部令，合亟检具矿图，声明该商等所指原开煤矿，皆矿局已购之井，皆在禁步之中，并非官矿以外。处处妨碍，断难与集成公司彼此商酌。务祈贵部严行查禁，并咨明湖南、江西都督令饬萍乡县知事，即时封禁，以副贵部保护商业之意。迫切待命，无任感祷。①

工商部为集成公司破坏萍矿之事转奉大总统批示，将依法进行保护：

  大凡经营矿业，必先有一定之计划，然后按程工作，庶地无遗利，而效可逆睹。该公司报领矿区达五百另四方里，所有全区矿量及每年产额与采掘年限，是否预为算明。来呈未详，末由深悉。本部维持矿业，对于各省大公司虽有特别推广矿界之条，然必察其计划，度其功能，始行酌定方里之数。因恐工程有限而展界过宽，断难于一定之期采掘净尽，不但年租加重，亏损堪虞。而矿产久藏于地中，不能济日用之急。矿权悉归于掌握，终难免垄断之嫌。仰该公司遵照前指各端，详为预算，缮具清折，并抄录购地契约，呈送本部，听候核办可也。②

  汉冶萍公司董事公议此事，认为应请矿务长林志熙按照工商部所批示各节，备具预算，立即向工商部报领矿界，以切实维持。在工商部的干预下，此事才告一段落。1916年，《大中华杂志》转载《远东时报》对萍乡煤矿附近私开土井之情形描述："从前，萍乡煤矿周围有多数矿穴，皆为土人私产，公司欲独专其利也，当初即备价购得之。洎至革命以后，土人又复占为己有，有以为满清时代契约已无存在余地，夺理强辞，殊难为

---

① 《公司董事会呈工商部文》（1912年7月5日），湖北省档案馆编《汉冶萍公司档案史料选编》上册，第284页。
② 《汉冶萍公司董事会常会记录》（1912年8月1日），《汉冶萍公司（三）——盛宣怀档案资料选辑之四》，第308页。

地。幸公司多方与之交涉,始得恢复原状。"①

## 二 派员接办

1912年,多方力量围绕赣省对萍乡煤矿的争夺,形成了一个利益冲突与权力博弈的局势:在赣省派员接办萍矿并以武力相威胁后,鄂省与日本势力密切关注事件的动态,汉冶萍公司董事会和萍乡煤矿管理者一面直接与赣省交涉抵制,另一面则请求北洋政府和湘省的保护。

### (一) 赣省接办萍乡煤矿

为预备接办萍乡煤矿,1912年年初,赣省实业司委派同盟会支部长周泽南(字达之,萍乡人)前往上海调查公司情形,以作为筹办依据。周泽南详细调查了汉冶萍公司光复以后停办之情形和公司现在进行之计划,向赣省军政府提出了萍乡煤矿的扩张及善后办法,如拟选派有声望及经验之人充任萍矿总、副经理,于安源、汉口设立民国银行分行,筹备公股以为开办经费,赶办电话线路等。② 1912年6月29日,李烈钧据此向汉冶萍公司股东会发咨文,表示将派员至萍矿调查,"查萍厂〔矿〕在江西行政区域之内,又为出产丰富之矿区,公利所在,自应共谋整顿,非再派令该员驰往萍矿实地调查,无以筹善后而策进行"。③

但此时,汉冶萍公司董事会并未意识到赣省名为筹备接办,实为侵占萍矿。1912年7月6日,汉冶萍公司董事会常会公议,认为李烈钧"此文于维持商业之中,兼有众擎共举之意",一面致电萍局,俟周泽南抵达后妥为招待,一面咨复李烈钧,并抄粘咨稿请黎副总统、湘都督、国务院、参议院、工商部查照备案。④ 7月10日,上海《民立报》刊载汉冶萍公司与赣省往来咨文后,在文末按语中亦极力赞誉赣督之举:"军兴以后,百

---

① 霆锐:《萍乡煤矿公司经始困难谈》,《大中华杂志》第2卷第12期,1916年。
② 《萍乡煤矿最近调查》,《顺天时报》1912年9月28日,第4版。
③ 《李烈钧咨汉冶萍公司股东会文(第十六号)》(1912年6月29日),湖北省档案馆编《汉冶萍公司档案史料选编》上册,第283页;《咨汉冶萍公司文》,《李烈钧文集》,江西人民出版社,1988。
④ 《汉冶萍公司董事会常会记录》(1912年7月6日),《汉冶萍公司(三)——盛宣怀档案资料选辑之四》,第293页。

物凋残,惟此地产所蕴取用不竭,振商业以此裕财政,未始不由于此。赣都督知非活泼金融不足以尽采掘之利,非首附公赣不足以为商民之倡,尊重商律,爱护公司。吾知赣省不乏毁富,必有闻风响应者,宜乎汉冶萍之欢迎恐后也。呜呼,如赣都督者,诚加人一等矣!"①

7月23日,赣督委派的周泽南至萍矿,称赣省拟附股,必先进行调查。而据周泽南所调查,汉冶萍公司之内容(股本与债票)如下(见表3-1):

表 3-1　汉冶萍公司股本与债票统计

| 分类 | | 事项 | 金额(两) | 备注 |
|---|---|---|---|---|
| 股本 | 国有财产 | 开办经费 | 约 500 万 | 自张之洞创办铁厂至商办止,共用之官本银 |
| | | 清农工商部公股 | 116 万 | 索还比、法赔款存款银 916500 余两;萍乡铁路公司附股银 15 万两及应得之息款合计数 |
| | 商股 | | 约 1000 万 | 含农工商部股在内 |
| 债票 | 汉冶厂矿 | 外债 | 11634400 | 预收日本正金、兴业银行购买矿石及生铁价 6816500 余两;欠日本各银行借款 4573300 余两;欠义品银行法金 9000 佛,扣银 144600 余两;欠道胜银行 10 万两 |
| | | 国内债 | 6005000 | 预收邮传部及四川、浙江、广东、湖南购铁轨价银 325 万两;共欠上海各钱庄及存款银 2755000 两 |
| | 萍乡煤矿 | 外债 | 172610 | 欠德国礼和洋行银 172610 两 |
| | | 国内债 | 约 6596400 | 共欠上海、汉口各钱庄及存款银 6596400 余两 |
| 合计 | | | 股本银约 1616 万两,内外债银 24408410 两 | |

资料来源:周泽南:《汉冶萍公司之内容》,《东方杂志》第 9 卷第 3 号,1912 年;周泽南:《汉冶萍公司之内容》,《大公报(天津)》1912 年 8 月 31 日,第 2 张,第 3 版。原文数据多取近似值,本表统计时略有改动。副总统黎元洪派员调查汉冶萍公司,与此表统计大致相同,参见《汉冶萍债务观》《民立报》1912 年 8 月 24 日,第 8 页)。

据此表可知此时汉冶萍公司股本与债票金额之巨、厂矿规模之宏大。萍乡煤矿虽然内外债高达 6769010 两,但仍为绝大之矿产,常年开支约银

---

① 《汉冶萍公司与赣省往来咨文》,《民立报》1912 年 7 月 10 日,第 12 页。随着二次革命的爆发,李烈钧受到舆论攻击,而此次接办则成为违反"人民保有财产及营业之自由"的罪状:"萍乡汉冶萍公司煤矿,为中华最大商办事业,天下皆知,李烈钧借口于本省权利派兵强占。"(《江西都督李烈钧之罪状》,《申报》1913 年 1 月 14 日,第 7 版)

4969600 两，浮存金额亦有 426000 两。① 因此，赣省急欲占萍矿为己有。

1912 年 7 月 24 日，在赣省政务会议上，财政司司长魏斯炅、次长邹树声提议筹办地方兴业公债 200 万元，以萍乡煤矿为抵押，分 20 年清还，李烈钧议决由财政司、实业司会同赣省民国银行妥定章程，再行交议。② 8 月初，经南昌各司保荐、赣督李烈钧赞同，江西省政府派实业司次长欧阳彦谟为总理，携 20 万元资金前往接办萍乡煤矿，同时省政府委任周泽南、刘树堂为协理，监督开工，并饬所派之员绕道赴湘、鄂两省先行接洽，商陈一切。8 月 13 日，汉冶萍公司董事会会长赵凤昌等人致电袁世凯和工商部，认为"赣省似未知汉冶萍实系股份商办公司，遽由行政长官派委总、协理接办，商情万分疑惧"，希望工商部查照大总统批示，电咨江西都督取消委状，按法保护，同时还致电李烈钧，亦希望其遵照大总统批示。③ 8 月 14 日，工商部致电李烈钧，询问是否确有派遣人员携款接办萍矿之事。④ 8 月 16 日，工商部再致电李烈钧，以汉冶萍公司实系商办性质，工商部亦有股本在内，成案俱在为由，应照章保护，并表示江西省政府派员接办萍矿之事应同湖北临时省议会没收汉、冶厂矿一样，"即请收回成命，以释群疑而资保护"。⑤ 但是，次日，赣省都督府召集各界首领开政务会议，公议办法以便对付，经议决，仍积极主张委任萍矿总理，"不因两电即生阻力，一面电复工商部及董事会，谓此举系因维持地方保持利权起见，一面催欧阳彦谟即日起程驰往开工"。⑥ 8 月 18 日，李烈钧致电汉冶萍公司董事会，解释其派员接办萍矿之理由：

---

① 《萍乡煤矿最近调查》，《顺天时报》1912 年 9 月 28 日，第 4 版。
② 《萍乡煤矿押款开办案》，《顺天时报》1912 年 8 月 7 日，第 4 版。
③ 《上海赵凤昌等致袁世凯、工商部、李烈钧电》（1912 年 8 月 13 日），《汉冶萍公司（三）——盛宣怀档案资料选辑之四》，第 1285 页；《萍乡煤矿决议官办》，《申报》1912 年 8 月 24 日，第 6 版。
④ 《工商部致江西都督电（一）》（1912 年 8 月 14 日），《刘揆一集》，第 40 页。
⑤ 《工商部致李烈钧电》（1912 年 8 月 16 日），湖北省档案馆编《汉冶萍公司档案史料选编》上册，第 286 页；《工商部致江西都督电》，《政府公报》第 117 号，1912 年 8 月 25 日；《光复后汉冶萍经过事实：赣争萍矿始末补志》，《中华实业丛报》第 2 期，1913 年；《工商部致江西都督电（二）》（1912 年 8 月 16 日），《刘揆一集》，第 40 页。
⑥ 《萍乡煤矿决议官办》，《申报》1912 年 8 月 24 日，第 6 版。

萍矿为股份商办公司，赣所谂知。惟自光复以来，工停利闭，将及十月，又值水灾民饥，失业工人恒与勾结，四出肆动，且洋煤乘隙进口，漏卮愈巨，即在公司亦有机械窳锈、窿井崩塌之虞。该矿既在赣省区域，行政官为保卫地方、维持实业起见，自不得不起而任责，遂公议由赣筹拨巨款，派员前往经理其事。乃赣省甫经进行，而元电忽生疑问。无论萍矿大利，旬月之中无人过问，赣省有密切关系，万难坐视，所投资本仍充接济萍矿之用。即以萍地论，赣为边防计，为饥民计，为安靖工人计，亦实有不能不代为担任之势。诸股东不明赣省经营之苦心，遂多误会，实则赣虽经理此矿，与股东原有权利并无妨碍，务祈明白宣布，以释群疑而裹实业，萍矿幸甚。①

为排挤湘省势力，李烈钧还委派周泽南为萍矿局监督，至湘面称汉冶萍公司股东会已承认："矿工久停，商民交病。赣拟筹款二百万，先行开工，俟大局定再议办法。现系垫款代办，并不侵犯股东权利。董事曾经承认，望湘赞同，并撤回湘军兵队。"② 8月23日，汉冶萍公司董事会对李烈钧的这套巧取豪夺的说辞进行了驳斥，致电湘督谭延闿，"萍矿于军兴后并未停工，现每月仍出煤二万吨，陆续出运，其未能照曩日额数出足者，因汉厂铁炉未开，煤焦无处销售之故。赣省误以矿工久停，致有垫款代办之议"，而且"赣员所称董事承认，实无其事"，希望由谭延闿转致赣省解释误会。③

8月24日，汉冶萍公司董事会亦致电李烈钧，解释萍矿自辛亥革命以后并未停工，且全部员司亦均在矿，"旬月之中无人过问，想系远道讹传"，希望李烈钧对江西省境内的萍乡煤矿，"请官任维护，商任采掘，既

---

① 《李烈钧致公司董事会电》（1912年8月18日），湖北省档案馆编《汉冶萍公司档案史料选编》上册，第286页。
② 《长沙谭延闿致汉冶萍公司电》（1912年8月21日），《汉冶萍公司（三）——盛宣怀档案资料选辑之四》，第1286页。
③ 《公司董事会致谭延闿》（1912年8月23日），湖北省档案馆编《汉冶萍公司档案史料选编》上册，第286页。

符中央保护财产之批,并符贵都督维持实业之旨"。① 而此时,汉冶萍公司在上海召开特别股东会,全体决议厂矿均归国有,拟派代表赴北京协商妥议。因而,工商部致电李烈钧,认为"应俟本部与该代表等接洽后,再定善后办法,设此时未经众股东承认,径由贵都督派员接收,众情未免惶惧,万乞收回成命,以释群疑而示大公"。② 8月26日,工商部奉袁世凯的批示,咨文江西都督及民政长,认为汉冶萍公司不应收作地方公产,请江西省查明办理。③

对于汉冶萍公司董事会及工商部要求撤回赣省委派萍矿之经理、仍归商办的意见,李烈钧始终认为"该矿在我省区域之内,自以我为主体",因而在赣省都督府政务会议上坚持派员接办:

> 该矿既在赣省区域,自光复以来停工将及十月,又值水灾之后,失业工人恒与饥民勾结,四出肆劫,且洋煤将乘隙进口,漏卮愈巨。赣为保卫地方、维持实业起见,万难坐视,势不得不起而任责,遂公议筹拨巨款,派员前往经理。其事与各股东原有权利并无妨碍。④

在李烈钧看来,虽然各处极为反对派员接管萍矿,但只须"仍一意坚持到底,不为其危言所动",且接办之"措置防范均须勘酌妥善,以期周密",则不必太过担忧。因而他电谕欧阳彦谟不要操之过急,但也不能犹

---

① 《公司董事会致李烈钧电》(1912年8月24日),湖北省档案馆编《汉冶萍公司档案史料选编》上册,第286页。
② 《工商部致江西都督电》,《政府公报》第117号,1912年8月25日;《光复后汉冶萍经过事实:赣争萍矿始末补志》,《中华实业丛报》第2期,1913年;《工商部致江西都督电(三)》(1912年8月21日),《刘揆一集》,第41页。
③ 《工商部咨江西都督、民政长有关汉冶萍公司不应收作鄂产应请查明办理文》(1912年8月26日),《刘揆一集》,第41页。
④ 《江西都督府政务会议第十一次议案》(1912年8月24日),《汉冶萍公司(三)——盛宣怀档案资料选辑之四》,第322页。在这次江西都督府政务会议上,还有其他讨论如下。实业司长曾贞认为"自萍矿工人减少,游民日多,造谣蠢动,情理之常。今宜及早督令开工,借以消纳莠民而维秩序"。交通司长胡怿认为"若率尔开工,倘有暴动,徒给外人借口,似不妥协"。内务司长钟震川"认为萍矿系汉冶萍名义,似未可过于强行接收。且闻确有洋款在内,如萍矿能与汉冶划分两处,方可免外人指摘,否则俟代表到齐再行商定办法较为妥善"。

豫踌躇，"我省既发难端，必须坚持心力，切实进行，务求□□矿之主体，握一切管理之权，不可畏难中止"。①

至8月底，赣省委任之欧阳彦谟、周泽南突然以公文致萍乡煤矿，张贴告示，限9月5日前将萍乡煤矿全矿产业一律点交接收，并派护卫军第二连出发至萍乡，以武力相威胁。在赣省看来，为谋取经济利益，必须坚持接办萍乡煤矿。

### （二）鄂省的密切注视与日本势力的干涉

民国初年，鄂省率先掀起没收汉冶萍公司厂矿产业的风潮，不仅侵占鄂省境内之汉阳铁厂、大冶铁矿，而且还试图派员接办萍乡煤矿。1912年6月6日，鄂省委派调查汉冶萍公司之叶懋康，折请湖北军务司接续赶办萍乡煤矿，司长吴醒汉表示赞成，"该矿苗旺质佳，适合镕铁之用，与汉阳铁厂实有密切之关系，久停不办，军械无出，于经武之道不无间接之影响，当允力予维持"，并有维持萍矿之计划，"所集资本刻下有六十万"，将转申鄂督即委任叶懋康为协理襄助。②但此时，赣省因财政困难，见境内之萍乡煤矿可获大利，亦欲将其没收充公。6月下旬，鄂省议会知会赣省议会，"请其协助，要求赣督将萍矿一并充公"。③鄂省因与赣省在没收汉冶萍公司厂矿产业利益上具有一致性，故并未直接参与赣省接办萍矿的过程，但仍然密切关注着事件的发展。1912年9月初，黎元洪委派毕悟生到沪调查赣省接办萍乡煤矿之事，并电派萍矿工程处之高传柏为湖北矿业头等顾问，仍驻萍矿，随时报告矿事。④

与鄂省不同，日本势力认为自己不仅与萍乡煤矿有债权关系，而且与汉冶萍公司有预售生铁、矿石借款问题，为保障既得利益，极力干涉赣省武力争夺萍乡煤矿之事。日本领事多次致电赣省询问此事，赣省政务会议主席、财政司司长魏斯炅认为，虽然萍矿有日债，"关系外交，极为紧

---

① 《江西都督府政务会议第十一次议案》（1912年8月24日），《汉冶萍公司（三）——盛宣怀档案资料选辑之四》，第322—323页。
② 《维持萍矿之硕画》，《民立报》1912年6月7日，第8页。
③ 《鄂议会议决没收汉冶萍公司》，《顺天时报》1912年7月4日，第4版。
④ 《□□□致盛宣怀函》（1912年9月上旬），《汉冶萍公司（三）——盛宣怀档案资料选辑之四》，第339页。

要",但日本之意是"探明该矿是否纯粹官办,为将来索还债务地步",将来未必会有重大交涉,既然经政务会议决议投资接办萍矿,则"不能因有阻滞,遂成画饼",并且日本借款无案可稽,"如果有此事,将来查明之后,即由赣省担任亦可"。①

9月11日,日本驻汉口总领事松村贞雄奉日本政府之命致电李烈钧,询问没收萍矿之事,认为此事关系日本债权问题,或将引起交涉,要求赣省取消,"查该矿产于前年,本国横滨正金银行与汉冶萍公司立约借款时,同在抵押之列,若一遇没收入官,则既有债权归于无保护之危势,摇动根本,殊不堪设想,未便付诸不问矣"。9月13日,李烈钧复电,解释萍乡煤矿现正由北洋政府派员查复核办,"本省政务会议议决系投资代办,即归官接办,亦并非没收一切办法",而债权问题"无案可稽,未便为之臆断也"。9月14日,松村贞雄又致电李烈钧,要求其将已经宣布之萍乡煤矿接办办法"电示明白,以便查核",借款之事在北洋政府处有案可查,但为避免纠纷,希望李烈钧探究日本与汉冶萍公司之债权关系,"以供后日之参考而免错误可也"。9月17日,李烈钧复电,称汉冶萍公司与正金银行借款案可向北洋政府咨取,而债权问题将"依据该公司性质及内容分别研究,而为将来之参考"。②

鉴于赣省之强硬态度,日本方面继续向北洋政府施压。9月20日,日本横滨正金银行北京分行经理小田切万寿之助会晤北洋政府外交总长梁如浩,以萍煤关系汉阳铁厂出货进而影响日本合同为由,提请北洋政府注意,声称"萍乡煤矿现有争论,湖南、江西皆派兵前往该处,诚恐该矿被扰,所出焦煤不敷汉阳铁厂所用,汉阳铁厂前与日本订立合同借款千万余两,每年认交生铁等若干,去年革命起事,所有汉阳短交之数,日本乃向印度补够,其价较贵,今因争论,各自派兵,不免地方扰乱,如出煤停滞则汉阳铁厂无煤制铁,而付日本之铁亦难照合同交出,此事深盼留意焉"。③

---

① 《江西都督府政务会议第十一次议案》(1912年8月24日),《汉冶萍公司(三)——盛宣怀档案资料选辑之四》,第323页。
② 《抄送日领来往各电并请将汉冶萍借款案卷抄寄》(1912年10月6日),外交部档案,档案号:03-03-029-01-004。
③ 《汉冶萍矿事》(1912年9月20日),外交部档案,档案号:03-03-029-01-002。

9月24日，松村贞雄致函李烈钧，以"汉冶萍公司原系民有合股公司"，因而地方政府须加以保护，"不可任意稍加毁害"，且为"资民业发达"和"免损害敝国正金银行之债权"，函请赣省"力为保护该公司之产业"，并威胁"若不然，恐后日惹成重大交涉案"。10月3日，李烈钧复函，再次解释"本省此次投资代办萍矿，原为维持地方、保全矿产起见，显非全矿没收"，而正金银行与汉冶萍公司有债权关系，则赣省"投巨资直接以保矿产者，即间接以保债权"，且认为萍乡煤矿属于赣省行政管辖区域，"事关内政范围"，日本无权过问，"总领事法理精深，未便有劳盖注也"。①10月15日，北洋政府饬令财政部将汉冶萍公司与日本正金银行借款事案卷抄全转寄赣督李烈钧。②但据查，此事正如赣省所料，无案可稽。③

## （三）汉冶萍公司的应对

面对赣省派员接办并以武力相威胁，汉冶萍公司积极与其周旋，一面嘱令萍矿同人"坚忍维持，和平对付，所有抽水等工仍须照常办理，以保窿工"，一面分别致电袁世凯大总统、工商部、黎元洪副总统、湖南都督谭延闿、江西都督李烈钧，以汉冶萍公司为商办性质，认为"今赣员突以强权限交矿产，违背约法人民保有财产及营业自由之条文"，为顾全大局起见，"应请电止赣员勿事卤莽，以重约法，免酿祸变"。④

### 1. 汉冶萍公司董事会的直接交涉

在获悉赣省将以武力接办萍乡煤矿事后，汉冶萍公司董事会多次与李烈钧直接交涉。9月6日，汉冶萍公司董事会致电李烈钧，提出可以就接办萍矿一事磋商，请其迅速斡旋，"否则萍一有失，汉冶必将牵连颠覆，徒使京

---

① 《抄送日领来往函稿》（1912年10月17日），外交部档案，档案号：03-03-029-01-006。

② 《希抄送汉冶萍公司借款原案》（1912年10月15日），外交部档案，档案号：03-03-029-01-005。

③ 《汉冶萍公司借款案无据可抄》（1912年10月），外交部档案，档案号：03-03-029-01-007。经查，唯有汉冶萍公司董事赵凤昌等关于南京临时政府向日本三井洋行借日金350万元之呈文有据，但此案与萍乡煤矿无涉。

④ 《公司董事会致北洋政府大总统等电》（1912年9月4日），湖北省档案馆编《汉冶萍公司档案史料选编》上册，第287页；《光复后汉冶萍经过事实：赣争萍矿始末补志》，《中华实业丛报》第2期，1913年。

鄂享维护之名，执事独受摧残之谤"。① 9月7日，李烈钧致函汉冶萍公司董事会，称"萍系赣省行政区域，矿务既有范围，地方治安所在，未便放弃权责。而公司股本所系，亦决不能稍涉侵损。此时矿局既未克继开大工，赣省接收代办又与股东权利无碍"。② 同时，汉冶萍公司还恳请孙中山、黄兴致电李烈钧进行调停，期望和平解决，但"孙、黄电致仍不能解"。③

9月10日，汉冶萍公司董事会再次致电李烈钧，解释辛亥革命后萍矿并未停产，仍在继续经营，"窃谓行政界说，自以弹压保护为限。若派员干涉，即侵及营业自由范围，有碍公司权利"；若赣省有意投资萍矿，可向公司购买股票，与工商部等股份同享权利，无须以行政名义取矿代办；且汉冶萍公司负内外债项2000余万，萍矿如有摇动，则必全体瓦解，"公司自去年军兴后，机关破坏，正在万分困难之中。若萍矿因赣省动摇致生意外之变，必致内外债主群起逼迫，无可收拾。在公司既无担负因动摇而生意外责任之理，为赣省计亦殊不值，不得不预先声明，以免将来推诿"。④ 但赣省依无取消接办之意。公司董事会此时有派代表卢洪昶直接赴赣省陈说之议，后因工商部派员赴萍乡调查，故此议暂缓。

2. 萍乡煤矿的抵制

赣省接办萍矿之时，萍矿总办林志熙远在上海，同人遂公举高寿林、屠介颐、俞彤甫为全矿代表，推选李寿铨为临时矿长（即总办）。李寿铨与会办薛宜琳一方面极力保矿，维持正常秩序；另一方面，以全矿生命财产将受损和担心矿工暴动为由，电请汉冶萍公司出面主持，"赣省如与公

---

① 《公司董事会致李烈钧电》（1912年9月6日），湖北省档案馆编《汉冶萍公司档案史料选编》上册，第287页；《光复后汉冶萍经过事实：赣争萍矿始末补志》，《中华实业丛报》第2期，1913年。
② 《南昌李烈钧致汉冶萍公司董事会电》（1912年9月7日），《汉冶萍公司（三）——盛宣怀档案资料选辑之四》，第1290页。
③ 《盛宣怀致叶景葵函》（1912年9月10日），《汉冶萍公司（三）——盛宣怀档案资料选辑之四》，第336页。
④ 《汉冶萍公司董事会临时会议记录》（1912年9月9日），《汉冶萍公司（三）——盛宣怀档案资料选辑之四》，第335页；《公司董事会致李烈钧电》（1912年9月10日），湖北省档案馆编《汉冶萍公司档案史料选编》上册，第288页；《光复后汉冶萍经过事实：赣争萍矿始末补志》，《中华实业丛报》第2期，1913年。

司有应商事,只能向总公司直接交涉"。① 9月5日,李维格、杨学沂、林志熙致电李寿铨,认为应避免冲突,"目下总以保全窿路为重,不论何人办理,窿工断不可淹废",若限期满而被强占,"只可暂时听命,冀可保全,再图挽救"。② 9月9日,因薛宜琳回沪,经萍矿工程处高传柏等联名公电呈请,汉冶萍公司董事会正式任命李寿铨为临时矿长,主持一切矿务,要求其"务须约束矿工,照常工作,勿稍滋事,凡与赣委交涉事件,一切仍候总公司命令"。③

李寿铨对汉冶萍公司董事会的搪塞和萍矿人事任用的腐败颇为不满,认为赣省手段"系仿鄂收厂之法而变通之,以投资代办为名",赣省派员所住江西分银行(即官钱号之空屋)由薛宜琳擅自借出,李寿铨指责薛为"内奸",而且李还认为总公司是一味空言搪塞,感叹"处此强权时代,遇此等总公司甘心断送萍矿,虽神仙亦无着手处矣",只能力争约束矿工不至暴动,"大约期满必交,幸前途平素见重,听我要约,不至暴动。俟交接后即着眷属先行回里,将经手事完结,同各首领直赴总公司交涉。此事今日方稍有把握,否则同事二百余家,萍湘交界,糜烂不堪矣。十五年心血付之流水,林某碟尸万段不足以蔽辜。总公司以重薪养几辈昏庸,失此萍乡一大实业,恨极,恨极"。④ 9月14日,李寿铨致电汉冶萍公司董事会,提出和平解决的办法是萍矿与公司协力,一面要求展期接办,一面请赣督、湘督解围,"此次非解围万不能保矿,非得赣督电万不能解围,非展期万不能得电,非全矿一心万不能展期,尊处与敝处一气呵成,始得和平解决,仍求消息常通,实力进行,密电代表慎重协商,力保主权,万勿

---

① 《萍乡薛懋琳、李寿铨致汉冶萍公司董事会电》(1912年9月2日),《汉冶萍公司(三)——盛宣怀档案资料选辑之四》,第1287页。按:"薛懋琳"即"薛宜琳"。
② 《上海李维格、杨学沂、林志熙致李寿铨电》(1912年9月5日),《汉冶萍公司(三)——盛宣怀档案资料选辑之四》,第1289页。
③ 《公司董事会致李寿铨电》(1912年9月9日),湖北省档案馆编《汉冶萍公司档案史料选编》上册,第288页;《光复后汉冶萍经过事实:赣争萍矿始末补志》,《中华实业丛报》第2期,1913年。
④ 《李寿铨致刘鹤庄函》(1912年9月6日),《汉冶萍公司(三)——盛宣怀档案资料选辑之四》,第333—334页。

松劲"。① 9月15日，李寿铨再致电汉冶萍公司董事会，认为"赣于矿阳托投资代办，阴行强迫接收。断不承认"，且因"湘省仗义"，力援保矿，公司与萍矿虽"均甘退让，赣仍得不到手"，提议由"湘鄂赣会派监督驻矿，不侵办矿主权，为最后调停之策"，但湘省认为派监督驻矿是多此一举。②

9月下旬，俞彤甫、高寿林、屠介颐向汉冶萍公司董事会报告赣员干涉萍矿之困难情形，也提出四条稳定萍矿秩序的办法："（一）萍矿同人维持现状，劳瘁不辞，宜由公司致电慰劳，以旌其能，而励其后。（二）全矿人员等薪资，同上年军兴以来历时一载，仅领半薪，其余一半存局。在矿人员保守秩序，照常工作，不无微劳，请将半薪发给，借资津贴。（三）萍局每年秋成后购储米粮，接济工食。今请仍旧筹购，以安众心。（四）陈说武员朱鸿甲前带队驻矿，即与矿局感情甚好。此次对于萍事尤为出力。此人现充湘军第二师参谋官，请公司在于萍局位置一事，借可联络湘军，以为声援。"汉冶萍公司董事会临时会议公议后，认为第一、第二、第三事项可以执行，但因存薪核计只有三万余元，须从十月起分六期（每期一个月）补给。购米亦须量力而行。至于荐用朱鸿甲，只能俟将来公司大局定后，再行酌派，此时不能予以正式之允据。③

3. 请求北洋政府维持

汉冶萍公司不仅与赣省直接交涉，还积极借助北洋政府的力量抵制干涉，特别是拥有公司股份的工商部。9月7日，汉冶萍公司董事会致电北洋政府大总统、国务院、工商部，认为"不由中央派员实地调查，终难释赣省之疑"，请求立即由中央派员实地调查，"漏夜电咨赣督，切戒在萍赣员万勿卤莽举动，静候部员抵萍逐节彻查，再行双方解决"。④ 工商部随即

---

① 《李寿铨致公司董事会电》（1912年9月14日），湖北省档案馆编《汉冶萍公司档案史料选编》上册，第289页。
② 《萍乡李寿铨致汉冶萍公司董事会电》（1912年9月15日），《汉冶萍公司（三）——盛宣怀档案资料选辑之四》，第1292页。
③ 《汉冶萍公司董事会临时会议记录》（1912年9月26日），《汉冶萍公司（三）——盛宣怀档案资料选辑之四》，第349—350页。
④ 《公司董事会致北洋政府大总统、国务院、工商部电》（1912年9月7日），湖北省档案馆编《汉冶萍公司档案史料选编》上册，第288页。

致电李烈钧,以汉冶萍公司将要收归"国有"和与日本债务有关为由,要求赣省撤回派员,静候中央办理。①

但是,赣省并未有遵从工商部之意。据汉冶萍公司驻日商务代表高木陆郎观察,赣省所派之员"不得都督取消命令,虽政府电阻,亦决不承认"。② 时大总统袁世凯令各省都督选派代表三人常驻北京,以备中央咨询。9月9日,赣督李烈钧选派徐秀钧、陈家骥、余鹤松为代表赴京,转而质问北洋政府,"萍乡煤矿因就该地现情,由省派员督促进行,而彼股东中人辄以'商办'二字相持,致来部、鄂各电,将来如何应付方达保护利权、绥靖地方目的"。③ 9月10日,汉冶萍公司董事会再致电北洋政府大总统、工商部,陈述萍乡煤矿关系汉冶萍公司至巨,"若因萍矿因赣省动摇,致生意外之变,必致内外债主群起逼迫,无可收拾",并且影响汉阳铁厂的生产供应,"昨接粤汉铁路总工程司来电预订路料,如铁厂不能开工供应,即向洋厂购办。他路不必论,即川粤汉需用轨件价银已逾一千余万两之巨,悉将流入外洋",因而请求北洋政府力予主持。④

9月11日,李烈钧致电北洋政府大总统、国务院,以投资代办、保全实业、维持治安为由,"非由赣接开大工,失业矿工无术消纳,即地方无由治安。惟接开大工,非将矿局接收无从整理贯彻"。⑤ 9月14日,北洋政府国务院致电李烈钧,亦详细言明萍乡煤矿自辛亥革命以后之生产、经营和管理情形,并指出汉冶萍公司与北洋政府之关系:

> 该公司系汉冶萍三省联合而成,得失盈亏皆须平均统计,就令该

---

① 《工商部致李烈钧电》(1912年9月),湖北省档案馆编《汉冶萍公司档案史料选编》上册,第288页。
② 《上海高木陆郎致盛宣怀电》(1912年9月6日),《汉冶萍公司(三)——盛宣怀档案资料选辑之四》,第1289页。
③ 《赣省代表赴京大问题》,《顺天时报》1912年9月21日,第4版;《提问袁世凯政府十五个问题》(1912年9月9日),《李烈钧集》上册,中华书局,1996,第78页。
④ 《公司董事会致北洋政府大总统、工商部电》(1912年9月10日),湖北省档案馆编《汉冶萍公司档案史料选编》上册,第288页;《光复后汉冶萍经过事实:赣争萍矿始末补志》,《中华实业丛报》第2期,1913年。
⑤ 《李烈钧致北洋政府大总统、国务院电》(1912年9月11日),湖北省档案馆编《汉冶萍公司档案史料选编》上册,第289页。

公司有放弃权利之处，亦应由工商部调查之后，或定为政策，收归国有，或加以指导，督促进行。贵都督彼时筹集巨资，或辅助国家，或附入商股，皆为正办，断无此时置公司全体于不顾，而窜取一部分之产业代为经营之理宜乎。以贵都督之热心实业，而该公司仍不免疑怪交乘也。该公司经工商部注册有案，工商部又确有股本百数十万之多，其非一人私产，毫无疑义，派员查办，即日首途，仍希查照前令各电，转饬该委遵照，并饬该地方官吏及驻扎军队妥慎保护，毋得借词诿卸，是为至要。[①]

面对北洋政府及工商部的强烈反对，李烈钧一方面"电复中央，请速派员来赣会商办法"，另一方面则仍有接办之意，"惟停办已久，工人闲散，不得不先行接办以维秩序，日后国有、商办仍听中央主持"。[②] 9月16日，工商部委派张轶欧、张景光、余焕东三人赴萍乡调查。

4. 借助湘省协力保护

汉冶萍公司在恳请北洋政府维持的同时，还请求湘督谭延闿饬令原驻扎萍矿之湘军保护矿产，设法调停。湘省本为汉冶萍公司股东之一，萍矿运输道路经过境内，因而亦极为关注萍矿状况。早在8月31日，谭延闿知萍矿事极其危险，即与赵师长商议派参谋朱鸿甲前往驻矿，以通消息并力予保护。9月4日，在湖南汇兑处周可均转都督谭延闿致汉冶萍公司董事会的电文中，谭延闿表达了湘省对这一事件的关注，驻安源的湘军三营营长沈开运听闻赣省将以兵力强行接办萍矿后，随即向驻醴陵李培之旅长、谢安国团长请示维持之法，谭延闿认为事关两省邻交和实业前途，军队不便直接与赣省交涉，"理合电请核夺施行"，"似不宜遽以武力，致启事端，请饬欧阳、周两君和平解决"。[③] 9月6日，汉冶萍公司董事会再以"萍乡

---

① 《北洋政府国务院致李烈钧电》（1912年9月14日），湖北省档案馆编《汉冶萍公司档案史料选编》上册，第289—290页。
② 《萍矿最近交涉》，《民国经济杂志》第1卷第2期，1912年；《赣江新潮流·萍矿交涉》，《顺天时报》1912年10月2日，第4版。
③ 《谭延闿致公司董事会电》（1912年9月4日），湖北省档案馆编《汉冶萍公司档案史料选编》上册，第287页。

密迩湘境，旧有驻矿湘军势尚单薄，万一萍矿有事，不仅矿产损失，并虑影响及湘，关系治安甚巨"为由，请求谭延闿"设法镇慑保守"。① 当日，株洲转运局即致电萍矿会办薛宜琳，赣省派员允许推迟至 9 月 13 日接办，谭延闿已致电赣省，并派李培之旅长率兵赴安源保护，又请时任广西都督、李烈钧之老师王芝祥（字铁珊）严电李烈钧取消。② 而驻萍矿之湘军在与赣军对峙的同时，因矿工中"有赣军如必来干涉，则将矿毁坏，哄抢而散之谣"，还应汉冶萍公司之请而预备随时"弹压矿工"。③

9 月 11 日，谭延闿致电李培之旅长指示："湘省保护该矿，已及一年。断不能未经商允股东，径交他人收办。该旅长务须严重交涉，非经股东代表将办法商妥，万勿将该矿交出。"④ 当日，李寿铨致电汉冶萍公司董事会，称自湘军抵矿，保护力厚，民众万分感激。此时，湘省股东代表龙绂瑞等也向社会各界呼吁"赣省强夺萍矿，非经股东承认，不能擅自割弃"。⑤ 9 月 12 日，为湘、赣两省领交和睦，李烈钧致电李培之、谢安国和欧阳彦谟、周泽南，希望双方协商接洽，和平解决矿事。⑥ 9 月 13 日，汉冶萍公司董事会电谢谭延闿，并因宽限展期已到，恳请其继续保全萍矿，期望避免破坏。10 月初，汉冶萍公司董事会致函湘省都督府张之武，陈述萍矿之实在情形并非如赣省所言，现"已饬萍矿赶修焦炉，增加窿煤出数，两月后即可规复原额。查赣省所虑，只以萍矿无款开工，致匪徒勾结工人肆劫，借口垫款代办，保全治安。不知萍矿自光复后并未一日停工，员司工匠秩序如常，公司逐月汇交现银已达七十万两，现月出煤二万四五千吨，只供铁炉未开以前抵制洋煤之用。铁炉一开，即须规复原额"，请

---

① 《公司董事会致谭延闿电》（1912 年 9 月 6 日），湖北省档案馆编《汉冶萍公司档案史料选编》上册，第 287 页。
② 《株洲转运局致薛宜琳电》（1912 年 9 月 6 日），湖北省档案馆编《汉冶萍公司档案史料选编》上册，第 287 页。
③ 《关于鄂赣两省接管汉冶萍厂矿和汉冶萍国有事密电四件的主要内容》（1912 年 9 月上旬），《汉冶萍公司（三）——盛宣怀档案资料选辑之四》，第 338 页。
④ 李为扬：《李寿铨与安源煤矿》，江西省政协文史资料研究委员会、萍乡市政协文史资料研究委员会合编《萍乡煤炭发展史略》，1987，第 74 页。
⑤ 李为扬：《李寿铨与安源煤矿》，《萍乡煤炭发展史略》，第 74 页。
⑥ 《李寿铨致公司董事会电》（1912 年 9 月 15 日），湖北省档案馆编《汉冶萍公司档案史料选编》上册，第 290 页。

求将此转呈谭延闿。①

10月5日，李烈钧致电谭延闿，陈述接办萍矿是为将来开办兵工厂计，派张汉民前往面陈一切，希望湘省派股东代表接洽：

> 公司开矿利在个人，收效小，公家筹办利在全国，收效大。况萍乡尚多铁锰诸矿，实为将来兵厂造械之第一场所，前陈愚见，已承赞同。此次接办，实为谋利，前提设厂先声非专为治安计也。湘赣毗邻，关系最密，未及早日派员接洽，并聆大教，深为抱歉。现在股东代表不来，似未便因少数股东公司致碍进行。②

谭延闿当即复电李烈钧表示不便协助接办汉冶萍公司，希望赣省与公司、工商部派员就"未尽之处"妥商办法：

> 然有未尽之处，不敢不一商榷，国有范围甚广，似非湘、赣所得专据此为说，必须部办。若云公司利在个人，然所有股东皆为国民，所获之利流通全国，食于矿者，贩于矿者，用于矿者，与国有亦无分别，此说似亦不能推倒公司。鄙意民国以实业为命脉，保商为振兴实业原素，政府能保商，间接之利，不可胜用；与商争利，虽获巨款，而大信既失，实非民国之福。此事自以仍与公司双方商办为宜。项据该公司电称，两月后出煤可复原额，并已派代表赴京请归国有，或国有或商办，应俟中央解决，云云。与尊电大旨，似尚无不合，部派之员今日到湘，不日即可到萍，与尊处委员妥商办法。③

---

① 《汉冶萍公司董事会临时会议记录》（1912年10月3日），《汉冶萍公司（三）——盛宣怀档案资料选辑之四》，第356页。
② 《李烈钧致谭延闿电》（1912年10月5日），湖北省档案馆编《汉冶萍公司档案史料选编》上册，第290页。
③ 《谭延闿致李烈钧电》（1912年10月5日），湖北省档案馆编《汉冶萍公司档案史料选编》上册，第290—291页；《致李烈钧电表示不便协助接办汉冶萍公司》（1912年10月5日），《谭延闿集》，第369—370页。

此时，工商部正在筹划汉冶萍公司"国有"问题，谭延闿为避免纷争，以"矿事重大"为由，令湘省全军撤退，准驻萍矿一营缓退。但是，赣省乘机派兵驻矿保护，排挤湘营。10月16日，李寿铨致电汉冶萍公司董事会，"乞速密电国务院、工商部转电谭都督以湘省股重，保护极周，无论如何勿撤湘营"。① 10月20日，湘省都督府张子武致函汉冶萍公司董事聂其杰，认为驻萍湘营不能留驻过久，公司应早作筹备，"萍营撤则矿立危险，早饬暂留，然亦不能过久。望商公司早筹善后之策乃佳"。② 而湘省革命军转而控制煤焦运输之航路与船舶，其"最后目的以运道为抵制之计"。③

最终，在多方力量的抵制和干涉之下，赣省派员接办萍乡煤矿的计划未能实行，"此由湖南省现派兵士保护，黎元洪注意不法行为，以及公司代表交涉之力，故没收可期中止。现北京政府已派委员调查"。④ 但赣省对萍乡煤矿的争夺并未终止，11月17日，谭延闿饬令湘省财政司"筹备银十万两以为接济萍矿之用"，函达汉冶萍公司派员前来分批取用。⑤ 12月13日，在赣省都督府政务会议上，众议委派顾问彭程万赴鄂省协商汉冶萍矿厂收归官有事宜。⑥

综上，辛亥革命后，赣省因地方财政困难，一直觊觎萍乡煤矿，意欲将其收归己有。而围绕赣省对萍乡煤矿的争夺，形成了一个多方力量利益冲突与权力博弈的格局。面对赣省的公开争夺，汉冶萍公司需要借助北洋政府、湖南地方政府、日本势力等多方力量才能阻止，这体现了民初政治的格局，即中央政府权力的式微和地方势力的崛起。

---

① 《李寿铨致公司董事会电》（1912年10月16日），湖北省档案馆编《汉冶萍公司档案史料选编》上册，第292页。
② 《长沙张子武致聂其杰电》（1912年10月20日），《汉冶萍公司（三）——盛宣怀档案资料选辑之四》，第1297页。
③ 《□□□致盛宣怀函》（1912年9月上旬），《汉冶萍公司（三）——盛宣怀档案资料选辑之四》，第339页。
④ 《上海高木陆郎致盛宣怀电》（1912年9月14日），《汉冶萍公司（三）——盛宣怀档案资料选辑之四》，第1291页。
⑤ 《接济萍矿》，《申报》1912年11月18日，第6版。
⑥ 《赣垣兵变善后大会议》，《申报》1912年12月19日，第6版。

### 三　破坏矿界

赣省在计划投资接办萍矿的同时，还令欧阳彦谟于安源煤矿界外广购地皮，以为自行开采做准备，并"规复驻矿警队，以维秩序而资弹压"，至 1912 年 9 月底，欧阳彦谟预备开采所有轮驳、矿煤，李烈钧遂委任调到赣省之副总统府参谋官张汉民为赣省都督府名誉顾问官兼充萍矿轮驳局总理，迅速筹划开办。① 据欧阳彦谟等人汇报，"所购地面已至八十余处之多，费价二岁元有奇，再行添购数处，足敷开设机矿之用"。② 并且，在地方政府的支持下，萍乡地方官绅合力在安源附近私开土井，破坏了萍乡煤矿矿界。10 月 1 日，李寿铨密电汉冶萍公司董事会，"赣不得逞，萍人金谋借集成公司多开土井，破坏矿界以泄愤"。③ 当日，汉冶萍公司董事会即复电拟对此进行筹备应对，指示李寿铨随时将"情形及部员调查办法"电告董事会。④ 但其后，萍人在汉冶萍公司矿界内私开之土井日益增多。

在工商部派员赴萍乡调查后，李烈钧不愿担负破坏实业之恶名，饬令暂不接收，而委派文启为划界员，先行划界，查照矿章，矿区至多不得过 960 亩之限，文启会同赣军驻萍营长高锡庚、萍乡知事汤兆玙二人迅速与萍局切实丈量，划界立标，规定汉冶萍公司矿区不得越过此线，并就近通知工商部所派赴萍之调查员查照，待赣省委派测量员到萍乡后，即行订期互勘。10 月 9 日，张轶欧等致电工商部，详陈萍乡划界事，请求工商部核准会勘，禁止私井，"集成公司冒称在部立案，私发牌照，令人在王家源一带开挖土井，遂致土人纷纷效尤。私井已达三四十，而赣督复提前清矿章九百六十亩之限制，派员来矿划界，于萍矿公司事业之进行大有妨碍。请电该督收回成命，俟该公司确定矿界，由部核准后再行会勘，并将在该公司原报界内之私井，一律禁止"，并请将汉冶萍公司前呈之矿图界址暂

---

① 《萍乡煤矿》，《申报》1912 年 9 月 25 日，第 6 版。
② 《光复后汉冶萍经过事实：赣争安矿之解决》，《中华实业丛报》第 1 期，1913 年。
③ 《李寿铨致公司董事会电》（1912 年 10 月 1 日），湖北省档案馆编《汉冶萍公司档案史料选编》上册，第 290 页。
④ 《汉冶萍公司董事会常会记录》（1912 年 10 月 4 日），《汉冶萍公司（三）——盛宣怀档案资料选辑之四》，第 357 页。

予存案，俟民国矿法颁行后，再行遵照划界。①

10月11日，张轶欧再致电工商部，认为赣省此举是有意破坏，请求工商部令李烈钧收回成命：

> 查该公司在前清矿章未颁之前，即有大矿十里、小矿三里，禁人开采之禀案，矿章颁行后，并未饬改，峄、滦、保、晋其事亦同，可知前清对于各省大矿原不限以九百六十亩，况开矿区域限于未开之前易，裁于已开之后难。萍矿井巷电车四通八达，即欲量予裁减，部中自有权衡，赣省借口暂行矿章，急切从事，实属有意破坏，矿上现役工人已逾五千，划界员至，人心必乱，乞迅电李督收回成命。又文启系萍绅，亦在萍矿界内私开土井者，合并声明。②

工商部认为此时应照旧维持，电饬张轶欧等就近勘查情形，一面与赣督进行交涉，一面请国务院电饬赣督取消前令。

同时，赵凤昌趁孙中山赴赣之机，致函请其代为向李烈钧陈情，"现在民国更新，而矿章未定以前，前清法律章程继续有效，曾奉有大总统命令，萍乡煤矿章程自应照前遵守，此节能请李都督颁给示谕，俾界限分明，庶不致赣人纷纷违章开挖，徒縻资本，彼此无益"。③ 孙中山随即以萍乡煤矿实业关系民国前途为由，致电李烈钧希望"以保护工商为维一政策"，取消矿界：

> 南昌李都督鉴，顷闻尊处派员到萍乡勘划矿界，以九百六十亩为

---

① 《萍乡张轶欧等致工商部电》（1912年10月9日），《汉冶萍公司（三）——盛宣怀档案资料选辑之四》，第1295页。
② 《张轶欧致工商部电》（1912年10月11日），湖北省档案馆编《汉冶萍公司档案史料选编》上册，第291页。
③ 《赵凤昌致孙中山函》（1912年10月11日），湖北省档案馆编《汉冶萍公司档案史料选编》上册，第291页。后来，孙中山将萍邑绅民黎景淑等手折交赵凤昌阅，汉冶萍公司董事会认为手折中陈述萍矿之事实多凭臆说，因而拟定了一份呈文，将实际情形及确切理由向孙中山缕析陈述，并恳请孙中山维护主持。参见《公司董事会上孙中山节略》（1912年11月6日），湖北省档案馆编《汉冶萍公司档案史料选编》上册，第293页。

限,未识确否?窃谓前清于商人营业,每用抑勒政策,全无维持精神,故实业不兴,国用亦因之困竭。现在民国肇造,亟宜以保护工商为维一政策,以蕲渐进富强,此固我辈同志所应互相策励者也。查前清矿章,本多未妥,且亦并未实行,故萍矿所定"十里三里之禁"立案时部院并无异词,所有峄滦保晋等矿事同一律,是前清于各省大矿并未限定九百六十亩,事实可征。今民国更新,忽欲裁减商矿已定之区域,不但一处摇动牵及全国,从此矿业永无发达之日,关系民国前途甚大。而前清尚未实行之厉民政策,忽于民国时代发现,决非我公所肯出。此或传言非真,或误听一二不知大体之言,偶尔不察,致有此举。果尔,务祈即予取消,以免有累盛名。①

10月13日,李寿铨鉴于当下形势,致电汉冶萍公司董事会,建议寻求北洋政府的维持,"矿本经商,断不能日与地方为敌,势非中央全力不能保全。国有定难遽决,拟请速电部派员驻矿监督,或于调查员酌留驻矿,与部直接,部可全力维持,矿可稳固"。② 10月18日,汉冶萍公司亦致电工商部,驳斥赣省之无理,请求工商部维持实业:

九百六十亩之限不适用于各省已著成效之大矿。今赣员误行矿章,致启萍人违禁争夺之心,不特破坏萍矿已成之局,恐此端一开,各省效尤,开滦、峄、晋无一可以保全,实业前途何堪设想。务恳迅赐电咨赣督撤回委员,申明禁令,凡属萍矿所领矿区以内,如有违章私开之井,饬地方官一律封闭,以保矿章而维实业。③

汉冶萍公司认为光绪三十三年颁布之《大清矿务章程》所限的960亩

---

① 陈俭喜、郭建勇:《110年前电文见证孙中山为汉冶萍公司萍矿"护界"》,《档案记忆》2023年第3期。
② 《萍乡李寿铨致汉冶萍公司董事会电》(1912年10月13日),《汉冶萍公司(三)——盛宣怀档案资料选辑之四》,第1296页。
③ 《公司董事会致工商部电》(1912年10月18日),湖北省档案馆编《汉冶萍公司档案史料选编》上册,第292页。

系指寻常各种矿界,而第九章四十九款,载有"如著有成效须特别推广不在此例"。而汉冶萍公司之萍乡煤矿资本约 1141 万两,规模完备,成效昭著,且萍矿一直是援引开平、湖南成例遵行,因而 960 亩之限不适用于萍乡煤矿。而工商部因此时正在筹办汉冶萍"国有",必须竭力照旧维持。10 月 22 日,工商部复电汉冶萍公司董事会,"已由国务院及本部电知赣督取消前令"。① 11 月 4 日,工商部致电余焕章,令其以工商部名义赴赣交涉,"希即以部派名义,就近赴赣,与赣督和平交涉,更将萍矿目前不能即行划界之利害,本部必须竭力维持之苦衷,力为剖辨,总期萍矿已成之业,不至垂败为要",并将交涉情形,随时电告工商部。②

汉冶萍公司即派徐若农(元瀛)及矿员俞炳燮为公司代表协同前往面见赣督及各司长,一方面陈述代表来迟之故,面致歉忱;另一方面,感谢李都督保护商矿盛意,并请广西都督王芝祥调和。③ 11 月 9 日,王芝祥由湘赴赣。经派员解释以前双方间有误会之处,赣省长官对于"萍矿亦主持和平解决"。④

11 月 17 日,全国矿务督办黄兴率随员 70 余人到安源参观访问,其后汉冶萍公司亦请黄兴"迁道往赣调释一切"。⑤ 11 月 20 日,萍乡矿务局、湖南同乡会、浙江同乡会、安源商务分会、新化乡自治公所及学界、邮局、圣公会等团体在矿务学校开会欢迎黄兴,黄兴在会上致辞说:"二十世纪将成为煤铁世界,以煤铁之多寡代表其国力之强弱……唯安源煤矿开采已十余年,总平巷煤层正旺,既有此绝大公司,一切小公司不宜再行发现,以扰夺其优先权。首宜破除省界,牺牲个人,合湖南、湖北、江西及全国资本家共谋发达此矿,不可企图私利而破坏公益。要使此矿为东南一

---

① 《工商部致公司董事会电》(1912 年 10 月 22 日),湖北省档案馆编《汉冶萍公司档案史料选编》上册,第 292 页。
② 《北京工商部致余焕章电》(1912 年 11 月 4 日),《汉冶萍公司(三)——盛宣怀档案资料选辑之四》,第 1299 页。
③ 《汉冶萍公司董事会常会记录》(1912 年 11 月 8 日),《汉冶萍公司(三)——盛宣怀档案资料选辑之四》,第 366 页。
④ 《汉冶萍公司董事会常会记录》(1912 年 11 月 30 日),《汉冶萍公司(三)——盛宣怀档案资料选辑之四》,第 377 页。
⑤ 《公司董事会致黄兴电》(1912 年 11 月 30 日),湖北省档案馆编《汉冶萍公司档案史料选编》上册,第 294 页。

大富源，并促进国防上武器之发达。"①

在汉冶萍公司借助多方势力维护的情况下，李烈钧渐趋主张和平解决，但欧阳彦谟却并无息事之意。1913年《中华实业丛报》第3期称他为"蹂躏萍矿之恶魔"，认为其在李烈钧决议收回成命之后，仍然"移对外之方针以对内争利"，朦禀都督"萍乡一县矿产，一概不许萍人自由开采，已开商井一律封闭"，若有不从者，"始则以官力恐吓，继则以兵力迫胁"，曾嗾使县知事宋立权将曾成福等不肯卖地之民，拘押班房，强迫立下契约，并且串通当地部分绅商附和；同时，还以"干薪则有二十、三十之等级，购地则有七折九扣之名目"，浮填契价，侵吞公款，并且到萍矿数月内即耗费千金赌博、嫖妓，还以500元购买女子戴氏为妾。因而，该文作者认为欧阳彦谟是惶恐接办之20万经费即将告罄而无以为继，故多方运动要求复议，"数十万之民膏民脂，则已饱若辈之私囊，而不可复吐矣"。②

## 四 省办新矿

1913年初，赣省实业司因视萍乡煤矿为永久利源，而欲动用强权在萍乡开办新矿。3月，《申报》与《顺天时报》均对赣省应收回萍乡煤矿自办及在萍乡创办新矿理由及计划情形进行报道：

> 赣省实业司以萍乡矿产为汉冶萍厂矿把持垄断殆尽，本省官民不敢过问。光复后，汉冶萍公司资本缺乏，萍乡安源煤矿停开，矿工失业流为盗贼，前曾提出议案呈请都督归本省投资代办，当经都督派委

---

① 黄兴：《在安源煤矿公司及各团体欢迎会上的演说》（1912年11月20日），《黄兴集》，第586、586—587页。黄兴于11月21日上午9时乘车抵达萍乡车站，受到萍乡各界的欢迎。大会由知事汤兆玛、国民党赣支部长周泽南等主持，黄兴致辞时亦说："安源之煤，上竺岭之铁，矿脉均富，可为莫大之富源。二十世纪来，为煤铁世界，而萍乡独为煤铁渊薮。将来益事扩充，开发宝库，此责任望同胞共负之。且欲发达实业，须为全体谋公益，不可为个人谋私利。合全国之力，办全国之矿，资本既厚，成绩自佳。……萍乡有此特产，宜合全国资本家为之。凡办一矿，附近同胞均可沾其利益，即稍有损失，仍不失为利益，因资本家无论损益，总有益于劳动界也。"参见《在萍乡各界欢迎会上的演说》（1912年11月21日），《黄兴集》，第588、588—589页。
② 《蹂躏萍矿之恶魔》，《中华实业丛报》第3期，1913年。

总理欧阳彦谟、协理周泽南、刘树堂携带巨资前往,诓意该局联合湘军多方抵抗,又运动工商部出面干涉,并宣言与其让归江西毋宁自行炸毁,都督恐酿成破坏实业之恶名,饬令暂不接收,先行派员划界,并一面令欧阳总理于安矿界外广购地皮,以为自行开采之准备。现准欧阳总理报告所购地面已至八十余处之多,费价二万元有奇,再行添购数处,足敷开设机矿之用。查萍乡煤脉自高坑、龙家冲、王家源经天滋山而由安源脉甚长,矿层甚厚,西人某氏谓足供全世界百年之用。安源矿局虽经营近二十年,然所掘隧道现仅十余里,尚未至王家源地方,由王家源至高坑尚有二十余地完全矿脉,现拟划清矿界,先在安源最近之黑家源地方开一井口,绝其来脉,使之不能暗中偷采,然后自王家源、龙家冲至高坑开二机窰,以资开采,将来安矿出煤逐渐减少,汉阳铁厂及长江下流各机厂轮船铁道并销售出口焦煤,向之仰给于安矿者,必转而仰给于新矿,利益远大,何可胜计。况萍乡上竺岭铁矿矿质甚佳,矿脉甚旺,前清铁良氏亲往该处踏勘测绘地图,拟于此处开设铁厂,以萍煤冶萍铁较汉冶萍三厂分立其难易不啻倍蓰,嗣以经费难筹未能举办。查世界各国煤矿附有铁矿者不可多得,乃得之于我者之萍乡,若能先办煤矿,俟得有利益即开采铁矿,设立兵厂,将来成为煤铁世界富国强兵无逾于此。又南萍铁路现正筹划建筑,能办萍乡煤矿始能确有养路之费,九江鸡笼山铁矿现亦筹划购买,将来开办非借南萍铁路运输萍煤不为功。是萍乡煤矿与上竺岭、鸡笼山二处铁矿及南萍铁路皆有连带关系,俱为本省永久利源。①

在赣省实业司看来,为夺取"本省永久利源",必须使"长江各机厂、轮船、铁道将尽购该处(新矿)之煤"。② 且在当时的局面下,赣省实业司认为应该抓住机会,"湖北现欲联合我省将汉冶萍三厂收归二省

---

① 《赣省萍乡自创新矿之大规画》,《申报》1913 年 3 月 6 日,第 6 版;《萍乡自创新矿之大规画》,《顺天时报》1913 年 3 月 23 日,第 4 版。
② 《赣省会取消萍矿案纪事》,《申报》1913 年 4 月 28 日,第 6 版。

官有，中央工商部又有收归国有消息，若我省不急筹自办，将来此事解决，恐我省固有利源，不克全享，此为扩充本省利源计，不可不亟筹自办也"。① 于是，赣省实业司围绕新矿地点、运道、分销、经费等制订了种种规划：

（甲）地点　拟在王家源地方开小机窑一个，专为截断安矿来路，在高坑地方开大机窑二个，取其地面开展运道平坦；

（乙）运道　高坑离芦溪河道计旱道二十里，拟暂筑轻便铁道输运，俟南萍铁路至袁州一段告成，即由袁州径由小轮运赴南昌、九江等处；

（丙）分销　在袁州设堆栈一，南昌、九江、汉口、南京、上海等处设堆栈分销局各一；

（丁）经费　拟将前次政务会议议决筹备接收安矿之二百万元，指拨为自办萍矿不动经费，随时支取，将经费分配预算概数开列于后：（子）购地及开办局费五万元；（丑）建筑约十万元；（寅）购办机器约四十万元；（卯）轻便铁道约二十万元；（辰）轮驳约十万元正（暂缓）；（巳）堆栈及分销局约十万元（暂缓），以上开办费约百万元，惟当择其轻重缓急次第扩充；（午）每年常支活支约百万元，每月费用应视开采之进步、所用工人之逐渐增加以为准，约每月少则万元，多至七八万为止，约计一年乃至二年始能出炭，三年后可资周转，四年后始有盈余，以后利益逐年增加，当无俟再添巨资；（附说）本年开办费除轮驳、堆栈二项外，约须七十五万元，又常年费约十五万元，合计约九十万元，去年欧阳总理曾携资二十万元赴萍，本年能筹的款七十万元，勉可敷用，明年（即第二年）开办费及常年费约须七十万元，后年（即第三年）约须四十万元。②

---

① 《实业司提议省办萍乡煤矿案原稿》，江西萍乡赖俊华私人藏品，2023 年 12 月 7 日笔者拍摄。
② 《赣省萍乡自创新矿之大规画》，《申报》1913 年 3 月 6 日，第 6 版；《萍乡自创新矿之大规画》，《顺天时报》1913 年 3 月 23 日，第 4 版。

但赣省内部之意见并不统一，法律、财政两委员会审查后认为应当缓议，撤销设立之购地局。① 赣省实业司因不能达到其目的，于1913年3月21日提议案请赣省议会审查公决，委员欧阳彦谟出席报告省办一案原委及宗旨。在赣省议会的会议上，虽然议员吴鸿钧、胡廷銮、颜丙临、杨瘠笙、黄人庸等人"颇有为该司所动"，极力主张省办，但更多的议员是持反对意见的：首先葛第春主张取消，"以防牵动邻省恶感，且于事无济"；次萍乡人张家相根据地方情形，论述萍乡另开矿井之不利，表示绝对不赞成；次则杨宗流、罗士杰均极力主张取消；王镇寰更是称"省办二字，实破坏安源已成之矿，今吾省欲争此项权利，尽可投资入股，何必另凿地方为界"；黄炳焕继而发言驳斥颜丙临之借债说，谓"今之借口提倡实业者皆为私利起见，即为胡廷銮、黄人庸等所阻"，希望省议会力持正论，不为实业司谬说所动。②

在此次讨论中，议员罗士杰和欧阳彦谟的观点争议最具代表性，其主要论争内容如下（见表3-2）：

表3-2　赣省议员欧阳彦谟与罗士杰关于省办萍乡煤矿的意见

|  | 罗士杰反对意见 | 欧阳彦谟赞成意见 |
| --- | --- | --- |
| 历史上手续之谬误 | 查原有萍乡煤矿发起于武进盛氏，招股开办，实具完全股份公司性质，私人产业，国度虽更，原无没收之原则，亦无强制收归省有之原则。盛氏虽为清吏，而南京临时政府许为保护其原籍资产，汉冶厂矿原未实行没收，即萍乡煤矿在盛氏一方亦无没收之原则，而我省初欲没收之是已不免违背法理矣 | （公司）成立之始，明为官督商办其非完全商办，可知即其后改称公司，亦系由盛宣怀奏明以邮传部侍郎名义咨农工商部注册，其所列条件多与商律不合，不过以盛宣怀之势力，农工商部遂于立案，不知原书认为完全股份公司性质果何所据而云？然至谓本省初欲没收，查本省以安矿为中国最大实业，且在本省行政区域之内，光复以来，该矿以资本缺乏停开，大工、矿工多半失业流为窃盗，本省为保全实业维持秩序起见，是以开政务会议议决由本省投资代办，夫既云投资代办，其非没收可知成案具在，可加调查 |

---

① 《赣省会取消萍矿案纪事》，《申报》1913年4月28日，第6版。
② 《光复后汉冶萍经过事实：赣争安矿之解决》，《中华实业丛报》第1期，1913年；《赣省会取消萍矿案纪事》，《申报》1913年4月28日，第6版。

第三章·赣省争夺萍乡煤矿 / 177

续表

|  | 罗士杰反对意见 | 欧阳彦谟赞成意见 |
|---|---|---|
| 历史上手续之谬误 | 开矿为冒险之实业，各国矿律皆取保护主义以示奖励，而我省见萍矿已著成效，初欲没收，没收不得又欲强制收归省有，强收不得乃事购地开采，一面以限制原有公司之发展，一面以求利权之使夺，是人不免违背法理矣 | 查矿章对于开采矿地矿商本定有矿界，明明有至大不得过九百六十中亩之条文，萍乡矿苗绵亘至四十余里，断无任安源矿局永远垄断之理。故本省官厅以该矿违法开采并据萍邑人士控告，爰特派员前往勘界，勘得该矿现开地点已达九百六十中亩四倍之广，自应竖立界石照章加以限制，然地面立石地底依然偷挖，是法律仍不能发生效力。且本省大利所在，不能因该矿违法，遂令废弃，故议由本省自行购地实行开采，一则可使矿界有效，一则可以开辟利源 |
|  | 当此案筹画之始，实业司将所拟章程批驳谓宜从调查入手，原属稳健办法，而都督责其缓慢，径调兵前往欲以武装解决。其时原有公司用缓兵之计，约迟半月清理一切以便交代，赣省无以诘也，原有公司遂得于此期间中运动湘督调兵对待，旋又请黄克强先生驰赴萍乡开会判断，据其所论不第不能强制收归省有，并不应购地更开侵夺利权，于是我省遂成进退维谷之势。后由前实业司长欧阳彦谟君呈请都督拨款购地土法开采，声明直接都督不归实业司管核（现在提议案系都督制成，记实业司提出实在内容非实业司提出也），都督允之，拨款二十万开办（闻现已用去十三万有奇）。夫各司主管须负连带责任，今直辖都督屏去实业司是更不免违背法理矣 | 原书实多谬误，查原书谓实业司将所拟章程批驳，不知所谓章程者系何种章程？语意不明姑置不论，至谓从调查入手则有周泽南、胡孚、刘树堂之调查报告。周泽南并系由都督特派，都督何尝不用实业司之条陈？至谓都督欲以武装解决，查萍乡为江西边境，先复后驻兵一团，去岁四月间仅驻兵一营，八月间前往接办安矿仍系驻兵一营，所谓欲武装解决者，诚不知何为武装解决何事？至谓黄克强开会判断，黄先生到萍查察矿山事诚有之，谓谓黄先生干涉此事，黄先生为当代伟人，何至出此谬举？若谓该矿运动，湘督调兵对待，当时以保护铁路调拨军队沿途驻扎，然亦不自我省往接萍矿之日为始，且并无与赣开衅之说，即使其事属实，该矿竟欲借湘省兵力压制我省，我省人士应深恶而痛绝之。原书之意乃以此称该矿手段高强耶，又谓欧阳彦谟呈请都督拨款购地用土法开采，查购地之举系为划界后必有之手续，经政务会议决奉都督电令鄙人遵办，又何待鄙人之呈请。至用土法开采一节，现但就所购王家源土井一口继续修理，全案办法固已提出，议案何尝专注土法？又云直接都督不归实业司管核，查政务会议决投资代办安矿之时，即拟派委总协理前往办理，都督令实业司、财政司、民国银行会拟萍乡矿局办事规则，当时以接收安矿对外交涉极多，不能不将矿局权限稍予扩张，故于重要问题准其直接都督核示，仍用咨呈报告财政、实业两司，稽核原案具在可以复按，且当时彦谟尚任实业司次长，并未发表为萍矿总理，既无自愿缩小本司权限之理由，亦无自请扩张矿局权限之能力。原书一若深为实业司代抱不平者，可谓不知此中事实，小注谓此案非实业司提议，查余干煤矿系由实业司直接管辖，其议案亦系由该矿局编制交由实业司提议又将何说？若以非实业司提议即不予通过， |

续表

| | 罗士杰反对意见 | 欧阳彦谟赞成意见 |
|---|---|---|
| 历史上手续之谬误 | | 然则贵会议决案件，固重在各司其他机关皆无提议资格耶，又小注谓已用去款十三万有奇，矿局用款鄙人应负完全责任。据鄙人所知，现统计调查费、旅费、局用测量费及购地费等项并不及罗君报告之额，不知罗君闻诸何人已用款若斯之巨，若彦谟照原书数目报销，恐又将以舞弊营私见劾矣 |
| 现在窒碍之处 | 至购地开采一层，主要之地久被原公司购去，现所购者黄家源等处之山，以之限制原公司之发展，则可以之作独立之经营，则未见便利且采煤之利益尤赖运道之便利，此时南萍铁路尚无把握，原有公司之铁路肯不我担任运输与否？恶感既深，不可必也。若由河道运省，此间沙河水浅小舟尚不易通，行程迂滞，其损失可翘足而待，此尤现在窒碍之甚者也。土法开采不足与原有公司之西法竞，识者谅能言之，且彼有汉阳铁厂及湘鄂各公用煤炭处为其销市场，而我省则否 | 查萍乡矿脉自高坑经由龙家冲、张公塘、王家源、紫家冲等处始至安源，安源不过为煤苗结脉之地，该公司现所开地点亦仅占全矿脉三分之一，各处煤层均极丰富，且高坑、王家源局势均极宽展，足敷开设机隆之用，谓为不能独立经营，诚恐于该处地势未深研究。若谓运道迂滞，此诚亟须研究之点，然萍株铁路久已收归国有并非属于该公司，该路营业以运煤为大宗，我省能采出煤炭照安矿例运输当无不为代运之理。袁河虽浅，上年春水发生尽可畅行，两方转运当无停滞之虞，且南萍铁路终须兴筑，开出大煤尚需时日，安知数年后不更胜于今日之安矿耶？至谓土法开采不足与西法竞，诚为至论议案，固明明定为自开机隆二个，其土法井，一则为机隆未成之先借资余润，一则为土人烧煤借资补助，并非以土井为主，若专开土井则有十万元已足，又何须二百万元之巨款耶？至虑及销路，查中国每年洋煤入口尚为大宗，诚可无庸过虑，且本省局面既开安矿，出炭必少，固可以我之有余补彼之不足也 |
| 将来危险之隐机 | 查此案发生，吴楚对赣皆生恶感，而以湘省为尤甚，我省欲购地开采亦原于无可退步之中作一敷衍体面之计，当事苦衷原当曲谅，筹有此恶因恐生出他项恶果，双方各怀意气，将来难保不无冲突。设不幸本员之言偶中，小之则为两方工人之械斗，大之则为湘赣军人之战争，动干戈于邦内，牵动大局岂独非实业界之福哉？至于经济上之倾轧，我省坐受损失犹其余事矣 | 若以吴人对赣皆有恶感，岂以盛宣怀可代表吴人全体耶？恐质之吴人亦不任受鄂省，则于前临时议会会经议决将汉冶萍厂矿收归官有，复经黎副总统电致李都督，略云赣鄂两省共筹积极进行之策，故本省乃有派员调查投资代办之举，不知恶感从何而生？若湘省当前岁光复之时，曾奉谭都督派兵保护该矿，李都督亦曾有电致谢。去岁鄙人赴萍曾面谒谭都督详陈本省办理情形，谭都督亦以此事只须与股东接洽，我省投资代办亦甚赞成，诚以该矿既在本省行政区域，本省为保全实业维持秩序起见，谭都督亦决不欲以盛氏及少数人之请求而与本省为难也，原书乃谓吴楚对赣皆生恶感而以湘省为尤甚，未免厚诬邻省，恐此言出适足以生鄂省之恶感，罗君之言不幸而中，亦未可知。若谓本省购地开采仅为敷衍体面之计，本省就法律上、地权上、事实上均有应自行开采之必要，轻轻以敷衍体面四字打消全案毋乃太自菲薄乎 |

续表

| | 罗士杰反对意见 | 欧阳彦谟赞成意见 |
|---|---|---|
| 综论 | 萍矿实无省办之必要，我辈职居代议，虽有保持吾省权利之责，然眼光所瞩当见其大。中国之矿中国人采之，何必赣也？况长此以往失败堪虞，并无权利之可保耶。虽然着手购地已投资十余万，其将弃此不顾乎？是又不然，据管见所及，不如与原有公司交涉以所购地基襄成，原有公司由原有萍乡煤矿公司归还原价可也，作价入股亦可也。盖本省所购地虽不便于独立经营，最足以妨碍该公司营业之发展，合之则双美，离之则两伤，度无不可消融恶感，则乐于赞成 | 安矿既已越界侵占，则我省根据矿章划定矿界，就法律上论安矿无开采之资格，本省决不能以大利所在任其废弃，此法律上有省办之必要者也。萍矿在本省行政区域以内，本省应自辟利源，此地权上有省办之必要者也。本省以费用巨款购买山场井口，若不开采则前款尽归无着，此事实上有开采之必要者也。若谓中国人之矿中国人开之，何必赣也？此语就狭义的解释，则他省所得利益未闻其分诸本省，本省应得之利益乃欲弃而不顾，诚恐我以为大公无私而人以为无能为役，就广义的解释，则汉冶萍公司现借外债甚巨，外人久已垂涎安矿，果一旦被外人押收，将亦日眼光所瞩当见其大，世界人之矿世界人开之何必中国人耶 |

资料来源：《对于罗君士杰萍矿意见书之驳议》，江西萍乡赖俊华私人藏品，2023年12月7日笔者拍摄。

据上可知，欧阳彦谟针对罗士杰提出的"历史上手续之谬误及现在之窒碍与将来之危险"逐条进行了批驳，坚持认为"省办萍矿实为本省应有之利权、主权，绝无所用其顾忌"。① 赣省议会对此案十分慎重，经审查认为所主张省办之理由"不能十分充足，故卒不能通过"，即当遵从多数意见"以公意取消"。② 1913年《中华实业丛报》第2期对此次夺矿情形解说道："赣省之争萍矿，发端颇为暴烈，嗣经公司叠次磋商，京部极力保护，李督渐就和平解决，而赣省议会尤为主持公论，取消赣实业司省办萍矿之案。"③

虽然赣省议会在逐条审议提议后认为当驳回该案，但赣省实业司"不以议会主张为然"，称从法律、利权和事实的角度不应放弃将萍矿收归省办，"就法律上而论，矿商开矿自有矿界，安矿现已超越界限之外，自不

---

① 《对于罗君士杰萍矿意见书之驳议》，江西萍乡赖俊华私人藏品，2023年12月7日笔者拍摄。
② 《光复后汉冶萍经过事实：赣争安矿之解决》，《中华实业丛报》第1期，1913年；《赣省会取消萍矿案纪事》，《申报》1913年4月28日，第6版。
③ 《光复后汉冶萍经过事实：赣争萍矿始末补志》，《中华实业丛报》第2期，1913年。

能限制界外开采；就利权上而论，萍乡为著名矿产，外人久已垂涎，断不能令盛氏一人垄断利源，我省反弃利权不顾；就事实上而论，我省购地已费巨资，且接收安矿又成画饼，尤宜筹积极进行之策"，并抄录赣省代理民政长彭程万的两条意见，"甲条，拟仍照原咨立议再行正式划界自开局面一节，实为至当不易办法；乙条，以地作股各节，系为保全本省主权，维持安源矿务，亦极平允"，认为应当主张甲条办法，呈请赣督咨交赣省议会复议。① 1913 年《中华实业丛报》第 2 期《觊觎萍矿者一》文末按语认为赣省实业司"意存捣乱"，亦从法律、权利和事实上逐条对其进行了批驳，在法律上，按语作者认为"矿律诚有界限，然断非各就窿口而止"，赣省实业司原议就萍矿近地开一井口，"并非于界外另开，乃是于界内截夺"，指责赣省实业司讲求法律却又自己先违法；在权利上，赣省实业司所称"省办"二字，"实破坏安源已成之矿"，且"以合资之公司硬指为盛氏一人私产，又视本国人为外国人"是省界之见，赣省若真"欲争此项权利，尽可投资入股"，不必进行如此严重的破坏；在事实上，彭程万之乙条以地作股最为平允，但赣省实业司却"无以非难，转谓恐安矿不就其范围"。②

赣省的"省办"之举得到了鄂、湘等省的呼应，热河都统熊希龄致电李烈钧，称汉冶萍公司应由湘、鄂、赣三省联络一致收回合办，提议用三省名义另借外款，或办租捐、或加盐价、或以粤汉铁路公司各股移办等办法，以解决公司旧债问题，并且要求公查盛宣怀侵蚀款项、虚冒股票情形，责令赔缴。李烈钧对此极表赞同，认为其提议中"惟以查账固属紧要，另借外款尚是办法"，但租捐、盐价、粤汉路股三策"关系中央财政、国民生计，似未便自为风气"，因而将原电咨文赣省议会讨论，并咨请鄂、湘两省都督征集办法，再行议决。③ 1913 年《中华实业丛报》第 2 期载《觊觎萍矿者二》文末按语对此事进行了驳斥，认为汉冶萍公司为完全商办

---

① 《光复后汉冶萍经过事实：觊觎萍矿者一》，《中华实业丛报》第 2 期，1913 年；《赣省会振兴矿业案一束》，《申报》1913 年 5 月 18 日，第 6 版。
② 《光复后汉冶萍经过事实：觊觎萍矿者一》，《中华实业丛报》第 2 期，1913 年。
③ 《光复后汉冶萍经过事实：觊觎萍矿者二》，《中华实业丛报》第 2 期，1913 年；《赣省会振兴矿业案一束》，《申报》1913 年 5 月 18 日，第 6 版；《咨商今办汉冶萍公司》，《申报》1913 年 6 月 9 日，第 6 版。

公司，"岂行政官无故可行攘夺"，熊希龄、李烈钧是以军人身份"违法侵官"；所谓"收回"二字实是视汉冶萍公司股东为外国人及视汉冶萍公司为熊希龄、李烈钧之私产；而用三省名义另借外款之议更是"欲夺汉冶萍为抵押品"，以引渡外款而割卖于外人，"实业界当视为公敌"；至于清查盛宣怀侵蚀款项及虚冒股票之事，"乃公司股东应办之事，亦非可任听他人越俎以为攘夺先声也"。①

## 五 索要股权

早在1912年9月14日，汉冶萍公司经理叶景葵在与小田切的谈话中就明确指出江西都督之所以欲没收萍乡煤矿实为争夺经济利益，"系因以前湖南省株萍铁路之煤炭欠款五十余万元与公司对湖南之大清、交通两银行借款三十余万元，合计八十余万元，作为湖南省之借款，经换成汉冶萍公司股票，因而引起江西都督妒嫉，以至出于最近之暴举。如上项股票为中央政府所有，或由江西、湖南两省分配，情况则难以预料"。② 因而，赣省在得知鄂省有官本改填股票之举后，即亦以财权、地权之说要求汉冶萍公司填送股票。

其时，赣省派人在萍矿矿路四周近处开挖土矿，萍乡当地绅商与外来商人也纷纷趁机开挖，势必大害机矿，一旦灌水坏窿，后果不堪设想。汉冶萍公司派代表赴赣恳请示禁，但赣省以亦欲援照鄂省之例，以填送股票为条件，方肯实行禁止。公司初议拟立即呈请工商部主持，"仍照旧案禁止土矿，未便填送股票"。③ 后因汉阳铁厂急需萍煤开工出货，公司为汉冶萍公司生产计，决议填送股票。但赣省于萍矿并无丝毫公款，唯张之洞拨用公款五百数十万两之内，实有两淮盐务50万两，江西在两淮区域之内，汉冶萍公司据此拟提议商请财政部，即以此50万两按照鄂章填给赣省公股

---

① 《光复后汉冶萍经过事实：觊觎萍矿者二》，《中华实业丛报》第2期，1913年。
② 《叶景葵与小田切谈话记录》（1912年9月14日），湖北省档案馆编《汉冶萍公司档案史料选编》上册，第298页。
③ 《汉冶萍公司简明节略》（1914年1月10日），湖北省档案馆编《汉冶萍公司档案史料选编》上册，第305页。

票,以此办法保全萍矿,进而保障汉阳铁厂之煤焦供应。① 公司将这一情形向鄂省代表陈说后,鄂省表示"公司当速设法对待,鄂省本分之问题尚未解决,何能过问赣事"。②

12月20日,江西旅沪公会刘凤起、陈三立、陈作霖、吴钫、谢佩贤、梅光远、谢远涵、罗兆栋联名致函盛宣怀,以创立新公司因战乱中止及湘、鄂享有汉冶萍公司股权则江西亦应有同等利益,要求"持平以处"填给股份,"查湖北股税行将表决,湖南以醴陵过载,得股权一百二十万,湖北内消之款亦得股权四百余万;江西为萍煤产地,亦应享有同等之利益",经江西旅沪公会开会讨论,议决委任张桂辛、邹维良、陈方恪等人前往与盛宣怀会商,并派人回赣筹备办法。③ 12月21日,盛宣怀以私人名义致函陈三立,陈述湖南公股与湖北债捐改填股票之原委:"当辛亥起义之秋,萍矿欠缴萍洙〈株〉铁路煤焦运脚计数甚巨。其时机关断绝,矿中不名一钱,承湘省维持,以股票作为代价,遂有湖南公股之名称。本年鄂省议会公举代表来沪,商以张南皮官办时用款数百万两原案,以每年铁捐拨还官本者改为统填股票。同人公议,以此项钱捐是否属于地方税,抑国家税,中央尚未宣布,设须填股,在湖北一方面必担认向政府通过,在公司一方面须开会向股东通过。虽代表许以十年之免捐,允以官山之采掘,然磋议至今,迄未就绪。盖公司始终抱定南皮奏案为铁板注脚也",据此盛宣怀认为江西旅沪公会对此"必有误会",不能"因地点所在,即应享有公权,不仅与填股抵债之湖南名义不符,即与未成事实之湖北相较,理由亦更难充足",但同时提议可以将今后萍乡煤矿"所助当地公益捐及赣省行政公署所征出井税,不愿收受现银,均愿以股票作代价",即可享有公司股权利益。④

---

① 《公司董事会致丁立中函》(1913年4月19日),湖北省档案馆编《汉冶萍公司档案史料选编》上册,第398页。
② 《丁立中致公司董事会函》(1913年4月20日),湖北省档案馆编《汉冶萍公司档案史料选编》上册,第399页。
③ 《刘凤起等致盛宣怀函》(1913年12月20日),《汉冶萍公司(三)——盛宣怀档案资料选辑之四》,第712页。
④ 《盛宣怀致陈三立函》(1913年12月21日),《汉冶萍公司(三)——盛宣怀档案资料选辑之四》,第715—716页。

此时，赣省实业促进会也致函汉冶萍公司，要求援照湘、鄂成案，赣省亦应"同享汉冶萍公股之利益"。汉冶萍公司董事会在就此事复函解释的同时，考虑到因正值赣省派员查勘矿界，顾虑赣省人士借机"复有要求"，致函赣省省长，认为"萍煤产地隶属江西，然矿局岁助当地公益捐及赣省所征出井税，亦自尽有义务"，赣省实业促进会以"地点所在即应享有公权"，实是"未悉湘股理由、鄂事历史以致误会"，缕析陈明实情，"不仅与填股抵偿之名义不符，即与未成事实之湖北相较，理由亦更难充足"，因而恳请"据情宣布，以免误会而息纷争"。①

## 六 矿界纠纷再起

赣省破坏矿界虽被阻止，但二次革命爆发后，李烈钧倒台，地方秩序的混乱使矿界纠纷问题又被重新提出，集成公司混入矿界内穿凿土窿后，又有其他接续私开者纷纷效仿，王家源、紫家冲、龙家冲、高坑一带遍开私井计有百余座，大都为在矿界内乱挖所成，虽呈请赣省军民两府保护，但屡经禁阻无效。1913年9月13日，盛宣怀等致电江西省民政长汪瑞闿、宣抚使赵惟熙，抄录原案，编具节略，并附矿界图说，请求迅速会同赣都督刷印示谕，"令行萍乡县知事遵守前禁，封闭私窿"。②

10月，湖南百炼公司又破坏矿禁，在萍乡煤矿附近设厂，收土井炼焦，并且该公司坚持请株萍路局准予车运，路局以车少为由一再拒绝，该公司继而自行向湘路借车，表示愿意以承担租费来添筑分路运输土焦。10

---

① 《光复后汉冶萍经过事实：答复赣省无理之要求》，《中华实业丛报》第10—11期合刊，1914年；《赣省要求汉冶萍权利之答复》，《申报》1914年1月19日，第6版；《赣省要求汉冶萍权利之答复》，《顺天时报》1914年1月23日，第9版。汉冶萍公司对湖南公股和鄂省官本改填股票解释道："辛亥光复之秋，萍矿欠缴萍醴铁路煤焦运脚计数甚巨，其时机关停滞交通断绝，矿中不名一钱，承湘军维持以股票作为代价，遂有湖南公股之名称。本年鄂省议会公举代表来沪，拟以张南皮官办时用款数百万原案，以每年铁捐拨还官本者改为统填股票，敝会公议以此项铁捐是否属于地方税，抑系国家税，中央尚未宣布，谓须填股票，在湖北一方面必呈请政府之许可，在公司一方面须开会征股东之同意，虽代表许以十年之免捐，允官山之采掘，然磋议至今迄未就绪，盖公司始终抱定南皮奏案为铁板注脚也。"

② 《盛宣怀等致汪瑞闿、赵惟熙函》（1913年9月13日），《汉冶萍公司（三）——盛宣怀档案资料选辑之四》，第633页。

月 18 日，汉冶萍公司董事会为此事呈文交通部和工商部，认为株萍铁路专为向汉阳铁厂运输煤焦而设，湖南百炼公司土井炼焦，要求车运，妨害厂矿：

> 萍人私开土井，有碍机窿，屡经援案呈请禁阻，迄未就范，若再准其车运，则从此土井蔓延，纷纷效尤，不可收拾，势必将已费千余万巨本之机矿，立时破坏而后已。矿一破坏，厂即停废，生命相连，同归于尽，其不可者一。
> 株萍车辆车场，以运机矿煤焦，已觉不敷周转，来岁汉厂第四炉成，运煤加多，更不敷运，前已电恳交通部预筹添车在案，该公司要求车运，以借车助费为词，冀耸部听，路局一经照允，则添路非旦夕可成，势必一同搭运，则车少而分，必误厂需，危险情形，不堪设想，即使该公司助费非虚，借车有着，按照敝公司萍矿禀案，萍乡县境援照开平，不准加立煤矿公司，即不应另有运煤铁道，其不可者二。
> 萍矿炼焦，必用机器洗煤使净，入炉冶炼，方免出险，该公司土法所炼，煤质未经洗过，设同一车运，无可辨别，羼杂入炉，是并汉厂而亦破坏之，其不可者三。①

汉冶萍公司认为，追原祸始，实是"由李烈钧督赣时，始拟砌词没收，继思武力占据，终以屈于公议，遂派欧阳彦谟到萍，借定矿界为名，实则私开土井，侵害机窿，欲使公司因摧残而束手，以遂其攘夺之谋，于是土豪勾串，纷纷效尤，遂成今日之势"。② 公司除派代表夏敬业赴赣陈请外，还恳请工商部与交通部商议，电饬株萍路局，不得在安源添造分路及运输其他公司土焦，并请迅咨江西民政长，饬令萍乡县将萍矿界内私开土井，一律照案封禁。10 月 20 日，汉冶萍公司董事会致函江西都督兼民政长李纯，以"汉厂冶铁全持萍焦，矿一破坏，厂即停辍，实业前途关系至

---

① 《公司董事会呈工商部文》（1913 年 10 月 18 日），湖北省档案馆编《汉冶萍公司档案史料选编》上册，第 294 页。
② 《公司董事会呈工商部文》（1913 年 10 月 18 日），湖北省档案馆编《汉冶萍公司档案史料选编》上册，第 294 页。

重"为由，请求李纯"保危局而维实业"。① 同时，还以萍矿"悉系散诸萍境，使市廛顿增蕃盛，并捐资助学，虽不敢谓教养兼施，究于地方不无裨益"为由，请求江西省民政长汪瑞闿"迅赐将前次李烈钧派委萍绅文启划界之乱命取消，一面撰印示谕，令行萍乡县封禁王家源、紫家冲、龙家冲、高坑一带私开土井，并告诫萍民声明萍矿界内嗣后不得再有搀越乱挖情事，以保商案"。②

10月27日，交通部批示汉冶萍公司呈文，认为株萍路局是营业性质，与包办性质不同，汉冶萍公司只是该路局的大宗主顾，如果添修分路与汉冶萍公司所订合同事项不相违背，汉冶萍公司亦似无强迫该路局以谢绝其他主顾之权，"况该路进款不敷，不能不求营业之发达，尤未便守一而终。所称前请奏案，萍乡县境不准另立公司一节，事属该公司与百炼公司之矿界问题，自应呈由该主管机关处理，本部无权判断"。③ 10月29日，工商部亦批示汉冶萍公司呈文，认为集成公司、百炼公司先后在萍乡矿界内私开土井，将导致他人纷纷效仿，"实属有害机窿，破坏矿禁，业经据情咨请江西民政长，将该矿界内私开土井，一律饬县封禁。至百炼公司要求路局添筑分路一节，其轨道如何布设，本部无从悬揣，况百炼公司闻有在萍醴开采白煤之事，其所要求究竟是否专为装运土焦起见，亦无由得知。总之，该矿界内土井一经封禁之后，煤无从出，车运一事自无足虑，所请咨商交通部电饬路局不得添筑分路之处，暂毋庸议"。④

1913年11月14日，顾成章致函盛宣怀，认为汉冶萍公司"厂在湖北、江西，而运动之力仅限于上海"，无济于事，而这主要是因为缺乏明确的"方针"策略，"今日开一会，明日开一会，后日复开一会，纸上谈

---

① 《汉冶萍公司董事会盛宣怀等致李纯函》（1913年10月20日），《汉冶萍公司（三）——盛宣怀档案资料选辑之四》，第655页。
② 《盛宣怀等致李纯、汪瑞闿、赵惟熙节略》（1913年10月20日），《汉冶萍公司（三）——盛宣怀档案资料选辑之四》，第656页。
③ 《北洋政府交通部批（第二百九十一号）》（1913年10月27日），湖北省档案馆编《汉冶萍公司档案史料选编》上册，第295页；《交通部批汉冶萍煤铁厂矿有限公司呈》（1913年10月27日），《政府公报》第536号。
④ 《北洋政府工商部批》（1913年10月29日），湖北省档案馆编《汉冶萍公司档案史料选编》上册，第295页。

兵，空言无补，未免是咻咻书生之见也，此方针未尽善也"，因而建议公司必须依靠武力，"论今之上策，当运动为江西都督，其次亦不失为民政长，有兵有权，其事济矣"。① 11月19日，盛宣怀"以个人名义，兼恃交情，为公司全体吁陈"赣北观察使吴筠孙"鼎力维护"。②

但集成煤矿公司代表谭人纪等呈文工商部，解释勘矿曾经赣、湘两省立案，且"试办已久"。12月3日，工商总长张謇批示，"如系勘矿，虽据称曾经赣、湘两省立案，而其目的仅在勘验该地内有无矿产，即不应有运煤至湘之事；如系开矿，既未经本部核准照给，则是系私挖。即未与汉冶萍订立契约，亦在应行封禁之列"，去年即批令，将所发牌照悉数收回，所开土井尽行封闭，"不意延宕至今，尚在开发，实属有意争占"，因而"咨行江西民政长，饬县将所有土井一律查封"。③

正当汉冶萍公司与赣省商议时，外界风传赣省将与汉冶萍公司合办萍乡矿局，萍乡旅京同乡为"保存萍矿局，以全国利、以固省权而维国法"，呈文赣省省长戚扬，"萍矿局与盛氏合办，以国家权利言之，则汉冶萍公司今实日本之公司，举萍矿局附而益之，是白送于外人；以赣省权利言之，则汉冶萍公司实空虚如洗之公司，萍矿局与之合并，是不啻替盛氏空补亏欠"，而且合并有违矿业条例规定煤矿矿区为二百七十亩以上与十方里以下为限，"今安矿离萍矿局在十里以外，若将萍矿并入安矿，则安矿区增加十余里矣"，因而请求取消合并，由萍人收回自办。④ 中国实业研究会会长汤化龙派人与赣绅刘景烈等联合痛诋盛宣怀私卖赣矿，也坚持请再行勘测矿界。⑤ 江西省议会经议决，选举黎景淑等人为代表，与安源煤矿

---

① 《顾成章致盛宣怀函》（1913年11月14日），《汉冶萍公司（三）——盛宣怀档案资料选辑之四》，第659页。
② 《盛宣怀致吴筠孙函》（1913年11月19日），《汉冶萍公司（三）——盛宣怀档案资料选辑之四》，第661页。
③ 《工商部批示》（1913年12月3日），《汉冶萍公司（三）——盛宣怀档案资料选辑之四》，第697页；《工商部批第一一八一号》（1913年12月3日），《政府公报》第581号，1913年。
④ 《萍乡乡人保存萍矿之公呈》，《大公报（天津）》1914年6月21日，第3张，第1、2版。
⑤ 《戚扬致孙宝琦函》（1915年10月上旬），《汉冶萍公司（三）——盛宣怀档案资料选辑之四》，第964页。

交涉，并呈文北洋政府农商部、行文省政府，请求派员测量划界。①汉冶萍公司因顾虑以十万元填股之巨，万一收高坑并官矿后，赣省查禁私井仍不尽力，公司将受亏更巨，故坚持必须一并办理，因而中断商议。

推延至1914年5月，汉冶萍公司议准以十万元填股，购买李烈钧督赣时所购置矿地，即以贴还赣省损失，但提出赣省要"根据旧案，须将所有私井全行封禁，规复矿界，切实办到，方能承认"。②6月8日，公司将萍矿矿界历史及重要性呈文江西巡按使戚扬，恳请规复矿界，"拟请嗣后萍乡县境，援照开平，不准另立煤矿公司，土窿采出之煤应尽厂局照时价收买，不准先令他商争售，庶济厂用而杜流弊"。③10月，戚扬委派解鸣珂会同萍乡县知事循界履勘，证实汉冶萍公司矿界实照前清奏案，并未稍越范围。

1915年，大同利公司邓焕纶侵占萍矿已购未开之地，挖取锑砂。汉冶萍公司抄绘契图，呈农商部咨行封禁。9月8日，农商部批行江西财政厅予以保护："萍矿为汉冶萍公司所属，矿兼煤铁，工兼冶制，既投数千万巨资，当有百年之计，自不得不善留余地，以备赓续开采之需，无论前清奏案，依然有效。即按之现行条例，亦有第十六条第二十项规定之文，岂得因该局尚有未开之地，遂准他人侵入界内。"④9月15日，为解决萍乡煤矿矿界纠纷，汉冶萍公司上呈袁世凯，拟开高坑煤井，解决悬案，"请令

---

① 刘洪辟等：《安矿记》，《昭萍志略》卷四《食货志·物产》，台北：成文出版社有限公司，1975，第896页。
② 《盛宣怀致戚扬函》（1914年5月26日），《汉冶萍公司（三）——盛宣怀档案资料选辑之四》，第842页。
③ 《汉冶萍公司呈江西巡按使文》（1914年6月8日），湖北省档案馆编《汉冶萍公司档案史料选编》上册，第295页。在该呈文中，汉冶萍公司阐述矿界的重要性道："萍煤实系军国要需，迥与平常煤矿有别。虽曰矿区现有规定，然萍矿开办在前，矿例颁布在后，民国肇兴，首重实业，其于未开之矿尚在多方提倡，以期康阜民财，自不能执规定在后、范围普通之例，以绳开办在先关系重要之机矿而裁抑之，使其功败垂成，决非当事通商惠工之本旨矣。矧法律性质本不绳已往者耶。且敝公司对于萍矿岁糜巨资，局用员薪而外，大半散之萍地，恃矿为生者无虑万人，因之市廛增盛，顿臻繁庶，煤完出井税外，尚年捐当地学费二万金。公司对于萍人实已尽有义务，倘必欲溃其防维，设法限制，萍一破坏，汉即随之，公司固无幸矣，其如大局何？即为萍人计，以繁盛之区仍返而为贫瘠，野多游手，妨及治安，于地方又何利焉？"
④ 《孙宝琦致戚扬函》（1915年10月），《汉冶萍公司（三）——盛宣怀档案资料选辑之四》，第968—969页。

饬江西巡按使,速将萍矿界内官私各井一律封闭,永禁私开,即由公司查照原议,填股寄赣,以资结束。悬案既结,则高坑完全为我所有,方能开办,预算出额每日从少估计,以毛煤二千吨为率,岁出七十万吨,每吨从廉估价八元,可得价三百九十二万元,除每吨成本七元,计三百四十三万元外,实有余利四十九万元"。①

1915年10月,汉冶萍公司董事会又以停并官矿、封禁私井两事,致函江西巡按使戚扬,希望其据农商部之意,先令并官矿,进而禁绝私矿,永保矿界,并请求饬令陈方铨尽快回萍,将官矿区域井座机件一切备册,先交萍矿坐办李寿铨接收,俟交接事竣,再请巡按使令行萍乡县出示封禁界内私井,"务绝根株,于区分先后之中,仍寓双管齐下之意"。②戚扬认为与原议不符,且因"归并官矿,事本当然,而地方为保存私井计,于官矿之归并,势不得不竭力反对,甚或以矿界为纠缠",故希望按照原议"次第实行",筹备手续,并函告赣绅旅京同乡会李盛铎等在京"述明始末,免致再有人多方摇惑"。③11月22日,李寿铨致函孙宝琦,呈述收并官矿、划清界限一事,因京绅电阻,难于划清,有误测量,以致高坑分矿不能速开,孙宝琦即日前往与李盛铎商询。而李盛铎解释言,"合办订在条约,日本必不能忘情,不如留此问题以为操纵之地。至另开新井,自可商办"。④此后,萍乡煤矿矿界问题一直未能得到妥善解决。

---

① 《公司董事会呈北洋政府大总统文》(1915年9月15日),湖北省档案馆编《汉冶萍公司档案史料选编》上册,第379页。
② 《孙宝琦致戚扬函》(1915年10月),《汉冶萍公司(三)——盛宣怀档案资料选辑之四》,第969页。
③ 《戚扬致孙宝琦函》(1915年10月),《汉冶萍公司(三)——盛宣怀档案资料选辑之四》,第964—965页。
④ 《孙宝琦致盛宣怀函》(1915年11月23日),《汉冶萍公司(三)——盛宣怀档案资料选辑之四》,第979—980页。

# 第四章
## 汉冶萍公司 1500 万日元大借款案*

　　1500万日元大借款是汉冶萍公司对日本借债历史上最大的一笔款项，因款额过巨且关系国家实业，从大借款草案秘密签订到正式生效的过程中，北洋政府、地方官绅和报刊舆论均密切关注并积极参与讨论。萍乡旅京同乡论曰："盖汉冶萍公司自违法借债以后，举国人士莫不同声反对，在京则有中国实业研究会之设，奔走呼号，上书政府；鄂督段公（段芝贵）亦曾电请中央取消合同；中外舆论除日本报纸外，靡不指摘该合同之辱国丧权；中央政府深知该公司之不韪，渠已俯察舆情，派员查办。"① 因此，大借款合同最终得以正式生效是多方力量博弈的结果。以往的研究注重论述大借款草案的签订过程和合同条款的影响，② 相对忽视了草案在秘密签订后生效的过程及各方利益者的因应。本章以相关档案和报刊史料为基础，从博弈论的视角分析汉冶萍公司1500万日元大借款草案正式生效的过程，梳理各方力量在这一过程中的行动逻辑，进而透视汉冶萍公司与地方政府、中央政府、日本势力之间错综复杂的关系。

---

\*　本章部分内容已发表，参见李超、王择辰《地方官绅与汉冶萍公司1500万日元借款风潮》，《中国国家博物馆馆刊》2024年第3期。
① 《萍乡乡人保存萍矿之公呈》，《大公报（天津）》1914年6月21日，第3张，第1、2版。
② 代鲁：《汉冶萍公司1500万日元大借款签订始末》，《汉冶萍公司史研究》，第136—163页。另外还有部分著作涉及该借款的论述。全汉昇：《汉冶萍公司史略》，香港：香港中文大学出版社，1972，第167—171页；安藤实『日本の対華財政投資：漢冶萍公司借款』アジア経済研究所、1967。

## 第一节　大借款草案的签订

早在 1912 年 4 月 13 日汉冶萍公司召开股东常会时，公司董事王存善就提出"第一要事即为统筹全局之金融"，其中的重要措施就是筹巨款、添新厂：

> 本公司结至去年八月底止，约该银三千三百万两（现正调齐各处帐目，赶办辛亥年该存收支帐略），内除股份银一千三百十六万元，约合银九百三十余万两，预支生铁、钢轨等价约银一千万两，可以货物陆续相抵外，约该内外欠款一千四百万两（三千三百万两为该，厂矿机器、炉座、轮驳以及各项产业为存，以存抵该，有盈无绌），类皆重息之债，宜早筹借轻利之款归还，以轻公司负担。此外，尚须另筹巨款，就交通便利之区，添设新厂，以顾销路。查汉厂目前炼铁炉大小三座，炼钢炉六座，每年可炼生铁十三四万吨，内除炼钢六七万吨外，所余生铁不过六七万吨，不敷销数尚巨。照目前销路，约需炼铁三十万吨，方能勉应主顾。且必出货多而后成本轻，获利方厚。此所以必须另筹巨款、添设新厂之理由也。①

至 1913 年 4 月，汉冶萍公司内外经营情形已极为危险："汉冶萍国有之议，政府以借款未成，无暇及此，股东会议仍主商办。鄂、赣两省，以厂矿在其区域，财权地权之争，一时不易解释；第三炉尚未开炼，第四炉筹备建设，粗具基础，综计附属各件，工料尚非巨款不能集事，公债票抵押之款，支付殆尽，而道胜等押款到期催偿，日有数起。"② 5 月 20 日，汉冶萍公司股东常会用起立法表决，一致同意在大冶另设铁炉筹建新厂，并

---

① 《汉冶萍煤铁厂矿有限公司董事报告》（1912 年 4 月 13 日），湖北省档案馆编《汉冶萍公司档案史料选编》上册，第 259 页。
② 《公司董事会致张謇函》（1913 年 4 月 10 日），湖北省档案馆编《汉冶萍公司档案史料选编》上册，第 423 页。

举借大宗轻息债款，以缓解公司经济困难，"圆活金融机关"。① 7月18日，汉冶萍公司董事会正式委任公司驻日本商务代表高木陆郎携预借2000万日金的借款合同纲领和函件要领，赴日本东京与横滨正金银行接洽借款事宜。② 7月24日，汉冶萍公司经理李维格向董事会详细陈述了汉冶萍三处厂矿扩充改良事宜，列举各项工程预算清单共需约银9374110两。③

1913年8月12日，经高木陆郎在东京筹商，日本正金银行同意汉冶萍公司新计划及旧债整理所需借款金额条件案，借款总额共计1650万日元，其中900万日元用于扩充工程，750万日元用于偿还高利短期借款。④ 同日，因二次革命即将失败，盛宣怀料定中央政府"必将做一绝大借款，放手办事"，因而致函高木陆郎，提议"汉冶萍公司续借之件，必须办在国家大借款之先"。⑤

为促成汉冶萍公司大借款案的签订，日本方面也表示可以借垫急款，"正金愿垫急款，而不愿另借，非不信中央，乃逼我公司速成大借款耳"。⑥ 10月14日，为进一步密切与汉冶萍公司的关系，日本政府内阁决议通过了向汉冶萍公司贷款的决定："一、事业改良及扩充费为九百万元，高利旧债转新债费为六百万元，均分三年支付；二、本利还清，主要以铁矿石及生铁购价充当，约四十年还清；三、以公司之全部财产作为担保品；四、日本政府推荐日本人为采矿技术顾问（一名）及会计顾问（一名），由公司聘请，以监督公司事业及会计事务。"⑦ 高木陆郎在向盛宣怀、李维

---

① 《公司股东常会议案》（1913年5月20日），湖北省档案馆编《汉冶萍公司档案史料选编》上册，第269页。
② 《公司董事会委任高木赴日接洽借款函》（1913年7月18日），湖北省档案馆编《汉冶萍公司档案史料选编》上册，第341页。
③ 《李维格致公司董事会函》（1913年7月24日），湖北省档案馆编《汉冶萍公司档案史料选编》上册，第474—482页。
④ 《小田切致驻中国公使山座圆次郎函》（大正二年八月十二日），武汉大学经济学系编《旧中国汉冶萍公司与日本关系史料选辑》，第407页。
⑤ 《盛宣怀致高木陆郎函》（1913年8月12日），《汉冶萍公司（三）——盛宣怀档案资料选辑之四》，第596页。
⑥ 《盛宣怀致李维格函》（1913年8月17日），《汉冶萍公司（三）——盛宣怀档案资料选辑之四》，第605页。
⑦ 《日外务大臣牧野伸显致驻中国公使山座第五七七机密电》（大正二年十月二十二日），武汉大学经济学系编《旧中国汉冶萍公司与日本关系史料选辑》，第408页。

格陈述借款会商交涉情形的同时，也一直秘密将有关借款的各方情况报告给日本横滨正金银行总经理井上准之助，供其参考。11月9日，高木陆郎致函井上准之助，详细陈述借款条文变更情况，认为"在盛方面，欲在政府与湖南、湖北尚未干涉以前，迅速秘密签订合同并得到金圆交付。如对此不能使其安心，则结果终于不成功而作罢"，因此盛宣怀拟及时速开股东大会通过借款条件，而对于股东中之反对意见，高木陆郎建议"可用多数表决之形式，以压服之"。①

为确保顺利通过此次借款案，盛宣怀以董事会的名义致函股东联合会，详细陈述借款之由来及用途。1911年5月1日，汉冶萍公司与日本制铁所和横滨正金银行订立合同预借生铁价值日金1200万元，为公司推广工厂及工程之用，彼此签押在案，至1912年2月11日，因政府需款，已经正金银行借拨日金300万元，余款未交，因而此次签订之合同是赓续前议主旨，将余下之日金900万元克期履行。而且，扩充改良事业费主要用于兴建大冶铁厂，即在大冶袁家湖地区建日产450吨生铁的高炉2座，同时在汉阳铁厂建设日产生铁250吨的4号高炉1座及容积为30吨的7号平炉1座，并相应地扩建大冶铁矿和萍乡煤矿。此外，600万日元借款为偿还短期重利旧债，又因汉冶萍公司旧债原以日本所借者为最多数，有分年摊还之法，故以公司售与日本制铁所矿石、生铁价值作抵。因此，"质言之，一则就已定之约，动拨余款为扩充工程之预备；一则借轻息债，还重息债，杜无形之漏卮。而皆以厂矿出货为准，仍专条声明：中国自有筹款之时，不论何时，可以先期归还"，并将借款合同议案及合同稿抄送查照，表示将"与全体股东逐一商榷"议定后再行实施。② 12月1日，汉冶萍公

---

① 《高木自上海致正金总经理井上函》（大正二年十一月九日），武汉大学经济学系编《旧中国汉冶萍公司与日本关系史料选辑》，第431、433页。高木陆郎在信函中还分析促成借款之可能性道："民国初期沿用清朝之商律'公司之部'第四章股份有限公司项目中，第一百六十八、九条规定，'在十五日以前，对各股东分别发出通知后，得开股东大会'（如系无记名式股份有限公司，则须于二十日前在报纸上刊登广告。汉冶萍公司股份，表面为记名式，故不能强求在报纸上刊登广告）。用此方法，股东联合会就占股东之过半数，不必在报纸上刊登广告，以防止好事之徒捣乱，因此借款条件可望获得股东过半数即股东大会之承认"。

② 《光复后汉冶萍经过事实：商榷日商铁价之预借》，《中华实业丛报》第10—11期合刊，1914年。

司董事会临时会议"细核条件，偿款皆以厂矿出货为率，仍专条声明，中国自有筹款之时，不论何时可以先勘归还。均属虑周藻密，于股东有益无损，一致通过"。① 12 月 3 日，汉冶萍公司股东联合会在上海四川路五号召开会议，到会共有 188288 股（公司股份共计有 263540 股），一致通过了借款合同议案。12 月 10 日②，公司即与日本制铁所、横滨正金银行秘密签订了《九百万扩充工程借款合同》与《六百万偿还短期欠借或善后借款合同》甲、乙两大合同及别合同并附件，汉冶萍公司共向日本借款 1500 万日元，以 40 年为期，年息 7 厘；以公司现有全部财产及因本借款新添之一切财产作抵押担保；40 年内向日本交售头等矿石 1500 万吨，生铁 800 万吨，偿还本利；聘用日本人为最高顾问工程师和会计顾问。③ 12 月 15 日，汉冶萍公司与日本制铁所协议商定了最高顾问工程师和会计顾问职务规程，正式聘用日人大岛道太郎为最高顾问工程师，池田茂幸为会计顾问。至此，汉冶萍 1500 万日元大借款草案基本形成。

## 第二节　反对大借款风潮的兴起

汉冶萍公司私自签约，擅借外债，既损害湖北之矿利，又丧失国家之主权，盛宣怀也早就预料到湖北省和中央政府极可能阻挠此次大借款，"湖北省自反正以来，甚以大冶铁砂居为奇货，省议会空手欲向公司要求股票六百万之多，争利争权，尚在磋商未定。此次借款合同若竟照来函明写矿量约有五千万吨，每吨二圆二十五钱之余利，可以偿还三千五百万圆债项。如此宣布，必致决裂，窃料湖北见之，必将哄动其三省合办之谋，而在中央政府亦将重开其国有之议。即不然亦必内外合力阻挠，使我借款

---

① 《汉冶萍公司董事会议记录》（1913 年 12 月 1 日），《汉冶萍公司（三）——盛宣怀档案资料选辑之四》，第 682 页。
② 汉冶萍公司借款合同及附件等全部于 12 月 10 日签字完毕，但在合同上日期记为 12 月 2 日。参见《正金上海分行致北京分行电》（1913 年 12 月 10 日），湖北省档案馆编《汉冶萍公司档案史料选编》上册，第 353 页。
③ 《甲合同、乙合同、别合同、附件》（1913 年 12 月 2 日），湖北省档案馆编《汉冶萍公司档案史料选编》上册，第 349—352 页。

之不能成也"。① 合同内容为外界所获悉后，地方官绅、北洋政府和报刊舆论立即合力阻挠，掀起了一股反对大借款草案的风潮。

## 一 地方官绅的阻扰

民国初年，省界观念盛行，各省独立后纷纷致力于保护地方之生命财产，"枭杰之士各据一方，不但一省如一国，而一省之中，亦不啻分为无数小国，而某省同乡会、某府同乡会等名目，纷然发现"，对于本省之利权"必不可稍自放弃"。② 汉冶萍公司地跨鄂、赣、湘，与三省都有直接的利益关系。汉冶萍公司突然有以厂矿向日本抵押1500万日元之大借款案，损害地方利权，故地方官绅十分愤怒。

鄂省一直认为自己对汉冶萍公司具有维持之责和监督之权，故鄂省人士对于1500万日元之大借款案十分愤怒。1913年12月25日，孙武致函盛宣怀，向其陈述最近风传之谣言："公司已借日款一千五百万，条约失败，利权断送，名为公司扩充之资，实则私己固守之计。"③ 1914年1月1日，盛宣怀在与日本横滨正金银行上海分行会商是否召开股东大会时，孙武又来信言："闻日本借款条件甚为不利，此系扩张公司事业之名，实则将公司断送于日本。"要求前来会见盛宣怀。④ 盛宣怀也知道借款必将会引起与鄂省的交涉，于公司不利，"鄂人于前订矿石合同三百万圆借款，已

---

① 《盛宣怀复高木陆郎函》（1913年8月21日），《汉冶萍公司（三）——盛宣怀档案资料选辑之四》，第611页。高木陆郎曾建议在此次应订借款合同中须不载明合同条款，因为明载将大冶矿砂所获利益为担保，则汉冶萍公司与日本"互相均无何等利益，徒令鄂省一部论客哄动横议耳"[参见《高木陆郎致盛宣怀函》（1913年8月28日），《汉冶萍公司（三）——盛宣怀档案资料选辑之四》，第620页]。9月6日，高木陆郎还说："惟曾所承廑念或有鄂省一部论客驳议此项者，须于正合同条项中暂除此项，而对于抵押物件及偿还担保以'将生铁以及矿砂售价充之，偿还本息'等字样漠然记载，另于附属函件内须载明之。"[参见《高木陆郎致盛宣怀函》（1913年9月6日），《汉冶萍公司（三）——盛宣怀档案资料选辑之四》，第627页]
② 梦幻：《论破坏共和之五大害（续）》，《大公报（天津）》1912年4月22日，第1张，第2版。
③ 《孙武致盛宣怀函》（1913年12月25日），《汉冶萍公司（三）——盛宣怀档案资料选辑之四》，第723页。
④ 《日正金银行上海分行致横滨总行电》（大正三年一月二日），武汉大学经济学系编《旧中国汉冶萍公司与日本关系史料选辑》，第472页。

视冶矿为至宝，种种地方交涉皆由此而生，至今尚未解决。若此次借款条件更偏重冶矿，则公司对于地方交涉将愈加棘手，势必阻碍进行，两败俱伤"。① 因而，盛宣怀借口称病不能面谈。

故此，鄂省人士联合地方官绅又联名向北洋政府呈文请求彻查，希望借以阻止大借款草案生效。1914年2月2日，丁立中又因鄂省官本改填股票事迟迟未能解决，威胁将"阻挠新借日款"。② 2月中旬，湖北旅京同乡代表孙武、汤化龙、张国淦、饶汉祥、哈汉章、夏寿康、胡钧、易乃谦、魏景熊、王信孚、程明超、郑江灏、张则川、傅岳棻、董昆瀛、张汉、郑万瞻、张伯烈、胡瑞中、时功玖、彭汉遗、马德润等人联名上呈大总统袁世凯及农商部，以"汉冶萍厂矿为吾国惟一之制铁所，关系军事实业綦重"为由，认为1500万日元借款"较南京原约更加苛刻，用日人监督财政，名曰财政顾问；用日人监守矿产，名曰工程师"，损害地权，贻祸国家，极力反对汉冶萍公司借款事。③ 继而湖北旅沪同乡代表王凯臣、杨逊菴、朱伯纶、冯仁佺、胡宪民、周采卿、刘华轩、江毓汉等数十人也表示反对汉冶萍公司借款，他们组织临时议事会，函约上海商、学两界同乡共同专门研究反对借款事，并公举冯仁佺、刘华轩为代表赴北京与驻京鄂代表接洽会商。④ 在鄂省率先发动反对汉冶萍公司借款之举后，"湖南、江西亦与汉冶萍有密切关系者也，其旅京同乡亦起而和之，议联合三省协谋取消"。⑤

汉冶萍公司借款在民初时局中并不是孤立的现象。1913年11月，国务总理熊希龄发表《政府大政方针宣言》，认为部分矿业应实行开放政策，

---

① 《盛宣怀致高木陆郎函》（1913年8月29日），《汉冶萍公司（三）——盛宣怀档案资料选辑之四》，第622—623页。
② 《丁立中致盛宣怀等电》（1914年2月2日），《汉冶萍公司（三）——盛宣怀档案资料选辑之四》，第1313页。
③ 《请否认汉冶萍外债》（1914年2月19日），外交部档案，档案号：03-03-029-01-010；《汉冶萍公司外债事抄录孙武等原呈请核办》，外交部档案，档案号：03-03-029-01-013；《孙武等呈农商部文》（1914年2月），湖北省档案馆编《汉冶萍公司档案史料选编》上册，第359、360页；《湖北人士为汉冶萍借款上大总统呈》，《大公报（天津）》1914年2月24日，第2张，第3、4版。
④ 《旅沪鄂人冯仁佺、刘华轩等选议反对汉冶萍借款大事记》，《大公报（天津）》1914年3月5日，第2张，第4版。
⑤ 《三大实业借款记》，《时事汇报》1914年第4期。

"外商投资于我境内，所生之利，彼得其三四，而我恒得其六七，故政府愿与国民共欢迎之。"① 同年 12 月，工商总长张謇依据政府"开放门户、利用外资，为振兴实业之计"的方针，提出《筹划利用外资振兴实业办法呈》，在维护利权的原则下允许采用合资、借款、代办的方式利用外资，"政府宜奖掖以促其成，尤宜晓譬社会，使普通心理渐入正轨，庶与利用外资振兴实业之旨相合，而渐有发生之实效"。② 由此，在政府的提倡和鼓励下，实业借款风潮兴盛。1914 年 2 月 12 日，美孚石油公司与北洋政府秘密签订协议，成立中美油矿事务所，合资开办延长油矿。该案因"开采地域兼及山西"，"以山西石油矿产押借外债"，于是晋人梁善济率先函诘农商部总长张謇和矿政局局长杨廷栋；陕西官绅为维护"地方之大利"，亦筹划"自行投资以验油场"，"由华人自组之公司自行开炼"。③ 由此，梁善济等反对延长油借款"与鄂人之对汉冶萍为遥相犄角之势视"，④ 以汉冶萍公司借款案"比延长石油借款亦正相类"，⑤ "既而遂有五省联合会反对美孚、汉冶萍两事件之举"。⑥ 地方官绅形成了联合反对实业借款的风潮，"乃铸二事一炉以时势论之"。⑦ 因此，在反对汉冶萍公司借款风潮中，有与汉冶萍公司有直接关系者，如鄂、赣、湘等；有为类似汉冶萍公司借款事计者，如晋、陕等。虽然各有其原因，但维护地方利权是促使他们联合形成反对风潮的根本原因。

1914 年 2 月底，五省联合会认为汉冶萍公司借款关系"实业借款之全部政策问题，不仅专为一事，亦不应限于五省"，决定创设研究会，专门商讨实业借款事。⑧ 中国实业研究会由此而成立。3 月，以会长汤化龙为代表的中国实业研究会恐北洋政府"阳为拒驳，暗与维持，为便个人之私图，铸成国家之大错"，罗列汉冶萍公司之"种种不法及国家必须干涉之

---

① 熊希龄：《政府大政方针宣言》，《庸言》第 1 卷第 21 号，1913 年。
② 《筹划利用外资振兴实业办法呈》，《张謇全集》第 2 卷，第 169—171 页。
③ 《三大实业借款记》，《时事汇报》1914 年第 4 期。
④ 《晋人反对煤油矿问题之原函》，《申报》1914 年 2 月 24 日，第 3 版。
⑤ 无名：《杂评一》，《申报》1914 年 2 月 20 日，第 3 版。
⑥ 《三大实业借款记》，《时事汇报》1914 年第 4 期。
⑦ 冷：《国际攘争》，《申报》1914 年 3 月 2 日，第 2 版。
⑧ 《又有实业研究会新发现》，《申报》1914 年 3 月 6 日，第 6 版。

理由"致函参政院，列举盛宣怀违法私借外债，擅订之合同有三大不得不取消之理由："虚填股票，把持公司利权""蔑视国权，视汉冶萍为其私产""不遵原案，违背奏定章程"。并阐述其于外交、国防和经济之重要影响，认为"盛宣怀此次借款，国权之损失与公司之危险，皆所不顾，惟以取得现金，摊还虚本为其唯一之目的"，请饬取消，"派遣专员前赴汉冶萍公司彻底清查，并治盛宣怀以应得之罪"。① 然而，中国实业研究会之所以热心于汉冶萍公司问题，实因为"会员中以湖北人为其主干，故因地方之感情，势形冷热之态度"。②

1914年2月21日，湖北、湖南、江西、山西、陕西五省旅京官绅在北京集会，由汤化龙主持，商讨反对汉冶萍公司借外债的办法，推定刘景烈、曾有澜、汤化龙、时功玖、张树森、何毓璋、梁善济、贾耕为代表，前去面诘农商总长张謇，并致公函要求定期会见，曰："最近之汉冶萍借款与夫山陕之石煤油矿借款，喧传南北，丧权失利，有目共睹。同人以国家主权攸关地方，利害切近，公同研究，特派代表亲诣大部陈述意见，务请总长接洽，许示实业政策并借款办法。"③ 2月23日，湖北都督段芝贵、民政长吕调元致电国务院及财政、农商、外交、陆军各部，请求始终维持官商原议，"汉冶萍公司借款一事，鄂省无案可查。事关中国实业，且又牵涉国家外交，既经该公司径呈部院主持，应请俯念湖北官本与公司商本利害相共，且有国款、部款在内，澈底查察以保主权人"。④ 3月6日，鄂督段芝贵致电汉冶萍公司，认为大借款一事，"鄂省旅京同乡极力反对，大起风潮，先有孙武君专函，继有汤化龙等公函，后又有京绅二十二人来函，又派代表四人来鄂。最近又有孙武专电，皆以否认借款及争回股本地租为再三之呼吁"，而鄂省"完全有主持之权"，因而大借款案应先由军民两府商定，

---

① 《抄送汤化龙等原呈函请并案核议由》（1914年3月），外交部档案，档案号：03-03-029-02-015。
② 《实业研究会之近状》，《顺天时报》1914年4月17日，第11版。
③ 《同日五省连合会开会反对美孚合办油矿及汉冶萍私借日债事》（1914年2月21日），《时事汇报》1914年第4期。
④ 《请维持汉冶萍矿外债》（1914年2月23日），外交部档案，档案号：03-03-029-01-011。

再"由部院呈请大总统核准方有效力之发生,股东无论如何不能私自专擅"。①

在以鄂省人士为代表的地方官绅看来,汉冶萍公司私自借款,"背坏契约、违破商律、妨害军事",②"不徒目无地方政府,并中央政府,亦且视为无物","桑梓利害所关,痛痒较切,诚恐借款一成,外国顾问执契约以责权利,不徒地方受无穷之害,而国交、军事均被牵制,后患何堪设想",因而必须请求大总统饬令"速查原定奏案,严行监督,彻底核办,以遏不法而保地权",极力反对大借款。③

地方官绅联合反对汉冶萍公司借款的风潮,反映了民初地方势力对实业利权的争夺与维护。3月10日,"冷"在《申报》撰文批评时人"延长矿约与汉冶萍借款意见之表露"是"意见用事","不问其事之当否、时势之适宜否,苟非我人或我党所掌权者,必反对之、攻击之"。④而且,他明确揭示了攻击者背后蕴含的政治利益动机:"延长与汉冶萍特适逢之题目耳!虽不中,庸何伤!呜呼,即此可知今日之政局与政客。"⑤ 3月18日,《申报》还将汉冶萍公司借款事类同即将进行的招商局抵押借款,"假使招商局抵押于日本人之说而确",则日后也必遭到地方势力的反对,两大实业"实有同一之处境"。⑥ "适逢之题目"与"同一之处境"正说明了地方官绅致力于反对汉冶萍公司借款只是为保护本省实业、巩固地方利权。而这种现象既是民初地方势力崛起的重要标志,也是民初政治时局的一大特征。

## 二 北洋政府的反对

1913年11月,北洋政府听闻汉冶萍公司将有大借款,先后派工商部部员和众议院议员杨廷栋前往交涉,调查公司内情。北洋政府认为汉冶萍

---

① 《武昌段芝贵致汉冶萍公司电》(1914年3月6日),《汉冶萍公司(三)——盛宣怀档案资料选辑之四》,第1315页。
② 《公拒汉冶萍借债》,《台湾日日新报》1914年3月2日。
③ 《鄂人之反对汉冶萍借款事者》,《申报》1914年2月23日,第6版。
④ 冷:《意见用事》,《申报》1914年3月10日,第2版。
⑤ 冷:《延长汉冶萍》,《申报》1914年2月27日,第2版。
⑥ 《招商局与汉冶萍》,《申报》1914年3月18日,第3版。

第四章·汉冶萍公司 1500 万日元大借款案 / 199

公司对日债务过多,不能再向日本借此巨债,希望汉冶萍转向欧美资本家举借,但盛宣怀认为对日借款比从欧美借款更为有利:

> 从欧美借款,到底不如向日本借款有较多有利条件,即向欧美借款时,完全系一种借贷关系,贷主每多注意于更多利益,利息也高,借款实收九八或九五,最近甚至还只有八九和八五左右,且尚有技师、会计之监督以及机械和其它材料之买入与制品代售等均非经贷主之手不可之苛刻条件。然日本不同,只要矿石及生铁供给条件相宜就可,事实上日本若得不到此等物品,它也就非由外国输入高价而且多额之钢不可。然就矿石和生铁贩卖一点而论,乃公司利益,此只不过黑铁同黄金交换而已。日本对公司借款,无一次有九五扣或九十扣之事,借款额全部得到。日本为了得到此等供给,甚至从短绌财政中输入外资,但并不想在利息上得些利益,而以低利借与公司,因此向日本借款就成为自然之势。决勿须害怕,确信此对公司和国家均为有利。①

与此同时,盛宣怀也希望杨廷栋迅速将北洋政府所准备 1000 万两偿还汉冶萍公司所欠日债之来源及何时能交付公司等事弄清楚,"公司只要得到此一千万两,不仅可整理旧债,且对'国有'之事也更容易办理",他解释此次借款实因汉冶萍公司财务穷困到极点,"常常指望政府补助金也是不行",故向日本借款"亦为没办法中之办法",但高木陆郎认为北洋政府偿还之举是"总想用一定要偿还六合公司债务之香饵来引诱盛"。② 为防止北洋政府以行政命令电令终止合同,汉冶萍公司与日本横滨正金银行于 12 月 10 日秘密签订了 1500 万日元大借款草合同,且在合同上将日期记为 12 月 2 日。

1914 年 1 月 1 日,农林、工商二部合并改为农商部,作为主管全国实业的行政机构及汉冶萍公司的股东之一,1 月 11 日,农商部就 1500 万日元借

---

① 《高木致井上函》(1913 年 11 月 11 日),湖北省档案馆编《汉冶萍公司档案史料选编》上册,第 348 页;《高木自上海致正金银行总经理井上函》(大正二年十一月十一日),武汉大学经济学系编《旧中国汉冶萍公司与日本关系史料选辑》,第 480—481 页。
② 《高木自上海致正金银行总经理井上函》(大正二年十一月十一日),武汉大学经济学系编《旧中国汉冶萍公司与日本关系史料选辑》,第 481、482 页。

款之事致电汉冶萍公司,声明"此项借款,无论是否预付铁砂或生铁价目,抑系单纯借款,必须先呈本部核准,方准签字,否则无效"。① 1月23日,汉冶萍公司复呈农商部,详细解释借款实因公司财政之困难,"汉冶萍商办以来,股少债多,目下股份不过一千万两,债项二千七百余万两,除国内预借轨价三百二十万两,国家银行、官钱局及各钱庄各存款三百四十万余两外,其余外债,道胜、汇理、汇丰、保安、义品、东方三百十五万两,正金、兴业、三井四百八十五万余两,又日金一千五百二十八万元,约合银一千二百万两。无论还银还货,皆有合同抵押契据",并将公司与日本制铁所、正金银行所订预借铁价合同暨附件,及借款经过等情形详细具文呈请查核。② 2月17日,农商部对此呈文批示,认为汉冶萍公司"持论虽辩,无当法理,且查该合同内有公司应聘日人为最高顾问工程师及会计顾问等条,与公司权限有重大之关系,所有该董事等已签定之合同",农商部"不能视为有效,应即暂缓实行,静候本部会商财政部酌定办法,再行饬遵"。③

北洋政府反对汉冶萍公司1500万日元大借款是有案可查的。早在1912年7月25日,北洋政府就照会各国公使,禁止各省铁路、矿业私人借款,"如因公要需借用洋款,皆须先行奏明,经中央政府允准";8月2日,又照会声明工商部"综掌矿政,凡矿商于矿中产业有买卖更换及贷借抵押情事,必经呈明批准,方可遵办";1913年1月8日,再次发照会声明"嗣后无论何项借款及一切关于财政交涉,统由财政总长一手经理签押,如未经财政总长签押者,中国政府概不承认"。④ 因此,在北洋政府看

---

① 《农商部致汉冶萍公司电》(1914年1月11日),湖北省档案馆编《汉冶萍公司档案史料选编》上册,第357页。
② 《汉冶萍公司关于向正金银行借两款缘由复农商部呈》(1914年1月23日),《民国外债档案史料》第四卷,第720—721页,档案出版社,1990。
③ 《农商部第三一三号批》(1914年2月17日),湖北省档案馆编《汉冶萍公司档案史料选编》上册,第359页。
④ 《禁止各省铁路矿业私人借款事》(1912年7月),外交部档案,档案号:03-03-030-01-002。其时,关于实业借款办法,北洋政府还有明确规定五条:一,实业借款当由中央统一核办,各省不得自行订借;一,各省兴办实业如需借款时,应将所兴之业及所需之款报告中央;一,该省所拟各项,经由中央认为确有利益方准照办,否则即予核驳;一,该款由中央借定后,所用之途当由该省详细核复,听候解拨;一,该款系专供实业之需,不得移作他用[《实业借款办法之规定》,《大公报(天津)》1914年3月1日,第1张,第6版]。

来，汉冶萍公司借款未经中央政府各部允准，即不应予以承认。

2月25日，农商部总长张謇、矿政局局长杨廷栋、第一监督署署长张轶欧与汤化龙等人会谈，一致反对汉冶萍公司私借日款，并表示将对汉冶萍公司违抗部令的行为给予行政处分。① 同时，鄂省人士以汉冶萍公司借款丧失权利，连日谒见副总统黎元洪，请筹抵制方法。黎元洪对汉冶萍公司私借外债事也极为关心，认为此事"宜化除省见，视为全国关系"，"非只争一合同之取消，便可无事"，应先筹取消借款合同，再定维持之策。② 3月2日黎元洪谒见袁世凯时，以此矿关系主权大局，力请"设法保持矿权，务必得达取消合同之目的"。③ 3月9日，黎元洪再次向袁世凯陈述汉冶萍公司扩充借款之弊害，请由大总统妥饬核办。④ 而袁世凯对此借款废约问题亦极为注意，先是在总统府会议上将该案提出，饬令国务员切实讨论，详细考察外交和舆论上之关系。⑤ 而后，因各省人民反对甚力，袁世凯认为汉冶萍公司借款案将来之结果应对内、对外措置得当，"既不便过拂舆情，复不可轻视外交，办理手续务当斟酌尽善"，因而谕令国务院调齐此次汉冶萍公司借款所有合同，送府备阅，决定将该案提至府中亲为核办。⑥

袁世凯对于汉冶萍公司借款问题颇为忧虑，遂委派向骥、杨士琦切实调查汉冶萍公司借款实际情形。⑦ 代总理孙宝琦指示，张謇（曾任汉冶萍公司总经理）、杨廷栋（曾任汉冶萍公司文案）对孙武等人之呈请"宜回避"。⑧ 3月初，农商部则批示孙武等呈请事，认为汉冶萍公司借款当为无效，但善后办法需再与财政部磋商议定。⑨

---

① 《张总长与鄂代表等之谈话》，《大公报（天津）》1914年2月28日，第2张，第4版。
② 《黎副统汉冶萍善后谈》，《台湾日日新报》1914年3月8日。
③ 《副总统力请保存矿权》，《大公报（天津）》1914年3月5日，第1张，第6版。
④ 《副总统再陈汉冶萍借款事宜》，《大公报（天津）》1914年3月12日，第1张，第6版。
⑤ 《总统府提议关于汉冶萍借款案》，《大公报（天津）》1914年3月5日，第1张，第6版。
⑥ 《大总统亲核汉冶萍借款案》，《大公报（天津）》1914年3月9日，第1张，第5版；《大总统调阅汉冶萍借款合同》，《大公报（天津）》1914年3月14日，第1张，第5版。
⑦ 《总统关心汉冶萍借款》，《盛京时报》1914年3月3日，第3版；《顺天时报》1914年2月26日，第9版。
⑧ 《会议招商局汉冶萍事无结果》，《大同报》第20卷第10期，1914年。
⑨ 《农商部批》（1914年3月），湖北省档案馆编《汉冶萍公司档案史料选编》上册，第361页。

## 三 报刊舆论的呼声

汉冶萍公司与日本正金银行秘密签订借款草合同的消息传出后，各地掀起了反对的浪潮。国内报刊反应迅速，立即揭露借款合同内容之危害，主要论调有五：其一，借款数额过大，而利率又高达七厘；其二，期限过长；其三，聘请日本顾问不妥；其四，根据借款合同规定矿石之出售，是不啻以矿山为抵押；其五，根据现行编制铁矿市价表之比例，矿石价格协定过低。①

但此时外界并不知晓借款合同具体内容，只知道汉冶萍公司又要大举借日债1500万。1914年3月2日，北京英文《京报》社论刊载外报对汉冶萍公司借款失利问题的分析，称汉冶萍公司以往之以大冶铁矿矿石抵押借款，"非将日债付清，恐无止期"，而按照当时国际市场铁矿石价格，此次输送日本之铁矿石价格过低，不仅公司受亏甚大，而且政府每年因此暗耗人税者更巨，"大冶铁矿今供给日本之铁质，较之英国市价尚不及四分之一，乃因负债之故，不得不尔。近今之借款利息七厘，以四十年为限，本利皆需以铁质抵付，若仍按每吨日洋三元计之，其害之大，不堪设想，此不啻以值价六千余万元之铁质，易一千五百万元之借款，而实按二分八厘付息也，且将如往时暗耗法定出口税百分之七十五"，国内之《申报》《觉报》《庸言》《通问报：耶稣教家庭新闻》等报刊或转载、或摘录报道《京报》之社论，并进一步指出日本此后必定会竭力谋求大冶铁矿之管理权，"今料日后必将续增资本，而使日本债权者得全数出产而止"，虽然汉冶萍公司"昧然放弃自有及国有之利益"，但希望由政府出面挽回利权，"正可于此时出而干涉"。②

---

① 《日驻中国公使山座致外务大臣牧野第八十一号机密函》（大正三年二月二十四日），武汉大学经济学系编《旧中国汉冶萍公司与日本关系史料选辑》，第492—493页。

② 《特约路透电》，《申报》1914年3月4日，第2—3版；《汉冶萍借款外报之评论》，《觉报》第10期，1914年；《外报论汉冶萍借款之失利》，《庸言》第2卷第3期，1914年；《西报论汉冶萍矿产事》，《通问报：耶稣教家庭新闻》第590期，1914年。

## 第三节　日本势力与汉冶萍公司力促
## 借款合同生效

面对国内反对大借款草案的风潮，日本势力多次向北洋政府施压，而汉冶萍公司不仅直接与反对者周旋，而且借助北洋政府的力量力促借款合同生效。

### 一　日本势力的施压

清末至民初，日本势力主要是通过多次提供借款获得汉冶萍公司的生铁及矿石原料，保障其国内八幡制铁所日常生产所需，因而此次大借款为日本进一步控制汉冶萍公司提供了一个绝好的机会。1915年中日交涉期间，日本大仓组经理大仓发身即阐明了正金银行借款1500万日元之目的："正金银行此次投资为事业扩张之保护，而其主义，一则使以前债权巩固，一则博得利金，更有进焉者，皆不外使日本每年确有制铁原料三万吨之输入也。"①

1913年12月11日，高木陆郎密函致井上准之助，转述盛宣怀对于签订借款合同之态度："取得此种结果，确使十数年来具有密切关系之汉冶萍公司同日本制铁所和贵行（横滨正金银行）交谊进一步加深，可以说形成不可分离之关系"，而对于这一结果，高木陆郎自己也认为"事实上合同签订之结果，确使彼我关系更加密切，其实质对中日经济无疑裨益极多，诚为国实庆幸之至"。② 1914年1月2日，井上准之助致函盛宣怀，也对促成借款表示极为满意，认为对汉冶萍公司之地位"于进行上必得莫大之利益"，并陈述自己和中村雄次郎所推荐的两顾问"乃日本各该专门学中之最好手"，请盛宣怀"完全信任之，必能服行其职务以满意"。③

---

① 大仓发身：《汉冶萍公司与日本》，《日本潮》第1编，1915年。
② 《高木致正金银行总经理井上密函》（大正二年十二月十一日），武汉大学经济学系编《旧中国汉冶萍公司与日本关系史料选辑》，第452页。
③ 《井上准之助致盛宣怀函》（1914年1月2日），《汉冶萍公司（三）——盛宣怀档案资料选辑之四》，第730页。

但因后来中国国内反对借款舆论风潮日盛，日本方面为防止北洋政府取消借款合同，在提出严重警告的同时，也积极进行干预活动。

1914年2月21日，时任日本驻中国公使的山座园次郎听闻在京湖北士绅有极力反对借款之举，致函警告代理国务总理兼外交总长孙宝琦，认为此次借款性质与普通借款不同：在正金银行方面，预支铁料价值；在汉冶萍公司方面，推扩工厂，开展销路，借款还债，化重为轻；在日本制铁所方面，订购公司铁料，代为归还本息之地，"三面鼎峙，互相辅依，各享其利"，因而"勿为他人僻见谬言所惑，漫然破坏已成之议，致酿国际缪辕"，并将此事由转达袁世凯。[①] 但外交部复称，此项合同"纯系私人所立，且手续多不完全，当然政府视为无效，实无交涉之必要"，认为当由汉冶萍公司与正金银行"以私人名义商榷办法为宜"。[②]

同年2月23日，山座园次郎又警告农商总长张謇，详细辩驳各种反对论调，认为此次借款"就公司言，此不仅系一种颇为有利之合同，而且从中日实业联络之主旨看，汉冶萍公司此等借款合同，亦不失为一种最好榜样"，如果试图废弃该合同，势必招来国际纠纷，申述自己"对中国内部情形不大了解，仅知合同现已成立，现在若加以废弃，于理断不允许；若擅自强行，必致酿成国际纠纷而后已，故提请充分注意"，最终，张謇被迫表示"愿意采取适当办法以维持此次之借款合同"。[③] 2月24日，山座园次郎密函时任日本外务大臣牧野伸显，汇报了与张謇谈话之概要，认为虽然对张謇是否真有维持合同之意表示质疑，但"已给予此种印象：该合同如遭废弃，则必引起由日本方面反对之麻烦"。[④]

同年2月27日，正金上海分行经理儿玉谦次致电总行总经理井上准之助和驻北京董事小田切万寿之助，汇报北洋政府是因张謇提出辞职，且不堪舆论攻击和压力，不得已而发布反对借款之指令，为迫使北洋政府接受

---

① 《山座致孙宝琦警告书》（1914年2月21日），湖北省档案馆编《汉冶萍公司档案史料选编》上册，第358页。
② 《汉冶萍借款案之交涉》，《大公报（天津）》1914年3月2日，第2张，第1版。
③ 《日驻中国公使山座致外务大臣牧野第八十一号机密函》（大正三年二月二十四日），武汉大学经济学系编《旧中国汉冶萍公司与日本关系史料选辑》，第493、494、495页。
④ 《日驻中国公使山座致外务大臣牧野第八十一号机密函》（大正三年二月二十四日），武汉大学经济学系编《旧中国汉冶萍公司与日本关系史料选辑》，第495页。

借款，儿玉提议"可请帝国公使直接向袁世凯提出抗议，解决本案，或许较为容易"。① 同时，儿玉谦次还积极探听盛宣怀的意见，但盛宣怀借病拒绝见客。2月28日，牧野伸显密电山座园次郎，指示对于反对汉冶萍公司新借款之运动，"我方必须警惕，日后不论中国方面如何提出，须断然主张合同有效。即希根据此意，以适当方法，说服中国当局，并提出警告，不得轻举妄动，以免累及邦交"。② 3月3日，山座园次郎据此密电之指示，与孙宝琦会晤，孙宝琦认为政府出面干涉是因为"合办并未实行，官款却亦不少，已有一千多万，且关系湖北、江西、湖南三省，又闻向来借款期限甚短，此次期限四十年，故政府不能不干涉"，政府无意主张废弃合同，不过以矿山作抵借款，事前须得中央政府许可，但此次借款数目巨大，又未经中央政府许可，属于擅权专断之行为，孙宝琦转述袁世凯之意见"以汉冶萍公司与正金银行向有借款关系，如向外国借款，以向正金银行借入为妥；不过现订合同，手续上不相宜之处，希望改与银行协商进行"，并解释"农商部对盛宣怀之指令，并非发于借款合同订立之后，而系发于正在商议之中"，③ 而一方面山座园次郎对此解释认为"自实业上观之，日本制铁所系一最好之主顾也，虽有反对议论而利益究属不少"；④ 另一方面，山座多次警告"倘中国政府欲将合同作为无效"，或有"意外之措施"，则"中日两国之间，必将引起极大纠纷"，而孙宝琦则"默思片刻不作任何回答，然后顾我而言他"。⑤

总之，日本方面之目的，在于务必使1500万日元之借款合同始终正式有效，以保障其既得利益。为防止北洋政府坚持"不经部准不得借款"之说而责令盛宣怀取消借款，日本还筹有一借口，欲与北洋政府于法律上一

---

① 《正金上海分行致总行总经理及小田切电》（1914年2月27日），湖北省档案馆编《汉冶萍公司档案史料选编》上册，第359页。
② 《牧野致山座第一〇六号密电》（1914年2月28日），湖北省档案馆编《汉冶萍公司档案史料选编》上册，第359页。
③ 《山座致有吉明第二十四号密电》（1914年3月4日），湖北省档案馆编《汉冶萍公司档案史料选编》上册，第361页。
④ 《汉冶萍矿事》（1914年3月3日），外交部档案，档案号：03-03-029-01-015。
⑤ 《山座致有吉明第二十四号密电》（1914年3月4日），湖北省档案馆编《汉冶萍公司档案史料选编》上册，第361页。

争曲直,谓:"不经部准不得借款之规定系近来始行颁布(按指矿业条例所规定者而言),而汉冶萍借款谈判实开始于年前,法律无追溯力,汉冶萍借款虽未经部准,仍当有效。"①

## 二 汉冶萍公司的周旋

汉冶萍公司为维持企业的正常运营和发展,不得不依靠对日借款,因而公司积极与地方官绅和北洋政府周旋,坚持主张大借款合同有效。

### (一)汉冶萍公司对地方官绅的应对

鄂省旅京同乡会孙武等人在联名呈文中,从官本、地权、外债、官商合办、公司性质、借款性质、铁砂出售、地税、铁捐等方面详述汉冶萍公司1500万日元大借款何以违法失利、贻祸国家。据此,汉冶萍公司股东联合会撰《忠告为汉冶萍事入告者》刊载于《中华实业丛报》上,逐条驳斥孙武等人的呈文(见表4-1)。

表4-1 汉冶萍公司股东联合会与湖北旅京同乡会关于大借款的意见

| 事项 | 湖北旅京同乡会 | 汉冶萍公司股东联合会 |
| --- | --- | --- |
| 官本、地权问题 | 汉冶萍厂矿为吾国惟一之制铁所,关系军事、实业綦重,自前清光绪十七年湖北政府创办,投资五百五十八万六千四百一十五两,旋以流动资本不敷,于光绪二十二年由鄂督改为官督商办,奏派盛宣怀为督办,奏案章程载明,用人、行政及稽核帐目,权归湖北政府,创办资本按出铁吨数抽还。铁厂基地并未作价,盛氏添招商股号称一千三百余万,其实一实九虚,名为众股东,实皆盛氏一人之变相。清商部新立,盛氏复朦混注册,改为纯粹商办公司,抹煞湖北官本地权 | 官本乃中央政府之官本,非湖北所能干没;地权乃由官局移入商局,又非私人之所得妄争。重言以明之,则官本偿还法系奏案所规定,地产移转权亦原案所引渡,绝对无所谓之抹煞也 |

---

① 《对于汉冶萍借款之各方态度》,《申报》1914年3月26日,第2版。1915年3月15日,《顺天时报》载文谈及汉冶萍公司此次借款问题时,亦从法理上有相同论点:"一切法律惟对将来有效力,勿论何国法律,从无溯及既往之例也。若令法律对于过往有效力,然则谁肯安心逸志缔结契约耶?中国苟再坚持此等愚论,则世人将靡不闻而惊骇矣。"参见《某英人对于汉冶萍之谈论》,《顺天时报》1915年3月15日,第2版。

续表

| 事项 | 湖北旅京同乡会 | 汉冶萍公司股东联合会 |
|---|---|---|
| 外债问题 | 利用外债，以资周转。民国成立时，公司外债已达二千二百余万，又承领中央维持公债五百余万。南京政府新立，盛氏私与勾结，将厂矿抵押日债，改为中日合办，经鄂人力争中止，挽回危局。曾几何时，盛氏故智复萌，公司营业全不整理，应报湖北帐目，应缴湖北款项，累经催督，毫不遵照，而转以私借外债、朋比分肥为事。近闻日本外债一千五百万元又将复活，以矿砂作抵，四十年为限，七厘起息，九百万先还旧借款，六百万作扩充资金，较南京原约更加苛刻。用日人监督财政，名曰财政顾问，用日人监守矿产，名曰工程师，贻害所及，无异卖国 | （汉冶萍公司）总计外债为一千一百万元、四百余万两，其余为预收国内轨价，并无二千二百余万之外债。至此次所借款一千五百万元，九百万为赓续辛亥年五月公司与日本制铁所、正金银行所订预借生货售价一千二百万元之合同。此合同预借之数，政府拨用二百五十万，公司自用五十万，故余数为九百万。借入现款而按年以矿砂作价偿还之，在吾国可谓有利无损。至六百万一项，则专为偿还短期高利旧债，于债额并未加增。至会计顾问、工程师顾问，为普通借款所不能免，权限较轻，已为此善于彼。若指此为卖国，则吾国借款所办各路均有外国工程师，善后大借款成立后，且有盐政稽核，不闻孙氏对此有所惊诧，舍重责轻，其理安在。至中日合办前事，乃南京政府自与日人订约，而强盛氏执行，盛氏诿之于股东会。开会日，全体股东一致反对，遂得取消。如合办为盛氏同意，则到会之盛股何以不闻差异？其时鄂军政府既隶南京政府之下，孙氏等又无丝毫股权，乃以挽回之功，攘为己力，其如按之事实不相符何 |
| 官商合办问题 | 公司以董事会名义，呈请中央官商合办，鄂人闻之，甚为骇异，该公司与湖北代表磋议鄂官本填股票问题，经年未能解决，何又突然变计，耸动中央。此项借款交涉始末，事前不请命中央，乃至定约交款，始有此请，其种种狡谋，实系有意蒙蔽政府，武等不忍坐视国家财源全落外人之手，且恐公司蔑弃奏定条件，自招失败，至官本虚掷，厂矿地权，全归乌有 | 董事会之官商合办之请，尚须待股东大会征求意见，斟酌妥善，始能见诸实行，此时尚在未定之天。惟合办与否，在官则政府自有权衡，在商则股东执其枢纽，似非孙氏等二三个人可强托鄂人全体名义非法干涉。官本非鄂有，而强为鄂有；股票非鄂所应填，而强欲虚填，所谓蔑弃奏定条件，正在孙氏，而不在公司。孙氏如不忍坐视国家财源全落外人之手，则正宜屏除私见，勉思公益，勿加该公司以阻挠，俾得次第进行。公司之利，即鄂人之利，亦即国家之利，若其一再横逆，不破坏不止，则即公司此次借款不付，而以前各债，外人已可执行债权，诚如孙氏所云，厂矿地权全归乌有，为事势所必至，而惟孙氏实执其咎 |

续表

| 事项 | 湖北旅京同乡会 | 汉冶萍公司股东联合会 |
|---|---|---|
| 公司性质问题 | 凡公司营业，应受国家法律之范围，钢铁为军需要品，监督尤应严重。汉冶萍厂矿本属官创，虽招商承办，官本并未收回，官产又未作价，湖北政府以财权、地权关系，立于创办人地位，凡用人行政、监查帐目，系根据原奏，由契约性质取得之地位，非徒行使官权。盛宣怀不能以单独行为，不经湖北政府同意，辄改称为商办。是公司成立之根本理由已为不足，况复以铁砂抵偿外债，逃地租、漏国税、供军需于外国，尤为悖谬。此公司根本性质，应请迅饬鄂省查照原定奏案，严重监督者也 | 孙氏虎虎然之为此竞争，吾特恐孙氏之不认原定奏案耳。若其仍肯查照原定奏案，则前清张督与户部两奏原案俱在。明明招商承办，明明由官办自改商办，非特经湖北地方政府同意，且奏经中央政府同意，何得谓改商办为盛氏单独行为乎？且即原呈此节，亦自述招商承办矣。不数语忽又谓盛氏辄改商办。前后矛盾，尤无伦次。至以官创混汉冶萍为一，尤非事实。汉、冶之由官办而商办在前，萍之合并在后，且原为商办，与官创无涉，孙氏固未悉全案之原委也 |
| 借款性质问题 | 公司借债逾额，亦属违法。查各国商律通义，公司借债总数不得逾已缴股份之总数，现行公司条例第百九十一条亦明定之。今该公司已缴股份号称一千三百余万元，前借外债已达二千七百余万元，债数逾于股数已达二倍，今又将借外债一千五百万元，共为四千二百余万元，则债数超过股数三倍以上，违背商律原则。因少数人之挥霍，荡尽公司股本，复以数倍债务贻公司以破产之忧，此照商律论，应请大部（按：农商部）否认该公司新借外债也 | 公司前后所借外债，强半系预付砂价，与普通借款性质不同，此上年反对中日合办之股东会、熊希龄氏所谓预支购铁之款于公司有何窒碍之说也。外债无二千余万，此次之一千五百万，其六百万系借债还债，于债额并无出入，又非可一概而论也 |
| 铁砂出售问题 | 公司债额重至如此，而办事人员目无法纪，巧避监督，假公济私，因债分肥，将来结果，必为破产。盛宣怀既脱去官督商办范围，自称为有限责任之股东，尽有藏身之余地，然债权操于外人，抵押则为军需要品，外人不能责偿于公司，将取尝于国家，势必酿成交涉，竭中国办钢铁，累政府以赔偿，此就国际关系、军事关系而言，应请饬外交部、陆军部否认该公司之新借外债，严禁该公司以矿砂径售外国也 | 此次借款以四十年为期，预估每年所出矿砂作价扣还本息，外人考察至精，必该矿出货确有把握，始肯投此巨资，何劳孙氏以不能责偿为虑？若公司借款不成，长此停滞，按诸股东吴锦堂之预算，则公司一日须赔债息七千两，日复一日，终至破产而后已。孙氏所虑固在彼不在此，至矿砂禁止外售，尤为孙氏独断之政策，吾股商盖百思而不得其解，以为借寇兵而赍盗粮耶？使大冶之铁不输于外，外国即将船失其坚、炮失其利，则吾亦请听命于孙氏耳。如其未也，夫复何说？熊希龄氏昔曾推算公司第二次由日本订立预支铁价六百万合同之本息，指生铁畅销外国为大利所在，岂熊氏之智乃不如孙氏哉！汉冶钢铁名满 |

续表

| 事项 | 湖北旅京同乡会 | 汉冶萍公司股东联合会 |
|---|---|---|
| 铁砂出售问题 | | 环球，他日采炼得手，除国内供求外，方将遍销东西洋各国，以吸收无穷之利。若如孙氏之策，先禁售砂，则何如封山停厂，省此纷纭之为愈也 |
| 国税、地租问题 | 生利外债，由各省政府筹借者，须得财政部之认可，何况公司竟敢悍然不顾，私借巨款，不俟中央命令，不得地主同意，不令原创办之鄂政府与闻，胆大妄为，实堪痛恨。盛宣怀承办合同，有一吨铁永远捐银一两之约，此种捐项，实为对于矿山所有者之地租。盛氏朦蔽取巧，既兼作官本之抵偿，复欲混入租税范围，借逃国家地方之课税，径运铁砂出口，并一两捐而悉归乌有，此就财政上而论，应请饬财政部声明否认该公司之借款，并饬鄂省严查国税、地租关系，以免偷漏也 | 张督招商承办原奏，"从前用去官本数百万，概由商局承认，陆续分年抽还，俟铁路公司向汉厂订购钢轨之日起，即按厂中所出生铁，售出每一吨，抽银一两，按年核计，以还官局用本，其煤与熟铁钢件均免再捐，俟官本还清之后，每吨仍提捐银一两，以伸报效，地税均纳在内，亦无另外捐款"等语，明白如此，试问对于官本之抵偿有无取巧？对于租税之范围有无混入？不待辨而已明 |
| 综论 | 要之，湖北政府以官矿、官厂委诸盛宣怀，双方合议奏定章程，实为官督商办。私改公司则为违背契约。又以公司名义借债逾额，则为违背商律；擅借外债，则贻累国交；抵押铁砂，则妨害军实。一吨一两之捐，本为地租，而以朦混官本课税，则为漏税；直接输出铁砂，并一两捐而不纳，则为损害业主之收益。勾结外人，作此种种不法行动，不徒目无地方政府，并中央政府亦视为无物。诚恐借款一成，外国顾问执契约以责权利，不徒地方受无穷之害，而国交、军事均被牵制，仰恳饬部速查原定奏案，严行监督，彻底查办，以遏不法而保地权 | 孙氏要之铁厂招商承办，为中央及地方各政府所主张，原案具在，无所谓违背契约，商局随时息借，不拘华洋，载在招商承办原案章程第九条，且公司借债，所在多有。最近，汉口既济水电公司新举外债，厥额至巨，亦经农商部核准，无所谓违背商律。商借商还，无所谓贻累国交。铁非禁口，无所谓妨害军实。一吨提银一两，先抵官本，后为报效，包含地税，并绝另捐，照章履行，无所谓漏税。并无直接输出即不纳捐之说，无所谓损害。厂归商办，业已引渡，更无所谓业主。复按湖北抹煞中央官本四百余万，强令公司填作湖北股本，公司欲请命中央，湖北代表坚执不许。昔之国有之议，湖北以鄂有反对之，今之官商合办之请，湖北又以未填鄂股预阻之，且一则曰湖北政府，再则曰湖北政府，恐公司不敢目无地方，而湖北实已目无中央 |

资料来源：汉冶萍股东：《忠告为汉冶萍事入告者》，《中华实业丛报》第10—11期合刊，1914年。

据上表，在汉冶萍公司股东联合会看来，公司为商办性质，按商律可以自行借款，促成大借款案是"为汉冶萍大局争，非为盛氏一人辩护。对于孙氏，乃尽其忠告善道，并为鄂人谋公益之保存，而非欲成削其权利"，而孙武等人反对借款的真正原因是湖北地方政府"未能攫有四百万之股于公司"。① 汉冶萍公司股东中赞成借款者，也力驳汤化龙、孙武等反对借款之说"无谓"。②

汉冶萍公司董事会成员李经方因与鄂督段芝贵私交甚好，遂以个人名义致电劝其"不必干涉该公司事务"。③ 同时，盛宣怀还运动鄂人代为向湖北旅京同乡会解释游说。3月2日，盛宣怀得悉前北京币制局提调黄小宋愿以个人名义致函旅京鄂省同乡为汉冶萍公司解释一切，请文书杨学沂迅速拟定文稿交与黄小宋，且"函内须着重为湖北设想"以游说鄂人取消反对，"我在鄂厂矿，实为鄂省之荣，而尤为鄂省人民之大利，若彼省长此反对，则冶厂势必中止，移至下游而后已。为鄂计，实无所取也"。④

平息湖北地方官绅反对的关键在于原定奏案，因而汉冶萍公司派员与鄂省就成案规定问题进行直接交涉。2月，鄂督及民政长将孙武等人的呈请转咨财政部，认为"鄂省与公司势同两造，不能自行解决"，请财政部"查核原案，参酌现情，并予剖断，俾有遵循，而免争论"。⑤ 而且，在汉冶萍公司看来，旅京鄂省士绅是因公司与鄂省政府关于官本改填股票事悬而未决，故极力反对1500万日元借款，"公司以中央官本改付地方，谓须请命政府，鄂代表怒而北去，于是有今日孙氏（按：孙武）反对借款之一呈"。⑥ 因而，汉冶萍公司直接派员与鄂省政府就成案规定问题进行交涉。3月7日，汉冶萍公司股东联合会成员汪文溥与湖北代表魏景熊会谈，认为"鄂人对于公司，只求照成案办理"，鄂省所述成案"终有讹误之点，如招商承办，即已误认为官督商办，而于抽捐还本，总不免误解以为两事。鄂中军、民两府，于档卷既未能贯彻本末，无怪其因误成争"，且中

---

① 汉冶萍股东：《忠告为汉冶萍事人告者》，《中华实业丛报》第10—11期合刊，1914年。
② 《股东愿意借款之写真》，《盛京时报》1914年3月12日，第2版。
③ 《段都督之汉冶萍借款谈》，《申报》1914年3月13日，第6版。
④ 《盛宣怀致杨学沂函》（1914年3月2日），《汉冶萍公司（三）——盛宣怀档案资料选辑之四》，第793页。
⑤ 《湖北都督及民政长为据孙武等呈告汉冶萍厂矿擅借外债转请核办致财政部咨》（1914年2月），《民国外债档案史料（四）》，第725页。
⑥ 汉冶萍股东：《忠告为汉冶萍事人告者》，《中华实业丛报》第10—11期合刊，1914年。

西各报所载汉冶萍公司历史,"均与事实差异,公司无言论机关宣布一切,所受影响宁细故哉",而魏景熊系"前清旧吏,明晓官书",建议趁机消除反对借款之事,"似可检张文襄原奏与相勘证,俾于官本偿还,了解终始,自不致另生枝节,而借款反对亦可消灭矣"。① 但是,3月11日汉阳铁厂厂长吴健面见鄂督段芝贵,他认为鄂都督偏信"鄂人一方面之言,已印入脑中",对于汉冶萍公司改为商办情形及奏案全然不知,"综观段都督前后之言论,实与孙武、汤化龙同一口吻。盖以鄂人之言先入为主,牢不可破,对于我公司感情颇恶。鄂官吏及其左右非无知汉冶萍历史者,而皆不敢向都督为之解说者,盖有为汉冶萍解说者,即群起而诬系为汉冶萍所贿使,大家因避此嫌疑。鄂都督于我公司事实便成为黑暗世界"。②

### (二) 汉冶萍公司对北洋政府的抵制与借助

在北洋政府发布反对汉冶萍公司借款指令后,农商部坚持认为"矿山指借外债,非得本部同意,不生效力,经国务会议议决公布在案,该董事等已定合同,不能认为有效",表示不承认汉冶萍公司此次的借款合同。③但盛宣怀仍坚决主张借款有效,其辩解理由有四:

一、公司是有限责任之商业公司;

二、历来公司举借外债,无先取得政府许可之先例。本借款当亦无先取得政府许可之必要;

三、本借款如须注意事先取得政府之许可,现亦只是借款合同签字以后之事;

四、根据矿山条例,规定以矿山作为担保之场合,必须取得工商部之许可。但本借款之担保矿山,并非新设之担保,乃属已经提供日本银行之担保物。对于此次借款,只不过是一种共同之物、即大冶铁矿已于明治四十一年六月十三日,同年十一月三十日和四十五年二月

---

① 《汪幼安致汉冶萍公司董事会函》(1914年3月8日),《汉冶萍公司(三)——盛宣怀档案资料选辑之四》,第798页。
② 《吴健致盛宣怀函》(1914年3月12日),《汉冶萍公司(三)——盛宣怀档案资料选辑之四》,第804页。
③ 《汉冶萍借款之交涉》,《大同报》第20卷第9期,1914年。

十日之借款合同中提作担保，又萍乡煤矿亦已于明治四十一年六月十三日和同年十一月三十日之借款合同中提供担保。显然此事已得北京政府之明确承认。因此，对于作为全面借款之担保，属于共同之事物，则即无特别取得许可之必要。①

在盛宣怀看来，汉冶萍公司是商业机关（商办性质），矿山已经抵押给日本，北洋政府借款合同暂不能实行之命令，在事实上已经实行的情况下，应属无效。

但鉴于湖北地方势力反对借款合同之声势渐大，汉冶萍公司在抵制北洋政府反对指令的同时，也需要借助北洋政府的力量来维持。时值旅沪湖北同乡临时议事会"以保全湖北矿权，不失鄂人公有之利益为目的"，要求盛宣怀不得视汉冶萍公司为私产，筹划将汉冶萍公司改归官商合办，自2月24日起，多次开会商议办法。②而所谓官商合办，即官商平权，具体办法是将公司所欠官款改作股票，再加入官款而凑成股本三千万，与商股均平。2月19日，李维格在与日本正金银行上海分行经理儿玉谦次谈及官商合办问题时，认为"直到今日，公司事业不论大小，常受湖北方面之压迫。防止之道，舍请政府支援外，别无他途"。③因而，汉冶萍公司赞成官商合办之策，具文呈请北洋政府扶持。而北洋政府对此亦有襄助之意，"该公司既无力扩充，政府自难漠视"，但官商合办关系全体股东利益，须汉冶萍公司开股东大会议决后，用正式公文呈请，再行核办。④

2月26日，儿玉谦次将这一情况汇报给了横滨总行，分析官商合办的好处："公司之事业跨连三省，革命以来，备受来自各方之迫害，根据从来经验，欲防止此类事件，如无政府协力，不能圆满达到目的。又从营业

---

① 《日正金银行上海分行经理致总行总经理函》（大正三年二月二十八日），武汉大学经济学系编《旧中国汉冶萍公司与日本关系史料选辑》，第496页。
② 《旅沪鄂人冯仁佺、刘华轩等迭议反对汉冶萍借款大事记》，《大公报（天津）》1914年3月5日，第2张，第4版。
③ 《日正金银行上海分行经理致横滨总行总经理函》（大正三年二月二十三日），武汉大学经济学系编《旧中国汉冶萍公司与日本关系史料选辑》，第518页。
④ 《复汉冶萍公司电》，《顺天时报》1914年2月8日，第9版。

上观点而言，与政府结成密切关系，在铁轨销售上确有颇大之利益。"① 3月7日，汉冶萍公司临时股东大会以绝对的票数通过了官商合办案。②

实际上，汉冶萍公司也早有筹划官商合办之意。3月9日，王勋在与儿玉谦次商议官商合办一案时，道明了官商合办之议的由来：

> 原来官商合办之议，来自以前湖北省拟成为公司之股东，请求将往年张之洞当政时准备公司商办所创设之铁捐五百万两（内有一百万两，当时应预缴与张总督；直到今日，约七十万两已付清。现在，预缴之款项余额约三十万两），调换为湖北省名义之股份；继之，在前大借款交涉时，又派代表请求从速实行换股手续。公司方面当即复以铁捐属于国税，如欲调换，必须取得北京政府之命令。而如此调换，必至增加股份，此与现在之股东利益有重大之关系，有事先通过股东大会决议之必要。湖北省代表又提出是否可以先交付临时股票？如果股东大会将来不承认时则宣布无效。董事会认为此事当然不应允许而加以拒绝，主张应先与北京政府交涉，于是该省代表认为可以采取此项手续，旋即回省。公司对于该省之要求，痛感有请求政府说服以资遏止之必要。当时，适逢农商部矿务局长杨廷栋来沪，即告知本案之详细情况，并委托杨请求政府保护。最初胚胎实孕育于此。由于湖北省对公司之迫害甚烈，若不依靠政府之力，终究不能消除，遂提出官商合办案，希望政府成为公司股东，使其与公司保持密切利害关系，

---

① 《日正金银行上海分行经理致横滨总行总经理函》（大正三年二月二十六日），武汉大学经济学系编《旧中国汉冶萍公司与日本关系史料选辑》，第521页。但据报刊舆论所载，日本是不赞成官商合办之策的，"征诸世界各国通例故事，皆以为有害而不仿行"，为汉冶萍公司计，也不宜官商合办，"公司果改为官商合办，则必半身不遂，或跋疐不前，其结果必至于永无统一整理之希望而后已"，"私立会社一旦参以半官权，则日本以债权者之关系，变为国际之交涉，不特总工程师及会计问题可以复活，凡其他外国因借款而获得种种实权者亦可援平等及利益均沾之例，请求给与，而中央政府无理由可以拒却"。参见《论汉冶萍借款之关系（续）》，《顺天时报》1914年4月4日，第2版。

② 《汉冶萍之股东会》，《顺天时报》1914年3月9日，第2版；《汉冶萍临时股东会之结果》，《盛京时报》1914年3月10日，第2版；《汉冶萍公司股东会记》，《盛京时报》1914年3月14日，第1版。

而能充分保护公司。①

为借助北洋政府之力压制地方官绅反对大借款案的风潮,当旅沪湖北代表提议官商合办后,汉冶萍公司很快便赞成通过。因此,官商合办成为了汉冶萍公司为力促大借款合同顺利通过而采取的一种策略。

## 第四节　北洋政府态度的转变与借款合同的生效

在日本势力的强势施压干涉之下,北洋政府对汉冶萍公司借款的态度渐渐趋向默许。孙宝琦对山座园次郎解释北洋政府之反对行为:"中央政府并非破坏借款,亦非废止合同,不过研究合同之内容,再与正金银行商议,绝不听从报纸及湖北人议论,此正顾全邦交,保护两国正当之利益",希望日方"不必误会"。② 同时,农商部认为汉冶萍公司借款案颇为棘手,且各项小借款正在筹划之际,始终未定矿政政策,"该厂亏欠太多,有不得不借外债之势,且与日本人关系太深,以第二次担保借他国商款固属不易,日人必加以阻挠,若收归国有,事亦不易,故农商部以此迟回,方与财政部会商办法"。③ 其时,北洋政府内部在对汉冶萍公司借款意见上也存在分歧,总统府会议上亦并无议定结果,有主张取消者,也有主张改订合同者,而内阁总理熊希龄则认为借款有利:"售铁还债于公司并无窒碍,不仅本利皆以铁抵,并且抵债之外,收回现银不少。故此次合同不特为公司大利,并且为民国上下永远之大利。"④ 因此,北洋政府对汉冶萍公司借款也感到极为碍难,虽然多次开会密议,期望妥筹办法以息风潮,但"汉

---

① 《日正金银行上海分行经理致横滨总行总经理函》(大正三年三月九日),武汉大学经济学系编《旧中国汉冶萍公司与日本关系史料选辑》,第527—528页。
② 《汉冶萍矿事》(1914年3月3日),外交部档案,档案号:03-03-029-01-015。
③ 《农商部关于汉冶萍借款之文电》,《大公报(天津)》1914年2月27日,第2张,第3版。
④ 《汉冶萍公司关于向正金银行借两款缘由复农商部呈》(1914年1月23日),《民国外债档案史料(四)》,第721页。《顺天时报》报道熊希龄此时对矿务利用外资之意见,"关于输入外资之事,熊主张不必在乎。条例中不规定其数目,特以用外资之际,须经当局者之许可,此意即利用外资与否,全任当局之意。参见《熊张对于矿务之意见》,《顺天时报》1914年1月31日,第9版。

冶萍矿借款一事，已演成绝大之暗潮，政府亦无相当之办法"，遂提交政治会议讨论并征集意见，而议长李仲轩及各委员认为此事"无论如何解决，均必有所窒碍"，①因而，对于"究竟能否取消则当局者亦无把握"。②

3月6日，国务院会议议定，汉冶萍公司私借日款一案，应由财政部、外交部、交通部各派一员会同农商部专员共同详细研究，酌定办法。③ 3月26日，《申报》报道了北洋政府态度转变的情形，认为"似有和平之希望"："汉冶萍问题初发生时，反对者一鼓作气，大有非取消不止之势，近则渐渐呈一种怠散气象。昨有特创一说者谓汉冶萍借款丧权失利，无可讳言，惟此项问题究与外交有密切关系，使与日人开取消借款之谈判，日人坚不肯允，而我国亦难以下台，不得不为最激烈之争论，如是则二国之感情大伤，而于汉冶萍借款仍无补救。"④ 4月24日，《台湾日日新报》亦阐述北洋政府对于汉冶萍公司借款最初不得不采取反对之态度："（北洋）政府意见，以为对于该公司有正当监督之责，此次盛宣怀借款，事前并未呈报政府，断不能令其成立。然政府所以不承认者，特因其手续不完耳。至其借款则断无反对之理由。因前清光绪年间，张文襄在湖北总督任内，汉冶萍公司初次借款当时订立合同，即声明嗣后该公司，若再有借款情事，日本有优先取得债权之权。故此次借款乃当然之事，惟手续不完，即外间无反对之举动，政府断不能不从而干涉之。"⑤

因此，汉冶萍公司的1500万日元大借款合同虽然遭到了地方官绅和北洋政府的阻挠反对，但在汉冶萍公司的周旋和日本方面的施压之下，北洋政府的态度也从反对转向默许，大借款合同得以通过。1914年3月7日，汉冶萍公司正式召开股东大会，王存善在大会上详细解释了公司大借款实是由于经营困难，必须通过借款谋求出货增多、债息减轻才能避免破产，他游说股东道：

---

① 《政治会议对于实业借款之为难》，《大公报（天津）》1914年3月11日，第2张，第1版。
② 远生：《延长油与汉冶萍矿之风潮》，《庸言》第2卷第3期，1914年。
③ 《汉冶萍私借日款一案抄交农商部原函请速派员会商》（1914年3月6日），外交部档案，档案号：03-03-029-02-001。
④ 《对于汉冶萍借款之各方态度》，《申报》1914年3月26日，第2版。
⑤ 《支政府对汉冶萍借款》，《台湾日日新报》1914年4月24日。

公司自国有不成后，内则厂矿经费无着，外则各债环逼，向日往来银行、钱号，丝毫不肯通融，并且追索旧欠，不允付息转期，势将破产，危险万分。董事会不得已，始秉承上年股东常会通过之案，赓续辛亥四月借款合同，借日金九百万元，为扩充厂矿，增益出货之需，实系履行旧约，并非另借新债。其六百万元一款，系借轻息还重息，借长期还短期，于公司债额并无出入也。本公司系属商办，今以商产商押，商借商还，并无不合，且系以生铁、矿石抵还，无须付现。而售价则系按照时价，双方协商，并非预定价格，致受亏损，纯系营业行为，与别项借款性质不同。至订用工程、会计顾问一节，俾债主详知此一千五百万元用途，不致涉于滥费，其职务权限均另订规程。总之，不借债即破产，与其坐待破产，不如借款整顿。请问股东借款乎？破产乎？为维持实业计，借款固胜于破产也。①

而且，因"股东利息久已无着，不能再助资本，所盼政府扶持，而交通部之轨价竟扣去不付；财政部借押正金之公债票，又不肯认利，所欠公司之日本借款二百五十万元，亦推延不偿"。② 最终，公司全体股东一致赞成借用外债，并通过了1500万日元大借款合同。

## 第五节 借款合同生效后的报刊舆论与挽救之策

汉冶萍公司股东大会的通过，标志着大借款合同的正式生效，但当借款合同被外界周知后，不仅国内外反对舆论高涨，社会各界还积极筹划救济善后之策。

---

① 《公司股东大会议案》（1914年3月7日），湖北省档案馆编《汉冶萍公司档案史料选编》上册，第273页；《公司股东会议记录》（1914年3月7日），武汉大学经济学系编《旧中国汉冶萍公司与日本关系史料选辑》，第476—477页。
② 《汉冶萍股东联合会报告全体股东书》（1914年3月），湖北省档案馆编《汉冶萍公司档案史料选编》上册，第274页。

## 一 报刊舆论的批评

在汉冶萍公司股东大会正式通过借款合同后,国内之《申报》《时报》《时事汇报》《庸言》《雅言(上海)》等纷纷刊载和披露合同内容。[①] 此时,报刊反对舆论更为高涨,不仅揭露合同的危害,而且痛斥汉冶萍公司的丧权卖国和北洋政府的执政无能。

"灵犀"就合同内容之危害论曰:"公司丧失权利甚巨,其最令人骇异者,则公司有聘请日人为顾问之义务,及顾问职权之伟大是也。"参考合同中协议规程,"最高顾问工程师之职权等于华籍总工程师或总监工,而会计顾问之实权等于会计监督,其冠以顾问名称者,乃避外人攻击耳。且两顾问于公司,俨若债权者之代表人,有最高之发言权。凡业务之未经其先议与议,或先议与议而不得其赞同者,俱未得决议,决议而不实行,公司仍当负义务不履行之责任。是工程及会计两部之重要职权已归日人掌握,所余者惟执行与看守二项而已",指责股东会议决事项仍须与日本顾问协议之规定,"是蔑视股东之权利及股东会议决之效力,与法理抵触殊甚"。[②] 牟琳认为"照此合同办去则汉冶萍非我有矣",他从借款原因、借款名称、借款担保、偿还方法、还款限制、售铁总额、片面价格、主权侵夺、关税损害等方面论述汉冶萍公司1500万大借款之害,痛斥盛宣怀"唯一之目的,专在取得现金,国权之损失与公司之危皆所弗顾也",批评政府之态度始终含糊徘徊,"苟非将此合同办到取消,政府威信从此扫地尽矣","政府既不肯出此大刀阔斧之手段,势必迁就敷衍,认同合同为有效,纵令尽力磋商亦只办到修改合同而止,则公司既负四千余万之巨债。前数年之公司尚不能维持独立,此后偿还本息赔累更多,势必仍向日本借债,辗转亏损终有不能履行债务之日,则公司之生命从此告终,而汉冶萍

---

[①] 《汉冶萍借款之甲乙别三合同》,《申报》1914年3月10日,第6版;《汉冶萍聘请会计顾问合同》,《时报》1914年3月14日;《汉冶萍公司借款合同》,《时事汇报》1914年第4期;《汉冶萍借款合同》,《庸言》第2卷第3期,1914年;《汉冶萍借款合同》,《雅言(上海)》1914年第5期。

[②] 灵犀:《汉冶萍借款问题之回顾及现在之危机》,《尚贤堂纪事》第4册第6期,1915年。

非复中国人之汉冶萍矣"。① 方宗鳌撰文论述汉冶萍公司借款问题与中国政治、军事、经济、外交的重大关系，认为借款是公司发展的必然，"股东既无力以支持，政府又傍观而莫救，借款之事在所必兴"，但令人痛心疾首的是条约过于苛刻，"以公司之管理权、财产监督权，悉举而委之外人之手，绝大矿山岂复为吾国有"，他指责盛宣怀私借1500万日款偿还自己之垫款，"违背部令不顾也，丧失利权不顾也，贻国家将来之隐忧，夺地方人民生命之不顾也，在盛氏一己之资产计，较量得失，固当乐出于此"，而股东为保股本、卸责任也赞成此举，"无数股东亦冀借款朦混通过，……早欲求卸其责耶，抑暗中分肥，昧尽天良，故不惜以国家重产界之外人耶，不然诸股东血本所关，何乐而出此也"。②"实生"也在《财政经济杂志》上发表评论，为今后"类于汉冶萍事件者"计，必须笔诛"阴为赞助"之北洋政府，他痛斥在外界舆论的强烈反对之下，"政府并无挽回之决心"，"丧失权利者甚多"，"日人挟巨资以为要挟，直接限制汉冶萍公司，即间接以限制我政府"，不仅公司中人承认这种限制，而且"政府居然肯承认"，更不可理解的是农商部长张謇，"既失察于事前，及借款合同为报纸宣布，仍阳为不知，遭舆论之攻击则尤为支吾之辞以自掩饰"。③ 黄远生更是认为，汉冶萍公司大借款是继铁路因借款而"尽入于外人之范围"后，"将入于矿之借款时代"。④

在国际舆论上，因有损英国在长江流域的利益，大借款合同也引起了英国的反对。英国为维护和扩大在长江流域的势力范围，曾表示愿意借款给汉冶萍公司。3月13日，孙宝琦与山座圆次郎会晤，谈及英国公使朱尔典对此次汉冶萍公司对日借款的态度问题，孙宝琦认为所谓英国不反对者，"仅及铁路"而未言矿务，山座圆次郎则依据"上海英国政府机关报《字林西报》有论说云，汉冶萍借款合同并非于中国不利益之合同；又伦敦《泰晤士报》亦云，此项合同并非有害中国之合同"，认为英国必不反

---

① 牟琳：《评汉冶萍借款合同》，《大中华杂志》第1卷第1期，1914年。
② 方宗鳌：《汉冶萍借款问题》，《谠报》第10期，1914年。
③ 实生：《鸣呼汉冶萍》，《财政经济杂志》第1卷第1期，1914年。
④ 远生：《延长油与汉冶萍矿之风潮》，《庸言》第2卷第3期，1914年。

对汉冶萍公司借日款。① 但是据3月27—28日北京《京话日报》译载《英国对于汉冶萍公司的意见》，英国对于大借款是持反对的态度："查该公司的区域并不在条约的商埠之中，并且又是中国全国最大的实业公司，将来如果要签订正式合同，必得要有中央政府的承认。因为这一层关系，我们对于中央政府的希望很大，中央政府果然能坚持到底，竭力批驳那合同的荒谬，那合同自然不能成立。不然，我怕这宗借款一成功，中国最繁富的长江流域从此就断送在日本人的手里。"②

实际上，不同于"各国之争权利者多于中央"，日本"独注意于地方"，"欲得长江流域之特别权利"，扩大在华利益，此时，与汉冶萍公司暗中有连带关系的中日兴业公司，委派涩泽荣一至北京立案交涉，正是为实现这一目的，"涩泽氏之来，其所要求仍系注意地方，是不啻为汉冶萍借款之后盾"，但这引起了英国的注意，"日人之得汉冶萍为英人之所不愿，以侵该国之势力范围也"，因而各英文报刊对于汉冶萍公司的借款论调渐加激烈。③ 然而，日本势力为控制汉冶萍公司，进而扩大其在长江流域的利益，并没有屈从于英国。《申报》论述日本为此不惜违背英日同盟协议："英之于长江流域，犹日之于东三省。东三省之为日人势力范围，英人承认之，长江之为英人势力范围，日人独破坏之，其有背于英日同盟之本旨矣。"④

面对各方高涨的反对借款舆论浪潮，日本方面亦通过报刊予以回击。3月28日—4月5日，日本人在北京创办之《顺天时报》连续刊载沪上报社日人所投《论汉冶萍借款之关系》一文，认为各方反对汉冶萍公司借款之说虽然万绪千条，互相推波助澜，但"总归于新借款有害无利，宜别筹善法之一贯"，"其意不过欲拥护自国之势力，乃不惜举日本历来已得之利益亦从而破坏之"，综合反对之言论主要有三端：其一，契约外之揣测，即"日本之对于汉冶萍公司备具有野心，怀挟阴谋，或假外交手段，明修

---

① 《汉冶萍矿务事》（1914年3月13日），外交部档案，档案号：03-03-029-02-004。
② 陈真等编《中国近代工业史资料》第3辑，第489—490页。
③ 《对于汉冶萍借款之各方态度》，《申报》1914年3月26日，第2版。
④ 《对于汉冶萍借款之各方态度》，《申报》1914年3月26日，第2版。

暗度，以求逞其欲"；其二，契约内容上之批驳；其三，维持公司策略上之议论，即废约与收归国有，赞同官商合办，反对中日合办。而后，该文明辨日本于汉冶萍公司别无野心及外交手段，详述汉冶萍公司与日本关系之历史，从担保、利息、偿还方法、矿石与生铁之价格、日本购入之矿铁量、顾问、借款手续等方面问题概述契约之内容符合当时国际商业通例且对日本及公司"属两利之道"，解释1500万大借款案是汉冶萍公司"因受革命影响，汉阳工厂所需之修缮，其他外国借款及利息高者一分二厘、低者九厘，数百万国内借款所需之偿还，在在需款，苟不急筹则公司无从恢复其工作，而为利息所困亦必减退其资本。加以欲供给日本之生铁及国内各地之钢铁，非增设镕矿炉二台不可，而此项增设之费亦为数不少，因此种种实计之，非千五百万圆莫能开办"，而在日本方面虽然借款之额已巨，但"为维持中日两国之利益起见"，不惜冒险为汉冶萍公司破例而仍借巨款，希望"当局者确定方针从速解决，在野者鉴于日本与公司关系之历史及契约之内容，平心论事，勿为过激之举动与无稽之言谈，使公司之地位陷于危险，日本之债权无端动摇，且并使两国之经济日益接近亲密，公司或径由借款而进于合办"，劝告各方对于汉冶萍公司此次借款问题"不宜崇尚意气，宜研究两国商务及两国交际而求其判断，然后可以无误"。[①]

## 二 挽救与善后之策

汉冶萍公司1500万大借款合同深深刺痛了国人的内心，各界纷纷开始筹划救济善后之策。在汉冶萍公司即将召开股东大会之前，孙武、汤化龙、孙洪伊、丁世峄、梁善济、牟琳等人联合致电上海各报馆及汉冶萍公司各股东，认为盛宣怀擅借1500万大借款，侵害股东利益，希望合力挽救："盛宣怀不经部准，擅借日款一千五百万日金，条款苛刻，丧失权利。近开股东大会冀朦混通过，为分肥卸责任地步，隐串实业，当道主持官商合办，阴为脱卸。诸公试按此次条款，公司利权全失，前途必致破产，合同未消，官商合办，汉冶萍公司岂复为吾国所有？诸公血本所关，同人应

---

① 《论汉冶萍借款之关系》，《顺天时报》1914年3月28日—4月5日，第2版。《顺天时报》对汉冶萍公司大借款案此前一直是保持沉默，在借款案生效后，才有此论。

尽忠告,维持挽救,望各努力。"①

3月9日,中国实业研究会会长汤化龙等人开会,拟以两种办法挽救汉冶萍公司:一为收归国有,以官商合办,纠葛必不能清,若归国有,借款可以取消;一为缩小公司范围,以大冶铁矿十八处,现属汉冶萍公司只有鸡冠山,其他十五处划归官办,庶免危险。但这次讨论并无具体的结果,众论只是一致声称汉冶萍公司借款问题仍须详细调查,特别是工商总长张謇与汉冶萍公司之关系,再拟上书大总统,遂公举丁立中、郑南汉、程子端三人为调查员调查关于公司事件,以备要求取消私约。②在中国实业研究会看来,汉冶萍公司"未经农商部核准,擅订借款合同,既违反商律之专条,又不遵中央之教令,若不严行拒绝,则国家法律等诸弁髦政府威权为之扫地",且借款于外交、国防、经济等方面皆有危害,因而极力主张取消借款合同、否认官商合办。③有论者亦响应"国有"主张,认为"政府第一步立令所订合同不生效力,一面派员查办,将盛宣怀所有弊窦和盘托出,按照现行公司条例一百九十一条:公司借款不能超过资本之总额。汉冶萍公司资本仅一千余万,所负债额已至二倍,按照破产通例,应即宣告破产,由国家收回自办则一切樛轕可以斩尽"。④袁世凯鉴于中国实业研究会请求取消借款案态度甚是强硬,遂将该件提交国务委员会讨议。⑤

但日本横滨正金银行借款已于1913年12月间,开始陆续交付汉冶萍公司,"农商部否认合同之举恐难有效"。⑥至1914年4月,取消借款已不可能。5月10日,中国实业研究会再开会讨论汉冶萍公司借款事,拟定善后办法三条:其一,根据光绪三十三年张之洞驳复盛宣怀咨请,将官购矿山拨与汉阳铁厂承办,"应用原文证明大冶矿山有官拨归之山、有厂商自购之山、有官家另购之山,鄂人原有完全所有权,该以司以商人性质不得

---

① 《北京孙武等通告汉冶萍股东电》,《通问报:耶稣教家庭新闻》第590期,1914年。
② 《盛文颐致盛宣怀函》(1914年3月11日),《汉冶萍公司(三)——盛宣怀档案资料选辑之四》,第802页;《汉冶萍问题近情》,《顺天时报》1914年3月16日,第3版;《实业研究会讨论汉冶萍借款问题》,《时报》1914年3月16日,第4版。
③ 《实业研究会反对汉冶萍借款之手续》,《时报》1914年3月18日,第3版。
④ 牟琳:《评汉冶萍借款合同》,《大中华杂志》第1卷第1期,1914年。
⑤ 《汉冶萍借款抗议》,《台湾日日新报》1914年4月10日。
⑥ 《北京电》,《申报》1914年3月4日,第3版。

假冒垄断"；其二，重惩违法卖矿之人，"将私自卖矿之官商查明劣迹"，由研究会会员籍忠寅"将违法卖矿、丧失权利应受之咎，以肃政史资格据实弹劾"；其三，审查夏寿康关于大冶铁矿组织新公司的调查报告，"与鄂政府联为一气，领取鄂省公地"，"以商办公司合于商业竞争之例"。但中国实业研究会对这些善后办法，始终在"研究解决"，虽有籍忠寅因此事而向都肃政史提议了纠弹法中纠弹权的核定问题，却并无有效的实践行为。① 平政院开设后之第一案即为弹劾汉冶萍公司借款案，不仅是因为"汉冶萍之丧失果独巨"，而且意在挽回利权，"今之弹劾，非弹劾借款也，弹劾因借款而丧失权利者也"。②

汉冶萍公司将借款用途及各项开支明细详呈政府，极力运动促成借款案生效。3月14日，汉冶萍公司呈文农商部，详述"汉冶萍公司所负外债，俱有抵押"，而"今冶萍两矿以之抵保者，系属商人出血本自置之产，并非官山，是商产商押商借商还，绝不涉及政治，幸与公布之令不相抵触，况此项商产抵借在前，而部令在后，事隔多年，殊难逆料。现订合同虽属加借货款，并未加押矿山，均有实据可查，无庸多辩"。呈文中还介绍了公司的筹划预算，"汉冶萍预算负债虽重，而十五年即可还清。至于四十年定买生铁八百万吨，每吨盈余至少十两，即得现银八千万两；铁矿石一千五百万吨，盈余至少约可得现银二千万两，其为关税捐款、地方工匠、人民所沾取者，不啻倍之。此后纵有外人合办之矿，而汉冶萍可执此合同以垄断之，其利不为他人分夺。汉冶萍十五年内既可还清各债，而四十年内又陆续得此一万万两之余利，以之分年陆续建设化铁炉、炼钢炉数十座，不必另筹巨款，而汉冶萍已足屹然自立于地球之上"，因而"为今之计，惟有按照原计划迅速添炉，出货增旺，便可按期将货还债"，汉冶萍公司一方面遵奉指令，仍候农商部会商财政部酌定办法；另一方面，将公司现所有一切进行事项，据实呈明，"以全大局缘由"。③ 因此，汉冶萍

---

① 《汉冶萍借款案之因果谈》，《申报》1914年5月25日，第3版；《实业研究会讨论汉冶萍之未来问题》，《时报》1914年5月15日，第3版。
② 《平政院之弹劾案》，《申报》1914年5月25日，第7版。
③ 《汉冶萍公司呈农商部文》（1914年3月14日），湖北省档案馆编《汉冶萍公司档案史料选编》上册，第362—364页。

公司还请求商务总会居中调停，和平息事，①又委派董事晋京，"向政府当局极力运动，反对风潮因之渐形缓和"。②同时，盛宣怀因汉冶萍公司股东大会上已决议官商合办，为进行清理整顿，也请求北洋政府迅速派员到沪会商办法，③并准备于借款合同稍加删改后即承认成立，借以和平解决反对风潮。④虽然在4月17日召开的关于汉冶萍公司借款问题的阁议上未能签订合同，但"只要待到政府方面的反对方的意见稍微缓和之后，不久便会签订"。⑤

对于各方的挽救之策，农商部只表示将函请汤化龙为监察员，赴鄂调查汉冶萍公司借款案。⑥但因此案惹起国际交涉，大总统袁世凯饬令国务院会同外交、交通、农商三部办理。⑦4月初，国务院代总理孙宝琦委派曾述肇会同外交部张肇棻、交通部权量、农商部刘馥和王治昌举行国务会议，商讨汉冶萍公司大借款案，"各部以无论何国、何项借款，非经中央许可，不能发生效力。迭经通告中外，此次合同若果如农商部所言，并未核准，虽应取消，但不能不视农商部事实上之情形，然后再议办法"，因农商部委员并未提出任何意见及议定解决办法，此项借款合同亦未带去，国务会议未讨论出结果，相约俟农商部定有办法后再行会议。⑧

农商部之所以采取推诿拖延的态度，是因为北洋政府并无将汉冶萍收归国有及官商合办的实力，"今之中国，患贫甚矣，帑藏支绌，民生凋敝，商务不兴，军需浩大，政府借债以谋生活之不暇，何能计及路矿"。⑨截至1914年6月，汉冶萍公司债款共计规元11326000两，日金30730283元（见表4-2）：

---

① 《汉冶萍借款反对止》，《台湾日日新报》1914年3月28日。
② 《汉冶萍借款近讯》，《盛京时报》1914年4月22日，第2版。
③ 《汉冶萍改归官商合办》，《盛京时报》1914年4月22日，第2版。
④ 《汉冶萍借款契约之前途》，《盛京时报》1914年3月15日，第2版。
⑤ 「漢冶萍借款調印せられん」『台湾日日新報』、1914年4月21日。
⑥ 《农商部调查两大案》，《大公报（天津）》1914年3月15日，第1张，第6版。
⑦ 《汉冶萍借款案之近闻》，《顺天时报》1914年3月28日，第9版。
⑧ 《汉冶萍事件之国务会议》，《通问报：耶稣教家庭新闻》第594期，1914年。
⑨ 《路矿为今日之急务》，《盛京时报》1914年2月4日，第1版。

表 4-2　截至 1914 年 6 月汉冶萍公司债款总数

| 款项来源 | | 金额 |
| --- | --- | --- |
| 官款 | 前清邮传部预收轨价、四川铁路公司预收轨价及利息、汉口交通银行、南京交通银行、大清银行、湖南官钱局、湖北官钱局、湘钱局、裕宁官钱局 | 规元 480 万两 |
| 公债票押款 | 正金银行 | 规元 250 万两 |
| 预收生铁、矿石价款 | 兴业银行、正金银行 | 日金 30730283 元 |
| 应还各款 | 道胜、东方汇理银行、三井洋行、正金银行、汉口各钱庄、英京购机料汇票、萍矿官钱号储蓄存款 | 规元 402.6 万两 |
| 合计 | | 规元 1132.6 万两，日金 30730283 元 |

资料来源：《汉冶萍公司债款总细清册》（1914 年 6 月），湖北省档案馆编《汉冶萍公司档案史料选编》上册，第 578—580 页。

面对汉冶萍公司如此巨额的资本与债务，农商部不得不持审慎态度，因而始终未有明确的处置办法。9 月 24 日，袁世凯令财政部、交通部会同农商部遴选委员及"不干预公司办事之真正股东"，对汉冶萍公司账簿进行清查，"俟一切款目查清再妥定办法"。[①] 但此举不久后又因日本"二十一条"案的发生而无形终止。此后，随着时局的不断变化，汉冶萍公司 1500 万大借款案更是无法再挽回。

综上，纵观汉冶萍公司 1500 万日元大借款合同取得正式生效的过程，我们可以看到围绕汉冶萍公司资源所形成的各方利益冲突与权力博弈的局面，尤其是汉冶萍公司与多方力量之间关系错综复杂的历史面相。

以鄂省人士为代表的地方官绅为维护地方利权，与利益相关的其他省份共同组织反对汉冶萍公司 1500 万日元大借款的运动，并请求北洋政府介入阻止借款合同的生效。北洋政府也因大借款有损国家主权，依据法理明确表示反对。由此形成了一股反对大借款合同的风潮。汉冶萍公司在这一过程中始终与地方官绅和北洋政府进行周旋，一方面坚持公司为商办性质，借款当商借商还，抵制外界的反对；另一方面，积极利用自身资源和关系网络运动各方中的重要人物，以平息风潮，并借助北洋政府力量压制

---

[①] 《总统府政事堂关于清查汉冶萍公司账款事交财、交两部片》（1914 年 9 月 24 日），《民国外债档案史料（四）》，第 728 页。

地方官绅的阻挠行为。为保障1500万日元大借款合同的生效，日本政府驻华公使采取的最重要的手段即以将会引发两国纠纷为说辞，多次威胁和警告北洋政府外交部、农商部。面对日本政府的施压，北洋政府对大借款虽仍有反对之意，但也不得不有所顾虑。

虽然内有部分股东的不赞成、外有激烈的反对风潮，但对日举借外债是汉冶萍公司此时维持生存和谋求发展的唯一可行之途，因而最终在股东大会上还是一致通过。然而，这种为求生存而不计后果的行为也是汉冶萍公司的重大失策。至1915年2月，盛宣怀逐渐认识到了1500万大借款合同签订的危害，从此"中日合办之合同消灭更形牢固，而汉冶萍公司得此销售矿石、生铁之特权，他国亦不得攘夺"。① 所以，日本势力是此次借款合同生效后的最大受益者，1915年《尚贤堂纪事》第6期刊文回顾汉冶萍公司此次借款："日人垂涎汉冶萍矿厂已久，得此机会，自无不极力运动，水乳交融，一千五百万元借款之合同于是签押，日人势力之侵入公司乃自是始矣！"② 1923年，丁文江著《五十年来中国之矿业》中亦感叹："盖自有民国二年之合同，汉冶萍公司不复能自由独立矣！"③ 1933年，冼荣熙在《五十年来之汉冶萍》中也阐述危害曰："此约订后，尽大冶铁矿之所藏，不足以交应缴之量，而定价之贱，可使公司债务有增而无减。"④

此外，还有一方值得注意的力量，即舆论界。从汉冶萍公司1500万日元大借款合同秘密签订后反对风潮的逐步兴起，到取得正式生效后舆论攻诘的再次高涨，媒体始终密切关注，较为全面地报道了各方的态度及应对措施。特别是上海《申报》《时报》、沈阳《盛京时报》、天津《大公报》等近代重要报纸对汉冶萍公司大借款进程的持续关注和报道，使借款案成为社会各界人士广泛参与的公共舆论事件，他们纷纷在报刊发表自己的见解和表达利益诉求，更是扩大了大借款案的影响力。

---

① 《盛宣怀：日本售铁缘起》（1915年2月19日），《汉冶萍公司（三）——盛宣怀档案资料选辑之四》，第907页。
② 灵犀：《汉冶萍借款问题之回顾及现在之危机》，《尚贤堂纪事》第4册第6期，1915年。
③ 《五十年来中国之矿业》（1923年），《丁文江文集》第三卷，湖南教育出版社，2008，第62页。
④ 冼荣熙：《五十年来之汉冶萍》，《时代公论》第1卷第52号，1933年。

# 第五章
## "二十一条"中的汉冶萍公司问题

晚清时期，汉冶萍公司是清政府唯一的新式钢铁联合企业，日本政府因其具有储存丰富的铁矿石资源，能为国内八幡制铁所提供廉价和优质的原料，早有吞并之心。欧战爆发后，日本乘欧美列强放松对华的经济侵略，加紧扩大在华利益，明确地将汉冶萍公司问题列入了"二十一条"进行交涉。由此，中日两国之间的民间经济行为上升到了政治行为。本章主要以档案、时人文集和新发掘的近代报刊史料为基础，梳理汉冶萍公司问题交涉的过程，展现汉冶萍公司、日本势力、北洋政府、社会舆论之间复杂的行为逻辑。

### 第一节 "二十一条"中汉冶萍公司问题的提出

刘彦[①]在《欧战期间中日交涉史》中记述了清末民初日本谋夺汉冶萍公司之历史：

> 光绪二十四年，伊藤博文来北京为与大冶矿山生关系之始。光绪三十年，日本乘该矿资本不足，密令小田切与盛宣怀订结由日本兴业

---

① 刘彦（1881—1938），湖南醴陵人，早年留学日本，并加入中国同盟会。辛亥革命后，曾任南京临时参议院、北京临时参议院议员，主办《外交评论》，并任中华民国众议院外交委员会主席，历任北京法政大学校长以及北平大学、清华大学、朝阳大学、辅仁大学等多所高校的教授，晚年曾担任民国学院政治系主任兼教务长。

银行借款三百万元，而以大冶矿山作担保之约，是为日本实际与大冶矿山生关系之始。光绪三十四年，盛宣怀奏请汉冶萍三处事业合并，组织汉冶萍煤铁有限公司，先后借日款至一千一百二十万圆之多。当时公司总金额为二千万元，日本投资已达一半以上，日人遂主张由中日两国人合办，然为中国法律所不许。及两宫崩，盛氏入长邮传部，日人运动其改订商法，规定资本之半数可许外人入股，为汉冶萍将来中日合办计也。值中国革命，汉阳铁厂为战乱之中心，损伤甚巨，不能恢复原状，盛氏因请由民国政府收买经营。时民国初立，财政甚困，不能顾及，因令其仍由民办，借外资发展事业。时先后又借日金四百七十万元，以济一时之用。至民国二年，公司遂与日本正金银行订借款契约二纸，一借九百万元为扩充公司及改良一切之用，一借六百万元为偿还短期与重利旧债之用，规定以公司一切财产为担保，于约定期限内，无论如何不得借他款还清，若再借外债时，先与日本交涉，且聘用日本人为顾问技师及会计顾问，条约甚苛。该契约发表，国人反对者甚多，然股东会卒照案通过。农商部以事关重大，久不批准。其后，矿务局长杨廷栋、农商部参事张金赴上海与股东及日人多方接洽后，认为借款不得已，卒下令许可。日本于汉冶萍之地位由此确固。①

虽然这段叙述过于简化，且部分数据有误差，但其梳理的历史过程大致符合日本向汉冶萍公司渗透的实际情形。1913 年，基于 1500 万日元借款的经验，高木陆郎密函日本横滨正金银行总经理井上准之助，认为今后对于日本方面来说，"不一定以愚昧无知之股东为对手，而宁愿以中国政府为对手，诸事反而方便得多"。② 这标志着日本对待汉冶萍公司的方针由制铁所、银行与公司之间的经济行为转变为中日两国政府之间的政治交涉。

1914 年 9 月 1 日，日本民间团体东亚同志会向外务省提出了企图扩大

---

① 刘彦：《欧战期间中日交涉史》，上海太平洋印刷公司，1921，第 49—51 页。
② 《高木致正金银行总经理井上密函》（大正二年十二月十一日），武汉大学经济学系编《旧中国汉冶萍公司与日本关系史料选辑》，第 454 页。

日本在中国内地权利的20条要求书，其中包括"大冶铁矿永远不售给或抵押给日本以外的国家"。① 同月，小田切向日本外务省提出"汉冶萍公司日华合办大纲案"，即借欧战之机，利用中国政府目前财政极端困难的局面，实行合办以巩固日本在中国之地位，"现袁大总统与公司董事长盛宣怀之间，实有互不相容之个性与经历，若听任公司此种现状长此继续，不作根本解决，则不仅公司大债权者日本不免常处于不安之地位，尚恐将贻外国资本家以干涉公司之机会，此即所谓百仞之功，亏于一篑者是也"。② 11月初，日本驻华公使日置益奉召回国，抵达东京后，外相加藤高明于12月3日授以训令，其中包括以交换公文形式向中国政府取得原则上之协定，即提出汉冶萍公司问题，"别纸第三号，为顾及我方对汉冶萍公司之关系，拟为该公司将来讲求最善方策者"。③ 12月17日，加藤高明又在致日置益函中从日本对公司之贷款、公司之贷款、重要股东和日华合办所需资金四个方面详细列举了诸项关于汉冶萍公司的调查结果，并表示"相信目前可充分实行垄断购买公司股票之半数"。④ 1915年1月18日，日置益在觐见大总统时将"二十一条"要求面递袁世凯，并声称："日本政府对大总统表示诚意，愿将多年悬案和衷解决，以进达亲善目的。兹奉政府训令，面递条款，愿大总统赐以接受，迅速商议解决，并守秘密。实为两国之幸。"⑤ 袁世凯则表示"容详细考虑，再由外交部答复"。⑥ 而日置益所提出的"二十一条"中第三号即为关于汉冶萍公司问题，具体要求条款如下：

---

① 俞辛焞：《辛亥革命时期中日外交史》，天津人民出版社，2000，第496页。
② 《汉冶萍公司日华合办大纲案》，湖北省档案馆编《汉冶萍公司档案史料选编》上册，第368—369页。
③ 王芸生：《六十年来中国与日本》第六卷，生活·读书·新知三联书店，1980，第72页；《加藤致日置益训令及对中国"二十一条"要求》（1914年12月3日），湖北省档案馆编《汉冶萍公司档案史料选编》上册，第367页。
④ 《加藤致日置益函》（1914年12月17日），湖北省档案馆编《汉冶萍公司档案史料选编》上册，第367—368页。中国《矿业条例》第四条第二项规定，外国人出资分担额不得逾资本总额半数。因而日本此举之意图已然相当明显。
⑤ 王芸生：《六十年来中国与日本》第六卷，第73页。
⑥ 王芸生：《六十年来中国与日本》第六卷，第73页。

日本国政府及中国政府顾于日本国资本家与汉冶萍公司现有密接关系，且愿增进两国共通利益，兹议定条款如下：

第一款　两缔约国互相约定，俟将来相当机会，将汉冶萍公司作为两国合办事业，并允如未经日本国政府之同意，所有属于该公司一切权利产业，中国政府不得自行处分，亦不得使该公司任意处分。

第二款　中国政府允准所有属于汉冶萍公司各矿之附近矿山，如未经该公司同意，一概不准该公司以外之人开采，并允此外凡欲措办无论直接间接对该公司恐有影响之举，必须先经该公司同意。①

对于日本政府在"二十一条"中明确提出汉冶萍公司问题的原因，国人的认知有一个由表象到实质的过程。1914年底，北洋政府筹备将全国铁矿收归国有，汉冶萍公司下属之大冶铁矿即在其列，因而公司股东认为日本提出"二十一条"之直接原因是国有问题，"汉冶萍以收归国有问题，而引起日本与我政府直接之交涉"。② 1915年4月29日，审计院院长孙宝琦在致政事堂左丞杨士琦的函中亦指明了日本要求合办之议的由来，"汉冶萍公司自革命后，被地方之蹂躏，种种困难，几乎不支。日人以有债权之故，见中央权力未能实在维持，从而生心，于是有要求合办之议"。③ 6月，李大钊总结日本提出"二十一条"之主要目的时也说："此次日本要索之主的，对于吾国，则断绝根本兴复之生机，毁灭国家独立之体面，使

---

① 《中日二十一条译汉文日文原档》（1915年1月），外交部档案，档案号：03-33-098-01-001；王芸生：《六十年来中国与日本》第六卷，第75页；同时可参见《加藤致日置益训令及对中国"二十一条"要求》（1914年12月3日），湖北省档案馆编《汉冶萍公司档案史料选编》上册，第367页；《"二十一条"要求》（1915年1月18日），《北洋军阀1912—1928》第二卷，第800页。1915年5月中旬，在日本外务省对外公布的中日交涉始末中，关于汉冶萍公司"最初要求之条项"的表述为："（一）因日本资本家与汉冶萍公司有密切之关系，允于适当机会，将该公司改为中日合办，并允未经帝国同意时，不自行处分或使该公司处分属于公司之一切权利财产。（二）因保护日本资本家债权，中政府允准未经公司承诺，不许公司以外之人，经营公司所有矿产附近之矿山，并约定此外如欲执行间接直接对于公司恐有影响之举，须先经该公司之同意。"参见《附录13　日本外务省公表之中日交涉颠末》（1915年5月中旬），《袁世凯全集》第三〇卷，第205—206页。

② 《中日交涉中之汉冶萍股东》，《申报》1915年4月16日，第6版。

③ 《孙宝琦致杨士琦函》（1915年4月29日），《汉冶萍公司（三）——盛宣怀档案资料选辑之四》，第924页。

我永无自存图强之实力。对于列国，则阴削其极东之势力，既得者使之减损，未得者豫为防遏，得志则称霸东方，不得志则以我国为嫁祸之所。"① 1921 年，刘彦也深刻地认识到"二十一条"使汉冶萍公司成为日本之"国有财产"："日人无厌之求，必欲使汉冶萍事业脱离中国政府之关系，而置诸日本政府管理之下而后已。此次由中国政府声明，准由中日商人合办，并声明不国有、不充公、不借第三国之款，即不啻声明中国政府无干涉该公司之权。而实际上，日本政府为该公司之股东，所有该公司重要职权，如顾问技师及会计顾问已归日人之手，将来势之所及，随机侵夺，必使汉冶萍公司名义上为中日两国商人之合办事业，而实质上则变成日本之国有财产。"② 1932 年，王芸生论述日本提出"二十一条"之重要原因，"二十一条要求之提出，实有其历史背景，不完全系于欧战。重大原因，曰：彼强我弱"，而自辛亥革命以后，对于汉冶萍公司问题，"有人倡言充公，复又倡议国有，或借第三国为抵制，实与日本投资家以莫大之危险"③。

实际上，在中日交涉期间，日本即一直试图掩盖其真实目的，以麻痹汉冶萍公司和北洋政府，促成中日合办。

1915 年 4 月 2 日，《申报》刊载某要员所述日本对于汉冶萍公司问题之意见，认为"日本要求大为和平，公司改组应立刻为之"：

> 汉冶萍公司资本原为一千二百万元，日本曾以日洋二千四百万元贷与该公司，借款合同中且允续贷九百万元，日本之借款虽倍于原有之资本，而日人并未与闻该公司之管理权，工程及会计部虽用日本顾问，然常不从其言，公司事务日见不佳，告者确谓该公司每年亏折洋百万元，然并未设法改组营业，四年之前签定合同将该公司改为中日合办，因股东会反对故乃作罢，日人以为汉冶萍公司应重行组织，日人应得经理上若干管理权，庶可保全日人利益，且免使该公司有破产之虞。④

---

① 《国民之薪胆》(1915 年 6 月)，《李大钊全集》第一卷，人民出版社，2006，第 133 页。
② 刘彦：《欧战期间中日交涉史》，第 51 页。
③ 王芸生：《六十年来中国与日本》第六卷，第 70、277 页。
④ 《北京电》，《申报》1915 年 4 月 2 日，第 2 版。

4月24日，高木陆郎抵达上海，与李维格和王勋进行会谈，解释中日交涉中就此商业公司之事同政府交涉的原因：

> 此次日本政府之所以向中国政府要求日中合办，是确信从保护日本资本家关系上，又为公司将来永久利益计，图谋万全之最良策，并深信公司当局和股东也必然赞成此举，所以才向中国政府提出此项要求。其所以事先没有同公司当局就此进行交涉，是由于考虑到，从事情的性质来说，这样做，反而有害而无益，此乃为不致产生所谓公司当局串通日本、使中国政府为难等等之谣言和疑虑，此外别无他意。①

5月，日本资本家撰写《日本政府要求汉冶萍公司中日合办之缘因》一文，开列中国政府"迫害汉冶萍公司"之七大实例，如鄂、赣、湘妨害公司，公司优先采矿权渐不安稳，公司优先投资权被侵害，借口整理税制而增加应缴税课，萍株铁路所定运费高于津浦等铁路，不承认公司之钢轨优先供给权，扣留现银付价之钢轨价银，等等，据此日人认为中国政府种种行为将"妨害公司事业"，"原来公司办事人等为恢复此种既得权起见，种种设法，再四恳请北京政府，故日本资本家观望其进行状态，再行研定对付方法。后来北京政府不但始终不允公司所请，并且迫害公司日甚一日。倘再任意延搁，究竟公司要遭遇破产之命运，延而日本资本家受绝大损害之危险。日本资本家认公司办事人等既业尽完最善之方法，再督励公司办事人与中国政府力争，终无效果。既与日本政府商议保全资本之方法，日本政府认识公司之利害与日本资本家之利害互相一致。如欲公司事业之发达昌荣，则应由中日两国政府设法特别保护维持为要。其根本解决方法，即将公司作成中日合办组织为最良方策"，因而力促"唯一无二之保全投资方法"——中日合办，"日本资本家为保全所投资本之安固，不得已迫令日本政府对中国政府要求中日合办"。② 5月下旬，井上馨致盛宣

---

① 《高木陆郎致儿玉谦次密函》（大正四年四月二十七日），武汉大学经济学系编《旧中国汉冶萍公司与日本关系史料选辑》，第570页。
② 《日本政府要求汉冶萍公司中日合办之缘因（节略）》（1915年5月），《汉冶萍公司（三）——盛宣怀档案资料选辑之四》，第945—946页。

怀阐述中日合办之缘起，"讵孙武自称督办，萍乡矿区之争执，大冶、兴国矿山之争议，钢轨优先供给权之轻视等，层出叠见，中央及地方不为维持，纷骚已甚。贵公司力不能争，根本几乎摇动，公司有瓦解之虑。敝国资本家之忧惧，制铁所之恐慌，此种不稳现象，实系贵国政府措置不善所致。于是敝处屡次集议，筹商一最良救济之策，请求贵国政府承认贵公司与日本资本家有密接之关系，不可脱离"，而汉冶萍公司与日本资本家之关系"系有无相通之经济关系，除希望一方铁矿供给不缺，一方贵公司利源稳固外，并无他意"，因此，日本方面对于汉冶萍公司实"不外乎一则借使公司事业资金容易筹备，以增共同利益；二则借此助长两国亲善"。①

日本方面之所以钟情于汉冶萍公司，完全是出于自身利益的考虑，"关于汉冶萍矿务，日本方面抱定宗旨，实欲掌握公司中之一切管理权，而使中国莫大之铁厂完全入其掌握之内"。② 4月7日，《申报》明确指出日本致力于汉冶萍公司问题的根本原因为攫取铁矿石原料，"大冶为日本供铁之源，而日本乏铁，故欲之甚坚然"。③ 5月18日，日本人所办之《台湾日日新报》刊载《汉冶萍问题》一文，解释了中日交涉中关于汉冶萍公司合办问题的重要条款，对于日本"武器独立"上的重大意义，日本将汉冶萍公司问题纳入条款也有着其自身的逻辑：其一，汉冶萍公司拥有"取之不尽用之不竭的铁矿"，且"年产四十万吨铁矿"，日本国内若松制铁所等没有充足的铁矿石原料，生产力严重不足，"独立武器的制造是相当困难的"，"把此铁矿的合营放在首要位置有重大意义，无论是对于本朝（日本）的海军扩张，还是设施的建设，夸张地说，都取决于汉冶萍铁矿的归属"；其二，日本是通过借债方式取得在汉冶萍公司利益的，现今汉冶萍公司正筹划大举扩张，"若只是通过借款这种方式的话，第三国有了财力，对于我国（日本）的既得权利有损。在此之际，我国（日本）无论如何也不能共同合作了。然而对于这次的条款交涉，若能达成一致，实现日支合营，如此一来，日本人也有了一部分的财产所有权。防止第三国干

---

① 《井上馨致盛宣怀函》（1915年5月下旬），《汉冶萍公司（三）——盛宣怀档案资料选辑之四》，第943、944页。
② 《英报述中日交涉近情》，《申报》1915年4月3日，第6版。
③ 《中日最近会议之各问题》，《申报》1915年4月7日，第6版。

涉，从而实现大伸手脚，全面覆盖"。① 日人还在《新权利之范围与活用方法：汉冶萍之利权及南七省贸易》中论述称汉冶萍公司之权利关系到南方七省之贸易，"（汉冶萍公司）高等事权已全数归之我日本掌握，惜未正式签订于两国条文之内，犹恐中国人有自觉之一日，若能再猛进一步，全体操纵，则长江一带各种企业原动力，不难完全揽入我日人怀中，并可由此进而侵略及于南七省之金融活动的要键，及商业全权"。②

总之，在日本政府看来，汉冶萍公司与日本具有密切关系，故"帮助该公司乃系（日本）政府之责"。③ 日本外相加藤高明亦毫不避讳地阐述"二十一条"第三号列入汉冶萍公司问题的缘由："日本由国防工业着眼，在九州枝光兴建了国营的大炼铁厂，但日本内地和朝鲜不大出产铁矿，所以仰赖汉冶萍公司的大冶铁矿山而经营这一事业。但是，汉冶萍公司继续亏损，屡次向日本资本家借款，现已达到很高的数目，因而和日本具有极密切的关系。然而中国政府动则热衷于收回利权，插手于汉冶萍公司财产的管理，现已将当然应属于汉冶萍公司的矿山狮子山对面的象鼻山收去，还要将该公司收归国有，以至使日本感到威胁。因此，帝国为消除将来的不安，而将其列入交涉之内。"④ 由此可知，保障国防军事工业才是日本此次在新条约中争汉冶萍公司之主要目的。国人在条约签订后也认识到了这一点，"有关我国军器之第三项汉冶萍，我既让步，则不啻第五项中之所谓军器合办、军器认购者，已实行于第三项中矣"，因而称新条约的签订"非合办汉冶萍公司也，实合办中日兵器厂也"。⑤

---

① 「漢冶萍問題」『台湾日日新報』、1915年5月18日。
② 《新权利之范围与活用方法：汉冶萍之利权及南七省贸易》，《日本潮》第1编，1915年。文章解释南七省之商业全权，"乃包含长江一带所应需要之各种货物而言，列举之，即棉纱、棉布、洋布、针、海产物、红白糖、煤油、法郎铁器、玻璃、磷寸、金属制品、玩具、阳伞、帽子、杂货等是"，认为"此等货物于输入时若已一一悉归于我日人之手中，斯时也，方谓之我日本对于南七省实行统揽。其经济势力之一日也，我日人当共勉而共图之"。
③ 《高木陆郎致盛宣怀函》（1915年6月5日），《汉冶萍公司（三）——盛宣怀档案资料选辑之四》，第949页。
④ 《加藤高明与"二十一条"》，《北洋军阀1912—1928》第二卷，第792页。
⑤ 《警告汉冶萍公司股东诸君及全国父老书》，《中华全国商会联合会会报》第2年第8号，1915年。

## 第二节 "二十一条"中汉冶萍公司问题的交涉过程

中日双方就"二十一条"共进行了20余次会议交涉,争论的焦点问题是第二号(南满洲和东部内蒙古问题)和第五号(聘用日本人为顾问、允许土地所有权、中日合办警察、中日合办军械厂、三条铁路建造权、福建省内特权、在中国之布教权等问题)。然而,第三号汉冶萍公司问题的交涉亦有着复杂的过程。

### 一 中日政府对汉冶萍公司问题的交涉

袁世凯在接到日本提出的"二十一条"要求后,当即召集外交部总次长、总统府秘书长等举行会议,商讨交涉步骤。2月2日下午3点,中方由外交部长陆征祥、次长曹汝霖和秘书施履本组成的委员会与日本驻中国公使日置益、参赞小幡酉吉、高尾亨等在外交部进行第一次秘密会议交涉。日置益态度强硬,坚持要求中国政府全盘接受"二十一条"之全部款项,但陆征祥表示拒绝要求中的部分内容。

2月3日,日本外相加藤高明与中国驻日公使陆宗舆进行密谈,详细解释所提条件,明确表示"关于汉冶萍公司之件,因为该公司向来最费神之纷扰相继发生,鉴于巨额之日本资本进入该公司关系,因而欲使该公司更加巩固"①,此即表明日本在汉冶萍公司问题上坚决之态度。2月5日,中日双方进行第二次会议,陆征祥发表对于全案之意见,其中对汉冶萍公司问题的态度为:"三号汉冶萍公司纯是商人产业,政府无权干涉,亦不能为国际之商议。"② 双方在这次会议中关于汉冶萍公司问题的问答如下:

总长云:第三号汉冶萍公司事,该公司系商业之性质,外国政府

---

① 《中国驻日公使到外务省会谈要点》(大正四年二月三日),武汉大学经济学系编《旧中国汉冶萍公司与日本关系史料选辑》,第548页。
② 刘彦:《欧战期间中日交涉史》,第19—20页。

对于商业公司均思设法保护，今中国政府不惟不保护之，而反以之与外国订约，殊觉为难。且现即定与贵国订约，日后商民若起反对，反无以对贵国政府，此节应请贵公使体察之。

日置云：贵总长所云系第三号之全部乎？

总长云：系全部。

日置云：如贵国政府提出修正案。

总长云：碍难商议。本国政府对于汉冶萍公司已有种种为难情形，且该公司已借有日本之款，无订约之必要。

小幡云：然则作政府收回该公司意解释乎？

次长云：虽不以此意解释，而政府先与他国订约合办，恐非商人所愿。

小幡云：系俟将来有相当机会再行合办。

次长云：虽系将来合办，而先以政府之势力干涉之，商人能否愿意殊不可必。

日置云：此事有无他法可以商议？

总长云：无一定之把握。

日置云：如商人乐于举办，贵国政府于合办之主义不反对乎？

总长云：第一款中有云，如未经日本政府之同意，所有属于该公司一切权利产业不得任意处分，是与普通之公司性质不同。

日置云：中国政府所谓困难者，系指实行而言，于主义不反对乎？

次长云：商人是否愿意，不能断定。

小幡云：绝对绝对无磋商之余地乎？

总长云：政府与政府之间先订此约，殊不甚妥。

日置云：将来商人与商人之间如果愿意合办，贵国政府当不至不许。

总长云：将来如果有此事实，但与普通公司性质不相违背，政府不至不许，不过政府不能预定耳。

日置云：贵国政府于主义上应无反对。

次长云：此为商人之产业，政府不能预定。①

从双方的交谈中可以看出，中方虽认为汉冶萍公司为商办性质，政府无权处置，应与该公司自行商议，故提出此项条款不能交涉，但日本因在汉冶萍公司有投资，为求将来稳定之保障而一定要使中国政府以条约的形式确定。2月7日，日本政府要求中方对于"二十一条"全部提出修正案方能再开会议。同时，日本政府对北洋政府进行示威，袁世凯则表示"允将第三号作为主义之声明，即将来汉冶萍公司愿与日本商人有合意之办法，而不背中国之法律时，中国政府可不反对"。②

2月9日，鉴于英、美两国有干涉之意，日本政府命日置益就中国政府所提之修正案进行讨论，其中包括汉冶萍公司问题。陆征祥仍然声明汉冶萍公司系商人财产，政府不能与外国订约合办，但日置益坚持不允。中方被迫只得表示完全承认"中日合办"之性质："查汉冶萍公司系中国商办公司，按照中国法律，原有保全财产营业管理之权，政府未与该公司商定，不便径自代为处置。惟该公司将来如遇有机会，就现有事业，愿与日本商人商订合意之办法，与本国法律不相违背，中国政府届时自可允准。"③ 2月12日，陆宗舆致电外交部，转述其当日与日本外相加藤高明进行会晤情况，谈及日本政府对于汉冶萍公司问题之态度："三号以日资所在，中政府如不见谅，当以实力保护。"④ 当日，袁世凯墨批该电文，对此条批示，"日既无利，何苦损我独立"。⑤ 2月17日，加藤高明致电日置益，重新申明第三号第二条之"汉冶萍公司所属各矿附近之矿山"中所指矿山，"系属于该公司之矿山而散在各处、与各矿山附近者，并非包括全

---

① 王芸生：《六十年来中国与日本》第六卷，第102—104页；《中日外交官第二次会谈纪要》（1915年2月5日），湖北省档案馆编《汉冶萍公司档案史料选编》上册，第370页。
② 刘彦：《欧战期间中日交涉史》，第20—21页。
③ 刘彦：《欧战期间中日交涉史》，第23—24页；《附录3 中国政府第一次修正案》（1915年2月上旬），《袁世凯全集》第三〇卷，第157页。
④ 王芸生：《六十年来中国与日本》第六卷，第111—112页。
⑤ 《墨批驻日本公使陆宗舆电》（1915年2月12日），《袁世凯全集》第三〇卷，第158页。

部之意"。① 同日，外交部致电陆宗舆表示，中国政府"于困难中顾念力求亲善之意，允将三号为主义上之商议。"② 最终，在日本政府对汉冶萍公司问题极为坚持的态度下，中国政府只能表示"三号当易商议"。③

3月9日，中国政府虽然大致同意汉冶萍公司如愿与日本资本家合办，中国政府不加反对，但提出"惟此系私家公司，故须得股东之许可，大约股东未必会承认"。④ 因而中国代表向日本公使声明，按照中华民国临时约法中规定的国民有保护及营业自由之权，中国政府不能干预人民之营业，"除业经中国政府所允许外，余无解决方法"。⑤ 3月25日，第十四次中日会议上，因汉冶萍问题的复杂性，日方认为"在审议上，现在不要制定细节，免得他日有纠纷时，股东们希望的条件和借款处分成为难以解决的问题"。⑥ 3月26日，加藤高明致电日置益，认为第三号汉冶萍公司案"系保护投资者日本方面利益当然之规定"，鉴于"中国方面之态度执拗到底"，也可以进行有限度的修正。⑦ 3月30日，日本方面明确提出汉冶萍公司借款结清后必须中日合办，中方外交部并无予以何等之解决，坚持须向农商部调集关于汉冶萍公司借用日款各种档案，详加研究后再行讨论。⑧ 汉冶萍公司问题为中日交涉过程中之难决事项，不能立时解决，中方提议定为单独条款缓为从详讨论，"俟大体解决后，再行特别开议"。⑨ 4月6日，日置益奉加藤高明训令，到外交部进行第十九次会见，北洋政府对于汉冶萍公司合办问题，"虽不挟异议，然不肯与立矿山不让之约"。⑩ 4月13日，加藤高明致电日置益，认为原案第三号第二条可以保留，"不过该

---

① 《日外务大臣加藤致驻中国公使日置益第九十三号电》（大正四年二月十七日），武汉大学经济学系编《旧中国汉冶萍公司与日本关系史料选辑》，第551页。
② 王芸生：《六十年来中国与日本》第六卷，第112页。
③ 王芸生：《六十年来中国与日本》第六卷，第198页。
④ 《中日交涉近况》，《兴华报》第12卷第15册，1915年。
⑤ 王芸生：《六十年来中国与日本》第六卷，第248页。
⑥ 「漢冶萍問題」『台湾日日新報』、1915年3月29日。
⑦ 《日外务大臣加藤致驻中国公使日置益第一九○号电》（大正四年三月二十六日），武汉大学经济学系编《旧中国汉冶萍公司与日本关系史料选辑》，第552页。4月22日，加藤高明致日置益第二六二号电又将这一允许的修正撤回。
⑧ 《毫无进步之中日交涉谭》，《申报》1915年3月30日，第6版。
⑨ 《东蒙汉冶条款已定变通办法》，《大公报（天津）》1915年4月7日，第1张，第6版。
⑩ 《会见内容》，《台湾日日新報》1915年4月9日。

条中所谓'附近之矿山',今日不能立即指定;至于何日,容本交涉了结后补办,可由日中两国派员实地调查后决定",此意即今后可以以任何形式加以记载。①

4月15日,时任中华民国政府法律顾问的有贺长雄向外交部提及日本元老内部关于汉冶萍公司问题交涉之态度:"井上(井上馨)注重汉冶萍,惟主张日本若松铁厂亦应与中国合办,方见公允,不以政府为然。松、山两老(松山正义、山县有朋)意欲将汉冶萍移作后议。现山县小病,须两三日方能会议,再与政府开口。望我政府切宜坚持数日,听元老消息。汉冶萍祈先勿轻让,或备将来应酬元老。"② 最终,经过有贺长雄在日本元老之间的多方奔走,日本各元老与日本政府于4月20日秘密协议了让步之办法,其中第四条为"汉冶萍由人民协议,政府(日本政府)惟同意尽力"。③

4月26日,日本提出了总括的最后修正案共24款,要求中国政府全部同意,其中第三号汉冶萍公司事项,日本政府同意"以中国屡次会议言明者为限",④ 具体表述为:

> 日本国与汉冶萍公司之关系极为密接,如将来该公司关系人与日本资本家商定合办,中国政府应即允准。又中国政府允诺,如未经日本资本家同意,将该公司不归为国有,又不充公,又不准使该公司借用日本国以外之外国资本。⑤

---

① 《日外务大臣加藤致驻中国公使日置益第二三七号电》(大正四年四月十三日),武汉大学经济学系编《旧中国汉冶萍公司与日本关系史料选辑》,第553页。
② 王芸生:《六十年来中国与日本》第六卷,第216页。
③ 王芸生:《六十年来中国与日本》第六卷,第217页。
④ 《附录13 日本外务省公表之中日交涉颠末》(1915年5月中旬),《袁世凯全集》第三〇卷,第207页。
⑤ 王芸生:《六十年来中国与日本》第六卷,第224页;《日本政府交北洋政府的修正案》(1915年4月26日),湖北省档案馆编《汉冶萍公司档案史料选编》上册,第372页;《附录6 日本公使日置益第二次送交条款》(1915年4月26日),《袁世凯全集》第三〇卷,第171页。1915年5月中旬,在日本外务省对外公布的中日交涉始末中,关于汉冶萍公司修正案之要领表述为:"(一)他日公司与日本资本家合办有成议时,中国政府当承认之。(二)不没收该公司。(三)不经关系之日本资本家同意,不收该公司为国有。(四)不许该公司向日本以外之各国借债。"参见《附录13 日本外务省公表之中日交涉颠末》(1915年5月中旬),《袁世凯全集》第三〇卷,第207页。

日本方面认为关于汉冶萍之最后修正案，"全系采纳中国方面所言，于今中国方面理应不再有何异议"。① 随即，日置益第二次送交条款：

> 日本国向因对于汉冶萍公司投资甚巨，该公司与日本国实有密切关系，兹两国约定，各自怂恿该公司及其关系人，务期实行该公司之日中合办。
>
> 又中国政府允诺，如未经日本国同意，一概防止变更该公司现状之举。

4月28日，袁世凯对第二次送交条款进行了朱批，第三号之意见是"照我提原案酌量稍加字句"，"可声明已说三项"。②

根据袁世凯的这一指示，外交部草拟了最后的修正回答案。5月1日，这份回答案经袁世凯同意后，当日，中国政府正式承认了这一新议案，相对应的汉冶萍公司事项也提出了最后的修正案：

> 日本国与汉冶萍公司之关系极为密切，如将来该公司与日本资本家商定合办，中国政府应即允准。又中国政府声明该公司不归为国有，又不充公，又不准使该公司借用日本国以外之外国资本。③

日本政府依照与元老之秘密协议，认为汉冶萍公司纯系商人之事业，政府不便干涉，将第三号作为互换公文性质，即照此修正案同意，并提出

---

① 《日外务大臣加藤致驻中国公使日置益第二七七号电》（大正四年四月二十七日），武汉大学经济学系编《旧中国汉冶萍公司与日本关系史料选辑》，第554页。
② 《朱墨合批日本公使日置益第二次送交条款》（1915年4月28日），《袁世凯全集》第三〇卷，第163页。4月30日，加藤高明致电日本驻俄国大使本野，认为这一提案"虽单纯为电报解释上之错误，在中国方面却有操纵报纸等利用之之虞"。参见《日外务大臣加藤致驻俄大使本野第一九七号电》（大正四年四月三十日），武汉大学经济学系编《旧中国汉冶萍公司与日本关系史料选辑》，第564页。
③ 王芸生：《六十年来中国与日本》第六卷，第228页；《北洋政府交日方最后修正对案》（1915年5月1日），湖北省档案馆编《汉冶萍公司档案史料选编》上册，第372页；《附录7 中国第二次回答案》（1915年5月1日），《袁世凯全集》第三〇卷，第176页。中国政府在最后修正案第三号中删除了"关系人"三字，后日本政府表示无异议。

两项要求:"(一)中国不得利用现在之势力,以取消中政府与该公司所立合同之权利;(二)中国不得借用外资,以付还日本借款"。① 同时,日本方面强调,关于汉冶萍公司合办事必须劝告公司股东照修正案通过。② 黄远生在比较修正案与原文后,认为"此实修改而等于不修改者也"。③

5月7日下午3点,日置益将最后通牒及附解释七条交到外交部,限期同意。5月9日,中国政府表示接受。5月25日,陆征祥与日置益正式在北京签订《关于山东省之条约》《关于南满洲及东部内蒙古之条约》及13件换文,总称中日《民四条约》。其中,关于汉冶萍公司事项之换文,北洋政府外交总长陆征祥向日本公使日置益照会:

> 为照会事:中国政府因日本国资本家与汉冶萍公司有密接之关系,如将来该公司与日本国资本家商定合办时,可即允准,又不将该公司充公,又无日本国资本家之同意,不将该公司归为国有,又不使该公司借用日本国以外之外国资本。相应照会,即希查照。须至照会者。④

日置益复北洋政府外交总长陆征祥照会:

> 为照复事:准本日照称,中国政府因日本国资本家与汉冶萍公司有密接之关系,如将来该公司与日本国资本家商定合办时,可即允准,又不将该公司充公,又无日本资本家之同意,不将该公司归为国有,又不使该公司借用日本国以外之外国资本等语,业已阅悉。相应照复,即希查照。须至照复者。⑤

---

① 《特约路透电·北京电》,《申报》1915年5月3日,第2版。
② 《无让步之余地》,《台湾日日新报》1915年5月3日。
③ 远生:《新闻日记(四月二十八日)》,《申报》1915年5月3日,第3版。
④ 王芸生:《六十年来中国与日本》第六卷,第271页;《汉冶萍事项之换文》(1915年5月25日),湖北省档案馆编《汉冶萍公司档案史料选编》上册,第372页;《附录10 民四条约》(1915年5月25日),《袁世凯全集》第三〇卷,第194页。
⑤ 王芸生:《六十年来中国与日本》第六卷,第271—272页;《汉冶萍事项之换文》(1915年5月25日),湖北省档案馆编《汉冶萍公司档案史料选编》上册,第372页;《附录10 民四条约》(1915年5月25日),《袁世凯全集》第三〇卷,第194页。

至此，中日两国政府之间关于汉冶萍公司问题的双边条文正式形成。

## 二 日本与列强对汉冶萍公司问题的交涉

近代以来，日本与西方列强之间因利益问题既相互争夺、牵制又相互支持、合作，"十年以来，日本之对华外交，即于不违反尊重主权保全领土主义之范围内，巩固其势力范围于南满，发展其经济事业于沿江沿海诸省。但前者不免与他国之机会均等主义相龃龉，后者又不免与他国之势力范围相抵触"。① 然而，在日本看来，其在中国之事业与欧美国家相形见绌，"盖欧美人能巧握经营之实权，而日本所经营者，则其实权多仍在华人之手"，故日本在中国开发富源、投资实业是理所当然的。② 杜亚泉翻译日本《太阳杂志》之文刊载于《东方杂志》曰："日本位于中国之东邻，交通既久，同种同文，则中国当先求助于日本，日本亦当先起而指导之。日本既乏铁路，产煤之量亦不多，各种工业之原料甚少，谷类又不足以养其全国人口。中国乃其最大之供给地，故日本对于中国有特殊之关系，与列强之地位不同，则其向中国提出特别之要求亦不为过。中国之承认此种要求乃当然之事，是实增进两国之亲善，而为其共同之福利者也。"③ 在这一逻辑之下，日本更是一直觊觎中国之煤铁事业，"夫大冶铁山为日本制铁原料之最大供给地，与汉阳铁工厂、萍乡煤矿同为中国一大宝库，其经营如何，实关乎中日两国之福利，余辈固深望此问题之得以明白解决也"。④ 因而，日本政府不惜在汉冶萍公司问题上与有利益关系之列强产生冲突。但日本政府的这一行为遭到了西方列强的反对，他们试图暗中运动阻止。⑤ 所以"二十一条"的交涉也并不是单纯的中日两国政府之间的外交问题，西方列强，尤其是英美的介入产生了一定的影响。因此，日本提出"二十一条"后，在积极与中国政府进行逐条内容交涉时，也采取了一

---

① 高劳（杜亚泉）：《日本要求事件》，《东方杂志》第12卷第4号，1915年。
② 高劳（杜亚泉）：《日人之开发中国富源论》，《东方杂志》第12卷第6号，1915年。
③ 高劳（杜亚泉）：《日人之开发中国富源论》，《东方杂志》第12卷第6号，1915年。
④ 高劳（杜亚泉）：《日人之开发中国富源论》，《东方杂志》第12卷第6号，1915年。
⑤ 1915年4月1日，《台湾日日新报》日文版报道『某國の畫策』曰："漢冶萍問題に就き某國の有力者は總統府及外國に向け日本の提案に反對せしめんと暗に運動を試みつゝあり"。

些措施应对西方列强的干涉。

日本外务省在公布中日交涉最初要求之始，即声明"凡与帝国（日本政府）曩日向列国声明中国领土保全、机会均等、门户开放等主义有抵触者，均竭力避免"。① 1915年1月11日，加藤高明致电日本驻英国大使井上，明确告知"将来适当时机"系指"将汉冶萍公司作为日华合办之时期"，令井上秘密与英国外务大臣交涉，"约定将来不割让中国沿岸之事，对目前英国及其他租借者无任何影响"，并将此意转达俄、法、美三国驻英大使。② 然而，英国方面早已认识到，"汉阳铁厂自英人视之，固明明归日人之掌握者也"，③ 而且英国下议院统一党议员还公然倡言"日本人侵蚀英国之势力范围"，即扬子江流域，其重要原因之一是"日人贷资于汉冶萍铁厂，即以铁厂为抵押品故"。④ 在英国方面看来，此次日本要求之汉冶萍公司问题，"措词含混，若经许让，将来可作扬子江流域矿产专利权之解，中国之拒绝极合理也。日人如是破坏均等机会主义之举动，仅令外人心中起极大之厌恶耳"。⑤

日本提出"二十一条"后，各国政府即向日本政府质问条约内容，且"于要求通告条件后，复通牒日本政府，请日本注意各国关于中国领土完全及各国在华特别权利之条约义务"，各国之报纸更是众说纷纭，"或以日本乘机迫压中国，而议其怀抱野心者；或以条件损及各国权利，而促其政府注意者；或以通告列国之条件与所传者不符，而疑日本外交当局之诡谲者"。⑥ 日本政府则一方面将"二十一条"第五号各条款全然删除而仅以其余条款通知英、美两国，另一方面对外发表宣言，表示条约无侵害他国权利之意，"日本方面之言论，大都谓日本所要求者，不过解决悬案及增进

---

① 《附录13 日本外务省公表之中日交涉颠末》（1915年5月中旬），《袁世凯全集》第三〇卷，第205页。
② 《日外务大臣加藤致驻英大使井上第十三号电》（大正四年一月十一日），武汉大学经济学系编《旧中国汉冶萍公司与日本关系史料选辑》，第559页。
③ 钱智修：《论日英对华同盟》，《东方杂志》第11卷第1号，1914年。
④ 《势力范围欤门户开放欤》，《东方杂志》第11卷第1号，1914年。
⑤ 《北京电》，《申报》1915年4月2日，第2版。
⑥ 高劳（杜亚泉）：《日本要求事件》，《东方杂志》第12卷第4号，1915年。

经济上之地位，并不侵害中国主权及各国在华之利益"。①

日本提出"二十一条"交涉时，与日本或为直接、或为间接同盟的英、法、俄等国正忙于欧战。日本人在北京所办之《顺天时报》及在沈阳所办之《盛京时报》先后刊载《对华提案之时机》，认为此时正是对华提案的绝好时机，"方今欧洲战争尚酣，列国无暇顾东洋之事，若日本对于中国抱领土的野心，诚为得行其野心之好机会。……至欧美列强，如我同盟国，其主义与我相同固不待言，即俄、法、美诸国，其与我关于中国之协商，亦皆以领土保全为主义。苟我国（日本）提案尊重此主义，不影响于中国之既得权，吾知诸国对此必无异议。我辈以解决对华问题为得其时机者，盖以此也"。②各国驻日大使虽然对日本的行为多持默认或支持的态度，但也积极关注中日交涉情形，并将相关情况随时向本国政府汇报。2月5日，俄国驻东京大使马列夫斯基致电俄国外交大臣沙查诺夫，认为应原则上同意日本所提出的"俟将来适当机会，将汉冶萍公司作为日中合办事业"。③次日，他再致电沙查诺夫报告日本政府提出此项之目的，"第三号系关于日本投资已超过两千万日圆，而日本人未参加企业管理的企业"。④2月7日，沙查诺夫致电马列夫斯基，阐述俄方的原则："我们必须同日本政府交换意见，以便在此方面建立一种制度，使我们在北满和日本在南满之平等地位不致破坏。"⑤俄国政府对中日"二十一条"交涉一直保持密切关注，希望能协同日本以谋取更多的在华利益。而日本方面也及时告知俄国中日交涉情形，"关于汉冶萍公司：（1）如将来该公司与日本资本家商定合办，中国政府应即允准；（2）中国政府允诺，未经日本资本家同意，不将该公司充公；（3）不将该公司收归国有；（4）中国政府允

---

① 高劳（杜亚泉）：《日本要求事件》，《东方杂志》第12卷第4号，1915年。
② 《对华提案之时机》，《顺天时报》1915年1月31日，第2版；《盛京时报》1915年2月5日，第1版。
③ 《俄国驻东京大使致俄国外交大臣电》（1915年2月5日），黄纪莲编《中日"二十一条"交涉史料全编（1915—1923）》，安徽大学出版社，2001，第315页。
④ 《俄国驻东京大使致俄国外交大臣电》（1915年2月6日），黄纪莲编《中日"二十一条"交涉史料全编（1915—1923）》，第316页。
⑤ 《俄国外交大臣致俄国驻东京大使电》（1915年2月7日），黄纪莲编《中日"二十一条"交涉史料全编（1915—1923）》，第317—318页。

诺，不准该公司借用日本以外之任何资本"。①

法国报纸评论此次中日交涉中，法国总的原则是"吾人确信列国在中国之各项权利，因之不稍侵害，故吾人莫不赞成日本对华要求之理由"，但对日本之目的也有清醒的认识："日本与支那问题关系至重，不外为己国之死活问题，故此次要求系属当然之处置，断非欲遂其野心。"②《路旦报》认为"日本之要求与吾法国利益毫无冲突"，虽然有条款"与英之利益或有冲突之虞"，但"于保全中国领土主义上毫无影响"，英日为友好同盟，"此后不过将惹起日英经济的竞争而已"。③

中日"二十一条"交涉期间，有贺长雄奔走于日本各元老之间，中国驻日公使陆宗舆多次将这些情况致电北洋政府外交部。4月10日，他转述有贺长雄之密电中日本与英、法、俄关于汉冶萍公司问题之交涉情形："三号本系商办，近英日为中国问题，报纸时有反响，日本决不犯以扬子路款伤同盟之好。且英法俄已有劝告，与其为枝节问题致他国进言，毋宁由元老暗自调停，就此了局。"④ 4月25日，加藤高明致电日本驻英国大使井上，认为修正案中"汉冶萍公司之事，乃仅由屡次会见，照中国当局约定此种程度上所言明之事项"，这也是让步最大程度之结果，但有关于汉冶萍公司第二条事项不应秘密告知各国，"未及言及，则不必告知"，同时，加藤要求将此意急转电致日本驻欧美各大使。⑤

美国此时尚未参与欧战，奉行中立政策。1月21日，北洋政府首先向美国公使芮恩施透露了条约的主要内容。2月9日，美国驻日大使至日本外务省询问"汉冶萍公司之事关系如何""于美国之利益，关系如何"，日本外务大臣解释"汉冶萍公司原来尽管纯属私人事业，由于日本资本大量

---

① 《日本驻彼得格勒大使馆致俄国外交部备忘录》（1915年4月18日），《北洋军阀1912—1928》第二卷，第875页。
② 《法报之评论中日交涉》，《盛京时报》1915年2月19日，第2版。
③ 《法报评论中日交涉》，《盛京时报》1915年2月18日，第2版。
④ 王芸生：《六十年来中国与日本》第六卷，第215页。
⑤ 《日外务大臣加藤致驻英大使井上第一〇七号电》（大正四年四月二十五日），武汉大学经济学系编《旧中国汉冶萍公司与日本关系史料选辑》，第563页。

投入之关系，是以提出此提案"，"对美国利益无何等关系"。① 美国国会议员哈普逊也就中日交涉问题质问本国政府，但美国国内一般舆论认为"日本之要求并不侵害美国权利，且无违反门户开放主义之虞"。② 2月18日，北洋政府通过驻美公使夏偕复将"二十一条"全文正式通告美国政府，揭露了日本隐瞒第五号的事实，希望美国政府居中调停，但美国政府并无干涉中日交涉之意。③ 美国国务卿布赖恩于2月20日发表声明，表示日本之要求"并不与美国之利益有所抵触"。④ 美国政府在调整内部不同意见后，于3月13日正式向日本表明美国对"二十一条"的意见，声明"关于第三号及第五号之二款、五款、七款，美国政府不认为给与美国或美国人在中国之现有权益有何特殊威胁"。⑤ 但在日本政府于4月29日将最后修正案预报美国政府后，美国国务卿布赖恩当日即向日本驻美大使珍田舍己提出关于第三号中汉冶萍公司的要求，"与中国之主权有抵触，而且对附近矿山之采掘亦有损各国之权利"，4月30日布赖恩又提出，"不许汉冶萍公司作为国有，这点反而有伤中国之最高所有权"。⑥ 5月7日，日本政府对中国政府发出最后通牒后，加藤高明即命日本驻英、美、俄等国大使向所驻国政府进行解释说明。美国政府出于保护自身权益的立场，于5月11日照会中日两国时发表声明，"中日间凡有损害美国条约权利、中国政治领土权及门户开放主义之条约，概不承认"。⑦

德国认为汉冶萍公司矿产"于远东将来之商务极为重要"，赞成中日合办，"吾人当以冷眼观察日人此后之进行如何，可以达其鲸吞中国矿产之目的"，并从长远的视角来看日本的"东方实业"计划，"在远东方面兴

---

① 《美驻日大使到日外务省会谈要点》（大正四年二月九日），武汉大学经济学系编《旧中国汉冶萍公司与日本关系史料选辑》，第560页。
② 《中日交涉问题之美国舆论》，《盛京时报》1915年2月14日，第2版。
③ 《中政府有请美国调停交涉消息》，《盛京时报》1915年2月19日，第2版；《美国不愿干涉中日交涉》，《盛京时报》1915年2月20日，第2版。
④ 《美国并不干预中日交涉》，《盛京时报》1915年2月23日，第2版。
⑤ 俞辛焞：《辛亥革命时期中日外交史》，第518页。
⑥ 《日驻美大使珍田致外务大臣加藤第一三九号电》（大正四年五月二日），武汉大学经济学系编《旧中国汉冶萍公司与日本关系史料选辑》，第564—565页。
⑦ 王芸生：《六十年来中国与日本》第六卷，第256—257页。

办实业，欲将来与欧洲实业之在东亚者，为竞胜之地，故必须得中国之矿产为之辅助也"。但德国对此并不担心，认为"欲以铜铁之矿产与吾欧洲相竞胜，恐非经数十年不足以言此"，所以默许了日本的行为。①

北洋政府在"二十一条"的交涉过程中，希望西方列强支援中国而抵制日本。虽然在西方列强的干涉之下，第五号（福建省问题除外）得以从最后通牒中删除，但西方列强与日本在包括汉冶萍公司问题在内的前四号要求上最终达成一致，充分体现了他们之间在扩大对华权益问题上互相勾结的一面。

## 第三节 北洋政府的"为难情形"

在中日交涉期间，两国国内舆论都对交涉情形有大量的评论报道。对于汉冶萍公司问题，国内舆论倾向反对，日本舆论则配合政府交涉，引诱北洋政府承认。北洋政府虽然始终坚持汉冶萍公司为商人组织，非国家权力所及，碍难谈判，力争抗拒，但又有着为难情形，最终不得不妥协。

### 一 中日交涉期间汉冶萍公司问题的舆论

中日交涉之初，因双方的多次会议均是秘密进行的，国内舆论只知有交涉事，对于具体条款内容知之甚少，但至1915年3月底，交涉主要事项即被泄露，舆论纷纷发表见解。4月30日，天津《大公报》披露了中日交涉之条约主要内容及磋商结果。② 1915年《尚贤堂纪事》第6期转载英文《京报》之关于汉冶萍公司问题报道，文章认为"日人欲以汉冶萍公司加入要求之内，是欲威迫中国行非法举动，以干预国人贸易之自由"，并详细批驳日人理由之无理：

> 日人称该公司原有资本仅为一千二百万元，曾向日人借用二千四百万元，其意盖谓该公司实赖日本资本而成立。但此说完全错误，该

---

① 《德人对于汉冶萍矿产之论调》，《时报》1915年6月25日，第6版。
② 《中日交涉内容之批露》，《大公报（天津）》1915年4月30日，第1张，第5-6版。

公司除原有资本一千五百万外，陆续添入巨款，如优先股本、办事股本，总计后添股本超逾原有资本一倍有半。且日人所称借款名义尤属不确。日人极欲用该公司之铁块、铁条，故该公司要求日人先行付款，此为经营商业之常法，不得视为借款。汉冶萍公司与日人并未订有借款合同，实可证实借款一说之不确矣。日人何等精明，焉肯给予巨大数目之借款，而不缔结正式合法之借债合同乎？日人谓曾为汉冶萍公司续募借款九百万元，此说亦与事实不符。此仍为订购大批铁块、铁条预付之款。盖该公司虽竭全力供给铁块、铁条，然日人因前此合同规定之数，仍不敷用，乃与该公司签定合同，汉冶萍公司允于四十年内，以生铁八百万吨、铁块一千五百万吨供给日本，日本亦允付该公司洋九百万元，规定此款仅能作为扩张该公司之用，凡购办新机器付款时应由日本顾问工程司许可，并由日本顾问会计员签字。日本指该公司日见退步，可谓未得事实真相，其实自该公司作为商务事业以来，厂务日见进步。该公司所用日本顾问或有建议，而各董事以为善而能行者，即加采纳，毫不犹豫。至日本要求汉冶萍各矿境内之私矿，应悉归汉冶萍公司管理一节，日政府是否有权承认此项要求，无庸赘问。况汉冶萍矿产周围之矿，包括大冶裹壁山（象鼻山）者在内，数年前日本尝图管理襄壁山之矿产，日本之欲囊括湖北全省矿产蓄志已久，而全省中尤以大冶与襄壁山二处最为丰富。日本此项要求若经承认，则其害不仅止此。日人办理各事无一不寓以政治与军事之意味，此乃世人共知者也。中政府其提防潜伏之危险，而坚拒到底哉，汉冶萍不过为日本侵略利器之锋耳！①

对于日本的侵略意图，时人也是有清醒认识的。4月13日，署名"冷"者，在《申报》上刊文指明关于汉冶萍公司问题最重要之点，"实为日本，而苟必欲要求者，是使中国政府强夺人民之所有，以与人国也"，认为国民此时当"共奋救国之力"，并以汉冶萍公司为例阐述救国的重要性，"以汉冶

---

① 《关于汉冶萍之英文京报论》，《尚贤堂纪事》第4册第6期，1915年；《北京电》，《申报》1915年4月13日，第2版。

萍问题例之，中国尚未亡，而日本已欲强政府以夺人民之私产，则苟一旦而国亡，我人民之私产均在彼掌握之中，见有利者悉攘夺之，无一而非汉冶萍之续矣！故曰：我民闻日本要求汉冶萍问题而救国当用力也"。① 5月23日，刘毅致函警告盛宣怀，认为其所"领袖下之汉冶萍事业"为"民国命脉之所关者"，不能"误信倭奴之诡计，图目前之小利，冒大不韪，举民国汉冶萍之宝库，拱手让之日人，启民国灭亡之兆，酿成瓜分之惨祸"。②

日本方面为配合谈判，一方面试图通过贷款来引诱北洋政府，日置益就向外相加藤提出谈判建议，"通过借款交涉，能以接济袁政府燃眉之急，此乃目前动摇对方之最有利条件。对照我国财政经济情况，即使确有困难，亦应加以考虑并订出计划"；③另一方面，日本利用报刊大肆鼓吹"中日亲善"，对反对舆论予以回击。其中，尤以日本外务省在北京创办的《顺天时报》最为积极，2月2日《顺天时报》载《敬告同业诸君》，以中国人的立场"敬告报业同人"而为日本进行辩驳曰："民国新造，邦基未固，兹届世界战争之际，尤属国步艰难之时，同业诸君执笔发言宜如何慎重，今乃迫于爱国热诚，轻信外人风说，危言耸听，激愤忘情，内之摇动全国之人心，外之妨害友邦之交谊，于中国前途、东亚大局两无裨益，故吾深望诸君之一反省也。"④ 3月23—24日，《顺天时报》连续刊载《论汉冶萍公司中日合办之必要》，认为汉冶萍公司合办问题为中日"经济上提携""最为目前之急图"，论述必须合办之重要理由有三：其一，从资本而言，日本贷给汉冶萍公司之金额3500余万元，而公司资本不过1400万元，"已达其资本总额之两倍矣"；其二，从汉冶萍公司内部现状而言，经济亏损严重，"该公司经济之紊乱已达极点，亏累之重大，虽有智者亦无法为之补偿，设不急谋救济，该公司之倒闭，固可跷足而待也"，且中国并无经营之人才，"今观汉冶萍公司中之执事者，大抵缺乏经历难期胜任愉快，以此等人物负此重要之责任，是以日本之投资者常有不安之状态"；其三，

---

① 冷：《汉冶萍问题》，《申报》1915年4月13日，第2版。
② 《刘毅致盛宣怀函》（1915年5月23日），《汉冶萍公司（三）——盛宣怀档案资料选辑之四》，第932页。
③ 《关于对中国提出要求之拙见》，《北洋军阀1912—1928》第二卷，第798页。
④ 《敬告同业诸君》，《顺天时报》1915年2月2日，第2版。

从分配官利而言，损害信用成为公司之最大缺点，"夫公司若有余利，自应分配于各股东，今该公司既如是窘困，而每届对于各股东仍为一定之分配，此种利益无所从出，势不能不以股票充之，故就表面观之，曰增资，曰发展，实则股份之数愈增，股东之利愈薄，公司之前途亦愈趋贫困，丧失信用，莫甚于此"。因而，该文大肆鼓吹中日合办，认为"汉冶萍公司归中日合办无论就何方面观察，均属有百利而无一弊"："该公司今日不可不改弦更张，断行一大改革。改革之道无他，宜速与唯一之债权者及最大之主顾之日本相合办……庶几，该公司之内容可渐次整顿，该公司之信用可渐次恢复，该公司之业务可渐次发展，该公司之股东可渐次获利，而中日两国相互间之利益亦当因而日益增加。"① 4月15—16日，《顺天时报》又连续刊载《再论汉冶萍公司合办问题》，继续鼓吹中日合办，"今不更革公司经营之法，窃恐祸不旋踵，若果有他策足以防患未然，固属甚善，若别无他策则莫如急谋与日本合办也。今内审公司之真相，外观中日之利害，公司之合办实有不得不然之势"，阐述汉冶萍公司发展上之障碍原因："从来中国政府对于该公司方针无定，地方官亦往往以公司财产滥供私用，致公司营业上生至大之障碍，中日两国均蒙不利。"而日本此次要求汉冶萍公司中日合办之真意"乃为确定公司前途起见，使中国政府与日本相约力谋达其共同目的之便利"，且汉冶萍公司从过去及现在的资本维持均依赖日本借款，故日本不能置之不问，"公司现在之经营，其大部实赖日本借款之力，且不独现在即既往二十年之久，亦实日本借款助成之功也"，"今汉冶萍公司既有如此巨额之亏损，又与日本有绝大之利害关系，日本对于该公司自不能如秦人视越人之肥瘠而等闲置之也"。因此，该文从"大局"和"大势"两方面总结："中日合办宜从两方面观察，一为大局的观察，一为大势的观察。所谓大局的观察者，汉冶萍问题若不于今日全部解决，将来必起更大之问题，故莫如一劳永逸，永断葛藤；所谓大势的观察者，日本对于汉冶萍已有莫大之利害关系，则其要求合办固为当然之事。"②

---

① 《论汉冶萍公司中日合办之必要》，《顺天时报》1915年3月23—24日，第2版。
② 《再论汉冶萍公司合办问题》，《顺天时报》1915年4月15—16日，第2版。

日本国内之报刊对汉冶萍公司中日合办之真实意图更是有着明确的阐释。5月9日东京《朝日新闻》刊载大仓组经理大仓发身之《汉冶萍与日本军器》一文说，"此次日支交涉中之重要条项，实以此（汉冶萍）矿山合办为第一庆贺事，所以云然者，诚有重大之用意，缘日本近日朝野所争之海军扩张及陆军增师两大问题，全随汉冶萍之所属如何而决。现日本之室兰制钢所、若松制铁所，及其制产力殆有不足，若令扩张制铁所规模，而其原料无充分之铁矿石，则日本军器独立终不易言"，而"今回中日交涉条项承认，可使日本完全伸其手足矣"；5月21日东京《朝日新闻》社论言，汉冶萍公司股东"尝有中日合办之意，中国政府阻之而能罢"，但此次中国政府并无阻止。① 日本早稻田大学田中穗积在《财政学讲义》中认为枝光制铁所实攸关日本武器独立："日本自甲午战胜支那后，为维持军器独立计，创设枝光制铁所，其铁之材料则多来自大冶。日本政府所用于枝光制铁所之资，其初四百万圆，至现今则扩充为大工场，增资至五千万圆，其所获利益初则五十万圆，今亦增至三百万圆。枝光制铁所，非独奖励制造业，实以达武器独立之目的。"② 由以上言论可知日本不惜以政府力量谋夺汉冶萍公司的真实目的。

## 二 北洋政府的力争与妥协

在接到日置益的"二十一条"正式文书后，北洋政府外交部次长曹汝霖，参事顾维钧、伍朝枢、章祖申，会同日本顾问有贺长雄及美国顾问古德诺等会商对策后拟定一说帖，上呈大总统袁世凯。说帖中详细逐款阐明了北洋政府外交部对汉冶萍公司问题的态度：

第三号

第一款 汉冶萍公司乃私人产业，中国政府碍于约法，何能以为两国合办事业。至该公司处分其权利财产，中国政府更何能禁止之。

---

① 《警告汉冶萍公司股东诸君及全国父老书》，《中华全国商会联合会会报》第2年第8号，1915年。
② 《警告汉冶萍公司股东诸君及全国父老书》，《中华全国商会联合会会报》第2年第8号，1915年。

夫日人之借巨资于汉冶萍公司,尽人而知,然债权者对于债务者,各国法律如债务者能按期还本付利,履行契约,当然无干涉权。今该公司履行契约,未闻有阙,而日人每年以贱价得铁石铣铁,获利亦不可谓不厚,今复思变其债权为所有权,足见其贪心无厌矣。

第二款 所谓汉冶萍附近各矿,漫无标准。若从广义解释,则南中数省之矿山,尽为日人所有矣。至所谓直接间接对汉冶萍公司恐有影响之举动,更茫无限制。所谓直接者,如开矿筑路借款航行;间接者,如任免地方官吏,皆须先得该公司之同意矣(按此款所称之公司,大抵系指第一款中日合办之公司)。以独立主权国之政府,而受制于一公司,宁有是理?

光绪三十四年正月二十一日总理衙门曾照会英国公使,扬子江沿岸各省之土地,无论何项名目,不抵押、租借或让与他国,以上第一第二两款之要求,不无与此照会互相抵触。①

袁世凯对说帖中第三号之汉冶萍公司问题批示,同意曹汝霖的上述意见。据袁世凯朱批"二十一条"要求原案中批示语,袁世凯认为虽有须经中国政府允准外人才能开采汉冶萍公司各矿山这一"尚近理"之条约,但同时更多的是规定不许中国另开矿,因而第三号应当换文或密订,"应召集股董会讨论",并表示"此为商办性质,按民国法律,该公司有保有财产营业之权,政府不能违法干涉"。②

2月5日,袁世凯的政治顾问莫理循在与袁世凯谈论日本"二十一条"中关于长江流域的要求时说,"日本国与中国合办汉冶萍公司,未经日本国允准,该公司铁矿、煤矿均不得开采",袁世凯当即对此解释说:"这意

---

① 王芸生:《六十年来中国与日本》第六卷,第80—81页;《批外交次长曹汝霖说帖》(1915年1月下旬至2月上旬),《袁世凯全集》第三〇卷,第145—146页。李毓澍对这一说帖持怀疑态度,专门进行了辨伪。参见李毓澍《中日二十一条交涉》,安徽大学出版社,1966,第331—340页。
② 《朱批日本公使日置益提出二十一条要求原案》(1915年1月下旬至2月上旬),《袁世凯全集》第三〇卷,第136页。

味着所有长江流域煤矿、铁矿的开采都受制于日本。"① 3月18日，天津《大公报》刊载袁世凯批中日交涉第九、十两次谈判文书："和平勿忽，强硬勿惧，务坚持我所确定宗旨，以期必达目的。"示下陆征祥，日本政府"倘果逼人太甚，则公理自在人心，亦当另有相当之对待办法。"②

3月27日，中日举行会议交涉，面对日方的强硬态度，北洋政府不得不慎重处理，外交当局一方面以"汉冶萍借款纠葛极多，须俟派人与该公司股东盛氏接洽后，再行详细讨论，否则，贸然谈判必将惹起商民反对"，另一方面，以"此事关系长江利益问题，与中英条约有所抵触"为理由，主张"此项问题既关系英国在长江之利益，如不得英国之同意，绝不能轻率承认"，争论甚久。③ 而且，在北洋政府看来，汉冶萍公司"系纯粹商办，政府虽有少数股份，然权在大多数股东，碍难以强权夺取供之日本"。④ 副总统黎元洪也多次上陈，详述意见，分项提出汉冶萍公司问题之切实根据，提出解决办法。⑤ 4月7日，《申报》报道交涉情形："汉冶萍案为日本要求中之一大目的物，亦即我器械之生存关系，一或疏忽，该厂即为日人所有，我国需用之钢铁亦从此落于日人之手，我外交当局亦如芒刺在背，始终坚持婉言拒绝，无奈日本不允。"⑥

天津《大公报》对中日交涉情形也多有刊载报道。4月19日，袁世凯密电："现在此项交涉，政府所急急危虑者，系为各国未来之纠葛，并不愿有第三国之干涉，致失自主国之能力。惟美、英两国恐终不免有干涉之举，然我所持者，系为公理，决不能有所倚赖。"⑦ 4月26日，袁世凯就中日交涉复电英、美两国公使："中国对于此项交涉，已迫于万难地位，为

---

① 《与政治顾问莫理循谈日本提出二十一条》（1915年2月5日），《袁世凯全集》第三〇卷，第353页。
② 《批中日交涉第九十两次谈判录示外交总长陆征祥》（1915年3月18日刊载），《袁世凯全集》第三〇卷，第684页。
③ 《中日交涉之京华近讯》，《申报》1915年4月1日，第6版。
④ 《中日会议中之各项问题》，《申报》1915年4月3日，第6版。
⑤ 《副总统再陈汉冶萍案之意见》，《大公报（天津）》1915年4月15日，第1张，第6版。
⑥ 《中日最近会议之各问题》，《申报》1915年4月7日，第6版。
⑦ 《复某电询中日交涉近况及英美两国是否实行干涉密电》（1915年4月19日刊载），《袁世凯全集》第三一卷，第161页。

各友邦所共悉。然无论如何讥刺压迫，必期维持独立国之尊严，与各友邦在华之利益。"①

4月24日，沈阳《盛京时报》刊载袁世凯饬政事堂外交部复各省大吏驻外公使询中日交涉近况密电："无论如何拟决，必力主镇静，据理争辩，以期得达我所坚持之目的。"② 5月1日，中国代表与日使就最后修正案面答理由，"第三号之汉冶萍公司，纯然为商人之事业，政府不便干涉"，希望日本政府就汉冶萍公司事项以互换公文性质照此修正案同意，"深望日本政府鉴于中国政府最后让步之诚意，迅与同意，实所切盼"。③ 5月13日，外交部在对外宣布中日交涉之始末时解释中国政府不能承认第三号所列汉冶萍问题之第二款的原因是"该款与中国主权其他列强之条约上权利以及机会均等主义，均相抵触"，"极有碍各国工商业机会均等主义"。④ 5月14日，外交部表示，"汉冶萍合办与否，须听公司自主，不开附近各矿，及不得有直接间接影响各节，完全取消"。⑤ 5月26日，外交部总长陆征祥在参政院答复关于交涉经过之质问时，明确指出日本原提条款之第三号第二条，即"所有汉冶萍公司之附近矿山不准公司以外之人开采，及无论直接间接对该公司有影响之举，须得公司同意而后措办"，是"破坏机会均等主义及违背中外条约"的条款之一。⑥ 有论者也论述日本"二十一条"中关于汉冶萍公司要求之"侵害中国之程度"："三号一、二款皆侵害主权，二款破坏机会均等"。⑦ 因此，有碍于中国主权独立、领土完整，与

---

① 《中日交涉复英美公使密电》（1915年4月26日刊载），《袁世凯全集》第三一卷，第215页。
② 《饬政事堂外交部复各省大吏驻外公使询中日交涉近况密电》（1915年4月24日刊载），《袁世凯全集》第三一卷，第201页；《盛京时报》1915年4月24日，第3版。
③ 《附录8 中国代表对日使面答理由》（1915年5月1日），《袁世凯全集》第三〇卷，第177、178页。
④ 王芸生：《六十年来中国与日本》第六卷，第249页；《附录12 外交部通告各国宣言书》（1915年5月13日），《袁世凯全集》第三〇卷，第202页。
⑤ 《外交部发各省将军、镇按使、巡按使、特派员、交涉员代电》（1915年5月14日），《北洋军阀1912—1928》第二卷，第823页；《中日交涉情形》（1915年5月），外交部档案，档案号：03-33-094-01-016。
⑥ 王芸生：《六十年来中国与日本》第六卷，第275页；《附录11 外交总长陆征祥报告参政院中日交涉始末情形》（1915年5月26日），《袁世凯全集》第三〇卷，第196页。
⑦ 刘彦：《欧战期间中日交涉史》，第17页。

列强所订之条约及机会均等主义相冲突才是北洋政府最感为难之实情。

　　值得说明的是，从 1915 年 1 月 18 日日置益晋见袁世凯时提出"二十一条"，至 5 月 9 日中国政府有条件地接受日本最后通牒，中日前后进行了三个多月的交涉。时任大总统的袁世凯，对双方来往的各种文本逐一做了批注，以作为外交部对日本谈判的指导和依据。2 月 5 日，政治顾问莫理循在与袁世凯谈论"二十一条"时，记录了袁世凯最初的态度，"总统向我保证，决不同意那些条款，即使日军打到新华门也不同意"。[①] 3 月 16 日，沈阳《盛京时报》刊载袁世凯密谕外交总长陆征祥对日交涉应持的四个基本态度："一、对于争持事项，不得预露退让意思；一、对于抗议之案，宜据理诘驳，不得显呈怯懦；一、不得畏人之恫吓；一、不得堕人之机术。"[②] 4 月 1 日，《东方杂志》刊载杜亚泉《日本要求事件》一文，详细论述了"二十一条"之讨论经过，认为此次"日本要求之重大，与我外交当局讨议之审慎，皆我国外交事件中所希见者也"。[③] 4 月 26 日，上海《申报》刊载袁世凯与人谈论中日交涉时之立场："元首有保主权之天职。即我不作总统，后来者当亦不越此宗旨。"[④] 5 月 8 日，沈阳《盛京时报》刊载袁世凯复某国元首电询对日交涉所持最后政策："无论如何，决不欲以武力相见，惟有恪守公法，用备将来诉诸世界之公判。"[⑤] 5 月 16 日，沈阳《盛京时报》又刊载袁世凯勉慰外交总长陆征祥的谕令，其中指出了此次中日交涉"纯为国势上之关系，绝非个人手腕所能挽回"。[⑥] 5 月 17 日，天津《大公报》刊载袁世凯要求外交部"将此次中日交涉全案，自日使开始照会，及第一次至第二十五次会议经过情形，并最后通牒一切事宜，分

---

[①] 《与政治顾问莫理循谈日本提出二十一条》（1915 年 2 月 5 日），《袁世凯全集》第三〇卷，第 352 页。

[②] 《密谕外交总长陆征祥对日交涉应持态度》（1915 年 3 月 16 日刊载），《袁世凯全集》第三〇卷，第 660 页；《盛京时报》1915 年 3 月 16 日，第 3 版。

[③] 高劳（杜亚泉）：《日本要求事件》，《东方杂志》第 12 卷第 4 号，1915 年。

[④] 《与某人谈中日交涉之立场》（1915 年 4 月 26 日刊载），《袁世凯全集》第三一卷，第 215 页；《申报》1915 年 4 月 26 日，第 2 版。

[⑤] 《复某国元首电询对日交涉所持最后政策》（1915 年 5 月 8 日刊载），《袁世凯全集》第三一卷，第 296 页；《盛京时报》1915 年 5 月 8 日，第 3 版。

[⑥] 《面谕勉慰外交总长陆征祥》（1915 年 5 月 16 日刊载），《袁世凯全集》第三一卷，第 356 页；《盛京时报》1915 年 5 月 16 日，第 2 版。

别检齐编辑全录，通颁各省。俾知中央对此问题种种争执情形，并非甘为让步"。① 5月26日，袁世凯即颁布"力图自强勿任浮嚣令"，希望国人群策群力，寻求自强之道。

因汉冶萍公司条款"关系主权，且与商股上有最大之纠葛"，袁世凯极为重视此案的交涉，表示"政府断难轻即退让"，特派饶汉祥为专员赴鄂密查，"以为外交上之参考"。② 国务卿徐世昌，副总统黎元洪，夏寿康、饶汉祥、张国淦等人均密呈要求维持汉冶萍公司厂矿，袁世凯批注后转交外交总长查核，"将其中可参考之处均加以密圈及注语"。③ 北洋政府视汉冶萍公司管理权转移问题为"中日交涉现最要之条款"，袁世凯从军事安全、主权独立、财政来源、列强均势等方面详细分析此项条款，饬令外交总、次长"务须坚持到底，无论如何断难轻为迁就"。④ 不久，袁世凯又密示汉冶萍公司问题条款之要点，陆征祥据此提出关系"国家主权"和"地方利害"两大原则，"于继续开议时特别注意"，⑤ 并且与徐世昌商定委派顾问陈贻范调查该矿情形，"搜查交涉上之种种证据"。⑥ 4月11日，政事堂接到盛宣怀自沪致徐世昌请转呈袁世凯的密电，告知汉冶萍公司历年详细情形，袁世凯与杨士琦就此问题进行了长达一小时的会谈，"检出可以拒驳日本之证据甚多"，并分别列款存记。⑦ 4月17日，袁世凯向陆征祥指示汉冶萍公司问题，饬令详细查核内容四大端："一为此项要求与历史上之关系，一为此项要求与商权之关系，一为此项要求与条约上之关系，一为此项要求与国际上之关系，均详细指出未来各项之种种隐害，饬令随时注意，勿得轻忽以致愈陷于不可收拾之地步。"⑧ 交涉期间，北洋政府关于汉冶萍公司问题的讨论"不下十余次，每次会议均无退让之意"，此时因

---

① 《面谕外交总长陆征祥颁布中日交涉全案》（1915年5月17日刊载），《袁世凯全集》第三一卷，第365页。
② 《大总统派员密查汉冶萍矿》，《大公报（天津）》1915年4月1日，第1张，第6版。
③ 《批交徐黎两公之密陈》，《大公报（天津）》1915年4月1日，第2张，第2版。
④ 《详核汉冶萍矿条款之关系》，《大公报（天津）》1915年4月3日，第1张，第6版。
⑤ 《密示汉冶萍条款之要点》，《大公报（天津）》1915年4月10日，第1张，第5版。
⑥ 《特派专员调查汉冶萍情形》，《大公报（天津）》1915年4月10日，第1张，第5版。
⑦ 《特重盛宣怀之电陈》，《大公报（天津）》1915年4月10日，第1张，第6版。
⑧ 《大总统指示汉冶萍案》，《大公报（天津）》1915年4月18日，第1张，第6版。

有股东筹划挽救之策，袁世凯更是谕令外交部坚持到底，"无论如何不得稍予让步"。① 4月19日，《申报》载北洋政府"不能再有让步"之意见两条："（甲）认定汉冶萍为完全商股公司，政府对于商办公司仅有法律上之保护及监督之责任，不能以公司权利之关系，由政府与外国订何种之条约；（乙）政府既认定汉冶萍为完全商股公司以后，中日两国商人对于汉冶萍自行订立何种契约，中国政府不加以干涉。"②

北洋政府认为，"中日交涉未尽事宜当以汉冶萍案为要端"，因而极为重视汉冶萍问题善后办法。③ 袁世凯会同徐世昌密议筹划，"以杜未来之纠葛"。④ 6月10日，袁世凯将汉冶萍公司问题分对内、对外之要点条例大略，密发政事堂，交由徐世昌着手研究，⑤ 而且"不时咨询指示一切，以昭郑重"，于6月13日又"调取关于汉冶萍矿之参考案十四件以便详细参考"。⑥ 虽然拟定对待之草案，但能否适用尚未可知，故北洋政府又责成孙宝琦、张謇、汪伯唐与汉冶萍公司新任董事等数人到京讨论。⑦ 6月16日，袁世凯复提汉冶萍公司问题案，饬令陆征祥、周自齐两总长详细研究，并密电鄂省将军、巡按使等人，咨询案中要点问题。⑧

北洋政府主要感到困难之点是日本之汉冶萍公司问题要求"非与维持中国独立与完全之主义不合，即与开放门户均等机会之公共利益相背驰"，⑨ 对内损害中国主权、对外触及国际利益，"政府不能将商股公司之权利让与外人，并不能以政府名义与外人订结关于公司权利之条约……况汉冶萍之附件，又与他国成约上之利益有所抵触，中国更不能贸然允诺"⑩。所以最终北洋政府虽然妥协，但其力争的行为不应被忽视。

---

① 《汉冶萍案之到底坚持》，《大公报（天津）》1915年4月26日，第1张，第6版。
② 《汉冶萍问题意见表示》，《申报》1915年4月19日，第6版。
③ 《复提汉冶萍研究案》，《大公报（天津）》1915年6月17日，第1张，第5版。
④ 《汉冶萍矿问题仍须筹画》，《大公报（天津）》1915年5月26日，第1张，第6版。
⑤ 《密示汉冶萍关系案》，《大公报（天津）》1915年6月11日，第1张，第6版。
⑥ 《调取汉冶萍参考案》，《大公报（天津）》1915年6月14日，第1张，第5版。
⑦ 《汉冶萍矿讨论之有待》，《大公报（天津）》1915年6月14日，第1张，第6版。
⑧ 《复提汉冶萍研究案》，《大公报（天津）》1915年6月17日，第1张，第5版。
⑨ 《英人眼光中之中日交涉》，《申报》1915年4月16日，第3版。
⑩ 《汉冶萍问题难点》，《申报》1915年4月14日，第6版。

## 第四节　中日两国对汉冶萍公司问题
## 交涉结果的舆论

中日交涉正式条约签订后，对于汉冶萍公司问题的交涉结果，日本政府感到十分满意，但其国内在野党却存在异论。中国国内舆论也反应不一，主流倾向于反对，但亦有乐观之论。

### 一　日本国内的舆论

对于日本政府的行为，日本国内的看法并不是一致的，存在不满本国外交政策而进行非难之论，这反映了日本国内政治势力的较量。

在中日交涉期间，日本国民因交涉时间迁延数月，认为这是日本政府"外交软弱之所致，大滋不平，痛驳当局致舆论鼎沸"。[①]《东方杂志》转述日本国内《中央公论》之载文曰："今日欧洲之战，即日本军国主义之将来，前车之覆，后车之戒也。吾人仅有武力以临支那，予心殊觉不安，如此之方针政策，欲求支那问题之根本解决，殆不能也。所谓对支政策，用如此之手段方法，断乎为日本之不利，予不赞成。"[②] 在中日交涉问题解决后，日本国内意见也殊不一致，在朝当局认为大获成功，而朝野人士则多有批评之议。杜亚泉将这些反对之言论翻译刊载于《东方杂志》，其中日本贵族院议员仲小路廉认为，日本政府在交涉中让步太多，没有获得实在的权益，第三项之汉冶萍公司问题亦是如此，"汉冶萍问题，我国已投巨大金额，且经实业家之苦心经营，而收显著之功效"；众议院议员犬养毅指责日本政府在此次交涉中，"恬然安于其位，自护其失，借口于元老之干涉，国民之不热心，以为卸责之地，可谓卑劣而无耻者矣"；署名"勿堂"之人认为，此次交涉不仅"全无价值"，而且日本政府缺乏实行"中日两国之亲善"的"真实之意义"，所列条约中多"与亲善平和绝无连属"，诘问"汉冶萍公司之合办，在日本诚有供给铁材之便利矣，与亲

---

[①]《日本对于中日交涉之舆论》，《顺天时报》1915年5月7日，第7版。
[②] 高劳（杜亚泉）：《日本要求事件》，《东方杂志》第12卷第4号，1915年。

善平和究有何种之关系"；原田丰次郎认为日本政府既未能了解中国详情，也未能注意有利害关系之各国的态度，因而"不能得预期之效果，而当局者亦难免于阘茸之讥"。①

《日本潮》翻译1915年5月21日《朝日新闻》社说之论，该文虽然不赞同日本在野党"以中日交涉结果，激成中国官民排日思想，为政府一大失策"之论，认为此次交涉激起"中国愤恨者"是早已料及的，"此次交涉无论何人当局，断不能不有此种困难"，不存在在野党所主张的"有道可毫不害中国人感情，而能使其欢迎此次项款"，但该文也认为日本政府所说于汉冶萍公司事上取得重大之经济利益"不免出之夸大"，理由有二：其一，日本与汉冶萍公司有重大之特殊利益关系，"所以有特殊之关系亦不待此次要求，已经世人所公认。盖我日本着眼于此事业既久，且贷给该公司资本约将三千万元，当然有此权利故也。然其实尤不止此，我国枝光制铁所迄今已投一万万之巨资，而其原料全仰给大冶之铁，就此点言之，谓汉冶萍公司足以制枝光制铁所之死命，亦非过言。我日本既有此困难，则无论何人欲插足其间，势固有所不能"，而为阻止美国投资和中国政府收归国有，此次在条约中申明不借日本以外之资本、不收归国有，"是不过以从来之关系表示公众而已，其权利之确定不动，固不待此次交涉，而始发生，即各国亦已非公式的默认也久矣"，然而"以非公式的权利因此次交涉之结果，而变为公式的权利"不能称日本于经济上"赢得莫大之利益"；其二，因日本资本家对汉冶萍公司投有资本，且与制铁所关系重大，日本方面对汉冶萍公司的发展"深抱不安"，因而一直试图实现中日合办，"若为双方之利益计，宜使日本对于汉冶萍之关系，不仅前此关系之程度，更进一步组成合办事业较为适宜，是此次交涉之最大关键也"，而此次中国政府虽然声明对中日合办不持异议，但也不能保证"决不能使其内面不生妨害"，因而此次"合办之事不能有成，可断言也，前约结果终属空文而已"。②

---

① 高劳（杜亚泉）：《日人对于中日交涉解决后之言论》，《东方杂志》第12卷第7号，1915年。文章中对"中日亲善平和"解释道："所谓增进亲善、维持平和云云，无非使两国于对待之际，丧失利权者常在中国，收得利权者常在日本，而犹揭此亲善平和之美名。"

② 《汉冶萍之协定》，《日本潮》第1编，1915年。

但日本方面亦有认为此次交涉日本是极大获利的。《日本潮》翻译5月25日大仓发身之《欧战争记》,论述了汉冶萍公司之大冶铁矿与日本的关系,大仓、三井之投资及与正金银行之借款等历史问题,认为为日本制铁事业前途考虑,"非使日本势力深入及关系密接其中不可也",但"此中不仅一矿用问题,更非出资之利害问题,实为关于日本之军器独立之重大问题"。①

## 二 中国国内的舆论

中日交涉正式条约签订后,全国掀起了反对日本的风潮,"日本要求事件,于一月二十五六日,由英德各报电传后,吾国民甚为疑惧。各省办理军务之将军,联名电请政府不可退让;各省人民团体及侨寓外国之商人学生等,以急切之危辞,电陈政府者,不可数计;留日学生,有主张罢学回国者。政府屡次通电各省,诰诫人民,力持镇静,政府自当顾全国体,不损主权。殆日本派兵来华,国民感情益复激昂,相戒勿用日本人所输入之商品,于是商人亦相戒勿输入日货以招损失。抵制日货之风潮,不数日由沿海商埠蔓延全国"。②而汉冶萍公司则被套上了"不国有、不充公、不借第三国外债"的枷锁,日本在汉冶萍公司取得了独特的优势地位。国内舆论对此事反应十分激烈,纷纷回顾汉冶萍公司问题,警告政府及国人其危害性,并提出了挽救之策。

4月14日,《新闻报》发表评论认为汉冶萍为人民私产,应与日争,曰:"汉冶萍者,非完全之官产,乃我人民之私产也,更益之以附属各矿。是湖北、江西两省间,凡民间所有之矿产,将全为日人囊括而去,无或有所留遗矣!在彼以煤铁将虞缺乏,出全力以相争,而在我如亡国残黎,私财亦几不能保有,此种胁迫虽战胜国尚无如之苛,况究非城下之盟,而其贪残酷烈已若是,我民今后尚有立足之地乎。"③ 1915年,霆锐在《协和报》上刊载《汉阳之制铁业》,论述汉冶萍公司对我国制铁业的重要性,

---

① 大仓发身:《汉冶萍公司与日本》,《日本潮》第1编,1915年。
② 高劳(杜亚泉):《日本要求事件》,《东方杂志》第12卷第4号,1915年。
③ 《新评一》,《新闻报》1915年4月14日,第1张,第3版。

呼吁国民极力挽救:

> 一国之强弱系乎工业之盛衰,而工业之盛衰则一视制铁业之健全与否以为断然,而既有铁矿,尤需有煤矿以为辅助,否则顽铁而已,乌能有成材之望!故煤铁二者,乃国家之命脉也。吾人乌可不力图振兴,以为国家无疆之福哉!吾国制铁事业虽甫在萌芽,然而若汉阳铁厂规模宏大、资本雄厚,不可谓非仅存之硕果,大冶之铁、萍乡之煤有用之不尽、取之不竭之势,将来之发达正未可限量。乃彼狡诈之日人,鉴于自己国内之不产铁也,竟欲取我汉冶萍公司,如囊中物,攫而有之。明明我中国商人之私产也,乃欲以国家之威力,强我让与。呜呼,是可忍也,孰不可忍也。我国民乎,其各努力上前,以振兴汉冶萍为志,毋使日人得有觊觎之机,则亡羊补牢尚未晚也。①

6月,李大钊与留日学生共同编印《国耻纪念录》,首篇文章《国民之薪胆》即阐述"二十一条"中汉冶萍公司问题之危害:"今此强国之要素,厥惟煤铁。汉冶萍产煤铁甚丰,造兵造船,莫不资为宝库。日本欲垄断之,绝我国武器之渊源,使我永无恢复旧物之希望。以一时经营未善,遽借外资,结造今日之孽缘,回思往事,能勿痛心!呜呼!外债真亡国之媒也。"他清醒地认识到日本通过外债逐步获得汉冶萍公司之垄断权,其真实目的是"断我国兵器之渊源,制我国军政之死命"。②

署名"灵犀"者,因"日使卧床边矣",痛感"据事而书、大声而呼是吾侪之义务也",他回顾汉冶萍公司之借款问题,阐述日本之目的是寻求铁矿而振兴工业,"日本为农本主义之国,胜俄以来,因营求物质的进步与贸易发展,故极力振兴工业。学者、政治家倡工业立国论者颇多,特全国每年产铁总额仅及需要之一二成,不足者须取给于他国,引为大憾。故乘列国交绥,德人不暇东顾之时,借口同盟,攻陷青岛。一面与我政府交涉,要求继承德在山东所享之利权,一面则觊觎大冶产铁之富,于提出

---

① 霆锐:《汉阳之制铁业》,《协和报》第5年第33期,1915年。
② 《国民之薪胆》(1915年6月),《李大钊全集》第一卷,第132—133页。

新要求中加入汉冶萍厂矿一项,使日人在厂矿之地位更进几步,其欲望之深,腕力之猛,诚足令人惊叹者",他提醒中国政府及国民对汉冶萍公司加以注意,"耗费数千万之厂矿,岂可轻易与人,蔑视股东之权利,而贻国家将来进步发达之障碍乎,此则我政府、国民所当细密注意者也",并以汉冶萍公司"担负供给陆海军械之重任",与国家关系巨大,"盖汉冶萍厂矿问题,非少数之股东问题,乃中华民国盛衰强弱之大问题",指出国民当设法保全汉冶萍公司的必要性及方法:"故中国人欲求祖国之安全,须有充分之兵数,与精良之军器,而欲得精良之军器,须万众一心保全此汉冶萍厂矿。保全之法,匪异人任,亦在国民而已矣。今北京谈判进行之情形,言人人殊,未敢臆测,然其结果终为国家之不幸。故深望我国民于汉冶萍公司事情,务加研究;汉冶萍厂矿相互之关系,与国家前途之关系,务宜详细审察。无论如何困难、如何牺牲,总当急起直追,以纯粹本国资本继续维持公司事业,举国一致电京力争。一面力请政府募集国内公债,贷与公司偿还日款,取消合同,徐谋改组,收为国有或官商合办,要以有利于国、无损于各股东为要件,奸除恶性之外资与国家前途之障碍;……一面将厂矿内容及历年损益,宣示同胞,请其入股,重整旗鼓,销除祸根。如此则诸君名利兼收,祖国之富强可望矣,惟高明图之。"①

《中华全国商会联合会会报》第 8 号刊载《警告汉冶萍公司股东诸君及全国父老书》一文,认为汉冶萍公司问题为此次中日交涉中"最重要而堪惊骇者","大宝将移,倾覆寻至,迹其丧败,真罄大冶之铁不足以铸其错",深感攸关国家存亡,故"不敢缄默,愿泣告于我国人之前,期挽狂澜于既倒",警告汉冶萍公司股东及国民:"新条约关系汉冶萍第二、第三、第四之三款,曰不得没收,曰不得日本资本家同意不得国有,曰第三国资本家不得加入。释此语气,一若该公司除政府没收国有外,即无他虑,可以任日人之为所欲为,除仰恃第三国资本家外,即无法偿还日债,最后必俯就伊合办之范围。其欺我政府、侵我主权,固不必论,即其藐视我民,抑又甚矣。日人之所以干涉我公司者,无非借口债权,然二千数百

---

① 灵犀:《汉冶萍借款问题之回顾及现在之危机》,《尚贤堂纪事》第 4 册第 6 期,1915 年。

万之款，我即无术偿还，致陷国家于危地，宁非我国民之羞。"① 该文章主要分五部分，其一，阐述汉冶萍公司与日本军事之关系，认为"日本对于汉冶萍公司，非第经济上之关系，实兼有军事上之需求。若失之则彼国经济与军器均不能独立，尚何发展而侵及我国之足言；得之则可以膨涨彼金铁之势力，以致我死命，甚可畏也"，而如果此次汉冶萍公司合办问题果成，则"吾之国脉立断，以我之铁，涂我之血，因而覆我邦国，天下最愚、最痛之事，孰有过于此者哉"；其二，论述此次汉冶萍公司问题新条约如何损及主权，从国际法角度言，"今无端亦牵入国际公法交涉，强假政府，语以国际条约，以便其束缚，使失其法律上管治他国人民在我领土内之权，同时并失其保护及统治领土内自国人民之权，尤为国际先例所罕见，无俟论也，此国际法上之主权损伤也"，从国内法角度言，"今汉冶萍既为中国军器所关，国家认为必要时，原可出资收归国有，是在中国行政权之自主，今以他国限制之，曰不可没收、不得自行国有，则我行政权尚完全否？此又国内法上之主权损伤也"；其三，略述汉冶萍公司三大厂矿之历史与价值，说明日本垂涎汉冶萍公司及侵略之由来，"一千五百万日债成立所由来，实伏今回新要求之导线。日本国内所谓该公司特权，不自今日始者也。革命之际，汉冶萍器械财产，颇遭损害，合办之说，时而兴起，旋受国民之反对，国有之请愿，见却大批，日债遂趁机侵入，皆民国成立后之事也"；其四，据各种调查，开列日债表介绍日本资本投入汉冶萍公司之金额，认为各项日债"名为正金、三井、大仓、东亚兴业各洋行，实则日本国库剩余金。盖政府出资，而拉民间资本家出名者也"；其五，叙述挽救之方法，"惟有二策，一由股东力主自办，不受日人合办运动，以保其自营独立之精神，一由股东及全国人民合集资本偿还日债，以斩长夜梦多之纠纷"，认为新条约虽然束缚政府，但可由民间集资偿还日债，"政府以奖励私人会社而发给补助金，会社欲图扩充而借给国库金，以偿还外债，并以公款而为官商合办，日人又何辞以阻我"，建议具体执行策略为"以盛宣怀氏之资力，号召必易，则由公司添招股金若干，以偿

---

① 《警告汉冶萍公司股东诸君及全国父老书》，《中华全国商会联合会会报》第 2 年第 8 号，1915 年。

日债,大可行也,如其不足,则此等有关全国之大事,究非独公司股东之责也。或由全国人共设一汉冶萍日债偿还会,量其资产,为必死之筹偿,其成本均填给公司股票。或即以现在此称为救国贮金之五千万圆,先以一半声明指汉冶萍为其用途,似此通力合作,决非难事",警告汉冶萍公司股东和全国人民,"今条约成则合办无阻矣,以存亡大事,政府阻之而股东许之,仆诚固陋,不识所谓盛宣怀氏竭二十年惨淡经营之力,各股东多识时爱国之俊杰,授兵赍粮,谅不为矣,引处共室,终遭吞噬,容人卧榻,岂能安枕",且"外祸既召,身亦莫保",因此,拒绝日人合办汉冶萍公司必须依靠股东与全国人民,"是故汉冶萍者,我得之则存,不得则亡,我独办则存,与人合办则亡也,而其存亡枢纽,则纯握诸股东与全国人民之手"。①

然而,对于中日交涉后汉冶萍公司之结果,也有少数人持乐观态度。卢寿籛即认为,在中日交涉中,"幸我政府巧于应付,终不承诺最后之解决。但为(一)不借日本以外之资本;(二)不得该公司之同意,不收归国有;(三)中日合办之议,俟诸异日。故合办之事终未见实行,自今以后,我国外交上果办理得法,无隙可乘,则汉冶萍公司之利权固可永保勿替,不致落外人之手,彼日人可以休矣"。②

## 第五节　汉冶萍公司的应对

面对日本政府直接将汉冶萍公司问题列入"二十一条",汉冶萍公司董事会及股东也很快制定了各种应对措施。中日交涉期间,《字林西报》即指责日本提出汉冶萍公司问题为"不义之事",必将招致汉冶萍公司股东等势力的强烈反对:"无论日本以借债而得何等据守他人产业之权,然日本之借债实于革命时为之,其时股东私人之利益全受蹂躏,日本始得乘间而入,即此一层,亦足为今日急促改革之阻力矣,故日本自待不义之

---

① 《警告汉冶萍公司股东诸君及全国父老书》,《中华全国商会联合会会报》第2年第8号,1915年。
② 卢寿籛:《我国最大之汉冶萍公司》,《中华实业界》第2卷第11期,1915年。

事。"① 6月1日，《申报》倡言："汉冶萍问题，政府已无其权，我股东与办事人苟能自奋兴，则人将无如我何。"②

## 一 刊布公司情形

在听闻日本提出的"二十一条"中涉及汉冶萍公司后，盛宣怀召萍矿运销局坐办卢洪昶"亲至榻前，面授机宜，令赴北京，驻京三月"，将汉冶萍公司历史编成册，上呈政事堂徐世昌，备与日本交涉。③

4月1日，汉冶萍公司秘书处将公司历年借款合同排印，并与已刊之借债历史合订为一本《汉冶萍公司商办借债历史》，检送杨学沂复核。同日，《申报》刊载汉冶萍公司"股东之一分子"对于该公司与日本借款之纠葛的叙述：

> 汉冶萍为我国最先开挖之矿。当前清己丑、庚寅间，张文襄督办芦汉铁路时，因鉴于外洋铁路钢轨价格之昂，需用运输漏厄极巨，乃特具奏开采大冶铁山，并在汉阳地方设炉镕制。筹办数年，用款六百余万，成绩甫现，而官款已竭，再三请拨，部中以张氏多所糜费，种种阻抑，竭蹶之余几致中辍，迫不得已改归商办，招集股本继续经营。首先投巨资者即为盛宣怀氏，盛以创办招商局之毅力，遣大投艰整饬改革，颇极惨淡，规模粗备而商股已罄，于是有借日款之事，订立合同，并以每年所出之铁归日人购用，而定每吨价格为三十五两，说者谓日人以借款之故，购我便宜之铁，此中吃亏公司已难计算，然明知之而无可如何。盖以公司财力仰给于人，因果关系诚非空言所能补救也。辛亥光复，孙文之南京政府成立，筹饷备款，煞费经营，转辗搜括，乃影响及于湖北之汉冶萍、上海之招商局，而黄兴、胡汉民尤垂涎于汉冶萍，以为汉冶萍一块大肉，嚼之有味，不如招商局之为

---

① 《字林报推论日本之失策》，《申报》1915年4月21日，第3版。
② 《杂评二》，《申报》1915年6月1日，第7版。
③ 《萍矿运销局坐办卢洪昶致董事会附函"意见书"中所见》，武汉大学经济学系编《旧中国汉冶萍公司与日本关系史料选辑》，第567页。

鸡肋也。南京参议院开幕，黄授意某某等，提议以汉冶萍抵押日本，要求全院通过，时有谷钟秀、刘成禺等竭力反对，其事遂寝。彼对于南京政府之孙文、黄兴，既不能有所收效，于是一变其计划，转而运动盛宣怀。时盛方以革命风潮遁逃日本，乃田（小田切万寿之助）出面贷汉冶萍款，以日金九百万元作为整顿厂矿之用，并与盛氏订立草合同，中间有已与政府商妥一语，盛氏恐此事之惹起反对及众股东之质问也，乃援笔改已字为俟字，以便为后日转圜地步。未几，盛氏返国，提议此借款事于股东会议，股东多不谓然，盛乃电日作罢，小田氏不可。盛出合同为证，小田氏无如何，于此可见盛氏一俟字之有力，不愧为外交之能手矣。壬子之季，政府派孙武为汉冶萍督办，酿成股东与湖北之激战，函电交驰，议论锋发，辛由农商部派员调停，以开股东大会公决进行，盛宣怀以一万二千余权之公举得仍为汉冶萍之领袖。任事以后，竭力整顿，屡有借日款添锅炉之议，而惧日人之侵权攘利，终迟迟不敢遽决。至去年政府忽有收归国有之说，盛以多大私财均投诸汉冶萍公司，亦渴望政府给以现金，故对于国有之说已不复如前次之反对矣。此该公司自成立以至今日之大概情形也。①

汉冶萍公司董事会将公司沿革及经营情形、对于中日合办之意见等项文牍呈递北洋政府，以便采择，"以该公司经过之情形，足资中日交涉之参考"。② 有股东"以股款关系，侦索此次内幕"，认为当先结清账目，再派代表与政府接洽，"政府以商人权利关系，不肯贸然承认，乃迭电公司嘱令盛宣怀去京接洽，盛以年老多病，雅不欲走此一遭，始有遴派王存善代表之说，不谓事越一周，情势又为一变，公司中忽有某某者条陈盛氏，力劝缓派代表，先将账目清结，然后再与政府接洽，否则款目繁多，头绪

---

① 《交涉紧急中之汉冶萍一夕谈》，《申报》1915年4月1日，第6版。5月4日、5日，天津《大公报》亦连续刊载《汉冶萍之历史》一文，论述汉冶萍公司创办以来之历史情形。参见《大公报（天津）》1915年5月4—5日，第2张，第3版。但此文不是此时新作，1912年《东方杂志》、《大公报（天津）》等均刊载过该文。参见《述汉冶萍产生之历史》，《东方杂志》第9卷第3号，1912年；《大公报（天津）》1912年11月1日，第2张，第3版。
② 《汉冶萍公司条陈意见》，《盛京时报》1915年4月14日，第2版。

纷纭，恐代表此项交涉者，不能胜任愉快"。① 盛宣怀对此颇为赞同，因而电召汉冶萍公司查账员孙润卿到汉阳，嘱令其将公司各项账目与借款事项，赶造清册，并预备数千份分送各股东检阅，供开会时报告查核之用，"关于癸丑、甲寅年者，速与公司中会计员检齐清算，以便查阅，并历届股东会议录，亦须分别刊送各股东，以便征集意见，绸缪一切"，而公司上海之账目则就近由陶兰泉清查。② 不久，盛宣怀因汉冶萍公司问题纷繁复杂，与施则敬（子英）、李维格、陶湘（兰泉）等人开董事茶话会，将相关重要问题编列成议案，以便股东大会时提出共同讨论。③ 5月27日，盛宣怀在股东大会上谈及对汉冶萍公司牵入日本条件之态度："政府先后磋议情形，具载报纸，诸君谅已洞悉。照所载报章，日本国与汉冶萍公司之关系，极为密接云云，自系为预购矿石、生铁各项定货而言。本公司但求工筑进行，出货丰富，每年照额售足，便尽合同之义务，设有他项来商，届时自应另请公议。"④

## 二 求助北洋政府

在盛宣怀看来，小田切所说合办之真意实为"有损无益"，因而致函杨士琦，请求北洋政府的维持，"惟此公司内与各部、各省交往，外与日人干涉，必须中央政府提挈纲领，方能水到渠成"。⑤

2月中旬，盛宣怀委托李经迈将汉冶萍公司与日人交涉紧要案代呈徐世昌，认为"此事关系公司者甚小，关系国家者甚大，至于公司股商，但求其股本有着而已。其所太息者，看得美满已成之公司断送与他人，故其目的，中日合办与原议官商合办大不相同耳"。⑥ 2月19日，盛宣怀还将

---

① 《中日交涉中之汉冶萍股东》，《申报》1915年4月16日，第6版。
② 《中日交涉中之汉冶萍股东》，《申报》1915年4月5日，第6版。
③ 《预志汉冶萍之股东大会》，《申报》1915年5月27日，第10版。
④ 《盛会长报告书》（1915年5月27日），湖北省档案馆编《汉冶萍公司档案史料选编》上册，第276—277页；《照录董事会报告》，《申报》1915年5月28日，第10版。
⑤ 《盛宣怀致杨士琦函》（1915年3月23日），《汉冶萍公司（三）——盛宣怀档案资料选辑之四》，第913页。
⑥ 《李季皋致徐世昌函》（1915年2月中旬），《汉冶萍公司（三）——盛宣怀档案资料选辑之四》，第906页。

《日本售铁缘起》一文分别寄呈徐世昌和杨士琦，详细陈述历年汉冶萍公司向日本的借款、售铁等情形，认为"今为日本设想，中国倘能守定汉冶萍公司合同，供其所求，勿有动摇，彼亦不必定要开采之权，是在我国对付之手段如何耳"。[①] 而此时，汉冶萍公司在北洋政府中所仰仗之农商总长张謇辞职，"公司亦失臂助"，"今之所赖惟泗州（杨士琦）而已，但泗州公务既繁，来客又众，且时患口疮，精力因之不逮"。[②]

中日交涉期间，因"公司问题系居第三，其为重要可知"，[③] 卢洪昶一直在北京四处活动打听交涉情形，并随时汇报给盛宣怀。2月28日，盛宣怀致电卢洪昶，声明其力保汉冶萍公司之意，"国家土地可让，公司产业不可让，此系万国公例。现既合力同筹，留公司以保全国业，上下同心，万世之幸"。[④] 而北洋政府虽然表示愿意维持，但也怀疑汉冶萍"耸动外人"，认为此次交涉是由股东主张中日合办所起。3月12日，卢洪昶即向盛宣怀言"当局之疑公司耸动外人则在所难免"。[⑤] 3月22日，盛宣怀回复，汉冶萍中日合办一节实是日本提出的，但外界怀疑，因而"断不能再向日本借挪，必须各部所欠公司之款全数归还"，并呈请杨士琦将汉冶萍公司各合同转交曹汝霖，以保全公司。[⑥] 3月23日，卢洪昶致函盛宣怀，认为"此间政府已受被动，深识钢铁之重要，人民亦受波惊，咸知此项产业之不可轻弃。但求双方不再苛求，其次问题当然易于解决也"。[⑦] 汉冶萍公司一直密切关注中日交涉。4月12日，卢洪昶向盛宣怀报告近日所得之

---

① 《盛宣怀：日本售铁缘起》（1915年2月19日），《汉冶萍公司（三）——盛宣怀档案资料选辑之四》，第906—908页。
② 《卢洪昶致盛宣怀函》（1915年3月8日），《汉冶萍公司（三）——盛宣怀档案资料选辑之四》，第909—910页。
③ 《卢洪昶致盛宣怀函》（1915年3月27日），《汉冶萍公司（三）——盛宣怀档案资料选辑之四》，第915页。
④ 《上海盛宣怀致卢洪昶电》（1915年2月28日），《汉冶萍公司（三）——盛宣怀档案资料选辑之四》，第1316—1317页。
⑤ 《卢洪昶致盛宣怀函》（1915年3月12日），《汉冶萍公司（三）——盛宣怀档案资料选辑之四》，第910页。
⑥ 《盛宣怀致卢洪昶函》（1915年3月22日），《汉冶萍公司（三）——盛宣怀档案资料选辑之四》，第910页。
⑦ 《卢洪昶致盛宣怀函》（1915年3月23日），《汉冶萍公司（三）——盛宣怀档案资料选辑之四》，第911页。

与汉冶萍公司相关的中日交涉消息,"公司交涉已停议有六七日之久,现幸欧美阻力,似不致被人攘夺。揆诸政府对外方针甚属稳健,事至山穷水尽之际,或允其不归国有及不借他国之款。如尚须承认合同,按期交货及预付货价之着落,而亦闻有允意"。①

中日交涉中之汉冶萍公司问题,"政府虽仍坚持拒驳,惟其中情迹极为曲折,尚未能拟定最充足之理由",故须盛宣怀进京商议。② 据高木陆郎的意见,北洋政府对汉冶萍公司事提出质问,是因为袁世凯"认为此次日中合办要求,乃盛氏前在日本时约定之事,因而才有此次要求,怀疑盛氏同日本勾通"。③ 身处上海的汉冶萍公司股东"大为恐慌,立电促盛宣怀氏,迅赴北京向交通部陈情","为此盛氏拟于上海,开股主总会协议,求该地股主出席,汉阳铁厂总办等均往上海"。④ 3月28日,王存善、施则敬、李维格、赵凤昌、顾润章等人在上海斜桥路盛宅内开股东谈话会,"盛氏主张先举代表去京,晋谒当道,陈述股东意见,乃沥陈该公司与日本借款之内容。王子展意以此事非常复杂,且为生死出入之际,较之收归国有尤为重要,拟请盛氏亲自去京,以昭郑重"。⑤ 而盛宣怀一面致电北洋政府,详细告知汉冶萍公司历年经营情形及与日本的关系,请求政府勿得轻易允认,上呈请愿书反对日人为股东,谓"公司前途大有希望,今若准日人为股东,则大利将为日人所夺,且公司一经日人管理,则将不复为中国所有";⑥ 一面应北洋政府催促,俟与上海股东议定办法后即偕同张謇北上进京。⑦ 但盛宣怀此时因病"一时未能北上"。⑧

5月15日,盛宣怀致函农商部总长周自齐、次长金邦平,认为日本将

---

① 《卢洪昶致盛宣怀函》(1915年4月12日),《汉冶萍公司(三)——盛宣怀档案资料选辑之四》,第921页。
② 《盛宣怀来京与汉冶萍矿之关系》,《大公报(天津)》1915年4月22日,第1张,第6版。
③ 《高木陆郎致儿玉谦次密函》(大正四年四月二十七日),武汉大学经济学系编《旧中国汉冶萍公司与日本关系史料选辑》,第571页。
④ 《汉冶萍股主动摇》,《台湾日日新报》1915年4月14日。
⑤ 《中日交涉中之汉冶萍股东》,《申报》1915年4月5日,第6版。
⑥ 《译电·北京电》,《申报》1915年5月3日,第2版。
⑦ 《盛杏荪呈汉冶萍交涉电》,《大公报(天津)》1915年4月13日,第1张,第6版。
⑧ 《盛宣怀来京说之不确》,《盛京时报》1915年4月20日,第3版。

汉冶萍公司问题列入条款是为保障国内制铁所矿石原料运输，"日本独以汉冶萍列入条件要议，明系重视矿石原料与制铁所有相依为命之势，非此不足以锻炼也"，且"日本预付铁价，非有爱于汉冶萍也；彼为制铁计，非冶售铁石不能成，若已自有铁石，岂肯为我再留余地"。① 5月下旬，孙宝琦秘密呈文财政部、农商部，认为汉冶萍公司若无政府维持则易改为中日合办而"操于日人之手"，"实为腹心之患"，对比公司部分股东"灰心之论"而请求政府力予维持，"为公司计，合办后，日人实心经营，加添股本，自必易于改观。且日人种种要求权利，官吏亦易曲从，不至稍有阻碍。此希望合办者，非甘于媚外，实系灰心之论也。而为大局计，汉冶萍公司无论如何，政府惟当竭力维持，必使日臻发达，庶股东可有希望，彼族亦无可借口。矧钢铁为国家重要之需，就原有规模扩充整顿与另起炉灶者，事半功倍，即无东邻之垂涎，亦政府应办之事，无庸迟回顾虑"。② 6月5日，政事堂奉大总统批示，将审计院院长孙宝琦征集汉冶萍公司股东整顿厂务意见请予维持之事，交由外交、财政、农商三部查照。③

## 三 抵制日本干涉

1915年3月6日，日本正金银行驻北京董事小田切万寿之助电告盛宣怀，"中日合办"汉冶萍公司，"公司、股东均沾其利"，更是以对盛宣怀"所享之益尤大"为引诱，力请同意。3月27日，盛宣怀复函小田切，以股东们反对"中日合办"，且"必致各国效尤"及"诸厂跌价争衡"为由，拒绝名为"中日合办"实为妄图吞并的企图。④ 因而，汉冶萍公司股东等拟在上海开股东大会，讨论对于日本要求之善后办法。⑤ 5月27日，

---

① 《盛宣怀致周子沂、金伯屏函》（1915年5月15日），《汉冶萍公司（三）——盛宣怀档案资料选辑之四》，第929、930页；中国第二历史档案馆编《盛宣怀陈明汉冶萍公司与日商华宝公司合办安溪潘田铁矿经过附送草合同致农商部函》（1915年5月15日），《中华民国史档案资料汇编 第三辑 工矿业》，江苏古籍出版社，1991，第602、603页。
② 《孙宝琦呈财政部、农商部文》（1915年5月下旬），《汉冶萍公司（三）——盛宣怀档案资料选辑之四》，第942页。
③ 《密件汉冶萍事》（1915年6月），外交部档案，档案号：03-03-030-01-009。
④ 夏东元编《盛宣怀年谱长编》下册，第973页；《上海盛宣怀致小田切万寿之助电》（1915年3月27日），《汉冶萍公司（三）——盛宣怀档案资料选辑之四》，第1318页。
⑤ 《汉冶萍公司股东开会讨论》，《盛京时报》1915年4月14日，第2版。

汉冶萍公司召开股东大会，有董事认为"今后若设施完备，生产加增，日本借款则必不难偿还"。①

在高木陆郎看来，汉冶萍公司经理、股东等对中日合办之要求均表示满意。据高木陆郎所说，李维格和王勋对合办表示谅解，"完全从日本资本家立场来看，提出此项要求，可谓不得不如此，而对公司来说也反而有利，对股东来说，也可能有利"，而且盛宣怀"亦感到意外高兴"。②

5月初，日本政府严词责问日置益软弱无能，因而日置益态度大改。孙宝琦担心交涉可能决裂，致函盛宣怀，认为若"不敢撄其锋"，则"必大示退步"，而"英、美目击公司之困难，政府维持之不足恃，亦多不甘心合办，尚可保全资本"，但如果由公司决定则又很危险，"政府不能坚拒，推之于公司，日人必惟公是求。我公亦必以众股东不同意为辞，彼必百端运动众股东以求必得，则公司实可危"。③ 5月13日，盛宣怀致函井上馨，陈述汉冶萍公司与日本之情谊，认为自1500万大借款后，双方"虽未有合办之名，而必能收其实效"，若开中日合办之先例，则各国亦会效仿，"至合办一节，如只中、日一家，原无深虑。无如中华情势，一国开端，必致各国效尤。英在潞泽，德在山东，及比、法亦各有成约，中国铁矿遍地皆是，且有煤铁相近，滨海滨江运道，比较萍、冶为近，将来中英、中德、中法以及诸国必皆要求合办，而不能拒绝"，而且"欲借以改为合办，分公司之利，众股东岂能甘心"，因此，明确向井上馨说明"此公司为中国目前绝无仅有之公司，不能不图保存之计，此实公理人情，贵国何必注意要求合办，致伤感情"，而"为两国通盘计画"，彼此应"总以铁矿足供所求为第一要义，借款公司利源稳妥为第二要义"。④ 5月下旬，井上馨复函盛宣怀，认为其观念属于"过于消极的见解"，"世界大势，利益所在，人必趋之，是自然之公理"，而"如有产铁矿区，有望有利者，

---

① 《汉冶萍公司大会纪闻》，《盛京时报》1915年5月30日，第2版。
② 《高木陆郎致儿玉谦次密函》（大正四年四月二十七日），武汉大学经济学系编《旧中国汉冶萍公司与日本关系史料选辑》，第570页。
③ 《孙宝琦致盛宣怀函》（1915年5月7日），《汉冶萍公司（三）——盛宣怀档案资料选辑之四》，第926—927页。
④ 《盛宣怀致井上馨函》（1915年5月13日），《汉冶萍公司（三）——盛宣怀档案资料选辑之四》，第928—929页。

假使不必用合办之名目，即必有用借款其他之形式、方法，计划创设铁厂者自明矣"，汉冶萍公司当务之急是图谋自身发展，"亟宜趁此时机积极进行整顿内部，如何可谋资本充足，如何可臻技术优秀，减省成本，推广营业，以求自卫之道，而图固本之谋，众擎共举，不遗余力，使竞争者毫无觊觎之着想"，因此，井上馨确信"坚持合办为第一要义"，"倘欲保障贵公司事业之强固发展，铁矿供给之安稳履行，并增进股东之利益，只有中日合办为第一上策"，且中日合办，"公司得以安固利源、节省经费、减少成本、增收利益，各股东得以增受较前原利，于贵公司及各股东有种种便益，无丝毫损耗。而此时各股东之特别利益，自可有所设法保证，诚可谓有百利而无一害之最良方策"，但井上也表示不会强制实行合办，"如议中日合办时，贵国政府可即允准，并求保证贵公司根本地位不致变更，亦不强制施行合办"。①

在中日交涉之要求条件中，汉冶萍公司问题关系中国实业，"关于长江流域之实业最足以扼我咽喉者，厥惟汉冶萍一件"，②因而引起了股东们的极大关注，"汉冶萍公司为日人觊觎之一目的物，自中日交涉起后，此一大目的物，日本即提出于'二十一'条要求之中，而汉冶萍公司乃无日不风雨飘摇、霜露零落，致激起一般股东之注目"。③也正是因为股东们的极力反对，中日合办要求遭到强烈抵制，经汉冶萍公司各股东在上海开会讨论，对于中日合资办理问题，到会者反对其事者占十分之七以上。④汉口日商大仓组支店经理橘三郎对此感叹道："汉冶萍公司乃中国社会新事业之最大者，而其与我日本关系殊深。曩者，中日国交最为亲睦之时，曾有中日合办之说，当时该公司股东等对于此说亦有首肯者。然因此次中日交涉之结果，华人对日之感情甚恶，一般商界皆不肯与日人交易，中日合办汉冶萍公司之事实为日本要求之一，而该公司股东等皆反对甚力，故中

---

① 《井上馨致盛宣怀函》（1915年5月下旬），《汉冶萍公司（三）——盛宣怀档案资料选辑之四》，第943、944、943页。
② 《交涉紧急中之汉冶萍一夕谈》，《申报》1915年4月1日，第6版。
③ 《中日交涉中之汉冶萍股东》，《申报》1915年4月16日，第6版。
④ 《签字声中之汉冶萍股东》，《申报》1915年5月27日，第6版。

日合办之议一时必不能办到也。"① 鉴于汉冶萍股东反对之激烈，大隈重信欲释两国之误解，准备派人赴华解释，"汉冶萍问题非仅两国区区利害问题，实为东洋之铁问题，为中、为日不可不立无隔意之大计划"，井上也力主"制铁所与汉冶萍合并"。② 但是，对日人的合办说法，《申报》提醒汉冶萍公司股东："使果如日人所言，仅为感情之恶而反对者，则他日感情渐洽，不仍可办到耶？我国人当知所以难允合办之故，在国家利害关系之巨，而不在一时外交之感情，为股东者当从利害上决定主张，而不必参以感情上之作用也。况日人与汉冶萍关系甚深，苟一切手续稍不审慎，即易滋口实而为其所乘。彼日人谓一时难以办到者，盖即预料后日可以办到耳！呜呼，股东亦知日人以武力迫胁承认条件之一之责任，今已不在政府，而在我股东乎！"③

## 四　筹划挽救之策

中外各报披露"二十一条"内容中涉及汉冶萍公司问题后，汉冶萍公司之股东及与公司有利害关系者，"无不凝神一致研究此事最后之结果，而思所以挽救之策"。④ 如与汉冶萍公司有利害相关之"湖北派"，因此次日本提出之要求涉及汉冶萍公司，与盛宣怀及各股东趋向和解，共同商讨维持办法，"湖北以地理上之关系尤为痛切，爰特公举代表丁君来沪，与盛氏面商互相提携保卫之策，至股款之纠葛即暂时不必提议"。⑤ 2月17日，孙武、夏寿康特晋谒外交总长，认为"汉冶萍为中国之一大实业，亦为吾鄂实业之命脉"，希望保全中国利权，尽力抵拒，"倘若有意外通融之说，吾鄂同胞万难承认"，并"呈明黎副总统转请总统注意"。⑥ 鄂省都督段芝贵在中日交涉期间也曾多次密电北洋政府，极力反对汉冶萍公司归中日合办之事，"事关商民权利，自应完全归中国人办理，但须将日本借款

---

① 《签字声中之汉冶萍股东》，《申报》1915年5月27日，第6版。
② 《东京电》，《申报》1915年6月21日，第2版。
③ 《汉冶萍问题》，《申报》1915年5月28日，第7版。
④ 《中日交涉中之汉冶萍股东》，《申报》1915年4月5日，第6版。
⑤ 《中日交涉中之汉冶萍股东》，《申报》1915年4月5日，第6版。
⑥ 《陆氏力任保卫责》，《申报》1915年2月18日，第6版。

一律还清，以免纠葛"，① 以此为挽救政策。

汉冶萍公司股东是反对中日合办和挽救公司的主要力量。据 5 月 18 日大阪《朝日新闻》报道，汉口日商大仓组支店经理橘三郎自汉口返回日本后说，汉冶萍公司股东反对中日合办是有正当之理由的，"查该公司所有日本投资之额，正金银行、三井物产会社、大仓组及东亚兴业银行等，合计有二千七百八十余万元，此内属于普通借款契约者，不过有四五百万元，其余则皆系专以矿石代偿本利之契约者，故该股东等反对中日合办之举乃大有正当之理由"。②

有汉冶萍公司股东宣传中日交涉情形，以股权关系，向上海、北京等地股东倡议抵制出售公司股票，"日本有要求该公司之条件，各股东均不自安，该公司股票之价亦形低落，某国人利用此股票价之减落，大肆收买，其收买也又恐亲自出头，或惹起我国人之疑忌，乃托许多中国之不肖者为之作伥，以略高之价买华人之股票，一般不晓事理之股东以其价值略昂，争相出售，而不知其大权之旁落也。彼收买股票之意，不仅在有股东之资格也，其最终之目的仍不外欲遂其最初合办之要求而已。彼深知我政府所以不能遵允其要求者，以有股东在也，此案解决须由股东之决议，彼既获股东之实权，将来股东开会时更不难贿买华人中之不肖股东，使合办之议得以通过，有强硬之要求以临于前，复有机变之手段以盾其后，明修暗渡，双方并进，我政府虽欲保全权利，至此而亦智竭词穷，无能为役矣。所望华人，凡有股票者切勿轻易出售，不惟不可售于外国之人，并不可售于素不相识之华人，盖恐无赖华人每为外人作招牌，售之此辈，即无异售之外人，股票售之外人即无异将矿产全部售之外人矣，各股东其知之，其戒之"。③

早在 1914 年 9 月 26 日，盛宣怀致函外交总长孙宝琦，要他警惕日本的侵略，针对日本企图控制汉冶萍公司，盛氏提出"以外债图扩充，以铁

---

① 《停议后之各方态度》，《申报》1915 年 4 月 27 日，第 6 版。
② 《签字声中之汉冶萍股东》，《申报》1915 年 5 月 27 日，第 6 版。
③ 《中日交涉中之汉冶萍股东》，《申报》1915 年 4 月 16 日，第 6 版。

价还日款，以轨价充经费"的对策。① 1915年3月29日，汉冶萍公司股东联合会会员汪文溥召集在会诸人联合讨论，拟起草电稿，"上书盛会长力予维持，并公电农商部、外交部、政事堂转呈总统，请将日本要求条件内容宣布，俾股东等研究利害，分别讨论"。② 不久，汪文溥致函股东联合会，认为据此次日本要求之理由"以借款额过巨，欲谋保护其借款"，汉冶萍公司当谋求自强之道，"倘能归还所借，自可使公司即日脱离日人关系，拟趁此全国人心一致图存之际，创议添招股本三千万元，除少数偿清公司外债外，以余款为扩充营业之用"，建议通过招股办法六条挽回利权：

一 添招股额定为三千万元，分作三百万股，以十元为一股，其所缴不及十元者，作为永远存款息率，与股款一律；

一 由本会与公司商请中国银行代设收股处，所收股款在去拨公司以前，由中国银行允给长年五厘之息；

一 以股东联合会为认股处，限于招股章程发表后，以一个月为认股期限，再以一个月为缴股期限，认股处不代收股款分文，以清界限而坚信仰；

一 此项股款无论何人、何机关（包含本公司而言），不得先时或临时创议挪作别用；

一 股款满额后，由缴股人开大会公举代表，会同公司办事人及本会办事人与日人磋商，以逮数偿清外债之日，为公司拨用此项股款之期；

一 如股额招不足数，或招足后不能达到偿付外债之目的，经缴股人全数或过半数以为应将此项新招股款发还时，即应由中国银行代收股处将所收股款本利分别如数发还本人，勿令受丝毫无谓损失。③

---

① 夏东元编《盛宣怀年谱长编》下册，第973页。
② 《中日交涉中之汉冶萍股东》，《申报》1915年4月5日，第6版。
③ 灵犀：《汉冶萍借款问题之回顾及现在之危机》，《尚贤堂纪事》第4册第6期，1915年；《汉冶萍公司股东联合会会员汪文溥函》，《申报》1915年4月8日，第11版。

汪文溥认为"似此办法，成则挽回主权，借可收倍蓰之利；不成则奉还原璧，并不搁一日之息"，同时提出先由股东联合会会商公司，选派代表入京向政府请愿，将汉冶萍公司问题"拒却其列入国际交涉，另行提出，由原与公司订约者，自向公司按照原约协议"。①

森记股东对于日人攫夺公司异常愤激，提议速筹巨款偿还日人预付货价，"拟上书盛会长要求开股东大会，提议添招股本，预备偿还日款，复拟呈请农商部力予维持"，在其看来，提前偿还借款是一种妥当的应对方法，"实则日人借款载明合同，非股东可以自由提前者。惟日人此次偿还要求中日合办与盛宣怀清结借款，亦为轶出合同范围之外，彼以是来，我以是应，亦未始非正当的对付方法也"。② 也有股东认为，因与日本借款合同中并无不准提前归还之说，"中国人若果能顾念长江实业及钢铁来源，当集资三千万，如森记股东所提议添招股款之说，以偿还日本，则彼蓄志侵夺者自无所施其伎俩矣"。③

招股偿还日本借款之策，得到了全国广大商人、商业团体的响应和支持。1915年4月7日，虞洽卿等人在上海成立救国储金团，借此来扩充实力，维护民族工业，打击日货。4月13日，虞洽卿以汉冶萍公司股东身份致电北洋政府政事堂、外交部、农商部，请求政府募集内国公债筹还汉冶萍公司借款，整顿并维持该公司经营，"连日报载汉冶萍事，日人要求日迫。……今汉冶萍董事均系盛宣怀戚友，内容若何无从揣测，惟闻其借款合同多系日商占胜，且合同内载明若其还款须用华款，不得另借他国之款等语，则此项借款二千余万赎回一法，实为目今最急最要之图。和德拟请政府筹募汉冶萍内国公债，代公司偿还借款，责成盛宣怀将所有产业作担保品，此项债票若行定必踊跃，一面会同股东派公正廉明人员澈查公司账项，若有影射滥用情弊归盛宣怀担使，有此整顿，庶地球第一矿产可以保全"。④ 湖南常德商会也认为，汉冶萍公司关系全国利权，全国商界均应尽

---

① 灵犀：《汉冶萍借款问题之回顾及现在之危机》，《尚贤堂纪事》第4册第6期，1915年；《汉冶萍公司股东联合会会员汪文溥函》，《申报》1915年4月8日，第11版。
② 《中日交涉中之汉冶萍股东》，《申报》1915年4月5日，第6版。
③ 《中日交涉中之汉冶萍股东》，《申报》1915年4月16日，第6版。
④ 《汉冶萍事》（1915年4月13日），外交部档案，档案号：03-03-030-01-007。

力维持，亟图善后之良策，开会议定办法，并通电各省商会暨上海全国商会联合会："汉冶萍矿为中国最大利源，若落于日人，殊为可惜。查其牵入交涉原因，不过积欠日款，偿清欠款，自脱日人关系。敝会同人极力主张添募股款，偿还日债以挽利权，并愿担募股款一百五十万元。"①"壮游"在《时报》上呼吁还款补救办法："吾以为拒绝之法，宜乘此要索之时，将日本先后贷给公司三千万元由各股东慷慨投资，一律归还日本，如不敷额则政府国民合力筹款以归之。如日本不受，吾政府固亦有词以拒之矣。"②

在时人看来，汉冶萍公司摆脱日本束缚的根本之策是筹款偿还日债。4月14日，《申报》深刻地揭示了日本为控制和渗透汉冶萍公司而抵制还款的意图："日人惧中国还其欠款，故此次更要求中国不得借入资本偿还公司之贷款，并出其惯技借用政治力量以谋贷款公司，而使重要矿产为其抵押物，种种压迫使公司为日人所垄断束缚，中国不能偿还欠款。由今事观之，日本不许中国贷款外人以偿还公司之债，使日本从中可以取利，是日本不啻暴露其用意所在。盖不独拟伸张势力于扬子江流域，并欲使中国无从收获发展实业之利益也。"③《泰晤士报》也描述日人此时对华之心理：

> 盖日本人之主意，固在攫夺汉冶萍之完全管理权，即使今日中国人皆能速出黄白物，以偿还日人，日人必又驱其政府为先锋，以反对中国人清偿债务之举。……试问其既入日人之手，尚能脱其掌握否耶？当日本人与汉冶萍缔结借款合同之时，其中所列条款皆为欧洲资本家所不能允洽者，即允洽之后，其政府亦不能予以援助，此种条款均足以引起扰攘之举也。虽然扰攘之举为日本人所引领希望者，故对于各种条款亦无不赞成之，且必深望事机一旦成熟，其政府即出而为之援助，以迫使中国方面更改其合同，以遂其所愿。……今日日人利用此条约之时机，实已成熟，非然者，私人往来之事于国家何有，而

---

① 《常德商会对于汉冶萍之善后策》，《申报》1915年6月16日，第6版。
② 壮游：《论汉冶萍之关系及其补救之法（下）》，《时报》1915年4月17日，第1版。
③ 《汉冶萍问题难点》，《申报》1915年4月14日，第6版。

必须将此事亦列入于二十一条之要求中，以当作公文看，何也？吾知将来日人即不能得完全管理之权，而拥合办之名，亦足以使中国对于该公司所有之利益，不久之后渐入于无何有之乡。①

5月4日，《台湾日日新报》报道汉冶萍公司股东募集新股偿还日债的情形："汉冶萍股东，拟募新股，凑足二千余万，偿还日本，已举代表呈达支那政府，请坚持勿让。"② 6月7日，小田切万寿之助因《国民公报》报道孙宝琦"拟以募集内债偿还日款为条件，方允就职"，致函孙宝琦，认为此为"违约还款，必致牵动局面"，引起国家交涉。次日，孙宝琦复函，解释自己"虽被推董事，并未确定会长，亦决无要求政府之事"，至募集内债偿还日款之事，"岂易做到之事，不待智者而知其说之诬，公司对于借款自必根据合同，不能轻有更易，其所有兴利除弊之处，惟当竭力筹划，次第进行，……可无过事疑虑也"。③

7月初，袁世凯饬令财政部筹定整理汉冶萍公司案，决定由财政部拨款补充汉冶萍资本。④ 10月，经北洋政府同意，汉冶萍公司试图通过向通惠公司借款1200余万元来增强自身实力，以摆脱日本势力的控制，但在日本的强硬反对之下，通惠借款案于次月即宣告破灭。

中日"二十一条"交涉后，盛宣怀还在抵制日本在中国开矿，设法收回矿权。5月15日，因日本在福建省内勘矿，而吴端清请开安溪铁矿，盛宣怀为防止日本将来"以债权名义逼勒股东，甚至扰及政府，后患更甚于合办"，致函农商部总长周自齐、次长金邦平，"拟请将福建、安溪等处铁矿归并汉冶萍公司开办，以便扩充"，并委任高木陆郎前往办理。⑤ 因"二

---

① 《京津泰晤士报述日人对华心理》，《申报》1915年4月25日，第6版。
② 《汉冶萍公司募股》，《台湾日日新报》1915年5月4日。
③ 《关于汉冶萍公司事钞送与小田切来往函稿请察阅由》（1915年6月），外交部档案，档案号：03-03-030-01-010。6月5日，《盛京时报》对新任汉冶萍公司董事会会长的孙宝琦也有相关报道："近闻孙氏之意，拟俟此后公司股本之筹集以及进行之办法议有头绪时，方肯南下就职。"参见《汉冶萍公司股东会会长之得人》，《盛京时报》1915年6月5日，第3版。
④ 《汉冶萍公司资本决定由部拨充》，《盛京时报》1915年7月7日，第2版。
⑤ 《盛宣怀致周子沂、金伯屏函》（1915年5月15日），《汉冶萍公司（三）——盛宣怀档案资料选辑之四》，第930页。

十一条"第五号案涉及安溪铁矿,且该矿矿藏丰富、临近海道运输,孙宝琦视此事"实为抵制日人之计"。① 而且,孙宝琦认为这也是将来保全汉冶萍公司厂矿的"先发制人之计","若将闽矿归并公司,更足表示政府优待公司,彼族亦无可反对。万一日人仍要合办汉冶萍至必不得已时,或但将安溪矿许公司与彼合办,而仍可保全汉冶萍厂。操纵在我,不至令归失败"。② 12月24日,盛宣怀因"汉冶萍铁产将为送礼之附属品"致函丁宝铨,计划将汉冶萍公司另外之九江、鄂城、萍乡三处铁矿过户捐作上海广仁善堂产业,"一则保守佳矿,一则绵长义振",请求丁宝铨参与其间给予支持,并许诺他日将公推其为议董。③ 同时,盛宣怀与汉冶萍公司董事会会长孙宝琦还积极运动政事堂左丞杨士琦、通惠公司总经理赵椿年等人,乞请面商内务总长朱启钤、农商总长周自齐。12月26日,盛宣怀一面公函呈请内务部、农商部批准立案,④ 另一面密函呈文,为免他人攘夺而留作汉冶萍公司将来生产之后盾:"所有大冶铁矿固已不能不属于汉冶萍公司,尚有宣怀续购之九江县铁矿、鄂城县铁矿、萍乡县铁矿,均系上海广仁善堂名义所置,与汉冶萍公司无涉,兹为未雨绸缪之计,亟应分清界限,厘订章程,将来汉冶萍添开炉座,以及四十年内应售与日本生铁及矿石二千三百万吨,必须取诸广仁善堂之鄂城、九江铁矿,至萍乡铁质虽较逊,然与煤矿相邻,尤足贵重,亦宜加意保守。"⑤

但随着事态的发展,汉冶萍公司部分股东看到已然无法挽救,亦有表示赞同合办之意。1915年8月24日,日置益与汉冶萍公司董事长孙宝琦密谈公司状况及此后方针,孙宝琦即对公司合办之议发表见解,"合办之必要为日本政府之趣旨,借以整顿公司业务,以谋事业之发达,从而使制铁原料之供给等得以确实;同时使贷借之资金安全与利息之收入等得以稳固,相信公司于近两三年后,扩张计划之实行当可完成,必能改善业务并

---

① 《孙宝琦致盛宣怀函》(1915年5月31日),《汉冶萍公司(三)——盛宣怀档案资料辑之四》,第941页。
② 《孙宝琦致杨士琦函》(1915年10月上中旬),《汉冶萍公司(三)——盛宣怀档案资料选辑之四》,第965页。
③ 《致丁宝铨》(1915年12月24日),《盛宣怀未刊信稿》,第256—257页。
④ 《致内务部农商部公函》(1915年12月26日),《盛宣怀未刊信稿》,第257—258页。
⑤ 《致内务部农商部密启》(1915年12月26日),《盛宣怀未刊信稿》,第259—260页。

期待其发达。从而日本所希望之必要条件可稳步顺利实行，不致发生困难"，而且"股东方面均希望合办之实行"。①

总之，日本试图通过政治手段，确保其在华利益（包括汉冶萍公司的铁矿资源），这引起了汉冶萍公司股东及国人的极大反感，更招致欧美各国的猜忌，导致了日本在华市场的危机。但同时，"国耻"也唤起了中国人的奋发图强之心，成为近代中国实业发展的契机，"交涉解决之后，各省人民金以此次交涉，我国大受失败，引为深耻，提倡国货及募集救国储金之进行，并不因之迟滞"。② 此后，直到1923年，汉冶萍公司问题之换文才经民国政府正式声明作废。

---

① 《日驻中国公使日置益致外务大臣大隈函》（大正四年八月二十五日），武汉大学经济学系编《旧中国汉冶萍公司与日本关系史料选辑》，第573页。
② 章锡琛：《日本要求事件之解决》，《东方杂志》第12卷第6号，1915年。

# 结　语

　　汉冶萍公司自成立之初就面临着资金薄弱的问题，虽然广招商股，但招到的多系虚股和转账性质的股本，在国内金融市场未能借到大额可用资金，从私人方面获得的资金也不多，厂矿不继续改造扩充，就无法盈利。为了解决资金问题，盛宣怀先后提出汉冶萍公司中日合办、国有、官商合办等方案，但都未能实现，其间反而遭到鄂、赣、湘三省的攘夺。因而，公司经常被迫举借外债，特别是向日本贷款，"以中国今兹经济之困难，财政之枯窘，欲开发国中之富源，振兴全国之实业，舍利用外资外，殆无他法"。① 周锡瑞揭示汉冶萍公司因缺乏资本而受牵制曰："汉冶萍公司摆脱了它本身所在地点的关系。它好像成了官僚手中的一件抵押品，先转入官僚资本家的怀抱，最后落入帝国主义列强的手心。这家公司的资本，就是这样依赖着它们的。"②

　　随着日本国内经济、军事对外扩张的需要，为保护其既得利益和扩大新的权益，日本积极关注和参与汉冶萍公司问题，通过多次提供巨额贷款，与汉冶萍公司签订了一系列借款合同，一步步取得了对汉冶萍公司的控制权，进而大肆掠夺汉冶萍的生铁、矿石原料以保障国内八幡制铁所的钢铁生产，使汉冶萍成为日本钢铁业的附庸，同时还能以此作为扩张自身在长江流域势力的据点。而日债的逐渐增加，使日本方面在汉冶萍公司取

---

① 《论借外债以充行政经费之非计》，《大公报（天津）》1913年7月6日，第1张，第2版。
② 〔美〕周锡瑞：《改良与革命：辛亥革命在两湖》，杨慎之译，江苏人民出版社，2007，第86页。

得了独特的优势地位。自《中日民四条约》签订之后,汉冶萍公司基本上成了一家中日联合公司,主要是为日本本土的炼钢工业供应生铁矿石原料。1915年4月,《申报》转载英文《京报》的社论,一针见血地指出:"日人办理各事,无一不寓以政治与军事之意味,……汉冶萍不过为日本侵略利器之锋耳!"① 1923年,胡庶华总结日本极力谋夺我国铁矿的原因是"发达彼国实业,摧残我国实业;充足彼国武力,解除我国武力"。②1938年12月6日,国民政府行政院经济部秘书长吴景超在《汉冶萍公司的覆辙》中言道:"自一九〇三年汉冶萍公司与日本订借款合同之日起,到一九一五年中日关于汉冶萍公司换文之日止,前后不过十二年,就在这短短的十二年中,日本人完成了垄断汉冶萍公司的工作。"③

民国初年,面对地方势力、中央政府和日本势力的争夺,汉冶萍公司不仅积极与各方抗衡、据理力争,而且寻求多方力量之间的制约和平衡。各方力量在围绕汉冶萍公司资源的争夺中是变化的,即多方力量的博弈是一个动态的过程。在这一动态的局势中,各方都利用自身资源进行经济利益和政治资本的博弈。利益的一致性推动了利益相关方走向联合或背离。在地方势力方面,不仅相关省份的地方政府、地方官绅和团体等纷纷参与其中,而且多省走向了联合。中央政府虽然对汉冶萍公司有抵押借款和侵夺之举,但亦有"国有"和官商合办等维持和保护的筹划。在日本势力方面,虽然日本国内政治元老、资本团和银行家等在对待汉冶萍公司的方针上有矛盾冲突,但控制大冶铁矿、保障八幡制铁所原料的利益一致性,使中日两国民间企业的经济行为逐步上升为国家之间的政治交涉。而当上升到国家交涉后,中央政府、地方政府与汉冶萍公司之间的利益又趋向了一致。从民初汉冶萍公司的境遇中我们能体认到以下四点启示。

第一,政府力量的扶持是民族企业发展的关键。政府既能为民族企业提供资金和政策方面的支持,又能为民族企业创造和维持良好的外部环境,因而,政府的扶持对民族企业的发展至关重要。"19世纪后期,国家

---

① 《北京电》,《申报》1915年4月13日,第2版。
② 胡庶华:《中国铁业前途之危机》,《太平洋》第3卷第9期,1923年。
③ 吴景超:《汉冶萍公司的覆辙》,《新经济半月刊》第1卷第4期,1939年。

官吏和文人学士开始相信工商业对国家是至关重要的，因此，从保守的政界元老张之洞到开明的知识分子和政治流亡者梁启超，所有的人都只能想到应在国家监督范围内鼓励和发展民族的工商业。文人兼商人的郑观应甚至认为，如若没有政府的支持和保护，华商就不可能经营任何现代企业。"① 1913 年 4 月，《亚细亚日报》发表社评就曾指出，盛宣怀之所以能维持汉冶萍公司的大规模经营，"其凭借维何？国力是也！"② 同年 5 月 20 日，盛宣怀在汉冶萍公司股东常会结束时陈述公司之重要性："须知汉冶萍不特非一人之事，且不仅一公司之关系，确系中华全国实业之关系，岂能听其败坏。惟董事会为股东代表，必须股东着意进行，董事方能下手。更要望工商部及湘、鄂、赣三省相助，都要晓得汉冶萍关系中华大局方好。"③ 汉冶萍公司经理李维格、叶景葵对比西方各国钢铁实业，认为"各国之所以能臻此盛轨者，要在政府之提倡、地方之保护、资本之充足"。④而且，李维格认为中国钢铁业不发达的重要原因之一即"政府不能保护鼓励"，对比美、德两国政府保护钢铁实业之举措，他感叹汉阳铁厂无此优势，因此"但望民国政府体念钢铁之关系重要，极力养成，一面祛其障碍，一面鼓励资助，竭力保养而扶植之"。⑤ 学者也呼吁："我们如欲建设民族工业，为国民经济树独立的基础，则第一当以国家之力与以充分的扶助保护"。⑥ 但是，民初汉冶萍公司面临的局面是：中央政府（南京临时政府、袁世凯北洋政府）无真正维持保护之意，湖北、江西和湖南地方政府又趁机侵占勒索。在这种形势之下，为求得生存和发展汉冶萍公司只能举

---

① 〔美〕陈锦江：《清末现代企业与官商关系》，王笛、张箭译，虞和平校，中国社会科学出版社，1997，第 75 页。
② 无妄：《论工商部主张汉冶萍公司收归国有之得计》，《亚细亚日报》1913 年 4 月 4 日，第 1 版。
③ 《汉冶萍公司股东常会记录》（1913 年 5 月 20 日），《汉冶萍公司（三）——盛宣怀档案资料选辑之四》，第 519 页。
④ 《李维格、叶景葵报告》（1913 年 3 月 20 日），《汉冶萍公司（三）——盛宣怀档案资料选辑之四》，第 428 页。
⑤ 李维格：《中国钢铁实业之将来》，《东方杂志》第 10 卷第 6 号，1913 年；李维格：《中国钢铁实业之将来》，《大同报》第 20 卷第 1 期，1914 年；李维格：《中国钢铁实业之将来》，《民国经世文编》实业三，第 4862—4863 页。
⑥ 樊仲云：《中国当前的一个问题》，《东方杂志》第 31 卷第 19 期，1934 年。

借外债，而这又为日本控制汉冶萍提供了机会。盛宣怀曾多次表示公司经营须借助政府之力才能解决多种问题，但"汉冶萍钢铁业关系富强，专制、共和两政府均漠视之"。① 胡庶华在《中国钢铁业的过去现在和将来》中指出："钢铁是生产工业及军需工业的基本材料，凡属现代国家对于此种事业，莫不提倡保护，甚至以政府全力从事经营"，然而民国时期，"政府无钢铁政策，不能保护提倡，又不能自行经营，以致引狼入室，而借饮鸩止渴之外债"。②

因而，民初汉冶萍公司的生存境遇从反面证明了良好的政治环境是民族企业发展的重要保障。郑观应在《盛世危言后编》自序中即深刻地揭示了政治与实业的关系，"政治关系实业之盛衰，政治不改良，实业万难兴盛"。③ 汉冶萍公司与地方政府的冲突并不是始于辛亥革命之后，早在宣统元年（1909）十一月，湖北咨议局就以"鄂人有股便可干预"为由，反对冶矿。④ 但晚清时期，汉冶萍公司因有政治上的保护优势，当时的利益冲突并不明显。然而，辛亥革命后，政权更迭，围绕民初汉冶萍公司形成了多方利益力量冲突与博弈的局势。由民初政治局势变动所形成的多方利益力量争夺的局面，正体现了汉冶萍公司生存境遇的不利。因此，汉冶萍公司的命运与民初政治局势紧密相连，体现了时局变迁对近代民族企业的影响。

第二，企业的所有权归属不明确是引发利益相关者争夺的主要原因。民初，多方力量围绕汉冶萍公司博弈的核心是所有权归属问题。谢国兴对此问题曾描述道："汉冶萍由官办而官督商办，再变为商办，即属组织形态之变迁，而影响变迁之关键因素，在于资本筹措方式（所有权）之变

---

① 《盛宣怀复吴永函》（1912年8月22日），陈旭麓等主编《辛亥革命前后——盛宣怀档案资料选辑之一》，第308页；《盛宣怀致山东胶东观察使吴永函稿》（1913年8月28日），夏东元编《盛宣怀年谱长编》下册，第970页。1912年2月27日，盛宣怀致函吕幼龄曰："我国实业太无团体。昔年轮、电商资官夺，已不合例，此次强汉冶萍为合办，招商局借巨款，共和攘力甚于专制。"（夏东元编《盛宣怀年谱长编》下册，第945页）1912年3月13日，盛宣怀致函张仲炤曰："民政府力推实业公司，汉冶萍、招商局几乎不能保全。"（《盛宣怀年谱长编》下册，第947页）
② 胡庶华：《中国钢铁业的过去现在和将来》，《申报周刊》第1卷第48期，1936年。
③ 夏东元编《郑观应集·盛世危言后编》第一册，中华书局，2013，第13页。
④ 《盛宣怀致瑞澂函》（1909年12月29日），《汉冶萍公司（三）——盛宣怀档案资料选辑之四》，第117页。

易。汉冶萍自光绪三十四年二月以后,为一商办公司,产权为股东所有,惟因经营不善,资金缺乏,负债过重,加上辛亥革命以后,因政治因素之介入,使汉冶萍公司的商办组织形态几度面临更易,所有权归属问题亦随之而起。"[1] 汉冶萍公司从创办之初始,其产权、股权问题就一直不明晰,中央和地方政府多次横加干涉,其实质是对公司所有权归属的争夺。但是,汉冶萍公司的所有权问题始终未能彻底解决,并且随着各方利益力量格局的变化,在巨大钢铁实业利益的诱惑之下纷争不断。此后,"国有"问题仍在延续,湖北、江西和湖南地方政府围绕汉冶萍公司利益问题的争夺也依旧不断。

第三,粗放式扩充经营规模和忽视销售市场,致使企业积重难返。1914年6月12日,李维格陈述汉冶萍公司创办之概略时,认为公司困难原因之一是不仅无盈利,而且须支付债息、股息过巨,"光绪二十二年商办迄今,支付债息银九百八十五万五千余两,股息银四百一十一万一千余两,占公司该款全数四分之一而有余",他认为"汉冶萍唯一之补救方法在扩充出货"。[2] 其后,汉冶萍公司在答复北洋政府委员曾述棨、王治昌条件时也说道:"汉冶萍之关系,要在大冶设炉,就矿炼铁,使汉厂四炉专炼钢轨,冶厂两炉专售生铁,核计所得余利,乃可分年还债。"[3] 由此,以扩充基建工程而增加出货成为民初汉冶萍公司改良营业的出路,但这种方式属粗放式规模经营,成本费用较高,收益甚小。

销售市场是维持近代钢铁工业发展的"生命线"。市场需求能带动产量的提高,产销两旺才是促进钢铁工业发展的根本动力。民初,汉冶萍公司存在的问题是过低的钢铁产量不能满足市场需求,扩充出货确实是维持企业生存和发展的重要出路,但本已资金拮据的汉冶萍公司更应注重降低成本,在革新原有设备的基础上提高产量。尤其是在民初国际钢铁市场剧

---

[1] 谢国兴:《民初汉冶萍公司的所有权归属问题(1912—1915)》,《"中研院"近代史研究所集刊》第15期上,1986年,第195页。
[2] 《李维格:汉冶萍公司创办概略》(1914年6月12日),《汉冶萍公司(三)——盛宣怀档案资料选辑之四》,第845、846页。
[3] 《汉冶萍公司详晰答复政府委员曾述棨、王治昌条件》(1914年6月下旬至7月上旬),《汉冶萍公司(三)——盛宣怀档案资料选辑之四》,第850页。

烈动荡的时期,粗放式规模扩充经营而忽视销售市场致使中国近代钢铁工业陷入了资金困难的无解循环。1943年12月,《申报》总结汉冶萍公司失败的原因时指出:"工业的重心犹不专在于生产的工厂,而是在于消费的社会,所以近代世界上的大工业,都是照消费者的需要来制造物品。"①

第四,近代法制执行的缺失。晚清以后,矿业法规的颁行,鼓励和保护了中国矿业的发展(见表6-1)。民初,尚无固定之商律,仍旧沿用前清时代之商律。1912年5月14日,袁世凯命令工商部"从速调查中国开矿办法及商事习惯,参考各国矿章、商法,草拟民国矿律、商律,并挈比古今中外度量权衡制度,筹定划一办法"。②

表6-1 近代矿业法规一览表

| 颁布时间 | 矿业法规名称 |
| --- | --- |
| 1898年11月19日 | 矿务铁路公共章程 |
| 1902年3月17日 | 筹办矿务章程 |
| 1904年3月17日 | 矿务暂行章程 |
| 1905年11月23日 | 矿政调查局章程 |
| 1907年9月20日 | 大清矿务章程 |
| 1910年9月29日 | 酌拟续订矿章 |
| 1914年3月11日 | 矿业条例 |
| 1914年3月31日 | 矿业条例施行细则 |
| 1914年5月3日 | 矿业注册条例 |
| 1914年7月23日 | 征收矿税简章 |
| 1915年5月24日 | 审查矿商资格规则 |
| 1915年6月14日 | 调查矿产规则 |
| 1915年7月11日 | 小矿业暂行条例 |

资料来源:汪敬虞主编《中国近代经济史1895—1927》中册,人民出版社,2000,第1489、1533页。本表还参考《袁世凯全集》第二五卷,略有改动。

从上表可知,晚清以后,矿业法规陆续出台和逐步完善,其中,最为重要的是1914年3月11日颁布的《矿业条例》,规定"外人得与民国人民合股取得矿业权,且外人所有股本不得逾全额之半,又须遵守本条例及

① 《工业的中心》,《申报》1943年12月4日,第3版。
② 《大总统府秘书厅交工商部拟订矿律商律等文》,《政府公报》第14号,1912年。

其他相关诸法律"。① 这在很大程度上限定了日本在中国矿业仅有投资权而无经营权。然而,这些矿业法规在实际执行过程中存在缺失。1912 年 8 月 12 日,在汉冶萍公司特别股东大会上,股东汪文溥认为必须对鄂、赣两省的没收行为提起诉讼,大会议长王存善即说:"法律未行,诉讼深恐无效。"② 对于成文的法规,真正执行很困难:"呜呼!政府颁布条例吸收外资,用意至善,然顾瞻其实状,各界外人孰有肯墨守具文,以不利而从事中国之矿业,制法定令、志存富国之士亦曾统筹此等事理乎!"③ 而由于法制(公司法、矿业法)保障的缺失,汉冶萍公司只得寻求外力维持保护,这更是令公司陷入了被各方势力争夺的漩涡之中。至"二十一条"之后,当时的现行矿业法规几乎都被无形地取消了。

总之,从辛亥革命到"二十一条"交涉这一时间段,是汉冶萍公司整个发展历程中的重要阶段,公司既处于民初动荡纷争的政局之中,又深受国家经济和区域社会的影响。围绕汉冶萍公司的博弈有两条逻辑:一是资本的逻辑,多方力量视汉冶萍为重要的经济资本而进行争夺,但汉冶萍公司也在多方力量之间寻求援助;二是权力的逻辑,多方力量围绕公司利益而进行权力的博弈,汉冶萍公司亦与多方力量或周旋、或借助、或抵制。"汉冶萍者,非独汉冶萍而已,实扬子江南岸诸矿山皆与有联带之关系也",④ "汉冶萍公司为吾国实业命脉之所系"。⑤ 由此,民国初年的汉冶萍公司被视为重要的经济资本,各方利益相关者围绕汉冶萍公司厂矿资源展开了一场经济资源的争夺和政治权力的博弈。清政府倒台后汉冶萍公司在民国初年动荡政局中的境遇,不仅展现了近代我国民族企业生存发展的不利局面,而且体现了民族企业在面对内外挑战时的坚忍不拔和适应能力,这对推动中国近代工业化的进程起到了重要作用。汉冶萍公司在民初的生存境遇既是民初政局的一个缩影,也是我国民族企业在现代化道路中的典型案例。

---

① 刘彦:《欧战期间中日交涉史》,第 49 页。
② 《公司特别股东大会议案》(1912 年 8 月 12 日),湖北省档案馆编《汉冶萍公司档案史料选编》上册,第 262 页。
③ 《民国矿业之前途观》,《盛京时报》1914 年 3 月 18 日,第 3 版。
④ 壮游:《论汉冶萍之关系及其补救之法(上)》,《时报》1915 年 4 月 15 日,第 1 版。
⑤ 《汉冶萍公司问题》,《新闻报》1913 年 1 月 7 日。

# 参考文献

## 原始档案

江西萍乡赖俊华私人藏品
台北"中研院"近代史所档案馆藏外交部档案（全宗03）
台北"中研院"近代史所档案馆藏工商部档案（全宗07）

## 近代报刊

《财政经济杂志》
《大公报（天津）》
《大同报》
《大中华杂志》
《谠报》
《国货月报（上海1915）》
《国风报》
《东方杂志》
《湖南实业杂志》
《临时政府公报》
《民声日报》
《民国汇报》
《民国经济杂志》

《民谊》
《民立报》
《日本潮》
《顺天时报》
《申报》
《申报周刊》
《时报》
《时事汇报》
《时代公论》
《盛京时报》
《尚贤堂纪事》
《山西实业报》
《太平洋》

《通问报：耶稣教家庭新闻》　《庸言》
《台湾日日新报（中文版）》　《政府公报》
《协和报》　《中华实业界》
《星期汇报：新闻舆论商务丛刊》　《中国实业杂志》
《兴华报》　《中华全国商会联合会会报》
《新民报》　《中华工程师学会会报》
《新经济半月刊》　《中华实业丛报》
《新闻报》　《直隶实业杂志》
《亚细亚日报》

## 史料文献

顾琅编《中国十大矿厂调查记》，商务印书馆，1916。

刘彦：《欧战期间中日交涉史》，上海太平洋印刷公司，1921。

千家驹编《旧中国公债史资料（1894—1949年）》，财政经济出版社，1955。

杨玉如：《辛亥革命先著记》，科学出版社，1957。

孙毓棠编《中国近代工业史资料1840—1895年》第1辑（下），科学出版社，1957。

汪敬虞编《中国近代工业史资料1895—1914年》第2辑（下），科学出版社，1957。

陈真等编《中国近代工业史资料》第2辑，三联书店，1958。

《盛宣怀未刊信稿》，中华书局，1960。

中国科学院近代史研究所史料编译组编辑《辛亥革命资料》，中华书局，1961。

陈真等编《中国近代工业史资料》第3辑，三联书店，1961。

经世文社编《民国经世文编》，文海出版社，1970。

刘洪辟等：《昭萍志略》，成文出版社有限公司，1975。

陈旭麓等编《辛亥革命前后 盛宣怀档案资料选辑之一》，上海人民出版社，1979。

中国第二历史档案馆编《中华民国史档案资料汇编》第1辑，江苏人民出版社，1979。

中国社会科学院近代研究所中华民国史研究室主编、邹念之编译《日本外交文书选译——关于辛亥革命》，中国社会科学出版社，1980。

武汉大学经济学系编《旧中国汉冶萍公司与日本关系史料选辑》，上海人民出版社，1985。

辛亥革命武昌起义纪念馆、政协湖北省委员会文史资料研究委员会合编《湖北军政府文献资料汇编》，武汉大学出版社，1986。

黄彦、李伯新选编《孙中山藏档选编（辛亥革命前后）》，中华书局，1986。

江西萍乡政协文史资料研究委员会、萍乡市政协文史资料研究委员会合编《萍乡煤炭发展史略》，1987。

《李烈钧文集》，江西人民出版社，1988。

《北洋军阀统治时期湖北大事记专辑》，中国人民政治协商会议湖北省委员会文史资料研究委员会编，1988。

湖北省冶金志编纂委员会编《汉冶萍公司志》，华中理工大学出版社，1990。

财政科学研究所、中国第二历史档案馆：《民国外债档案史料（四）》，档案出版社，1990。

中国史学会、中国社会科学院近代史研究所编，章伯锋、李宗一主编《北洋军阀1912—1928》第二卷，武汉出版社，1990。

中国第二历史档案馆编《中华民国史档案资料汇编》第3辑，江苏古籍出版社，1991。

湖北地方志编纂委员会：《湖北省冶金志》，中国书籍出版社，1992。

《汉冶萍与黄石史料专辑》，中国人民政治协商会议湖北省委员会文史资料委员会，1992。

湖北省档案馆编《汉冶萍公司档案史料选编》上册，中国社会科学出版社，1992。

吴伦霓霞、王尔敏合编《盛宣怀实业函电稿》下册，香港中文大学中国文化研究所，1993。

湖北省档案馆编《汉冶萍公司档案史料选编》下册，中国社会科学出版社，1994。

《张謇全集》，江苏古籍出版社，1994。

《李烈钧集》，中华书局，1996。

王尔敏、吴伦霓霞合编《盛宣怀实业朋僚函稿》下册，台北"中研院"近代史研究所，1997。

《熊希龄先生遗稿》第五册，上海书店，1998。

江西省地方志编纂委员会：《江西省财政志》，江西人民出版社，1999。

《章士钊全集》第二卷，文汇出版社，2000。

黄纪莲编《中日"二十一条"交涉史料全编（1915—1923）》，安徽大学出版社，2001。

《章太炎书信集》，河北人民出版社，2003。

陈旭麓等编《汉冶萍公司（三）——盛宣怀档案资料选辑之四》，上海人民出版社，2004。

夏东元编《盛宣怀年谱长编》下册，上海交通大学出版社，2004。

中国社会科学院近代史研究所《近代史资料》编辑部编《近代史资料》总第111号，中国社会科学出版社，2005。

叶景葵：《卷盦书跋》，上海古籍出版社，2006。

《李大钊全集》第一卷，人民出版社，2006。

《张之洞全集》第二册，武汉出版社，2008。

《丁文江文集》第三卷，湖南教育出版社，2008。

《黄兴集》，湖南人民出版社，2008。

侯厚培、吴觉农：《日本帝国主义对华经济侵略》，《民国史料丛刊》（326），大象出版社，2009。

中国第二历史档案馆编《南京临时政府遗存珍档》，凤凰出版社，2011。

《刘揆一集》，华中师范大学出版社，2011。

《孙中山全集》，中华书局，2011。

《郑观应集》第一册，中华书局，2013。

《袁世凯全集》，河南大学出版社，2013。

《谭延闿集》，湖南人民出版社，2013。

## 著作、论文集

李毓澍：《中日二十一条交涉》，安徽大学出版社，1966。

谢世佳：《盛宣怀与他所创办的企业——中国经济发展理论与创造力之研究》，华世出版社，1970。

全汉昇：《汉冶萍公司史略》，香港中文大学出版社，1972。

王芸生：《六十年来中国与日本》，三联书店，1980。

〔日〕升昧准之辅：《日本政治史》第2册，董果良、郭洪茂译，商务印书馆，1997。

〔美〕陈锦江：《清末现代企业与官商关系》，王笛、张箭、虞和平译，中国社会科学出版社，1997。

汪敬虞主编《中国近代经济史 1895—1927》中册，人民出版社，2000。

俞辛焞：《辛亥革命时期中日外交史》，天津人民出版社，2000。

张忠民：《艰难的变迁——近代中国公司制度研究》，上海社会科学院出版社，2002。

梅方权：《安源矿工：转型期的变迁研究》，中国社会科学出版社，2006。

〔美〕周锡瑞：《改良与革命：辛亥革命在两湖》，杨慎之译，江苏人民出版社，2007。

〔美〕罗威廉：《汉口：一个中国城市的冲突和社区（1796—1895）》，鲁西奇、罗杜芳译，中国人民大学出版社，2008。

吴绪成：《百年汉冶萍——一部以照片记录历史的珍贵图集》，湖北人民出版社，2009。

马景源：《历史名人与冶矿》，武汉出版社，2009。

李玉勤：《晚清汉冶萍公司体制变迁研究》，中国社会科学出版社，2009。

张实：《苍凉的背影——张之洞与中国钢铁工业》，商务印书馆，2010。

刘金林：《汉冶萍历史续编》，湖北师范学院矿冶文化研究中心，2010。

重钢集团档案馆编《中国钢铁工业缩影：百年重钢史话》，冶金工业出版社，2011。

朱英：《辛亥革命前期清政府的经济政策与改革措施》，华中师范大学出版社，2011。

黄仂：《安源路矿工人运动史新论》，中央文献出版社，2011。

方一兵：《汉冶萍公司与中国近代钢铁技术移植》，科学出版社，2011。

张后铨：《招商局与汉冶萍》，社会科学文献出版社，2012。

刘金林：《永不沉没的汉冶萍——探寻黄石工业遗产》，武汉出版社，2012。

舒绍雄、李社教等：《黄石矿冶工业遗产研究》，湖北人民出版社，2012。

复旦大学金融史研究中心编《辛亥革命前后的中国金融业》，复旦大学出版社，2012。

方红：《春秋百年——大冶铁矿企业文化启示录》，湖北人民出版社，2012。

郭远东主编《矿冶文化研究文集 二》，中国文史出版社，2013。

代鲁：《汉冶萍公司史研究》，武汉大学出版社，2013。

田燕：《文化线路视野下的汉冶萍工业遗产研究》，武汉理工大学出版社，2013。

黄爱国、杨桂香主编《安源路矿工人运动研究》，江西人民出版社，2013。

上海中山学社编著《近代中国》第22辑，上海社会科学院出版社，2013。

上海中山学社编著《近代中国》第23辑，上海社会科学院出版社，2014。

〔美〕裴宜理：《安源：发掘中国革命之传统》，阎小骏译，香港大学出版社，2014。

刘金林、聂亚珍、陆文娟：《资源枯竭城市工业遗产研究——以黄石矿冶工业遗产研究为中心的地方文化学科体系的构建》，光明日报出版社，2014。

张后铨：《汉冶萍公司史》，社会科学文献出版社，2014。

朱英主编《近代史学刊》第12辑，社会科学文献出版社，2014。

朱英主编《近代史学刊》第13辑，社会科学文献出版社，2015。

朱英主编《近代史学刊》第14辑，社会科学文献出版社，2015。

陈庆发：《商办到官办：萍乡煤矿研究》，中国社会科学出版社，2015。

蔡明伦、张泰山主编《第一届汉冶萍国际学术研讨会论文集》，长春出版社，2016。

左世元：《汉冶萍公司与政府关系研究》，中国社会科学出版社，2016。

盛承懋：《盛宣怀与湖北》，武汉大学出版社，2017。

左世元：《汉冶萍公司外资利用得失研究（1899—1925）》，湖北人民出版社，2018。

尚平、张强主编《第二届汉冶萍国际学术研讨会论文集》，武汉出版社，2018。

盛承懋：《盛宣怀与汉冶萍》，武汉大学出版社，2019。

常建华主编《中国社会历史评论》第 23 卷，天津古籍出版社，2019。

马敏主编《近代史学刊》第 24 辑，社会科学文献出版社，2021。

马敏主编《近代史学刊》第 25 辑，社会科学文献出版社，2021。

左世元：《汉冶萍与近代公司治理实践研究（1890—1925）》，中国社会科学出版社，2022。

张实：《悲怆的绝唱：盛宣怀与汉冶萍公司》，人民出版社，2023。

常建华主编《中国社会历史评论》第 31 卷，天津古籍出版社，2023。

张勇安主编《医疗社会史研究》第 15 辑，社会科学文献出版社，2023。

涂文学主编《武汉学研究》第 9 期，社会科学文献出版社，2024。

## 期刊论文

谢国兴：《民初汉冶萍公司的所有权归属问题（1912—1915）》，《"中研院"近代史研究所集刊》1986 第 15 期上。

方一兵、潜伟：《汉阳铁厂与中国早期铁路建设——兼论中国钢铁工业化早期的若干特征》，《中国科技史杂志》2005 年第 4 期。

代鲁：《汉冶萍公司的钢铁销售与我国近代钢铁市场（1908—1927）》，《近代史研究》2005 年第 6 期。

李海涛：《清末民初汉冶萍公司制度初探》，《河南理工大学学报》2006 年第 1 期。

李海涛、自在：《李维格与汉冶萍公司述论》，《苏州大学学报》2006 年第 2 期。

李江：《百年汉冶萍公司研究述评》，《中国社会经济史研究》2007 年第 4 期。

方一兵、潜伟：《中国近代钢铁工业化进程中的首批本土工程师（1894—1925年）》，《中国科技史杂志》2008年第2期。

黄仂、周小建、虞文华：《萍乡煤矿在汉冶萍公司发展中的历史地位与作用——纪念萍乡煤矿创办110周年暨汉冶萍公司成立100周年》，《江西师范大学学报》2008年第6期。

李培德：《论"包、保、报"与清末官督商办企业——以光绪二十二年盛宣怀接办汉阳铁厂事件为例》，《史林》2009年第1期。

李玉勤：《甲午中日战争与汉阳铁厂的"招商承办"》，《理论界》2009年第2期。

闫文华：《汉冶萍公司萍矿煤焦运往汉厂的运输方式考察》，《中国矿业大学学报》2009年第3期。

姜迎春：《工业化背景下的乡村社会流动——以大冶铁矿为个案（1890—1937）》，《中国矿业大学学报》2009年第4期。

李玉勤：《"蝴蝶效应"：析盛宣怀袁世凯轮电之争及对汉阳铁厂的影响》，《理论界》2009年第8期。

段锐、许晓斌：《从政治社会化主客体视角看晚清汉冶萍公司改制》，《湖北经济学院学报》2010年第1期。

陈庆发：《近代中国的企业资本运作与资本收益分析——以萍乡煤矿为中心》，《江西社会科学》2010年第1期。

王智、许晓斌：《晚清汉阳铁厂选址问题刍议》，《理论月刊》2010年第2期。

陈庆发：《晚清与民国时期政治生态对企业经营的影响——以萍乡煤业为中心》，《南昌大学学报》2010年第2期。

龚喜春、邓小年：《清末民初汉冶萍公司衰败原因新探》，《湖北师范学院学报》2010年第2期。

杨春满、段锐：《1922—1927年汉冶萍公司对日举债考略》，《湖北师范学院学报》2010年第2期。

周少雄、姜迎春：《工业文明植入与传统社会阶层的嬗变——以大冶铁矿的开发为例（1890—1937年）》，《湖北师范学院学报》2010年第3期。

李海涛：《张之洞选购汉阳铁厂炼钢设备时盲目无知吗》，《武汉科技大学学报》2010 年第 5 期。

徐凯希：《武汉会战与湖北钢铁工业内迁》，《学习与实践》2010 年第 5 期。

王智、许晓斌：《官商之间利权冲突中的现代性——以汉冶萍的生存境遇为例》，《理论月刊》2010 年第 7 期。

左世元、杨泽喜：《官商博弈：湖北地方政府与汉冶萍公司间的象鼻山矿权案》，《黄石理工学院学报》2011 年第 1 期。

袁为鹏：《清末汉阳铁厂之"招商承办"再探讨》，《中国经济史研究》2011 年第 1 期。

左世元：《法律断裂与湖北地方政府、汉冶萍公司间的官款偿还案》，《黄石理工学院学报》2011 年第 2 期。

李玉勤：《"张盛交易"的代表性说法考辨》，《许昌学院学报》2011 年第 3 期。

左世元、吴盛卿：《〈煤铁互售合同〉与张、盛之分歧》，《黄石理工学院学报》2011 年第 3 期。

〔美〕裴宜理：《重拾中国革命》，《清华大学学报》2011 年第 5 期。

李玉勤：《清末汉冶萍公司短暂繁荣述论》，《苏州大学学报》2011 年第 6 期。

向明亮：《在帝国主义与经济民族主义之间——盛宣怀与汉冶萍中日合办案新探》，《历史教学（下半月刊）》2011 年第 12 期。

曾哲：《从汉冶萍公司兴衰看晚清宪政缺失与悲情》，《西南政法大学学报》2012 年第 3 期。

左世元：《辛亥革命期间盛宣怀"保护"汉冶萍公司的策略》，《中国文化研究》2012 年第 4 期。

左世元：《汉冶萍公司新铁厂选址大冶的原因探析》，《黄石理工学院学报》2012 年第 4 期。

向明亮：《利用外资视域下的中国早期矿业（1895—1925）——兼论汉冶萍公司举借外债得失》，《中国矿业大学学报》2012 年第 4 期。

柯育芳、张志强：《论日铁大冶矿业所对大冶铁矿的侵夺》，《湖北经济学院学报》2012 年第 7 期。

左世元：《汉冶萍公司与袁世凯政府关系探析》，《湖北社会科学》2012 年第 9 期。

曾伟：《广泰福号与安源煤矿》，《萍乡高等专科学校学报》2013 年第 1 期。

张实：《大冶铁矿为日本创建八幡制铁所提供矿石史实新探》，《湖北理工学院学报》2013 年第 1 期。

左世元：《民初中日合办汉冶萍案新论》，《湖北理工学院学报》2013 年第 2 期。

左世元：《晚清国家干预与汉冶萍的初步发展》，《湖北社会科学》2013 年第 6 期。

左世元：《通惠借款：汉冶萍公司与袁世凯政府关系论析》，《历史教学（下半月刊）》2013 年第 6 期。

李江、陈庆发：《汉冶萍公司体制研究》，《南方文物》2013 年第 4 期。

左世元：《从汉冶萍公司的发展历程看近代中国的政企关系》，《湖北理工学院学报》2013 年第 6 期。

李海涛：《清末民初汉冶萍公司与八幡制铁所比较研究——以企业成败命运的考察为核心》，《中国经济史研究》2014 年第 3 期。

袁为鹏：《清末汉阳铁厂与武汉地区早期城市化》，《中国经济史研究》2014 年第 3 期。

曾伟：《文廷式与近代萍乡煤炭资源的开发》，《九江学院学报》2014 年第 3 期。

曾伟：《近代铁路土地产权交易形态分析》，《兰台世界》2014 年第 13 期。

李超：《萍矿、萍民与绅商：萍乡煤矿创立初期的地方社会冲突》，《江汉大学学报》2014 年第 4 期。

左世元、方巍巍：《抗战后"接收"过程中汉冶萍公司与国民政府之关系》，《湖北理工学院学报》2014 年第 4 期。

李少军：《论八一三事变前在长江流域的日本海军陆战队》，《近代史研究》2014 年第 5 期。

李海涛、张泰山：《辛亥革命前汉阳铁厂规模扩张进程考略》，《湖北理工学院学报》2014 年第 5 期。

刘德军：《汉冶萍公司经营失败原因再审思》，《兰州学刊》2014 年第 12 期。

吴剑杰：《"官倡民办，始克有成"——张之洞与汉冶萍》，《辛亥革命研究动态》2015 年第 1 期。

孙波：《盛宣怀与"中日合办汉冶萍"事件考》，《怀化学院学报》2015 年第 1 期。

张强：《抗战背景下近代民族企业社会责任的践行——以 1937 年汉冶萍公司应募抗战救国公债为例》，《湖北理工学院学报》2015 年第 2 期。

邱永文：《从汉冶萍公司的历史发展看中国的现代化进程》，《湖北理工学院学报》2015 年第 2 期。

李海涛、欧晓静：《清末民初汉冶萍公司与八幡制铁所比较研究——以资金借贷为中心的考察（1896—1915 年）》，《湖北理工学院学报》2015 年第 2 期。

曾哲、肖进中：《法律维度下的汉冶萍公司兴衰检视》，《湖北理工学院学报》2015 年第 3 期。

朱佩禧：《从资本关系研究日本对汉冶萍公司的控制问题》，《湖北理工学院学报》2015 年第 3 期。

张实：《盛宣怀接办汉阳铁厂"被胁迫说"考辨》，《湖北师范学院学报》2015 年第 3 期。

朱荫贵：《试论汉冶萍发展与近代中国资本市场》，《社会科学》2015 年第 4 期。

孙波：《汉冶萍公司与日本的关系——以汉冶萍公司对日借款的形成为考察中心》，《忻州师范学院学报》2015 年第 4 期。

孙波：《盛宣怀与汉冶萍日本借款问题新论》，《常州工学院学报》2015 年第 4 期。

左世元：《盛宣怀与萍乡煤矿的开发》，《兰台世界》2015 年第 19 期。

左世元、刘小畅：《论晚清政府的保护与萍乡煤矿的开发》，《湖北理工学院学报》2015 年第 6 期。

李超：《民国初年湖北地方政府争夺汉冶萍公司鄂省产业探析》，《武汉理工大学学报》2016年第3期。

王淼华：《试论萍乡煤矿与萍浏醴起义的关系》，《萍乡学院学报》2016年第4期。

李柏林：《中日关系视野下的汉冶萍公司接管问题述论（1927—1929年）》，《历史教学》2016年第8期。

左世元：《中日合办汉冶萍公司案新探》，《湖北大学学报》2016年第4期。

朱英、许龙生：《汉冶萍公司与日本债务关系之双向考察》，《江汉论坛》2016年第9期。

薛毅：《工业近代化在中国的提升和重塑——汉冶萍公司研究三论》，《湖北理工学院学报》2016年第6期。

李海涛：《近十年国内汉冶萍公司史研究的回顾与反思》，《湖北理工学院学报》2017年第2期。

许龙生：《企业利益、政府决策与外交协调——对汉冶萍公司订购电机案的考察（1914—1918）》，《中国经济史研究》2017年第3期。

张忠民：《汉阳铁厂早期（1890—1896）的企业制度特征》，《湖北大学学报》2017年第4期。

郭莹、杨洋：《汉冶萍公司用人权限问题考论》，《湖北大学学报》2017年第6期。

刘远铮：《民国初年中日合办汉冶萍案的舆论风潮——以〈申报〉、〈时报〉为中心的研究》，《湖北大学学报》2017年第6期。

李海涛：《清末民初萍乡煤矿的市场角色转换及其历史启示》，《中国经济史研究》2018年第1期。

郭莹、杨洋：《汉冶萍公司包工制及其变革述论》，《中国社会经济史研究》2018年第3期。

郭莹、陈锴：《汉冶萍公司1907—1913年招股述论——兼及近代中国重工业企业遭遇的资本社会化难题》，《求是学刊》2018年第6期。

李超：《民国初年大冶铁矿改组整顿略论》，《萍乡学院学报》2019年第

1 期。

杨洋:《中国近代企业职员管理现代化趋向研究（1890—1938）——以汉冶萍公司职员的招收和退出管理为中心》,《江汉论坛》2019 年第 2 期。

李超:《民初政局下企业的生存境遇——以 1912 年江西省接办萍乡煤矿为中心的考察》,《湖北社会科学》2019 年第 6 期。

周积明、何威亚:《日本与大冶铁矿"煤铁互易"史事考论》,《江汉论坛》2019 年第 9 期。

周积明、黄予:《价值理性与工具理性：汉冶萍民族主义话语的二重性》,《湖北大学学报》2019 年第 5 期。

李海涛:《清末汉冶萍公司对美国市场的开拓及其影响》,《江西社会科学》2019 年第 10 期。

杨洋:《改革开放以来国内汉冶萍公司研究的回顾与前瞻》,《社会科学动态》2020 年第 1 期。

左世元:《孙宝琦与汉冶萍公司》,《中国国家博物馆馆刊》2020 年第 2 期。

张慧、郭莹:《近代中国跨区工业企业的管理选择——以汉冶萍公司管理中枢的区域设置为视角》,《江汉论坛》2020 年第 2 期。

杨洋:《晚清时期企业体制变迁及其现代化审视——对汉阳铁厂"招商承办"之再思考》,《安徽史学》2020 年第 2 期。

周积明、徐超:《汉阳铁厂商办时期张（之洞）盛（宣怀）关系研究》,《华中师范大学学报》2020 年第 4 期。

叶磊:《日本对汉冶萍借款模式的形成——以煤铁互售交涉案为中心的探讨（1898—1899）》,《史林》2020 年第 4 期。

杨洋:《汉冶萍公司留学生技术人才培养与技术自主能力述论》,《中州学刊》2020 年第 7 期。

杨洋:《汉冶萍公司技术自主权探析——以技术人才的培养和使用为中心》,《学术研究》2020 年第 8 期。

周积明、丁亮:《晚清督抚政治模式研究——以汉阳铁厂的经费筹措为视角》,《武汉大学学报》2020 年第 5 期。

左世元:《李烈钧与萍乡煤矿》,《中国国家博物馆馆刊》2021 年第 1 期。

周积明、徐超:《张(之洞)盛(宣怀)关系与晚清政局——以官办汉阳铁厂时期为探讨中心》,《河北学刊》2021 年第 2 期。

周积明:《历史大视野下的汉冶萍成败论》,《清华大学学报》2021 年第 3 期。

刘洋:《近二十年汉冶萍公司史研究述评》,《湖北理工学院学报》2021 年第 4 期。

周积明:《汉冶萍研究中的若干潜理论批评》,《天津社会科学》2022 年第 4 期。

左世元:《清末民初列强对汉冶萍的竞争与日本垄断地位的形成》,《地域文化研究》2023 年第 2 期。

曾侨:《盛宣怀与汉冶萍公司董事会制度的早期实践》,《湖北理工学院学报》2023 年第 2 期。

陈俭喜、郭建勇:《110 年前电文见证孙中山为汉冶萍公司萍矿"护界"》,《档案记忆》2023 年第 3 期。

陈锴:《扬子机器厂与汉冶萍公司关系述析》,《安庆师范大学学报》2023 年第 3 期。

周积明:《历史认知·历史实然·历史诠释》,《河北学刊》2023 年第 4 期。

姜迎春、于燕鹏:《资本、权力与关系:民初汉冶萍公司矿权博弈》,《江汉论坛》2023 年第 9 期。

李柏林:《论近代日本对汉冶萍公司控制权的争夺》,《湖北师范大学学报》2023 年第 5 期。

张娜、李海涛:《汉冶萍总工会及其贡献初探》,《湖北理工学院学报》2023 年第 6 期。

颜龙龙:《近百年来日本的汉冶萍公司史研究述评》,《湖北师范大学学报》2023 年第 6 期。

李超、王择辰:《地方官绅与汉冶萍公司 1500 万日元借款风潮》,《中国国家博物馆馆刊》2024 年第 4 期。

周荣：《近代国人对洋匠的评议——以汉冶萍公司为中心》，《安庆师范大学学报》2024 年第 3 期。

张慧：《近代中国企业短贷长投现象探析——基于汉冶萍公司账务资料之考察》，《江汉论坛》2024 年第 6 期。

## 学位论文

闫文华：《汉冶萍厂矿的公司制研究（1908—1925 年）》，硕士学位论文，武汉大学，2005。

肖育琼：《近代萍乡士绅与萍乡煤矿（1890—1928）》，硕士学位论文，南昌大学，2006。

丁佩：《汉阳铁厂场域研究》，硕士学位论文，武汉大学，2007。

李海涛：《李维格与汉冶萍公司研究》，硕士学位论文，苏州大学，2007。

陆华东：《从和平斗争到武装起义——二十世纪 20 年代安源工人运动新探》，硕士学位论文，江西师范大学，2007。

纪立新：《吴锦堂的国内事业与活动述论（1905—1910 年）》，硕士学位论文，华东师范大学，2007。

吴自林：《论萍乡煤矿在汉冶萍公司中的地位（1890—1928）》，硕士学位论文，南昌大学，2007。

李承亮：《盛宣怀与企业——从汉阳铁厂到汉冶萍公司（1896—1911）》，硕士学位论文，四川大学，2008。

刘霞：《清末民用洋务企业企业管理状况研究——基于汉阳铁厂、上海机器织布局史料分析》，硕士学位论文，河北师范大学，2008。

姜迎春：《近代工业文明的植入与地区社会变迁——以大冶铁矿为中心（1890—1938 年）》，硕士学位论文，中南民族大学，2009。

张宏淼：《汉冶萍公司原料、燃料运输研究（1894—1925）》，硕士学位论文，华中师范大学，2009。

田逵：《融资之路与债务陷阱——汉冶萍公司的创建及失败原因探析》，硕士学位论文，北京工商大学，2009。

陈庆发：《近代萍乡煤矿研究（1892—1939）》，博士学位论文，南京师范大学，2010。

曾伟：《〈筹办萍乡铁路公牍〉整理与研究》，硕士学位论文，江西师范大学，2010。

王旭：《盛宣怀与汉冶萍公司——以清末民初铁路建设为背景的考察》，硕士学位论文，中国社会科学院研究生院，2010。

刘林玲：《清末民初萍乡煤铁资源的争夺与地方动乱》，硕士学位论文，中山大学，2010。

李海涛：《近代中国钢铁工业发展研究（1840—1927）》，博士学位论文，苏州大学，2010。

王利霞：《钢铁工业内迁对抗战大后方经济的影响——以汉阳铁厂为个案》，硕士学位论文，重庆师范大学，2011。

周佳佳：《从汉冶萍公司的兴衰看晚清的宪政缺失》，硕士学位论文，西南政法大学，2012。

董飞飞：《汉阳钢厂建筑遗产再利用与环境再生研究》，硕士学位论文，武汉理工大学，2012。

鲁思媛：《关于历史工业建筑遗址改造再利用的研究——以湖北武汉汉阳铁厂为例》，硕士学位论文，武汉纺织大学，2013。

王贺霖：《近代汉阳铁厂的发展历程及其价值研究》，硕士学位论文，中国地质大学，2013。

陈文敏：《大冶铁矿工人群体研究（1890—1949）》，硕士学位论文，湖北大学，2013。

曾伟：《近代官办企业与产权变革——萍乡煤矿产业契约研究》，博士学位论文，厦门大学，2014。

郭凯峰：《从官办到官督商办：张之洞、盛宣怀与汉冶萍公司》，硕士学位论文，江西师范大学，2016。

许龙生：《中国企业与外国资本——汉冶萍公司对日借款研究（1896—1931）》，硕士学位论文，华中师范大学，2016。

颜龙龙：《汉冶萍公司与清末民初日中关系：以日方对华多元交涉为中

心》，博士学位论文，日本关西大学，2022。

张硕：《汉冶萍公司大冶铁矿矿长杨华燕研究》，硕士学位论文，湖北大学，2023。

谭倩舰：《"矿冶专家"金岳祐与萍乡煤矿研究（1917—1927 年）》，硕士学位论文，湖北大学，2023。

### 网络文献、当代报纸、报告

凤凰网·历史

湖北社会科学报

《光明日报》理论周刊·史学版

汉冶萍公司档案的搜集整理与研究项目课题组：《"汉冶萍公司档案文书的整理与研究"项目介绍》，湖北大学中国思想文化史研究所，2013 年 12 月

### 日文文献

『台湾日日新報』

安藤実『日本の対華財政投資：漢冶萍公司借款』アジア経済研究所、1967。

李培德、山腰敏寛、李彦訳「「包・保・報」と清末官督商辦企業——盛宣懐が漢陽鉄廠・中国鉄道総公司・中国通商銀行をチェーン経営化した事例をめぐって」『社会システム研究』、2006 年第 13 号。

迎由理男「漢冶萍公司と日本市場」『北九州市立大学商経論集』2011 年第 46 巻、第 3—4 号。

久保田裕次「日露戦後における対中国借款政策の展開——漢冶萍公司を中心に」『日本史研究』、2011 年第 589 号。

久保田裕次「漢冶萍公司の日中合弁化と対華二一ヵ条要求」『史学雑誌』第 121 編第 2 号、2012 年

加藤幸三郎「近代中国における漢冶萍公司と盛宣懐（1）」『社会科学年報』、2012 年第 46 号。

加藤幸三郎「近代中国における漢冶萍公司と盛宣懐（2）」『専修大学社会科学研究所月報』、2012年第586号。

易惠莉「井上馨致盛宣怀函解读（1910—1911）：围绕汉冶萍公司中日政治经济之多面关系」『東アジア文化交渉研究』、2013年第6号。

萩原充「漢冶萍公司の戦後接収をめぐって：華中地域の鉄鉱企業と国民政府」『釧路公立大学地域研究』、2013年第22号。

久保田裕次「第一次世界大戦期における『日中経済提携』と漢冶萍公司：九州製鋼株式会社の設立をめぐって」『九州史学』、2013年第165号。

帥如藍「漢冶萍公司の対日関係：多角的枠組みからの考察」博士学位論文、東京大学、2021。

# 后 记

笔者自2013年11月开始接触汉冶萍公司相关史料，于2016年5月以《民初围绕汉冶萍公司利权的多方博弈研究（1911—1915）》一文通过湖北大学中国史专业博士论文答辩。毕业后入职三峡大学民族学院，因学科与研究方向的转向，对汉冶萍公司的研究基本搁置，只是偶尔将以前的成熟稿件投稿发表。至今，博士毕业已八年，因出版的需求，将论文进一步补充史料、修改完善而成此书。

回首与汉冶萍公司结缘的这段学术经历，心中充满了无限的感慨与感激。感谢导师周积明教授，从硕士到博士，七年的时光里不仅是我的学术引路人，更是我人生的导师。工作后亦是时常关心我的成长。至今，我仍保存着导师当年不厌其烦地多次修改我论文的纸质版，每当文章写作遇到瓶颈时，就拿出来翻阅不同的修改版本，从理论架构到文献解读，再到文字梳理，反思一遍又一遍的修改过程，从中汲取灵感和思路。感谢湖北大学中国思想文化史研究所"汉冶萍公司档案的搜集整理与研究"课题组在资料搜集、框架构思、论文写作过程中的大力支持！感谢文化所何晓明教授、郭莹教授、雷平教授及诸多青年教师，在文化所七年的学习过程中我收获和成长了很多！感谢曾经一起共同努力奋战的曲长海、马建强、程太红、姚珺等博友，因为有你们的陪伴和帮助，撰写论文期间的生活才会有欢声笑语！

博士论文的完成是对某一领域问题的深入探讨，更是对个人学术能力的一次全面锻炼和提升。工作后的八年间，我经历了从一名初出茅庐的研究生到高校"青椒"的转变。在这个过程中，我深刻体会到了学术研究的艰辛与不易，也更加明白了持之以恒、勤于思考的重要性。

修改书稿期间，深感充分利用碎片化时间的不易，从读书期间慵懒悠闲的生活到工作后倍感压力的忙碌，我又一次完成了全面的身心"洗礼"。感谢妻子周阿密的体谅和理解，分担了众多的家庭事务；感恩岳父、岳母的支持，尽最大能力帮助我们的"小家庭"，尤其是对小孩的照顾和陪伴方面，令我感动和惭愧！感谢江西萍乡赖俊华先生的热情接待和无私帮助，给予了本书非常珍贵的史料补充！感谢湖北理工学院左世元教授惠赠大作！感谢安庆师范大学陈锴博士、黄冈师范学院张慧博士、山西大学曾伟博士等共同研究汉冶萍的伙伴的互帮互助！

感谢三峡大学民族学学科建设经费的资助出版！感谢民族学院曹大明教授、罗凌教授及众多同事的关心与帮助！感谢民族学院硕士研究生王择辰、许胜男对本书文献的整理和校对！感谢社会科学文献出版社历史学分社社长郑庆寰、济南文稿中心主任徐琳琳对本书出版的帮助！感谢责任编辑白纪洋对书稿的认真审校！

受限于学识能力，本书难免存在一些错讹或不当之处，祈请批评指正！我也在这一过程中意识到自己在学术研究上还存在许多不足和需要改进的地方，因而将继续秉承师长们严谨治学的态度，努力提升自己的学术水平和科研能力。

2024 年 7 月 26 日于渔洋关

图书在版编目(CIP)数据

民族企业的生存境遇：民初汉冶萍公司与多方力量
的博弈 / 李超著 . --北京：社会科学文献出版社，
2025.5. --ISBN 978-7-5228-4915-7

Ⅰ. F426.31

中国国家版本馆 CIP 数据核字第 2025SE5517 号

## 民族企业的生存境遇：民初汉冶萍公司与多方力量的博弈

著　　者 / 李　超

出 版 人 / 冀祥德
责任编辑 / 白纪洋
责任印制 / 岳　阳

出　　版 / 社会科学文献出版社·历史学分社（010）59367256
　　　　　　地址：北京市北三环中路甲29号院华龙大厦　邮编：100029
　　　　　　网址：www.ssap.com.cn
发　　行 / 社会科学文献出版社（010）59367028
印　　装 / 唐山玺诚印务有限公司

规　　格 / 开　本：787mm×1092mm　1/16
　　　　　　印　张：19.75　字　数：303千字
版　　次 / 2025年5月第1版　2025年5月第1次印刷
书　　号 / ISBN 978-7-5228-4915-7
定　　价 / 98.00元

读者服务电话：4008918866

版权所有 翻印必究